컴퓨터과학 공학인증을 위한

컴파일러 설계

김상욱 저

홍릉과학출판사

머리말

컴파일러 과목은 컴퓨터과학 분야에서 핵심 과목으로 1950년대 초부터 취급해 온 대학의 학부 과정에서 매우 중요한 과목이다. 그러나 저자가 수년간 컴파일러 과목을 강의하면서 느낀 점은 학생들이 컴파일러 수업에서 개념을 이해하는데 매우 어려워한다는 것이다.

그 동안 컴파일러 이론과 기술을 다루는 책은 많았지만 대부분 너무 양이 많거나 컴파일러 이론을 너무 깊이 다루고 있다. 즉, 오토마타, 언어 이론, 파싱 이론, 의미 분석, 코드 최적화 이론 등 너무 이론적으로 접근하거나 대학원 혹은 전문가에게 필요한 고수준의 내용과 기술을 다루거나 불필요한 부분도 많고 너무 어렵다.

오늘날은 컴퓨터과학과 공학, 전자공학, 통신공학, 소프트웨어공학, 모바일, 임베디드 공학, 사용자 인터페이스 등의 여러 분야가 융합하기 때문에, 컴파일러 과목이 각 분야에서 필요한 분야이면서도 컴퓨터과학 분야 외에는 학습하기 어려운 요소가 많았다. 또한 자신의 분야에 컴파일러를 어떻게 적용하면 좋은지를 알기 어려웠다.

예를 들어, 모바일이나 임베디드 분야에서는 코드 최적화가 필요하지만 컴파일러의 코드 최적화 부분만 공부하기에는 교과서가 너무 방대하다. 또한 사용자 인터페이스나 브라우저 기술에는 컴파일러나 인터프리터 기술이 사용됨에도 컴파일러 기술이 어떻게 적용되는지 알기 어렵다. 마찬가지로 운영체제의 명령어 해석이나 모바일 장치의 입력 해석 등도 인터프리터 기술이 필요하지만 적용하는 방법이나 컴파일러와의 관련성을 이해하기 어렵다.

다시 말해서, 컴파일러에는 관심이 있지만 처음 접하는 초보자나 처음부터 학습하고자 하는 경우에는 컴파일러를 쉽게 실습 중심으로 학습하는 교재는 드물었다. 이러한 환경 변화에 따라 컴파일러 기술의 기본 원리와 개념을 전반적으로 다루고 초보자가 쉽게 이해할 수 있는 학습용 교재를 개발하는 것은 의미 있는 일이다.

이 책은 **컴퓨터과학 공학교육인증**을 위한 실습과 설계 중심의 새로운 개념으로 구성한 책으로, 쉬운 실습을 통하여 이론과 실습을 동시에 다루도록 하여 컴파일러 과목에 쉽게 접근하도록 하였다. 즉, 공학교육인증의 설계 개념을 중심으로 구성하였기 때문에 관련 대학의 학생들이 컴파일러 개념을 쉽게 이해하도록 하는 것이 이 책을 집필한 목적이다.

이 책을 쉽게 이해하려면 C/C++ 프로그래밍 기술, 프로그래밍 언어, 자료구조, 어셈블리어, 컴퓨터구조, 운영체제 등을 이해하고 있는 것이 좋다. 혹시 오토마타나 형식언어를 공부하지 않은 독자들을 위하여 형식 언어의 이론적인 부분을 약간 다룬다. 그러나 이미 학습한 내용이면 건너뛰어도 무방하다.

제1장은 컴퓨터 시스템과 컴파일러를 관련 지어 컴파일러의 전체적인 구성을 간단하게 설명한다. 제2장과 제3장에서는 어휘 분석 기법과 유한 상태 자동 기계의 이론을 설명하고 Lex를 사용하여 실습한다. 제4장부터 제7장까지는 구문 분석의 이론에 따른 하향식 파싱과 상향식 파싱 기법은 물론 LR 파서를 설명한다. 제8장은 YACC를 사용하여 파싱을 실습한다. 제9장은 의미 분석과 중간 코드 생성 과정, 제10장은 코드 생성 과정을 설명하고, 제11장은 생성 코드에서 최적화는 과정을 설명한다. 제12장은 번역한 코드가 올바르게 실행하도록 지원하는 원리를 설명한다. 끝으로 부록에는 어휘 분석기와 LR 파서를 구현한 소스 프로그램이 있다. 이 프로그램은 간단하지만 잘 응용하면 컴파일러 설계 과목을 학습하는 데 많은 도움을 줄 것이다.

이 책은 전체적으로 컴파일러의 기본 개념을 살펴보고 컴파일러 개발 능력을 배양하는 실습을 포함하였다.

감사합니다.

2008. 12

경북대학교 전자전기컴퓨터학부
김상욱

목차

제 5 장 하향식 파싱

제 6 장 상향식 파싱

제 7 장 LR 파서

제 8 장 파서 생성기 YACC 사용하기

제 9 장 의미 분석과 중간 코드 생성

제 10 장 코드 생성

제 11 장 코드 최적화

제 12 장 실행 환경 지원

제 1 장

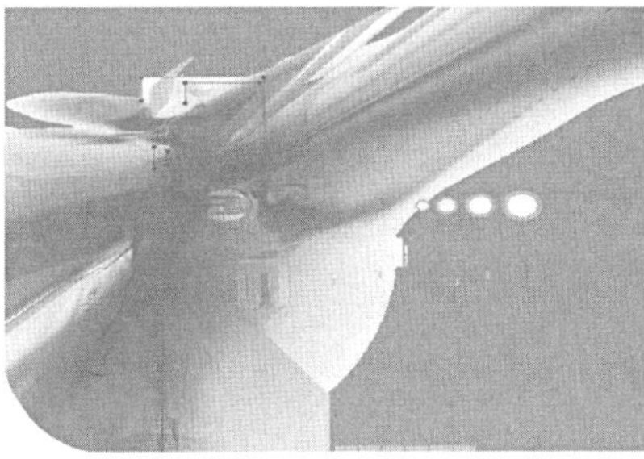

컴파일러 개요

인간이 컴퓨터나 휴대전화 같은 정보기기를 이용하여 원하는 일을 수행하도록 가장 기본 방법이 프로그래밍 언어를 사용하는 것이다. 즉, 기본 방법으로 프로그래밍 언어를 사용하여 프로그램을 작성하고, 컴퓨터 시스템에 입력하여 실행하도록 하였다. 오늘날 컴파일러는 고급 프로그래밍 언어의 번역은 물론이며 운영체제의 명령어 해석, 데이터베이스의 질의어 해석, 인터넷의 웹 브라우저 해석, 모바일 단말기의 명령어 인식, 인공지능의 규칙 해석, 임베디드 시스템의 코드 최적화 등 모든 정보과학분야에 적용하며 관련 도구를 개발하는데 매우 중요하게 사용한다. 이와 같이 컴파일러는 모바일 단말장치를 포함한 컴퓨터 사용자와 컴퓨터 시스템 사이를 연결하는 도구이다.

이 장에서는 모든 적용 분야의 기본이 되는 컴파일러의 개요를 설명한다. 즉, 컴파일러와 컴퓨터 시스템의 관계를 통하여 컴파일러의 역할과 구조를 살펴본다.

1.1 컴퓨터 시스템과 컴파일러

그림 1.1과 같은 간단한 컴퓨터 구조를 생각해 보자. 이 컴퓨터는 메모리 장치와 관련 레지스터가 있으며, 산술/논리 연산장치에는 연산처리장치와 필요한 레지스터(R0, R1, R2, ..., 제어 코드 레지스터)가 있다. 또한 제어장치는 이 컴퓨터의 각 구성 장치를 제어하는 것으로 프로그램 카운터, 인스트럭션 레지스터, 인스트럭션 디코더 등이 있다. 물론 모든 데이터와 정보를 입출력하는 장치가 있다. 각 구성 장치는 주소 버스와 데이터 버스로 연결한다. 이 컴퓨터에서는 사용자가 입력한 프로그램을 메모리에 저장하고 제어장치의 제어에 따라 필요한 인스트럭션을 수행한다.

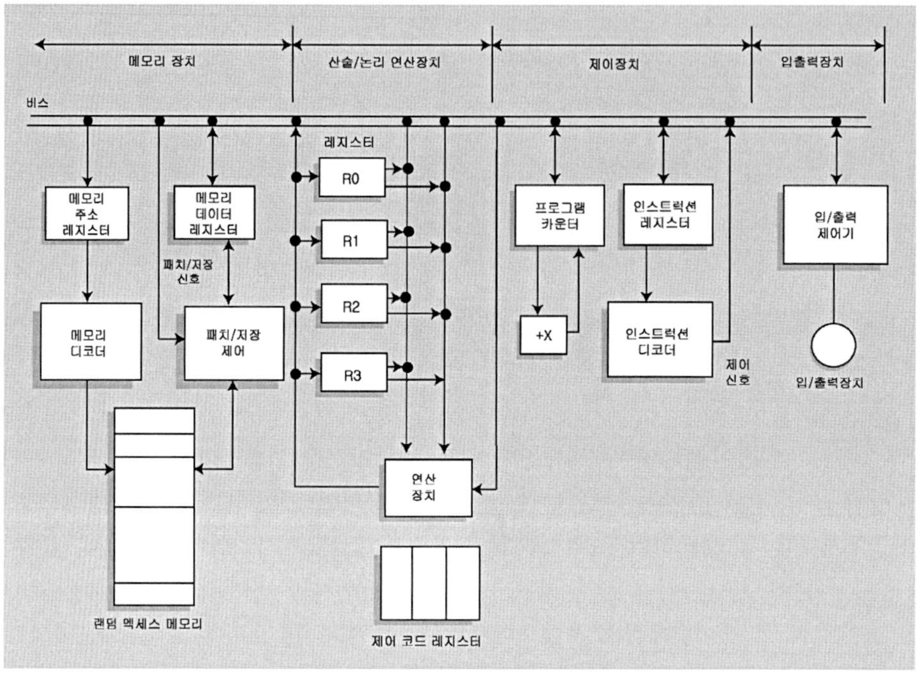

그림 1.1 컴퓨터 구조 블록 다이어그램

이 컴퓨터는 처리기가 수행하는 인스트럭션을 어셈블리어로 표현한다. 보통 인스트럭션은 처리기가 동작을 수행하는 최소 단위의 코드이다. 즉, 처리기가 아래와 같은 동작들을 수행하도록 한다.

(1) 메모리 지정 주소에 있는 값을 레지스터에 있는 값과 연산(+, -, *, /)
(2) 메모리의 지정 주소에 있는 값(내용)을 처리기의 레지스터로 이동(load, store)
(3) 연산한 값 사이의 크기 비교(compare)

이러한 컴퓨터 시스템에 아래와 같은 C 프로그래밍 언어로 작성한 프로그램을 저장해 보자.

```
program test(input, output);
int a, b, c, k;
{
  a = 3;
  b = 4;
  k = a + b;
}
```

이 프로그램은 정수형 변수 a, b, c, k를 선언하여 각 변수에 값을 저장하도록 메모리 공간을 할당한다. 그러면 a = 3이나 b = 4 문장을 실행하여 변수 a와 b에 할당한 공간에 각각 3과 4를 정수형으로 저장한다. 그 후에 문장 k = a + b;를 수행하면 a값 3과 b값 4를 메모리 공간에서 꺼내어 산술 연산 장치에서 연산을 수행한 결과 값인 7을 정수형 변수 k에 할당한 공간에 저장한다.

이 때 고급 언어로 작성한 문장

```
k = a + b;
```

를 실행하려면 아래와 같은 순서로 작성한 인스트럭션을 수행할 수 있다(컴퓨터 메모리에 저장한 기계어 인스트럭션은 사용자가 이해하기 어렵기 때문에 어셈블리어로 표현한다).

```
lod   R0, a    (1)
lod   R1, b    (2)
add   R1, R0   (3)
sto   R1, k    (4)
```

이 인스트럭션이 번호 순서로 실행하면 의미는 아래와 같다.

(1) 메모리의 a 주소 내용(3)을 레지스터 R0로 이동하여 저장하라
(2) 메모리의 b 주소 내용(4)을 레지스터 R1으로 이동하여 저장하라
(3) 저장한 레지스터 R0와 R1 내용을 더하여 R1에 저장하라
(4) 레지스터 R1에 저장한 내용(7)을 메모리의 주소 7로 이동하여 저장하라

인간이 고급언어로 작성한 프로그램을 컴퓨터는 이해할 수 없기 때문에 이와 같이 컴퓨터가 이해할 수 있는 기계어 인스트럭션으로 번역하여 실행하도록 한다. 이와 같이 수식이나 문장 하나라도 연산하려면 컴퓨터 내부에 기계어 인스트럭션으로 표현하여야 한다.

그림 1.2는 컴퓨터 내부에 저장하는 기계어 대신에 인간이 이해할 수 있도록 어셈블리어로 나타낸다. 이와 같이 고급 언어를 컴퓨터가 이해할 수 있는 기계어로 번역하는 기술을 컴파일 기술이라 하고 번역하는 소프트웨어를 **컴파일러**라 한다.

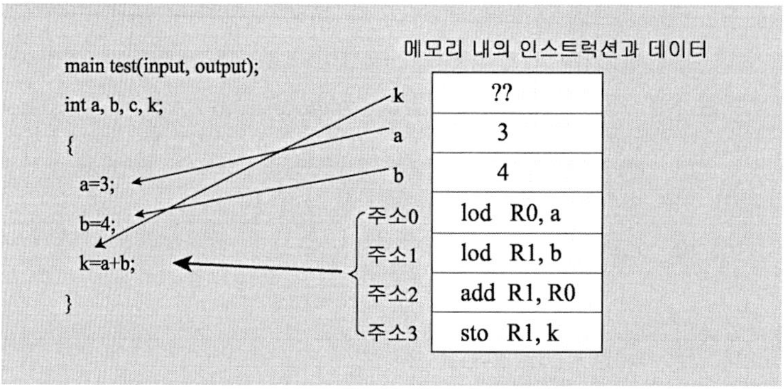

그림 1.2 C로 작성한 프로그램 예를 번역한 메모리 내의 어셈블리어

앞에서 설명한 것과 같이 컴파일러는 고급 프로그래밍 언어의 문장을 읽어서 기계어로 된 여러 인스트럭션으로 번역하고 메모리에 할당하여 실행하도록 한다. 다시 말하면, 고급언어로 작성된 Y = Y + 7과 같은 문장을 처리하려면 컴파일러가 직접 "더하기" 연산을 수행하는 것이 아니라, "더하기"를 할 수 있는 인스트럭션과 "더하기" 실행에 필요한 관련 인스트럭션을 생성한다. 즉, 아래와 같은 여러 인스트럭션을 생성한다.

```
lod    R0, Y
add    R0, =7
sto    R0, Y
```

그림 1.3은 인간이 머리에서 구상하는 연산 방법을 어떻게 프로그램으로 표현하고 컴파일러가 번역하는가를 나타낸다. 두뇌에서 생각하는 연산 과정을 원시 프로그램으로 구성하면 컴파일러가 기계어 프로그램으로 번역한다.

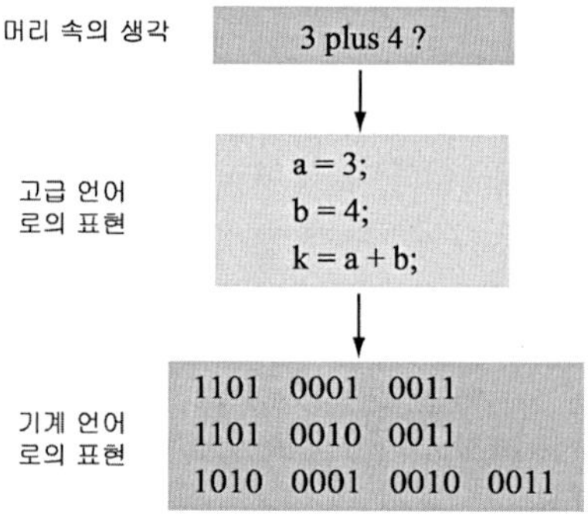

그림 1.3 프로그래밍 언어 수준의 번역 과정 예

지금까지 살펴본 것처럼 컴파일러가 고급언어로 작성한 프로그램을 입력으로 받아서 기계어 인스트럭션을 생성하고 실행하는 컴퓨터를 목적 컴퓨터라 한다. 그러므로 고급 언어로 작성한 프로그램과 기계어로 구성된 두 프로그램은 같은 입력에 대해서는 같은 결과를 출력한다. 이 때 고급 언어로 작성한 프로그램을 **원시 프로그램**이라 하고 원시 프로그램을 작성한 언어를 원시 언어라 한다. 또한 생성한 기계어 프로그램을 **목적 프로그램**이라 한다. 결국, 컴파일러는 원시 언어로 작성한 원시 프로그램을 같은 결과를 생성하는 목적 프로그램으로 번역하는 **시스템 소프트웨어**이다.

이와 같이 컴파일러는 소프트웨어로 그림 1.4와 같이 특정 언어(L_1)를 입력하여 다른 언어(L_0)로 변환한다.

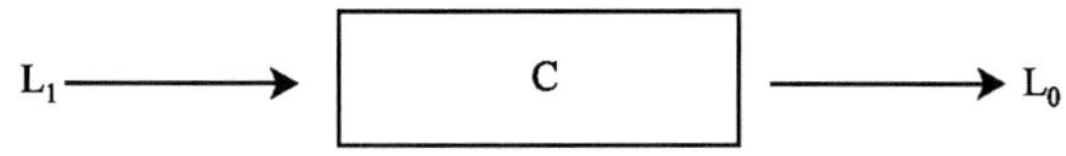

그림 1.4 원시 언어 L_1을 목적 언어 L_0로 변환하는 컴파일러

그림 1.4에서 보듯이 컴파일러 C는 원시 언어 L_1를 목적 언어 L_0로 변환한다. 이러한 방법으로 컴파일러는 그림 1.5와 같이 어떤 언어를 다른 목적 언어로 변환하거나 여러 단계를 거쳐 새로운 목적 언어로 변환할 수 있다.

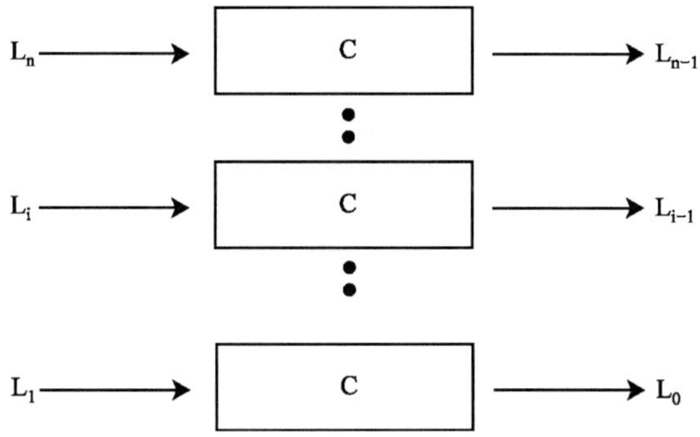

그림 1.5 어떤 언어를 다른 목적 언어로 번역하는 컴파일러

자바(Java) 언어는 자바 컴파일러(인터프리터)가, C 언어는 C 컴파일러가 번역하는데, C나 자바 같은 고급 언어는 어셈블리어로 번역된 후 다시 기계어로 번역될 수 있다. 예를 들어 C 프로그래밍 언어의 할당문인 A = B * C + D는 아래와 같은 어셈블리어 인스트럭션으로 번역할 수 있다.

```
lod    R1, B        /* 주소 B의 값을 R1 레지스터에 넣어라  */
```

```
mul   R1, C      /* 주소 C의 값과 R1 레지스터 값을 곱하고 결과를 R1에
                    저장 */
sto   R1, TMP1   /* TMP1에 결과를 저장하라 */
lod   R1, D      /* 주소 D의 값을 R1 레지스터에 넣어라 */
add   R1, TMP1   /* 임시 저장 주소 TMP1의 값과 R1 레지스터 값을 더하여 */
                 /* 결과를 R1에 저장하라 */
sto   R1, A      /* R1에 저장된 값을 주소 A에 저장하라 */
```

위의 수식에서 *(곱하기) 연산이 +(더하기) 연산 보다 먼저 실행하여야 하므로, 컴파일러는 연산자의 우선순위에 따라 인스트럭션으로 명확히 번역하여야 한다. 즉, 컴파일러는 입력 프로그램을 기계어 인스트럭션으로 정확하게 생성하는 것이 중요하며, 프로그램이 정확한지 검사하여야 한다. 프로그램이 문법에 따라 정확하게 작성되지 않았으면 에러 메시지를 통보한다. 이처럼 입력한 원시 프로그램을 정해진 문법과 비교하여 정확하게 작성되었는지 아닌지를 검사하는 일을 컴파일러의 "구문 분석"이라 한다.

컴파일러가 원시 프로그램을 목적 프로그램으로 번역하고 나면, **로더**라는 시스템 소프트웨어가 목적 프로그램을 **실행 가능**한 프로그램으로 만든 후에 메모리에 탑재한다. 그러면 운영체제는 실행 가능한 프로그램을 실행한다. 컴파일러가 원시 프로그램을 번역하는 과정에 탐지 못한 에러가 프로그램이 실행하는 동안 탐지되면 **실행 에러**라 한다. 그림 1.6은 원시 프로그램이 컴퓨터 시스템 안에서 실행할 때까지의 과정을 나타낸다.

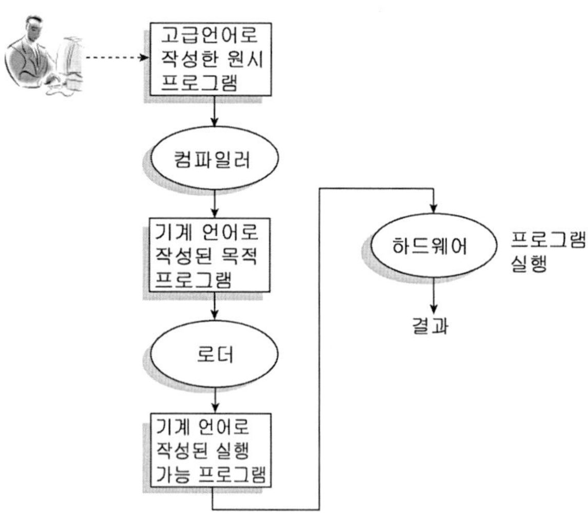

그림 1.6 원시 프로그램이 컴퓨터 시스템에서 번역, 탑재, 실행 과정

아래 C 언어 프로그램의 일부에서 컴파일하는 동안 발생하는 에러와 실행하는 동안 발생하는 에러를 살펴보자.

```
    ......
s1: X = 0;
s2: phi = 3.14;
s3: B = (X * Y + 120;
s4: 6 = B * B * phi;
s5: if (B > A) B = B -1 else B = A;
s6: Y = Y / X * 2 * phi * R;
s7: value = Y * p;    /*  변수 p는 프로그램에 선언되지 않았다고 가정   */
    .....
```

문장 s3과 s4는 컴파일하는 동안에 발견하는 에러이다. 문장 s3에서는 왼쪽 괄호에 대응하는 우측 괄호 ')'가 빠졌고, 문장 s4에서는 할당문의 왼쪽에 상수가 와서 오른쪽 수식에서 계산한 값을 저장할 수 없다. 즉, 할당문의 왼쪽에는 변수나 배열 원소가 있어야 한다. 이러한 에러는 문장 구조가 이 문장의 문법에 맞지 않기 때문에 컴파일하는 동안 에러를 탐지할 수 있다. 또한 문장 구조는 문법에 맞지만 컴파일 과정에서는 탐색되지 않은 에러도 있다. 즉, 연산 도중 특정 값을 알 수 없어서 실행을 올바르게 할 수 없는 경우가 있다. 문장 s6에서는 변수 Y를 X로 나누는데 X 값은 이미 문장 s1에서 0이므로 나누기를 할 수 없다(계산 불능). 또한 문장 s7에서는 p 값이 프로그램에 선언되어 있지 않기 때문에 Y * p를 수행할 수 없으므로 실행하는 도중에 에러가 발생한다.

실습 1.1

아래 C 언어로 작성한 원시 프로그램 문장을 어셈블리어 인스트럭션으로 변환하시오.

```
k = a * b + c;
```

이 문장은 아래의 어셈블리어 인스트럭션으로 변환할 수 있다.

```
.....
lod   R0, a
lod   R1, b
mul   R0, R1
add   R0, c
sto   R0, k
.....
```

실습 1.2

아래 C 언어로 작성한 원시 프로그램 문장을 어셈블리어 인스트럭션으로 변환하시오.

```
c = (a - b) * k - (a + b);
```

이 문장은 아래의 어셈블리어 인스트럭션으로 변환할 수 있다.

```
        .....
lod     R0, a
lod     R1, b
sub     R0, R1
mul     R0, k
lod     R2, a
lod     R3, b
add     R2, R3
sub     R0, R2
sto     R0, c
        .....
```

컴파일러 외에도 특정 고급 언어로 작성한 원시 프로그램을 목적 프로그램으로 번역하는 소프트웨어로 **인터프리터**가 있다. 이 인터프리터도 원시 프로그램을 목적 프로그램으로 번역하지만 원시 프로그램의 각 문장을 번역하면서 직접 실행한다. 그러므로 인터프리터의 출력은 기계어 프로그램보다는 원시 프로그램의 실행결과이다. 그림 1.7은 같은 원시 프로그램 입력에 대한 컴파일러와 인터프리터의 실행 결과이다.

그러나 원시 프로그램을 목적 프로그램으로 번역하는 과정은 두 소프트웨어가 유사하며, 컴파일러에서 사용하는 여러 기법을 사용한다. 또한 함수 프로그램 여러 개로 구성된 큰 프로그램은 각 함수를 따로 컴파일할 수 있으며 여러 블록으로 관리한다.

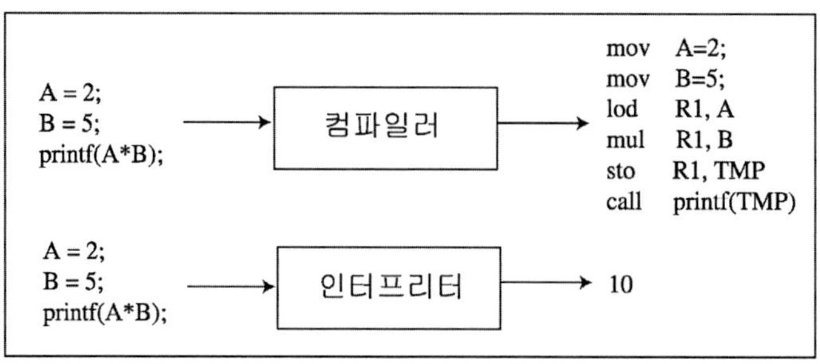

그림 1.7 같은 입력에 대한 컴파일러와 인터프리터의 실행 결과

실습 1.3

아래 고급 언어로 작성한 문장을 컴파일한 결과를 보이시오.

```
a = 3;
b = 4;
c = 5;
a = a * b + c;
printf(a);
```

컴파일러가 위 문장을 어셈블리어 인스트럭션으로 번역하면 아래와 같다.

주소		
	.....	
	lod R0, a	
	lod R1, b	
	mul R0, R1	
	add R0, c	
	sto R0, a	
	call printf(a)	
	.....	
a	3	/* 3이 저장된 주소 a */
b	4	/* 4가 저장된 주소 b */
c	5	/* 5가 저장된 주소 c */

실습 1.4

아래 고급 언어로 작성한 문장의 인터프리터 출력 결과를 보이시오.

```
a = 2;
b = 7;
c = 3;
a = a * (b + c);
printf(a);
```

인터프리터는 위 문장들을 번역하면서 동시에 실행하므로 결과는 아래와 같다.

20

여기에서 고급 언어와 기계 언어를 비교하여 보자.

(1) 기계 언어는 프로그램을 작성하기 어렵고 사용하기도 불편하다.
(2) 고급 언어는 컴퓨터 구조나 제품이 다르더라도 실행할 수 있다.
(3) 컴퓨터가 다르더라도 프로그램을 새로 작성할 필요가 없다.
(4) 고급 언어는 데이터나 프로그램을 추상화할 수 있다.

그러나 고급 언어만 사용하면 컴퓨터 구조를 이해하기 어렵거나 컴파일러가 최적화하지 않은 기계 언어 인스트럭션을 생성할 수도 있다.

연습문제 1.1

01 어셈블리어나 기계어에 비하여 고급 언어의 장점을 설명하시오.

02 다음 고급 언어로 작성한 프로그램 일부에 대해 컴파일러 결과와 인터프리터 결과를 각각 보이시오.

(1)
```
A = 10;
B = 5;
C = A + B + B * 3.14;
if (C < A) printf(C) else  printf(A, B);
```

(2)
```
A = 3;
B = 4;
while (B < A) do
        {
          A = A + 3;
          printf(A, B);
        }
printf(A, B);
```

03 로더가 무엇인지 설명하고 하는 일을 기술하시오.

1.2 컴파일러 구조

컴파일러 구조는 수행 기능에 따라 여러 단계로 나눈다. 즉, 크게 어휘 분석 단계, 구문 분석 단계, 의미 분석 단계, 코드 생성 단계, 최적화 단계로 나눈다. 그림 1.8은 컴파일러의 전체 구성과 제어 흐름을 나타내며 각 단계에서는 컴파일러 수행에 필요한 자료나 정보가 만들어진다. 여기에서 코드 최적화 단계는 생략할 수도 있다.

어휘 분석 단계는 원시 프로그램을 분석하여 컴파일 과정에서 사용할 토큰으로 분리한다. 즉, 프로그램을 구성하는 모든 문장이 토큰으로 쪼개져서 일련의 스트링을 구성한다. 그러면 구문 분석 단계에서는 토큰 스트링에서 토큰을 차례로 가져와서 프로그램 문장 구조가 문법에 맞는지를 검사한다. 이 때 문법에 맞으면 그 문장에 따른 중간 코드를 생성하고 맞지 않으면 에러를 통보한다. 프로그램이 문법에 맞아서 올바르면 의미를 분석하여 각 문장에 해당하는 중간 코드를 생성한다. 그 다음 단계에서는 기계어 프로그램이 컴퓨터 안에서 효율적으로 실행하도록 중간 코드를 최적화하고, 코드 생성 단계에서는 기계어 인스트럭션을 만든다. 이 때 목적 프로그램의 실행 속도나 메모리 공간을 개선하기 위해 기계어 인스트럭션 코드에 대해서도 여러 기법으로 분석하고 최적화한다.

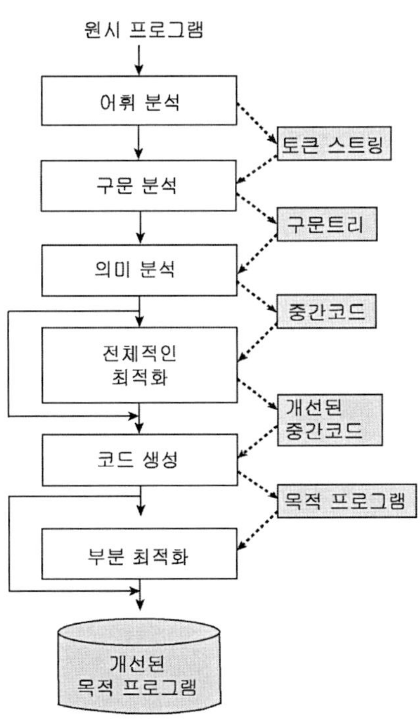

그림 1.8 컴파일러의 간단한 구성과 각 단계

지금부터 컴파일러의 각 단계에서 하는 일과 기법을 간략하게 살펴보자.

1.2.1 어휘 분석 : 프로그램 문장에서 단어를 분류하기

일반적으로 컴파일러는 원시 언어로 작성한 프로그램을 입력으로 하지만, 컴파일러 입장에서의 원시 프로그램은 단지 "문자의 연속"일 뿐이다. 그러므로 컴파일러가 맨 처음 할 일은 이러한 문자의 연속에서 특정 속성을 가진 단어를 구별하여 분류하는 것이다. 이와 같이 단어 분류를 수행하는 단계를 **어휘 분석 단계**라 하며 이 모듈을 **스캐너**라 하기도 한다. 즉, 어휘 분석이란 입력된 원시 프로그램의 각 문장을 속성을 가지는 **단어**별로 분리하는 것을 의미하며 분리한 단어를 **토큰**이라 한다. 토큰은 다른 단어와 속성을 구별하는 **기본 단위**이다.

아래 프로그램 구조에서 토큰의 예를 살펴보자.

```
main test(input, output);
int a, b, c, k;
{
   a = 3;
   b = 4;
   k = a + b;
}
```

위의 프로그램에서 빈칸이나 다른 속성이 있는 기호(=, +, ; 등)를 기준으로 각 문장의 단어를 분리하면 아래와 같다.

main	test	(
input	,	output
)	;	int
a	,	b
,	c	,
k	;	{
a	=	3
;	b	=
4	;	k
=	a	+
b	;	}

이와 같이 분리한 단어는 표 1.1처럼 예약어, 식별자, 분리문자, 상수, 연산자 등의 속성별로 분류할 수 있다.

표 1.1 속성별로 분류한 단어 예

분리한 단어	속성
main input output int	예약어(의미를 가짐)
test a b c k	식별자(함수이름, 변수)
(,) ; { = }	분리문자
3 4	상수(정수형)
+	연산자(+)

이처럼 어휘 분석 단계에서는 프로그램 스트링을 분리하여 속성별로 분류한 단어(토큰)를 생성한다. 일반적으로 고급 언어로 작성한 프로그램에는 토큰도 많고 속성도 더 많다. 표 1.2는 고급 프로그래밍 언어에서 속성별로 분류할 수 있는 토큰의 예이다.

표 1.2 고급 언어의 토큰 종류

속성	토큰 예	의미
예약어	main, function, while, if, for, int, float, case, switch, do, return 등	실행 코드 생성이나 자료형 등의 정보를 제공
식별자	test, a, tax, sum 등	사용자가 선언한 값들, 즉 변수나 함수 이름
연산자	+, *, -, /, %, ||, &&, != 등	수식 연산 코드생성
상수	134, 15, 0.054-E3, 345.56, -23.3, 0 등	상수와 정수
문자	'a', 'A' 'KNU' 등	단일 문자나 따옴표(“ ”) 안의 문자 스트링
분리문자	. ( ) , ; : 등	다른 문자와 구별하는 문자들
주석	// 스트링, { 스트링 }, /* 스트링 */	프로그램에 다는 설명문, 프로그램의 실행에는 영향을 주지 않음

살펴본 것과 같이 어휘 분석 단계에서는 속성을 지정한 **토큰 스트링**을 만들고, 다음 단계인 구문 분석에서 사용할 여러 정보 **테이블**을 생성하는데, 그 중 하나가 **심볼 테이블**이다. 심볼 테이블은 원시 프로그램에서 사용한 모든 식별자의 속성과 관련 정보를 저장한다.

표 1.3은 위 프로그램에서 사용한 식별자 test, a, b, c, k 각각의 속성과 관련 정보를 저장한 심볼 테이블이다.

표 1.3 식별자의 심볼 테이블 예

식별자	속 성	식별자가 있는 메모리 주소(포인터)
test	사용자가 선언한 함수 이름은 test	●
a	이름은 a,정수형, 16비트, 단일 변수	●
b	이름은 b,정수형, 16비트, 단일 변수	●
c	이름은 c,정수형, 16비트, 단일 변수	●
k	이름은 k,정수형, 16비트, 단일 변수	●

C 언어 같은 블록 구조 언어의 심볼 테이블은 구문 분석 단계에서 만들어지기도 하는데, 프로그램의 블록과 블록에서 식별자의 사용 범위가 중요하게 다루어진다.

실습 1.5

아래 C 프로그래밍 언어 문장을 어휘 분석한 토큰과 속성을 나타내시오.

```
ave = sum / student;
grade = rate * (ave + score) * 0.3;
```

위 두 문장을 어휘 분석하여 토큰을 생성한 결과는 아래와 같다.

토큰	속 성
ave	식별자
=	할당기호
sum	식별자
/	연산자
student	식별자
;	분리기호
grade	식별자
=	분리기호
rate	식별자
*	연산자
(	분리기호
ave	식별자
+	연산자

토큰	속 성
score	식별자
)	분리기호
*	연산자
0.3	상수
;	분리기호

1.2.2 구문 분석 : 프로그램에 있는 문장을 문법과 대조하기

구문 분석 단계를 **파싱**이라고도 하고 이 모듈을 **파서**라고 한다. 이 단계는 프로그램 문장을 주어진 문법과 대조하여 문법에 맞는지 맞지 않은지를 검사하고 문법에 맞지 않으면 에러 메시지를 통보하는 단계이다. 이 구문 분석은 문법에 따라 원시 프로그램의 기본 구조를 파악하여 **파스 트리**를 생성한다. 파스 트리는 원시 프로그램의 파싱 과정이나 문법 구조를 나타내며 기계어 인스트럭션으로 직접 대응할 수 있는 **중간 코드**도 생성할 수 있다. 중간 코드는 구조가 다른 어떠한 컴퓨터 인스트럭션으로도 변환할 수 있는 지정한 형식의 코드이다.

중간 코드는 **신택스 트리**로 표현할 수 있는데 이 신택스 트리는 파스 트리와 달리 프로그램의 문법 구조나 파싱 과정을 나타내는 것이 아니라, 중간 코드의 의미를 나타내는 트리로 중간 노드는 연산자나 제어 구조를 나타내고, 잎 노드는 피연산자를 나타낸다. 그림 1.9는 산술 수식의 신택스 트리 예이다.

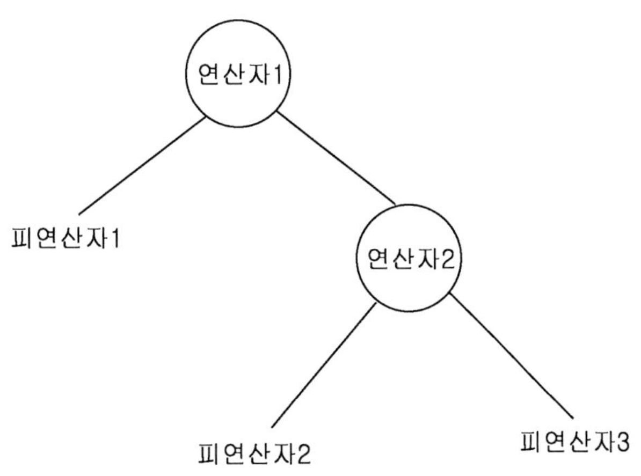

그림 1.9 산술 수식의 신택스 트리 예

신택스 트리의 기본 구조에 따라 할당문 A = B + C * D를 신택스 트리로 나타내면 그림 1.10과 같다.

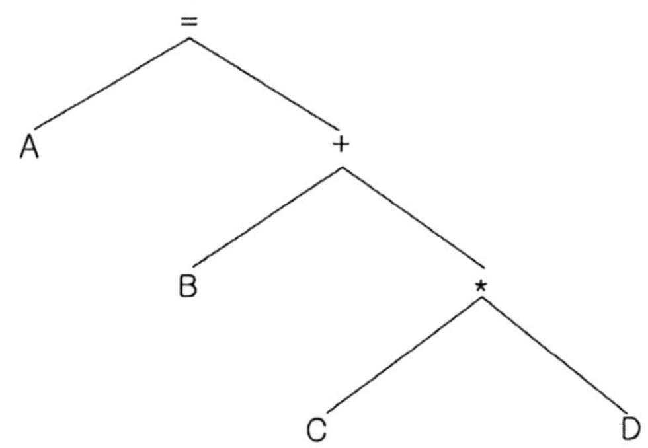

그림 1.10 A = B + C * D의 신택스 트리

아래와 같은 if 제어 문장은 세 개의 자식 노드가 있는 신택스 트리로 구성할 수 있다. 즉, 불리언 수식을 계산하는 서브트리, 불리언 수식의 계산 결과가 '참'인 경우에 수행하는 '블록1' 서브트리, 불리언 수식의 계산 결과가 '거짓'일 때 수행하는 '블록2' 서브트리이다.

```
if (불리언 수식)
    블록1
  else
    블록2
```

그림 1.11 제어문 중에서 if 구조의 신택스 트리이다.

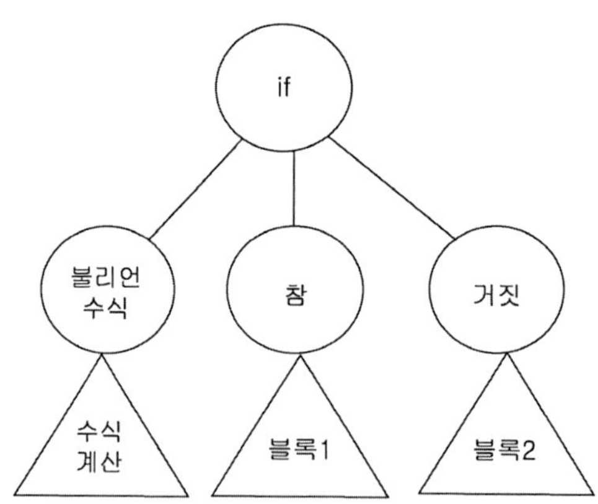

그림 1.11 제어 문장 if에 대한 신택스 트리

또한 while 문장은 두 개의 자식 노드가 있는데, 순환 조건을 나타내는 서브트리와 반복될 순환을 나타내는 서브트리이다.

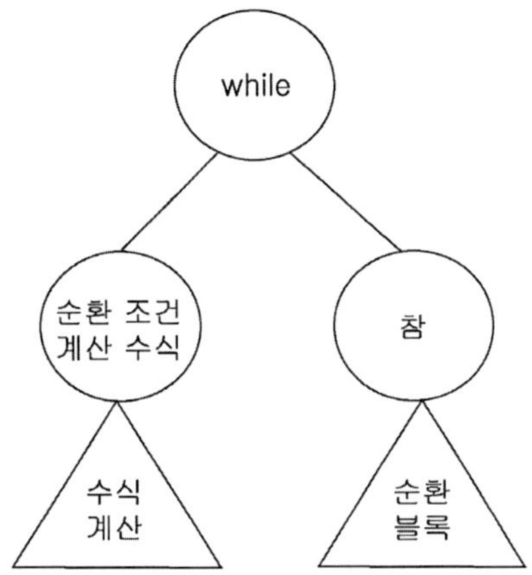

그림 1.12 제어 문장 while에 대한 신택스 트리

실습 1.6

아래 C 프로그램 일부인 if 문장의 신택스 트리를 보이시오.

```
if (inp_char == 'A')
    {
        cur_char = get_next( );
    }
  else
    {
        cur_char = inp_char;
    }
```

이 if 문은 입력한 값(inp_char)이 문자 'A'이면 다음 읽어들인 문자(get_next)를 현재의 값으로 하고, 아니면 입력한 값 'A'을 현재의 값으로 한다는 의미이다. 그러므로 이 문장의 신택스 트리는 그림 1.13과 같다.

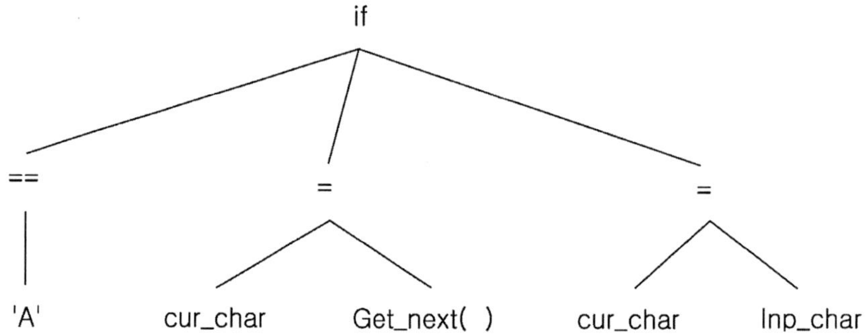

그림 1.13 실습 1.6의 문장에 대한 신택스 트리

1.2.3 의미 분석 : 선언한 변수에 자료형과 속성을 할당하고 중간 코드 생성하기

구문 분석에서 신택스 트리가 생성되면 **의미 분석 단계**를 거친다. 의미 분석 단계에서는 식별자인 변수에 **자료형**과 **속성**을 할당하며, 기계어 인스트럭션 코드를 생성하기 전에 다양한 구조의 목적 컴퓨터에 적용 가능한 중간 코드를 생성한다.

자료형이나 속성 할당은 컴퓨터의 하드웨어 구조에 맞는 자료의 형식을 지정하는 것으로 정수형, 유동소수점형, 문자형, 배열형 등 여러 자료형이 있으며, 피연산자의 자료형에 따라 연산하여야 한다. 자료형 지정은 올바른 인스트럭션 코드를 생성하고 연산을 올바르게 수행하도록 해야 하므로 자료형(데이터 타입)을 검사하여 필요할 때는 자료형을 변경하기도 한다. 또한 0으로 나누기, 인덱스의 배열 범위 벗어나기, 다른 프로그램으로의 점프와 같이 계산할 수 없거나 의미나 제어가 잘못된 경우에도 에러를 탐지한다.

중간 코드는 곱하기, 더하기, 자료이동 등과 같이 인스트럭션으로 직접 번역할 수 실행 단위로 여러 형식을 가질 수 있다. 여기에서는 이해를 돕기 위해 피연산자가 세 개인 중간 코드를 사용한다.

주소가 세 개인 중간 코드는 아래와 같은 형식으로 피연산자(주소)가 세 개있다. 즉, A1과 A2의 주소 내용을 mul 동작 코드로 동작하여 A3에 저장하라는 의미이다. 다른 동작 코드에 대해서도 같은 원리이다.

```
(mul    A1,   A2,  A3)
```

실습 1.7

아래 C 원시 문장을 주소가 세 개인 중간 코드로 변환하시오.

A = B * C + D;

원시 문장의 수식에서 곱하기 연산이 더하기 연산보다 우선 연산하여야 하므로 B * C를 먼저 연산하도록 코드를 만들고 연산 결과를 T1에 임시 저장한다. 이 T1 값을 다시 D와 더하여 결과를 T2에 일시적으로 저장한다. T2에 있는 결과를 A에 이동한다. 이 때 더하기 동작 코드는 add, 곱하기 동작 코드는 mul, 이동 동작 코드는 mov이다.

```
(mul   T1,   B,   C)
(add   T2,   D,   T1)
(mov   A,    T2)
```

원시 프로그램에는 산술 수식이나 할당문 같은 순차 문장 외에도 프로그램의 흐름을 변경하는 if나 for 같은 제어 문장이 있다. 그러므로 if, for, while같이 프로그램의 흐름을 변경하거나 제어하는 문장의 중간 코드를 구현하려면 제어를 위한 조건 수식을 계산하여 참과 거짓을 판단하는 것과 제어를 전달받는 곳을 '레이블'로 지정하는 것이 중요하다.

레이블을 나타내는 동작 코드 'label'로 제어를 전달받아 다음 실행할 '위치'가 L1이라는 의미이다.

(label L1)

제어에서 중간 코드를 사용할 때는 '조건 건너뛰기'나 '무조건 건너뛰기'와 같은 동작코드와 같이 사용한다. 즉, 조건을 계산한 수식의 결과에 따라 제어를 전달하는 방법을 의미한다. 예를 들어 (jmp L1)은 무조건 위치 L1으로 '건너뛰기'를 실행하라는 의미이다. 또 동작 코드 (comp A, le B, L2)는 비교 연산 수식 A <= B의 결과에서 A값이 B보다 작거나 같으면 다음 실행할 위치 L2로 건너뛰라는 의미이다. 그러나 (label L1)이라 쓰는 대신

L1: (코드)

처럼 쓸 수도 있다.

실습 1.8

아래 C 언어로 된 할당문과 제어 문장 if의 중간 코드를 보이시오.

```
score = score * 0.3;
if (score >= 90) grade = 'A'
      else grade = 'C';
```

이 구조는 먼저 score = score * 0.3;를 계산하고, 저장한 score 값에 따라 다음 실행할 코드를 결정하는데 score가 90보다 크거나 같으면 grade에 문자 'A'를 저장하고 아니면 문자 'C'를 저장한다. 그러므로 중간 코드(comp SCORE, ge, =90, L1)에서 SCORE와 상수 90을 비교하여 참이면(SCORE 값이 크거나 같으면) 레이블 L1로 가서 GRADE에 문자 상수 ='A'를 저장한다. 거짓이면(SCORE 값이 작으면) 다음 중간 코드에서 GRADE에 문자 상수 ='C'를 저장하고 L2가 있는 중간 코드로 가서 실행한다. L1이 있는 중간 코드를 또 실행하면 안 되기 때문이다. =90은 상수 값을 의미하는 것이고 ='A'는 문자 상수 값을 의미한다.

```
      (mul    T1,   SCORE, =0.3)
      (mov    T1,   SCORE)
      (comp   SCORE,   ge, =90, L1)
      (mov    ='C', GRADE)
      (jmp    L2)
L1:   (mov    ='A', GRADE)
L2:   ......
```

이러한 중간 코드는 신택스 트리를 **후위 트래버스**하여 생성하며, 코드 생성기는 중간 코드를 기계어 인스트럭션으로 변환한다.

1.2.4 전역 코드 최적화

구문 분석과 의미 분석 단계를 통하여 생성한 중간 코드에는 기계어 프로그램 실행에서 사용하지 않는 중간 코드나 중복되는 중간 코드가 있을 수 있다. 이러한 사용하지 않는 중간 코드나 중복되는 중간 코드들은 목적 프로그램의 실행 속도를 떨어뜨리기도 하고 메모리 용량을 많이 차지하기도 한다. 그러므로 이러한 중간 코드를 찾아서 제거하거나 다른 중간 코드로 변경하여 목적 프로그램을 효율적으로 개선할 필요가 있다.

이와 같이 목적 프로그램의 효율을 개선하는 개념을 **코드 최적화**라 한다. 이 코드 최적화는 두 단계로 수행하는데 기계어 인스트럭션을 생성하기 전인 중간 코드를 최적화하는 것을 **전역 코드 최적화**, 목적 컴퓨터에 맞게 생성한 기계어 인스트럭션을 최적화하는 것을 **지역 코드 최적화**라 한다.

예를 들어, 중간 코드로 작성한 프로그램 일부를 살펴보자.

```
L1:  ....
     (comp    SCORE,  le, AVE, L2)  ----------(1)
     (mov     ='A', GRADE)
     (jmp     L3)      ----------------------(2)
     (mul     T1,  B, C)
     (add     T2,  D, T1)
     (mov     T2, A)
L2:
     (mul     SCORE, SCORE, =0.3)
     (jmp     L1)
L3:  ....
```

위의 프로그램에서 굵게 표현된 코드 부분은 번호 (1)과 (2)의 코드에서 레이블 L2와 L3으로 건너뛰기 때문에 절대로 실행하지 않는다. 이와 같이 실행할 수 없는 코드가 메모리에 많으면 불필요한 용량을 차지하므로 실행되지 않을 코드는 미리 제거한다. 위의 프로그램 일부는 다음과 같이 최적화할 수 있다.

```
L1:  ....
     (comp    SCORE,  le, AVE, L2)
     (mov     ='A', GRADE)
     (jmp     L3)
L2:
     (mul     SCORE, SCORE, =0.3)
     (jmp     L1)
L3:  ....
```

이와 같이 컴파일러가 원시 프로그램을 최적화하여 개선된 목적 프로그램으로 바꾸더라도 프로그램의 의미는 최적화하기 전과 같다.

1.2.5 코드 생성

코드 생성 단계는 중간 코드에서 목적 컴퓨터에 맞는 기계어 인스트럭션을 생성하고 레이블 같은 '심볼 주소'를 메모리 주소로 번역한다. 뿐만 아니라, 레지스터가 여러 개 있는 컴퓨터에서는 **레지스터 할당** 기술도 사용한다. 이러한 인스트럭션 코드는 컴퓨터 구조에 따라 형식이 다른데 중간 코드와 마찬가지로 피연산자가 없는 형식, 한 개인 형식, 두 개인 형식, 세 개인 형식 등 다양하다. 또한 의미도 다를 수 있다.

예를 들어, 인스트럭션 형식을 살펴보자.

```
lod    R1, A
```

와

```
lod    A, R1
```

는 형식은 다르지만 의미는 둘 다 같은 "A의 메모리 주소 위치에서 값을 꺼내어 레지스터 R1에 넣는다"는 의미이다.

아래와 같이 두 개의 피연산자와 레지스터를 사용하는 인스트럭션을 살펴보자.

```
lod    R1, A        /* R1 ← val(A)   */
add    R1, B        /* R1 ← val(R1) + val(B)   */
sto    R1, C        /* C  ← val(R1)   */
```

이 인스트럭션 각각은 아래의 의미가 있다.

맨 처음 인스트럭션

```
lod    R1, A
```

는 "두 번째 항목의 피연산자인 A의 메모리 주소 위치에서 값을 꺼내어 레지스터 R1에 넣어라"라는 의미이다. 두 번째 인스트럭션

```
add    R1, B
```

는 "두 번째 항목의 피연산자인 B의 메모리 주소 위치에서 값을 꺼내어 레지스터 R1에 있는 값과 더하고 그 결과를 레지스터 R1에 넣어라"라는 의미이다. 마지막 인스트럭션인

```
sto    R1, C
```

는 "레지스터 R1의 값을 두 번째 항목의 피연산자인 C의 메모리 주소 위치에 넣어라"라는 의미이다.

실습 1.9

아래 중간 코드에서 피연산자가 두 개인 인스트럭션(어셈블리어 형식)을 보이시오.

```
(add   Temp1, A, B)
(mul   Temp2, Temp1, Temp1)
(mov   Temp2, B)
```

위 중간 코드를 인스트럭션으로 변환하면 다음과 같다.

```
lod    R0, A
lod    R1, B
add    R0, R1
sto    R0, Temp1
lod    R0, Temp1
mul    R0, R0
sto    R0, Temp2
mov    Temp2, B
```

여기에서 보듯이 mov 인스트럭션은 첫 번째 피연산자 주소의 내용을 두 번째 피연산자의 주소로 이동한다. 이렇게 메모리에서 메모리로 값을 이동할 수도 있지만 바로 위 인스트럭션까지 연산할 결과가 이미 레지스터 R0에 있기 때문에 레지스터 R0에서 메모리 주소 B로 직접 저장할 수 있다. 그러므로 인스트럭션들은 같은 의미를 가지는 다른 방법으로도 구성할 수 있다.

```
lod    R0, A
lod    R1, B
add    R0, R1
sto    R0, Temp1
lod    R0, Temp1
mul    R0, R0
sto    R0, B
```

1.2.6 지역 코드 최적화

지역 코드 최적화는 컴퓨터 처리기의 구조에 따라 인스트럭션을 최적화하는 것을 말하는데, 이 단계에서는 목적 프로그램을 더욱 효율적으로 개선한다. 즉, 여러 방법으로 원시 프로그램에서 불필요하거나 중복된 인스트럭션을 제거하거나 실행 속도나 메모리 공간을 개선하는 인스트럭션으로 변경한다.

아래 목적 프로그램에서 지역 코드 최적화를 살펴보자.

원시 프로그램의 할당 문장과 수식 K = A + B * C는 목적 프로그램에서 여러 개의 인스트럭션 코드로 변환한다.

lod	R1, B	/* 주소 B의 내용(값)을 R1에 넣어라 */
mul	R1, C	/* 주소 C의 내용(값)을 R1 내용과 곱하고 결과를 R1에 넣어라 */
sto	**R1, T1**	/* 곱한 결과인 R1 값을 주소 T1에 임시로 저장하라 */
lod	**R1, T1**	/* 주소 T1 내용(값)을 레지스터 R1에 넣어라 */
add	R1, A	/* 주소 A의 내용(값)을 R1 내용과 더하고 결과를 R1에 넣어라 */
sto	R1, K	/* 더한 결과인 R1의 값을 주소 K에 저장하라 */

위의 인스트럭션 구성으로 목적 프로그램 일부에서 굵게 표현한 인스트럭션 코드를 살펴보자.

우선 R1에 저장한 값을 인스트럭션

```
sto    R1, T1
```

로 임시저장 공간인 T1 주소에 넣는다. 그 후, 바로 다음 인스트럭션인

```
lod    R1, T1
```

로 R1 레지스터에 주소 T1값을 넣는다.

이 경우는 R1에 그냥 두어도 되는 결과 값을 임시 주소 T1에 넣었다가, 다시 R1에 넣는 동작을 불필요하게 실행한다. 이 두 인스트럭션은 프로그램 전체의 실행에는 영향을 주지 않지만 실행 시간만 낭비하는 결과를 가져온다. 그러므로 지역 코드 최적화 방법으로 이 두 인스트럭션을 제거하면 아래처럼 프로그램 길이가 줄어들고 실행 속도도 향상할 수 있다.

```
lod    R1, B
mul    R1, C
add    R1, A
sto    R1, K
```

연습문제 1.2

01 각 C 프로그래밍 언어의 문장에서 에러가 있으면 컴파일 동안에 발생하는 에러인지 실행하는 동안 발생하는 에러인지를 지적하고 이유를 설명하시오.

(1) K + T = B = R10 − 3 ;

(2) *if* (X < 3) A = 0; *else* A = Y + X;

(3) *if* (A > 0) X = 3 *else if* A > 0 X = 0 *else* X = X / 0;

(4) I = 0;
A[I-1] = I * 30;

(5) *for* (for = 1; for > 100; for++)
sum = for + 1;

02 고급 언어의 각 문장을 두 개의 피연산자를 사용하는 어셈블리어로 번역하시오(본문의 동작 코드 사용).

(1) A = B * C + A

(2) A = (B − C) * (C + D)

(3) X = (X1 + X2 + X3 + X4) / Y

(4) *for* (m = 1; m <= 100; m++) K = SUM + m;

(5) *if* (SCORE[J] < AVE) GRADE = 'Pass'
else GRADE = 'Fail'

03 원시 프로그램의 각 문장을 어휘 분석한 토큰 스트링을 보이시오.

(1) *int* a=4, b=6; c=34;

(2) A = ((S * 3.14e-4 + 56.7) +TEST) / G − R * C;

(3) *if* (SCORE >= 90) CREDIT[i] = 'A' *else printf*("error");

(4) *for* (I = 1; I <= 100; I++) do SUM[I] = SUM[I] + I;

04 원시 프로그램의 각 문장을 파싱한 신택스 트리와 중간 코드를 보이시오.

(1) A = B * (C + D)

(2) G = (S * 3.14e-4) / R * C;

```
(3) if ( SCORE >= 90) CREDIT[i] = 'A' else CREDIT[i] = 'F';
(4) while ( X <= 100) do
        {
          X = X + 1;
          SUM = SUM + X;
        }
(5) for (I = 1; I <= 100; I++) S = S +I;
```

05 원시 프로그램의 각 문장에 대하여 중간 코드를 생성하고 코드를 전역적으로 최적화하시오.

```
(1) A = 20;
    B = 45;
    X = K +56 - A;
    Y = X * (A + B * B) - X;
(2) for ( I = 1; I<=100; I++)  {
    SUM = SUM + I;
    SCORE[I] = SCORE[I-1];
    CIR = 2 * PHI * R;
    printf("CIR is %d", CIR);
    }
(3) if (A > 0) X = Y + 5
    else Y = X - 7;
```

06 아래의 중간 코드 스트링을 C 언어의 문장으로 변환하시오.

```
      (mul   A, B, T1)
      (add   C, D, T2)
      (comp  T1, lt, T2, L1)
      (jmp   L2)
L1:
      (mov   A, K)
      (jmp   L3)
L2:
      (mov   B, K)
L3:   .....
```

07 각 목적 프로그램 코드를 지역적으로 최적화하시오.

```
(1)   lod    R1, A
      add    R1, B
      sto    R1, T1
      lod    R1, T1
      sub    R1, C
      sto    R1, K
(2)   lod    R1, A
      add    R1, B
      sub    R1, B
      sto    R1, K
      mov    C, K
(3)   comp   A, B
      add    A, C
      jmp    L1
      mov    A, =1
 L1:  mov    A, =0
 L2:  mul    A, B
```

08 원시 프로그램에 대하여 어휘 분석 결과, 신택스 트리, 중간 코드를 보이시오.

```
#include <stdio.h>
 main()
   {
    int a,b,k,i,j;
    scanf("%d",&k);
    a=0;
    b=0;
    for(i=0;i<=k; i++)
    for(j=0; j<=k; j++)
          {
            a = a + 2 * i;
            b = b + 3 * j;
          }
            printf("%d, %d",a, b);
   }
```

1.3 컴파일러 설계와 개발

컴파일러도 어떤 언어로 작성한 소프트웨어이다. 즉, 특정 언어(L_1)를 입력으로 하여 변환된 다른 언어(L_0)를 결과로 하는 프로그램이다. 이 때 L_1은 원시언어이며 L_0는 컴파일러가 번역한 L_1의 목적 언어이다.

이러한 컴파일러를 개발하려면 앞에서 언급한 컴파일러의 각 단계를 이해하고 기능을 설계한 후 지정한 언어로 구현한다. 물론 각 단계의 기능은 물론이며 필요한 이론과 자료구조를 이해하여야 한다.

각 기능을 이해하면 혼자서 처음부터 이론과 기능에 따른 알고리즘을 작성하고 구현하는 방법이 있고, 자동으로 컴파일러가 만들어지는 컴파일러 개발 도구를 사용하는 방법도 있다.

이 절에서는 컴파일러를 개발하는 방법을 간단하게 설명한다.

1.3.1 혼자서 설계하고 구현하기

컴파일러의 어휘 분석 단계에서 필요한 이론은 형식언어, 정규 수식, 정규 문법, 유한 상태 기계 등이며, 구문 분석 단계의 이론은 정규 문법과 언어, LR 파싱 이론, LR 아이템, 파싱 테이블 등이다. 의미 분석 단계에서는 중간 코드를 생성하는 액션 루틴, 속성 문법 이론이 필요하다. 최적화 단계에서는 프로그램 제어와 자료 흐름 분석 이론이 요구되며 코드 생성에서는 컴퓨터의 구조, 운영체제, 레지스터 할당 등에 대한 이론이 필요하다.

그러므로 본서를 제2장부터 차례로 학습하면서 개념과 이론을 습득하면 컴파일러의 각 단계에서 필요한 이론을 이해할 수 있다. 각 장에는 이론과 실습이 있으며 이것을 바탕으로 구성한 알고리즘과 프로그램 일부가 있기 때문에 이들을 참고하면 혼자서 컴파일러를 설계하고 구현할 수 있다.

1.3.2 컴파일러-컴파일러 도구로 설계하고 구현하기

앞 절에서와 같이 스스로 구현하려면 이론을 숙지하더라도 프로그래밍에서 시간을 많이 소요한다. 그러나 유닉스(리눅스, 윈도우즈) 운영체제 환경에서 **특정 유틸리티**를 사용하면 쉽게 컴파일러를 설계하고 구현할 수 있다. 즉, 원시 언어의 '규격과 사양'을 특정 방법으로 표기하여 유틸리티에 입력하면 목적 컴퓨터에 맞는 컴파일러가 자동으로 만들어진다. 이와 같이 컴파일러를 자동으로 만드는 도구를 **컴파일러-컴파일러**라 한다.

컴파일러를 쉽게 구현하도록 유닉스 운영체제에서 제공하는 유틸리티는 **lex**와 **yacc**인데, lex는 어휘 분석기를 생성하고, yacc은 구문 분석기를 생성한다. lex는 토큰에 대한 단어를 정규 수식으로 정의하면 C 언어로 된 어휘 분석기 **yylex( )**를 만들어 낸다. 또한 yacc은 프로그래밍 언어의 문법을 정의하면 C 언어로 된 구문 분석기 **yyparse( )**를 만들어 낸다. 실행할 때는 lex가 yacc를 같이 사용한다.

lex는 컴파일러뿐 아니라, 어휘 분석이 필요한 다음과 같은 여러 소프트웨어를 개발할 수 있다.

- 데스크 탑 계산기 시뮬레이터
- 워드프로세서의 수학공식이나 수식을 표현하는 도구
- 특정 언어로 작성한 소프트웨어를 다른 언어로 변환하는 도구
- 메뉴 컴파일러
- SQL 같은 데이터베이스 질의어
- 자연어 번역기
- 역 컴파일러
- 인공지능의 규칙 해석기
- 컴파일러의 이식
- 휴대폰 같은 모바일 단말기의 프로세서를 위한 최적화 도구
- 실행 중인 프로그램의 진단기와 분석기 등

lex와 yacc 사용법은 뒤에서 자세히 다룬다.

연습문제 1.3

01 컴파일러를 구현하기 위한 어휘 분석과 구문 분석에 필요한 이론은 어떠한 것들이 있는지 알아보고 각 이론을 설명하시오.

02 크로스 컴파일링이 무엇인지 설명하시오.

03 컴파일러 이식이란 무엇인지 설명하시오.

제 2 장

어휘 분석

이 장에서는 컴파일러의 어휘 분석 기법을 구현하는데 필요한 기초 이론을 살펴본다. 앞장에서 살펴보았듯이 어휘 분석 단계는 원시 프로그램에서 단어를 분리하여 토큰으로 만들어 구별한다. 그러므로 각 토큰에 속성을 알 수 있도록 식별번호와 해당하는 값을 할당하는데, 이렇게 하려면 식별자를 모은 심볼 테이블과 상수값을 모은 상수 테이블을 만든다. 이 토큰들은 어휘 분석 다음 단계인 구문 분석 단계에 입력되어 문법 구조와 대조하면서 프로그램이 올바르게 작성되었는지를 검사한다.

어휘 분석 단계를 구현하려면 **정규 수식**, **유한 오토마타**, **형식 언어**, **오토마타** 등의 이론적인 배경이 있어야 하는데, 이 이론들은 원시 프로그램에 쓰인 단어를 분리하고 속성을 구별한다.

이와 같이 언어를 수학적인 이론이나 도구로 표현하는 이유는 컴퓨터는 언어를 인간처럼 융통성 있게 이해할 수 없기 때문이다. 즉, 컴퓨터는 프로그램에 의해 정해진 규칙이나 방법으로만 언어를 이해할 수 있기 때문에 정해진 방법에 따라서만 이해할 수 있도록 일정한 규칙으로 표현한다.

2.1 형식 언어

형식 언어는 언어의 구조와 특성을 수학 표현식으로 나타낸다. 즉, 언어의 구조를 외형적으로만 나타낼 뿐이지 언어 속에 포함된 '의미'는 나타낼 수 없다. 다음은 언어의 구조는 표현하지만 의미는 나타내지 않은 예이다.

A boy is a girl.

즉, (부정관사+명사+동사+부정관사+명사)의 순으로 문법 구조는 맞지만 의미는 틀린 것이다. 이와 같이 형식 언어는 언어의 구조를 수학적 형식으로 나타내는 도구이다. C의 문법 구문도 형식 언어의 예이다.

2.1.1 언어를 표현하는 용어 정의

여기에서는 언어를 수학적으로 표현하기 위한 기본 용어를 정의한다. 이 기본 용어는 이산 수학이나 오토마타 같은 과목에서 이미 학습하였지만 다시 간략하게 살펴본다.

[정의 2.1]

집합은 개체의 모임으로 S = {개체1, 개체2, .., 개체n}로 표기한다. 개체는 집합을 이루는 원소로 각 원소는 한 개씩 존재한다. 원소가 여러 개 있을 때는 순서가 있을 수도 있다. 개체는 무한개가 있을 수 있다. 그러나 원소가 하나도 없는 집합이면 **공집합**이라 하고 { }나 ∅로 표기한다.

L1 = {학교, 집, 산, 강}나 L2 = {school, house, mountain, river}는 언어 L1과 L2를 구성하는 단어의 집합으로 { 와 } 속에 원소를 나열하여 표현한다.

[정의 2.2]

알파벳, T, 은 기호(심볼)의 유한 집합이다.

T1 = {ㄱ, ㄴ, ㄷ,..., ㅎ, ㅏ, ㅑ, ⋯ , ㅡ, ㅣ}는 한글 자음과 모음 기호의 유한 집합으로 알파벳이며, T2 = {A, B, C, ⋯ , Z }는 영어 자음 기호의 유한 집합으로 알파벳이다.

[정의 2.3]

스트링은 알파벳으로 만들 수 있는 기호의 나열이다. 스트링에 기호가 나열될 때는 기호가 나열된 순서에 의미가 있다. **빈스트링**은 문자가 하나도 없는 스트링이며 ε(혹은 λ)로 표기한다.

예를 들어, 알파벳 A = {a, b, c, ..., z}가 영어 자음을 나타내는 알파벳이면 'a', 'b', 'h'나 'hjk', 'abcddffafjkxz'는 각각 스트링이다. 또한 'abc', 'bac', 'cba'은 같은 기호를 나열한 스트링이지만 알파벳의 나열 순서에 따라 의미가 있는 서로 다른 스트링이다. 물론 'a', 'aa', 'aaa', 'aab'도 마찬가지로 다른 스트링이다. 0과 1만 있는 알파벳

N = {0, 1}으로 여러 스트링을 만들 수 있는데 ε도 0과 1로 구성되는 스트링에 속한다.

[정의 2.4]

스트링 길이는 스트링, ω을 구성하고 있는 기호의 개수이며 |ω|로 표기한다.

스트링 ω = 0의 길이는 |ω| = |0|로 1이고, 스트링 ω = 1의 길이는 |ω| = |1|로 1이다. 또 스트링 ω = 01의 길이 |01|은 2이며, 스트링 ω = 1010011의 길이는 |1010011|로 7이다.

[정의 2.5]

언어 L은 알파벳의 각 기호를 조합하여 만들 수 있는 스트링의 집합이다. 즉, 알파벳 T의 원소로 만들어지는 언어 L은 T*의 부분집합으로 L ⊆ T*이다.

정의에 따르면 우리가 말하는 언어라는 것은 알파벳에 있는 기호를 조합하여 만들 수 있는 스트링이라는 의미이다. 즉, 알파벳 A = {a, b}일 때 스트링 a, aa, aaa, ...는 언어이며, 스트링 b, bb, bbb, ...도 언어이다. 물론 스트링 abab, abb, aaab, ... 도 언어이다.

다만, 표기 T*는 알파벳 T에 있는 기호로 만들 수 있는 스트링 집합을 말하면서 여기에는 **빈스트링**도 포함한다는 것을 의미한다. 즉, 알파벳 A = {a, b}일 때의 언어 A* = {ε, a, aa, aaa, ..., b, bb, bbb, ..., abab, abb, aaab, ...}이다. 그러므로 언어 L = {ε, a, aa, aaa, ..., b, bb, bbb, ..., abab, abb, aaab, ...}로 당연히 L ⊆ T^*이다. 또한 T^+는 알파벳 T의 기호로 만들어지는 스트링 집합에서 빈스트링은 포함하지 않는다는 것을 나타낸다. 그러므로 T^*와 T^+의 관계는 아래와 같다.

$$T^+ = T^* - \{\varepsilon\}$$

이와 같이, 정의에 의하면 (형식)**언어**란 알파벳으로부터 만들어지는 스트링의 집합이다. 여기에서 T^*는 반사 이행적 폐포, T^+는 이행적 폐포이며 각각 'T-스타'와 'T-대거'라 읽는다.

예 2.1

기호 0과 1을 원소로 하는 알파벳, T = {0, 1}에서 언어를 만들어 보자. 우선 0과 1을 결합하여 아래와 같이 여러 스트링을 만들 수 있다.

0
1
01
10
00
111
1010011

또한, 0과 1을 결합하지 않는 경우도 있으므로 아래의 공집합도 있다.

ϕ

위 두 경우는 알파벳 T에서 만들 수 있는 언어로서 빈스트링이 없는 유한 집합이지만, 언어는 반드시 유한하지만 않으며 무한하게 생성할 수 있다.

예 2.2

아래는 빈스트링을 포함하는 언어의 무한 집합이다.

{ε, 0, 00, 000, 0000, 00000, ... }
{ε, 1, 11, 111, 1111, 11111, ... }

이와 같이 언어는 수학적으로 표현할 수 있으며 서술적으로도 표현할 수 있다.

예 2.3

빈스트링을 포함하는 언어의 무한 집합을 수학적으로 표현하지 않고 아래처럼 서술적으로 표현할 수도 있다.

(1) 수학적으로 표현한 언어 {ε, 0011, 111100, ...}를 서술적으로 나타내면 아래와 같다.
"0과 1로 이루어지지만 0이 짝수 개, 1이 짝수 개 있는 스트링 집합"
(2) 수학적으로 표현한 언어 {ε, 11100, 001110, ...}를 서술적으로 나타내면 아래와 같다.
"0과 1로 이루어지고 1이 홀수 개 있는 스트링 집합"

지금까지 여러 예를 통하여 알파벳을 가지고 언어를 생성하는데 유한 집합과 무한 집합으로 나타낼 수 있다는 것을 알았다. 그러나 언어를 표현하는 스트링을 실제로 무한하게 나타내기는 어렵다. 다시 말하면, 언어를 서술적으로 무한하게 나타내면 명확하지 않기 때문에 어떤 스트링이 그 언어에서 생성되는 것인지 아닌지를 알기 어렵다.

어떤 알파벳에서 만들 수 있는 언어를 일반적으로 표현하는 방법을 살펴보자. 예를 들면 어떤 언어와 다른 언어를 결합하려면 어떻게 하는지, 주어진 조건이나 제약에 따른 언어는 어떻게 표현하는지 등이다. 이 경우에 두 관점을 말할 수 있다.

- 하나는 "언어를 어떻게 효율적으로 표현할 것인가"이고,
- 또 하나는 "모든 언어를 모두 유한하게 표현할 수 있는가"이다.

우선, 어떤 언어를 일반적으로 표현하는 방법에서 그 언어가 유한하다면 수학의 대수 법칙으로 쉽게 표현할 수 있다.

한 알파벳을 이루는 집합은 L_1이고 다른 알파벳을 이루는 집합을 L_2라 하면 두 알파벳 사이에서는 대수적인 관계가 성립한다.

(1) $L_1 \cup L_2$는 L_1과 L_2의 원소를 합하여 만들어지는 스트링 집합이다(**결합**).
(2) $L_1 \cdot L_2$는 L_1 원소 뒤에는 반드시 L_2 원소가 접속하여 붙은 스트링 집합이다(**접속**).
(3) L_1^n는 L_1 원소 n개로 구성하는 스트링의 집합이다(**반복**).
(4) L_1^*는 L_1 원소로 이루어지는 스트링 집합으로 빈스트링 ε을 포함한다.
(5) L_1^+는 L_1 원소로 이루어지는 스트링 집합으로 빈스트링 ε을 포함하지 않는다.
(6) $L_1(L_1 \cup L_2)$는 맨 앞에는 반드시 L_1 원소로 시작하고, 그 뒤부터는 L_1 원소와 L_2 원소가 섞여서 이루어지는 스트링 집합이다.

위의 대수적 관계를 이용하여 예를 살펴보자.

예 2.4

영어 문자의 집합을 L = {A, B,⋯,Z, a, b, .., z}라 하고, 정수 집합을 D = {0, 1, ⋯, 9}라 하자. 이 때 두 집합 사이에서는 아래의 대수적 관계가 성립한다.

(1) $L \cup D$은 영어 문자와 정수를 합하여 이루어지는 스트링 집합이다. 그러므로 $L \cup D$ = {A, B,⋯, Z, a, b, .., z, 0, 1, ⋯, 9}이다.
(2) $L \cdot D$는 영어 각 문자 뒤에 반드시 정수가 접속하여 붙은 스트링이다. 그러므로 $L \cdot D$ = {A0, A1, B5, h8, k0, ⋯, Z2, a1, b0,...., z9}이다.

(3) L^3는 영어 문자 3개로 이루어지는 스트링 집합이다. 그러므로 L^3 = {AAA, BBB, aaa, ggg, ABC, aBp, ..., zzz}이다. 마찬가지로, D^4 = {0000, 1234, 5555, 7899, 0123, 4656, ..., 9999}이다.

(4) L^*는 영어 문자로 이루어지는 스트링 집합으로 빈스트링 ε을 포함한다. 그러므로 L^* = {ε, A, B, ..., Z, AB, AAA, BCBB, aCaa, AAAggg, ABC, aBp, ..., zzz}이다.

(5) L^+는 영어 문자로 이루어지는 스트링 집합으로 빈스트링 ε을 포함하지 않는다. 그러므로 L^+ = {A, B, ..., Z, AB, AAA, BCBB, aCaa, AAAggg, ABC, aBp, ..., zzz}이다.

(6) L(L∪D)는 맨 앞에는 반드시 영어 문자로 시작하고, 그 뒤부터는 영어 문자와 정수가 숫자가 섞여서 이루어지는 스트링 집합이다. 그러므로 L(L∪D) = {Abd, Bdr, K123, H0072, G7Krt, aBC877Computer, ... }이다.

이와 같이 언어는 수학적(대수적) 방법으로 표현할 수 있다. 이처럼 수학적인 방법으로 표현하면 컴퓨터로 하여금 언어를 자동으로 번역하는 도구(컴파일러 같은 소프트웨어)를 만들기 쉬울 뿐만 아니라, 어떠한 언어에도 이 도구를 적용할 수 있다. 단, 언어를 표현하려면 언어가 유한하여야 한다. 만약, 언어가 무한하다면 다음과 같은 방법으로 유한하게 표현할 수 있다.

- 집합에 의한 표현 방법
- 문법에 의한 표현 방법
- 인식기에 의한 표현 방법

그러나 모든 언어를 유한하게 표현할 수 있는 것은 아니다. 지금부터 언어를 표현하는 방법을 좀 더 구체적으로 살펴본다.

2.1.2 정규 수식

언어를 무한으로 표현하는 것은 가능하지만 그 언어가 생성하는 스트링을 알아내기 어렵다. 즉, 어떤 스트링이 그 언어에서 만들어진 것인지 아닌지를 알아내려면 언어가 유한으로 표현되어야만 한다. 그러므로 언어를 유한하게 표현하기 위해 수학적으로 표현하거나 다른 방법으로 표현할 수 있다.

언어를 정의하는 여러 방법 중에 **정규 수식**이 있다. 정규 수식은 대수적으로 표현한 언어를 세 개의 **결합**, **접속**, **반복** 연산을 행하여 새로운 언어를 생성하는 표현식이다. 각 연산의 속성을 살펴보자.

2.1.2.1 결합

언어는 집합으로 표현할 수 있는데 결합 연산은 여러 집합에 있는 원소를 합하여 한 집합으로 만든다. 결합 연산은 '+'로 표기하고 아래 예와 같다.

{a, aa, aaa, ab} + {b, bb, bbb, ab} = {a, aa, aaa, b, bb, bbb, ab}
{a, aa, aaa, ab} + { } = {a, aa, aaa, ab}

처음 두 집합의 결합에서 ab는 중복하므로 하나만 원소가 된다. 공집합과의 결합은 원소가 있는 집합이 결과가 된다. 즉, 어떤 언어 집합 L과 공집합과의 결합 결과는 L이다(L + { } = L).

2.1.2.2 접속

두 언어의 접속 연산은 한 언어에 있는 스트링을 다른 언어에 있는 스트링과 접속하여 새로운 언어를 구성한다. 이 연산은 점(·)으로 표기(생략가능)하고 아래와 같이 연산한다. 빈스트링과 접속한 스트링은 스트링이다($s \cdot \varepsilon = s$).

즉, $\forall u, v \in T^*$, $uv \in T^*$ 이며, $|uv| = |u| + |v|$ 이다. 또한, $u\varepsilon = u = \varepsilon u$ 이다. 그러므로 $u = a_1a_2a_3...a_n$, $v = b_1b_2b_3...b_m$ 이면 $u \cdot v = a_1a_2a_3...a_nb_1b_2b_3...b_m$ 이다($u \cdot v$를 보통 uv로 표기).

아래는 $u, v \in T^*$ 인 u와 v의 접속 연산 예이다.

(1) u = {a}이고 v = {b}이면, u·v = {a}·{b} = {ab}이다.
(2) u = {a}이고 v = { }이면, u·v = {a}·{ } = {a}이다.
(3) u = {a, b, c}이고 v = {b, ε}이면,
u·v = {a, b, c}·{b, ε}
= {a·b, a·ε, b·b, b·ε, c·b, c·ε}
= {ab, a, bb, b, cb, c}
이다.
(4) u = {ㄱ, ㄹ, ㅎ}이고 v = {ㅏ, ㅗ}이면,
u·v = {ㄱ, ㄹ, ㅎ}·{ㅏ, ㅗ}
= {ㄱ·ㅏ, ㄱ·ㅗ, ㄹ·ㅏ, ㄹ·ㅗ, ㅎ·ㅏ, ㅎ·ㅗ}
= {ㄱㅏ, ㄱㅗ, ㄹㅏ, ㄹㅗ, ㅎㅏ, ㅎㅗ}
이다.

(5) $u = \{0, 1\}$이고 $v = \{a, b, \varepsilon\}$이면,

$$\begin{aligned} u \cdot v &= \{0, 1\} \cdot \{a, b, \varepsilon\} \\ &= \{0 \cdot a, 0 \cdot b, 0 \cdot \varepsilon, 1 \cdot a, 1 \cdot b, 1 \cdot \varepsilon\} \\ &= \{0a, 0b, 0, 1a, 1b, 1\} \end{aligned}$$

이다.

(6) $u = \{01, 0, 1\}$이고 $v = \{1, \varepsilon\}$이면,

$$\begin{aligned} u \cdot v &= \{01, 0, 1\} \cdot \{1, \varepsilon\} \\ &= \{01 \cdot 1, 01 \cdot \varepsilon, 0 \cdot 1, 0 \cdot \varepsilon, 1 \cdot 1, 1 \cdot \varepsilon\} \\ &= \{011, 01, 0, 11, 1\} \end{aligned}$$

이다.

위 예의 (6)에서 $01 \cdot \varepsilon$와 $0 \cdot 1$의 결과인 스트링 '01'는 중복하므로 두 번 기술할 필요는 없다. 언어 L_1과 L_2에서, $L_1 \cdot L_2$와 $L_2 \cdot L_1$가 반드시 같을 필요는 없다. 또한 $L \cdot \{\varepsilon\} = L$이지만 $L \cdot \phi = \phi$이다.

2.1.2.3 반복

반복 연산은 원소를 연속으로 나열하는 횟수를 말하며 별표(*)를 연산자로 사용한다. L이 언어이면 반복 연산은 아래와 같다.

$a^n = aaaaa...aa$같이 연속하는 n개의 a를 말하며 $a^0 = \varepsilon$이다. 언어 L에 대해서도 아래와 같이 반복적으로 정의할 수 있다. 여기에서 주의할 것은 $\phi^* = \{\varepsilon\}$이다.

$$L^0 = \{\varepsilon\}$$
$$L^n = LL^{n-1}, \ n \geq 1$$

이 반복 연산에서 L^*는 아래와 같이 계산한다.

$$\begin{aligned} L^* &= L^0 + L^1 + L^2 + L^3 + L^4 + L^5 + \cdots \\ &= L^0 \cup L^1 \cup L^2 \cup \cdots \cup L^n \cup \cdots \\ &= \bigcup_{i=0}^{\infty} L^i \end{aligned}$$

또한, L^+는 아래와 같다.

$$\begin{aligned} L^+ &= L^1 \cup L^2 \cup \cdots \cup L^n \cup \cdots \\ &= L^* - L^0 \\ &= \bigcup_{i=1}^{\infty} L^i \end{aligned}$$

결국, 언어 L의 반복 연산 L^*는 스트링이 하나도 없거나, 스트링을 여러 개 접속하여 새로운 스트링을 만든다는 것을 알 수 있다.

예 2.5

언어 L의 반복 연산 L^0, L^1, L^2 각각은 아래와 같이 계산한다.

$$L^0 = \{\varepsilon\}$$
$$L^1 = L$$
$$L^2 = L \cdot L$$

지금까지의 정규 수식을 집합으로 나타내 보자.

x가 알파벳에 있는 문자 하나이면 {x}처럼 정규 수식을 집합으로 간단하게 나타낼 수 있다. 그러므로 x = {x}이며 길이가 1인 스트링 한 개가 있는 집합이다. 아래는 정규 수식을 집합으로 나타낸 예이다.

(1) $a + b = \{ a \} + \{ b \} = \{ a, b \}$
(2) $01 + 10 = \{ 01 \} + \{ 10 \} = \{ 01, 10 \}$
(3) $q + \varepsilon = \{ q \} + \{ \varepsilon \} = \{ q, \varepsilon \}$

정규 수식은 지금까지 살펴본 것처럼 언어가 세 개의 연산자를 포함하는 대수식이다. 그러므로 연산자의 우선순위를 따라야 하며, 괄호 안 수식을 먼저 연산한다. 괄호를 사용하지 않으면 반복, 접속, 결합의 순으로 우선순위가 있다(반복이 제일 높고 결합이 제일 낮다). 또한, 연산자가 연속으로 있으면 앞(왼쪽)에서부터 차례로 연산한다.

아래는 언어 L_1, L_2, L_3에 대한 정규 수식의 연산자 우선순위 예이다.

$$L_1 + L_2 \cdot L_3 = L_1 + (L_2 \cdot L_3)$$
$$L_1 + L_2 + L_3 = (L_1 + L_2) + L_3$$
$$L \cdot L \cdot L = (L \cdot L) \cdot L$$
$$L_1 \cdot L_2{*} = L_1 \cdot (L_2{*})$$

그러나 반복(*) 연산이 여러 개있으면 각 반복을 따로 연산한다. 즉, 정규 수식 $(a^*b)^*$에서 a^*와 $(a^*b)^*$는 각각 연산한다.

예 2.6

정규 수식 $(a^*b)^1$와 $(a^*b)^2$에서 반복 연산으로 스트링 만드는 과정을 살펴보자.

(1) 정규수식이 $(a^*b)^1$일 때,

$(a^0b)^1$는 b
$(a^1b)^1$는 ab
$(a^2b)^1$는 aab
$(a^3b)^1$는 aaab
......
$(a^*b)^1$는 εaaa....b

(2) 정규수식이 $(a^*b)^2$일 때,

$(a^0b)^2$는 bb
$(a^1b)^2$는 abab
$(a^2b)^2$는 aabaab
$(a^3b)^2$는 aaabaaab
......
$(a^*b)^2$는 εaaa....bεaaa....b

예 2.7

정규 수식 $(a+b)^*$에서 만들어지는 스트링을 살펴보자. 이 정규수식은 $\{a, b\}^*$처럼 집합으로 나타낼 수 있다. 그러므로 언어 L = {a, b}라 하면 L^*를 구하는 것과 같다. 즉, 언어 L에서 만들어지는 스트링은 어떠한 것들이 있는지 알아본다.

$L^0 = \{\varepsilon\}$
$L^1 = \{a, b\}$
$L^2 = L \cdot L^1 = \{aa, ab, ba, bb\}$
$L^3 = L \cdot L^2 = \{aaa, aab, aba, abb, baa, bab, bba, bbb\}$
......
$L^* = \{\varepsilon, a, b, aa, ab, ba, bb, aaa, aab, aba, abb, baa, bab, bba, bbb, aaaa, ...\}$

이와 같이 정규수식 $(a+b)^*$에서 "a와 b의 조합으로 이루어지는 스트링 집합"을 만들 수 있다.

예 2.8

정규 수식 $a \cdot (a+b)^* \cdot b$에서 만들어지는 스트링을 살펴보자. 이 정규 수식은 집합 $\{a\}\{a,b\}^*\{b\}$로 나타낼 수 있다. 집합 $\{a\}\{a,b\}^*\{b\}$에서 만들어지는 스트링은 예 2.7처럼 $\{a,b\}^*$에서 만들어지는 스트링에 앞에는 {a}를, 뒤에는 {b}를 접속한다. 그러므로 이 정규 수식으로 표현한 언어는 아래와 같은 스트링을 만든다.

$$\begin{aligned} L &= \{a\}\{a,b\}^*\{b\} \\ &= \{a\}\{\varepsilon,a,b,aa,ab,ba,bb,aaa,aab,aba,abb,baa,bab,bba,bbb,aaaa,\ \ldots.\}\{b\} \\ &= \{a\varepsilon b,\ aab,\ abb,\ aaab,\ aabb,\ abab,\ abbb,\ \ldots\} \\ &= \{ab,\ aab,\ abb,\ aaab,\ aabb,\ abab,\ abbb,\ \ldots\} \end{aligned}$$

정규 수식 $a \cdot (a + b)^* \cdot b$에서 만들 수 있는 스트링은 "a와 b의 조합으로 만들어지는 스트링에 맨 앞에는 반드시 a가 오고 맨 뒤는 반드시 b가 오는 스트링의 집합"이다.

실습 2.1

어떤 언어를 아래 각 정규 수식으로 표현할 수 있다. 이 언어로 만들 수 있는 스트링을 보이시오.

(1) $(0(1 + 0)^*)^*1$

이 정규 수식은 아래와 같은 과정으로 스트링을 전개할 수 있다. 우선순위에 따라 가운데의 정규 수식 $(1 + 0)^*$에서 스트링을 구한다.

$$L = \{1,0\}^* = \{\varepsilon,1,0,11,10,01,00,111,110,101,100,011,010,001,000,\ \ldots.\}$$

생성한 스트링의 맨 앞에 0이 오도록 정규 수식 $0(1 + 0)^*$의 스트링을 구한다.

$$\begin{aligned} L &= \{0\}\{\varepsilon,1,0,11,10,01,00,111,110,101,100,011,010,001,000,\ \ldots.\} \\ &= \{0,01,00,011,010,001,000,0111,0110,0101,0100,0011,0010,0001,\ \ldots.\} \end{aligned}$$

정규 수식 $(0(1 + 0)^*)^*$에 의해 0이 접속된 스트링을 반복 연산하여 새로운 스트링을 생성한다.

$$\begin{aligned} L &= \{0,01,00,011,010,001,000,0111,0110,0101,0100,0011,0010,0001,\ \ldots.\}^* \\ &= \{\varepsilon,0,01,00,011,010,001,000,0111,0110,0101,0100,0011,0010,0001,\ \ldots.\} \end{aligned}$$

마지막으로 생성한 스트링의 맨 뒤에 1이 오도록 정규 수식 $(0(1 + 0)^*)^*1$의 스트링을 구하면 아래와 같다.

$L = \{\varepsilon,0,01,00,011,010,001,000,0111,0110,0101,0100,0011, ...\}\{1\}$
$= \{1, 01, 011, 001, 0111, 0101, 0011, 011011, ...\}$

(2) $(0 + 1)^* \cdot (0 + 1)$

이 정규 수식은 집합 $L = \{0,1\}^*\{0,1\}$로 나타낼 수 있으며 위의 방법으로 스트링을 구하면 아래와 같다.

$L = \{0, 1, 00, 011, 1010, 101, ...\}$

(3) $(0^*1^*)^*$

이 정규 수식은 $(0^*1^*)^* = (0 + 1)^*$이다. 그러므로 $L = \{0,1\}^*$로 나타낼 수 있으며 위의 방법으로 스트링을 구하면 아래와 같다.

$L = \{\varepsilon, 0, 1, 01, 10, 00, 11, 001, ...\}$

실습 2.2

아래에 글로 설명한 언어를 정규 수식으로 나타내시오.

"0과 1로 이루어진 스트링으로 1이 연속으로 세 개 있다(세 개씩 여러 번 있을 수 있다)"

이 언어는 1이 연속으로 세 개가 있어야 하므로 '111'이 있도록 먼저 기술한다. 이 '111'의 앞과 뒤에 0과 1의 조합으로 이루어진 어떠한 스트링도 있을 수 있으므로 이미 살펴본 정규 수식 $(0+1)^*$를 접속한다. 그러면 아래 정규 수식을 얻는다.

$(0 + 1)^*111(0 + 1)^*$

실습 2.3

아래에 글로 설명한 언어를 정규 수식으로 나타내시오.

"a와 b로 이루어지며 a가 반드시 세 개만 있는 스트링"

a가 반드시 세 개만 있으므로 세 개의 a를 먼저 기술하고, 이 a의 앞과 뒤에는 b로 구성될 수 있는 정규수식 b^*를 접속한다. 그러면 a는 세 개만 있고 나머지는 b로 이루어지는 스트링을 만드는 아래 정규 수식을 얻는다.

$b^*ab^*ab^*ab^*$

예 2.9

{A, B,⋯, Z, a, b, .., z}는 영어 알파벳 집합이고, {0, 1, 2, ⋯, 9}는 수의 집합이다. 이 두 집합의 정규 수식을 살펴보자.

$$\{A, B,\cdots, Z, a, b, .., z\}(\{A, B,\cdots, Z, a, b, .., z\} + \{0, 1, 2, \cdots, 9\})^*$$

이 정규 수식에서 아래 수식은

$$(\{A, B,\cdots, Z, a, b, .., z\} + \{0, 1, 2, \cdots, 9\})^*$$

영어 알파벳 집합과 수의 조합으로 이루어지는 스트링이다. 그러므로 이 수식으로 만들어지는 스트링 앞에 다시 영어 알파벳 집합인

$$\{A, B,\cdots, Z, a, b, .., z\}$$

이 접속한다. 그러므로 최종적으로 위 정규 수식은 "영어 알파벳이 반드시 맨 앞에 있고, 그 뒤는 영어 알파벳과 수의 조합으로 이루어지는 스트링을 만든다". 즉, A, B,⋯, Z, a, b, .., z의 문자 중에서 하나가 반드시 맨 앞에 있고, 그 뒤부터는 A, B,⋯, Z, a, b, .., z 중에서 문자 하나가 오거나, 0, 1, 2, ⋯, 9 중에서 숫자 하나가 오거나, 문자 하나나 숫자 하나가 반복하거나, 문자와 숫자가 조합하거나 조합이 반복하여 나타난다.

정규 수식으로 만들어지는 스트링은 아래 예와 같이 우리가 잘 아는 프로그래밍 언어의 식별자를 의미한다.

KNU, Knu, K007, WorldCup2012, T0n1, U12yi921, s23k, CopPL123

그러나 이 정규 수식에서 아래 스트링은 생성할 수 없다.

84JUN, KNU_CS, %TTL, *Sami_mail&

84JUN은 8이 숫자이므로 정규 수식에서 맨 앞에는 영어 알파벳이 와야 하고, 수는 생성할 수 없다. 또 %TTL는 정규 수식에 문자 %를 정의하지 않는다.

[정의 2.6]

정규 수식의 표현식에 '**이름**'을 붙이는 것을 **정규 정의**라 한다. 정규 수식의 표현식이 긴 경우에 아래처럼 정규 정의를 사용한다.

$D_1 = R_1$
$D_2 = R_2$

.....

$D_n = R_n$

여기서 R_i는 정규 수식이고, D_i는 R_i의 정규 정의 이름이다.

정의에 따라 정규 수식 $(0 + 1)^*111(0 + 1)^*$은 아래처럼 정규 정의로 나타낼 수 있다.

oneorzero = (0 + 1)
threeone = 111

그러므로 원래의 정규 수식은 아래와 같이 정규 정의로 쓸 수 있다.

$\text{oneorzero}^* \ \text{threeone} \ \text{oneorzero}^*$

실습 2.4

{A, B,⋯, Z, a, b, .., z}는 영어 알파벳 집합이고, {0, 1, 2, ⋯, 9}는 수의 집합이다. 이 두 집합을 이용하여 프로그래밍 언어의 식별자를 나타내는 정규 정의를 쓰시오.

우선, 각 집합을 정규 정의로 나타내면 아래와 같다.

letter = {A, B,⋯, Z, a, b, .., z}
digit = {0, 1, 2, ⋯, 9}

이 정규 정의에서 프로그래밍 언어의 식별자를 나타내려면 맨 앞에는 반드시 영어 문자(letter)가 오고 그 뒤에는 영어와 수(digit)가 조합, 반복하여 나타나야 하므로 아래처럼 쓸 수 있다.

$\textbf{letter(letter + digit)}^*$

그러므로 이 **정규 정의**는 letter = {A, B,⋯, Z, a, b, .., z}, digit = {0, 1, 2, ⋯, 9}로 이름을 가지고 의미는 아래와 같다.

$\{A, B, \cdots, Z, a, b, .., z\}(\{A, B, \cdots, Z, a, b, .., z\} + \{0, 1, 2, \cdots, 9\})^*$

지금까지 살펴본 언어를 표현하는 정규 수식 외에 다른 방법을 알아보자.

2.1.3 유한 상태 기계

언어를 정규 수식 외에 유한 상태 기계로 표현할 수 있다. 이 절에서는 **유한 상태 기계**를 이용하여 언어를 표현하는 방법을 알아본다. 유한 상태 기계(이 기계는 실제로 눈에 보이는 기계가 아닌 가상 기계이다)는 언어를 명확하게 나타내기 위하여 수학 기호를 사용하는데 **오토마타 이론**을 바탕으로 한다.

2.1.3.1 유한 상태 기계의 정의

[정의 2.7]

알파벳 T의 **유한 상태 기계(M)**는 $M = (S, T, q, s_0, F)$처럼 다섯 개 요소로 이루어지는 시스템이다. 각 요소는 아래와 같다.

S : 상태의 유한 집합(빈상태는 없음)
T : 입력하는 알파벳의 유한 집합
q : 현재의 상태에서 입력한 새 알파벳에 따라 다른 상태로 전이하는 상태 전이 함수, $q : S \times T \rightarrow 2^S$
s_0 : 시작 상태로, $s_0 \in S$
F : 수락 상태의 유한 집합으로, $F \subseteq S$

그러므로 유한 상태 기계는 시작을 나타내는 시작 상태, 전이를 마치는 수락 상태의 유한 집합과 현재의 상태에서 입력하는 알파벳의 원소에 따라 다른 상태로 이동하는 상태 전이 함수로 구성한 기계이다. 이 때 시작 상태는 다시 수락 상태가 될 수 있으며, 상태 전이 함수의 결과는 새로운 상태가 된다. 즉, 현재 상태 s에서 알파벳 원소 a를 입력받으면 상태 전이 함수 q는 $(s, a) = \{p_1, p_2, ..., p_n\}$이다. 그러므로 $\{p_1, p_2, ..., p_n\}$의 각 원소 $p_1, p_2, ..., p_n$는 전이에 의한 새로운 상태이다.

다섯 개 요소로 이루어진 어떤 유한 상태 기계 $M = (\{s_0, s_1, s_2, s_3\}, \{a, b, c, d\}, q, s_0, \{s_3\})$를 예를 들어보자. 이 기계의 상태 집합은 $\{s_0, s_1, s_2, s_3\}$이며, 입력 심볼 집합은 $\{a, b, c, d\}$이다. 시작 상태는 s_0, 마지막 상태 집합은$\{s_3\}$이며 상태 전이 함수 q는 아래와 같다.

$q(s_0, a) = s_1$ $q(s_0, b) = s_2$ $q(s_0, d) = s_3$
$q(s_1, b) = s_3$ $q(s_1, c) = s_2$
$q(s_2, b) = s_3$ $q(s_2, c) = s_0$

이 기계에 입력 스트링이 d, acb, bcd, accbcacb, abcd로 들어올 때 각 스트링을 이 기계로 표현할 수 있는지 살펴보자.

(1) 먼저 d를 입력하면 $q(s_0, d) = s_3$로 수락 상태로 간다. 그러므로 d는 이 기계로 표현할 수 있는 언어이다.

(2) acb를 입력하면 $q(s_0, acb) = q(s_1, cb) = q(s_2, b) = s_3$로 수락 상태로 간다. 그러므로 acb는 이 기계로 표현할 수 있는 언어이다.

(3) bcd를 입력하면 $q(s_0, bcd) = q(s_2, cd) = q(s_0, d) = s_3$로 수락 상태로 간다. 그러므로 bcd는 이 기계로 표현할 수 있는 언어이다.

(4) accbcacb를 입력하면 $q(s_0, accbcacb) = q(s_1, ccbcacb) = q(s_2, cbcacb) = q(s_0, bcacb) = q(s_2, cacb) = q(s_0, acb) = q(s_1, cb) = q(s_2, b) = s_3$로 수락 상태로 간다. 그러므로 accbcacb는 이 기계로 표현할 수 있는 언어이다.

(5) 끝으로 abcd를 입력하면 $q(s_0, abcd) = q(s_1, bcd) = q(s_3, cd) =$???로 c를 입력하는 순간 s_0에서는 상태 전이가 일어나지 않는다. 그러므로 abcd는 이 기계로 표현할 수 있는 언어가 아니다.

유한 상태의 동작을 수학적으로 나타내면 이해하기 어려울 수 있다. 유한 상태 기계의 동작을 이해하기 쉽도록 시각적으로 나타내 보자. 이러한 시각적인 방법에 상태 전이 다이어그램과 상태 전이 테이블이 있다.

2.1.3.2 상태 전이 다이어그램

그림 2.1는 상태 다이어그램을 구성하는 기본 요소이다. 각 상태는 원으로 나타내며, 시작 상태는 자신 앞에는 다른 상태가 없기 때문에 화살표만 있는 원이며, 수락(종료) 상태는 이중원으로 나타낸다. 또한 상태 전이는 알파벳의 입력 심볼이 위에 있는 화살표로 나타내는데 한 상태에서 입력 심볼에 의해 다른 상태로 전이(이동)한다는 의미이다.

상태 전이 다이어그램의 기본 요소를 사용하여 그림 2.2와 같이 유한 상태 기계를 간단하게 그려볼 수 있다.

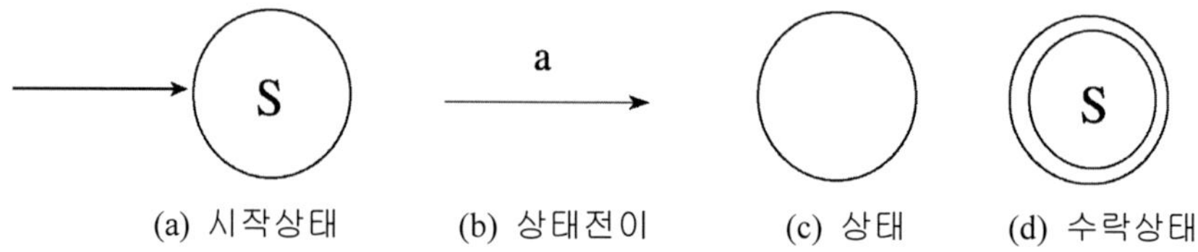

그림 2.1 상태 전이 다이어그램을 구성하는 기본 요소

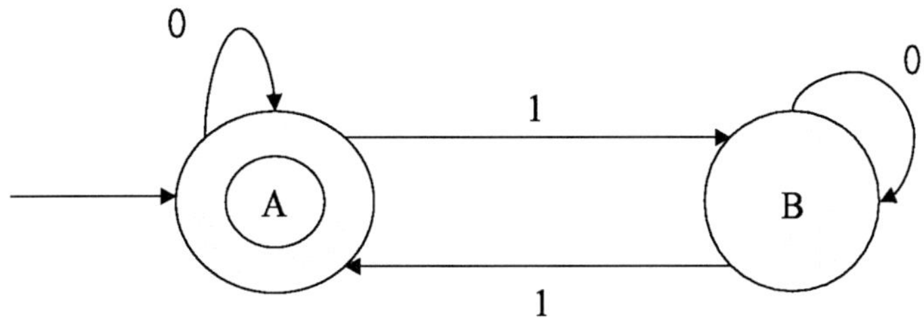

그림 2.2 유한 상태 기계 예

그림 2.2는 {0, 1}을 알파벳으로 사용하고, 0을 입력하거나 1을 입력할 때 마다 상태가 이동하는 유한 상태 기계의 동작이다. 즉, A 상태에서 1을 입력하면 상태 전이 함수에 따라 B 상태로 이동하고, 0을 입력하면 A 상태에 있다는 의미이다. 또 B 상태에서 0을 입력하면 B 상태에 그냥 있고, 1를 입력하면 A 상태로 이동한다는 의미이다. 상태 전이가 계속 일어나서 상태가 변하다가 마지막으로 입력한 원소에 따라 수락 상태가 되면 더 이상 상태 전이는 일어나지 않는다.

이와 같이, 기계는 시작 상태에서 시작하여 알파벳에서 만들어진 스트링을 입력으로 받는다. 현재 상태와 방금 들어온 심볼 사이의 전이 함수에 의해 새로 지정된 다음 상태로 이동한다. 이러한 과정을 반복하면서 입력 스트링을 모두 읽고 나면, 기계 상태는 수락상태가 되거나 수락이 아닌 상태가 된다. 즉, 수락 상태이면 입력 스트링을 **수락한다**고 하고, 수락상태가 아니면 입력 스트링을 **수락하지 않는다**고 한다.

그림 2.2의 유한 상태 기계는 "0과 1로 이루어진 스트링에서 1이 반드시 짝수 개 있는 스트링"만 수락한다는 의미이다. 그러므로 이 기계가 수락할 수 있는 스트링 집합은 {ε, 011, 001100, 10111, 1110111, ...}이다. 그러나 1이 홀수 개있는 001, 10, 1101와 같은 스트링은 수락하지 않는다.

실습 2.5

입력하는 알파벳이 {0, 1}이며, 아래 글로 표현한 언어의 유한 상태 기계를 상태 전이 다이어그램으로 나타내시오.

"0과 1로 이루어지는 스트링에서 0이 반드시 홀수 개만 있는 스트링"

이 언어를 수락하는 유한 상태 기계는 0에 의해 수락 상태로 가도록 해야 한다. 그러므로 시작 상태에서 0이 한 개일 때부터 수락 상태로 가도록 한다. 그 후 0이 두 번째로 들어오면(짝수이면) 아무 상태로든 가도록 한다. 또 다시 0이 들어오면(홀수이면) 다시 수락 상태가 되도록 한다. 그러나 1을 입력하면 자신의 상태를 유지하도록 한다. 이렇게 하면 그림 2.3과 같은 상태 다이어그램을 그릴 수 있다. 이 때 들어오는 스트링은 {ε, 011, 011100, 1011, 1000101011, ... }이다.

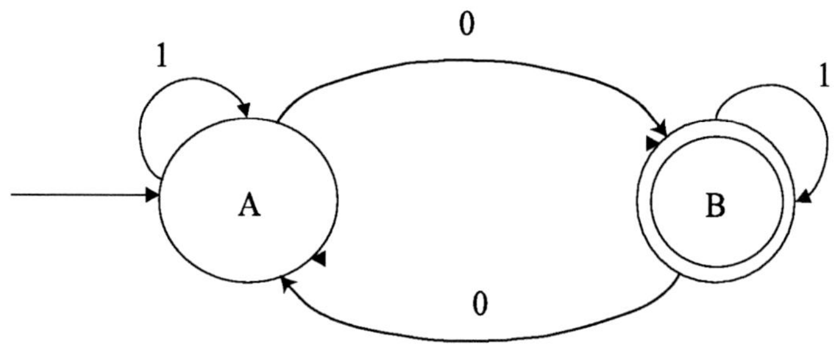

그림 2.3 홀수개의 0을 수락하는 상태 전이 다이어그램

실습 2.6

그림 2.2는 입력 알파벳 {0, 1}을 사용하여 "0과 1로 이루어진 스트링에서 1이 반드시 짝수 개 있는 스트링" 만 수락한다. 이 의미의 언어를 나타내는 상태 전이 다이어그램을 그림 2.2와 다르게 나타내시오.

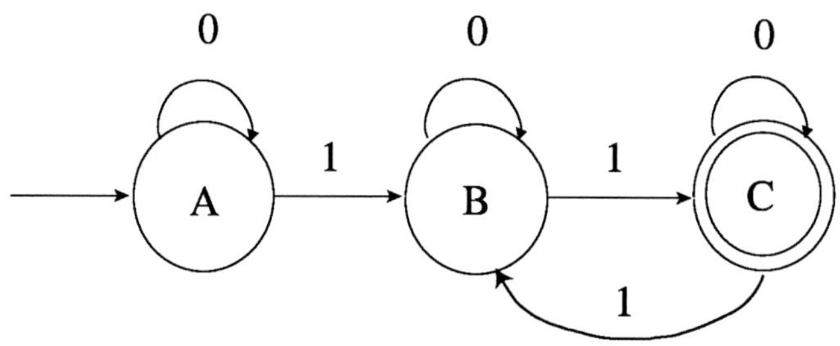

그림 2.4 0과 1로 이루어진 스트링에서 1이 반드시 짝수 개 있는 스트링을 수락하는 상태 전이 다이어그램

유한 상태 기계를 상태 전이 다이어그램으로 나타내는 다른 예를 살펴보자. 그림 2.5는 입력 알파벳이 {0, 1}이고, 시작 상태는 A, 수락 상태는 C이다. 이 기계에서 수락 상태로 가려면 시작과 끝이 반드시 0인 스트링이어야 한다. 그러므로 이 기계는 "0과 1로 이루어진 스트링으로 반드시 0으로 시작하고 반드시 0으로 끝나는 스트링"을 수락한다.

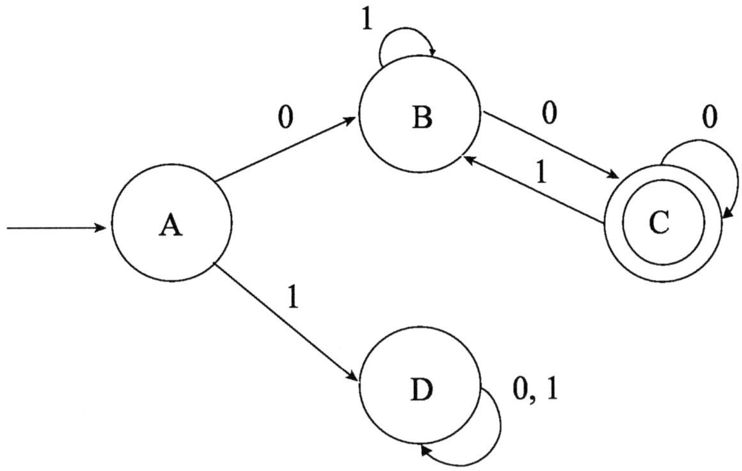

그림 2.5 0과 1로 이루어진 스트링으로 반드시 0으로 시작하고 반드시 0으로 끝나는 스트링을 수락하는 상태 전이 다이어그램

아래 스트링은 그림 2.5 유한 상태 기계에서 수락할 수 있는 스트링들이다.

010, 0100, 01010, 01110, 010110

즉, 스트링 0100은 A $\rightarrow^{0}$ B $\rightarrow^{1}$ B $\rightarrow^{0}$ C $\rightarrow^{0}$ C처럼 상태가 변하면서 0으로 시작하여 0으로 끝나는 스트링으로 수락할 수 있다. 마찬가지로 스트링 010110은 A $\rightarrow^{0}$ B $\rightarrow^{1}$ B $\rightarrow^{0}$ C $\rightarrow^{1}$ B $\rightarrow^{1}$ B $\rightarrow^{0}$ C로 상태가 변하면서 스트링을 수락할 수 있다. 그러나 아래 스트링들은 수락할 수 없다.

101, 011, 101, 0101, 1101

예를 들어, 스트링 101은 A $\rightarrow^{1}$ D $\rightarrow^{0}$ D $\rightarrow^{1}$ D처럼 상태가 변하지만 원소를 모두 읽을 때까지 수락 상태인 C로 이동하지 않으므로 이 스트링을 수락할 수 없다.

위의 두 예를 통하여 유한 상태 기계의 동작을 살펴보았다. 유한 상태 기계가 어떤 스트링을 수락한다는 것은 그 스트링을 생성하는 언어를 인식한다고 할 수 있다.

[정의 2.8]

어떤 유한 상태 기계가 입력 스트링을 수락하면 그 스트링을 생성하는 **언어를 인식**한다고 한다. 또는 그 **언어를 정의**한다고 한다.

실습 2.7

{0, 1}을 입력 알파벳으로 하는 아래 언어를 인식하는 유한 상태 기계를 상태 전이 다이어그램으로 나타내시오.

> "스트링이 0과 1로 이루어지며 1 세 개가 연속으로 나타나는 스트링(1 세 개가 연속으로 여러 번 나올 수 있다)"

이 언어를 수락하는 상태 전이 다이어그램은 0이나 1로 시작하고 또한 0이나 1에 의해 수락 상태가 되어야 한다. 그리고 1을 받은 상태에서는 다음 상태와 그 다음 상태로 1을 두 번 연속으로 받을 수 있도록 상태 변화를 주어야 한다. 그리고 1이 연속으로 오지 않으면 0이 온다는 의미이므로 0을 받는 상태로 전이가 일어나도록 한다. 그러므로 시작 상태에서 0이 들어오면 자신의 상태로 1이 들어오면 다음 상태로 가서 1이 두 번 더 들어오도록 하고 0이 들어오면 시작 상태로 가도록 한다. 1이 세 번 연속으로 들어온 후에는 수락 상태로 이동한다. 이렇게 하면 그림 2.6과 같은 상태 다이어그램을 그릴 수 있다. 이 때 들어오는 스트링은 01110, 010111, 01111, 11101110, 0110111001110 등이다.

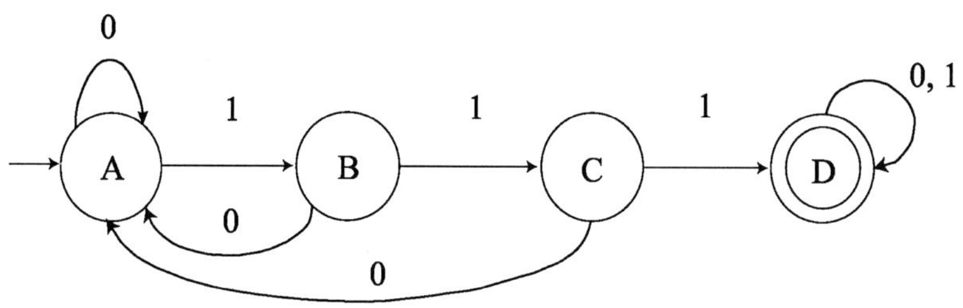

그림 2.6 스트링이 0과 1로 이루어지며 1 세 개가 연속으로 나타나는 스트링을 인식하는 상태 전이 다이어그램

실습 2.8

{0, 1}을 입력 알파벳으로 하는 아래 언어를 인식하는 유한 상태 기계를 상태 전이 다이어그램으로 나타내시오.

> "0과 1로 이루어지며 1이 반드시 세 개만 있는 스트링"

이 상태 다이어그램은 1이 반드시 세 개만 있어야 하므로, 1이 세 개 이하이거나 이상 나오면 수락하지 않도록 해야 한다. 그러므로 이 언어를 수락하는 상태 전이 다이어그램은 시작 상태에서는 0이나 1로 시작하고, 수락 상태는 0이나 1로 수락하여야 한다. 그리고 중간에는 1을 받아들이는 상태가 세 개만 있어야 한다.

1을 받는 상태에서 1이 들어오면 상태가 변해야 하고 0이 들어오면 자신의 상태를 유지한다. 시작 상태, 수락 상태, 중간 상태의 다이어그램을 결합하면 그림 2.7과 같은 상태 다이어그램을 그릴 수 있다. 그러므로 스트링 01110, 0101010, 111000, 101010000를 수락할 수 있다. 그러나 스트링 0110, 010, 01010101는 수락할 수 없다.

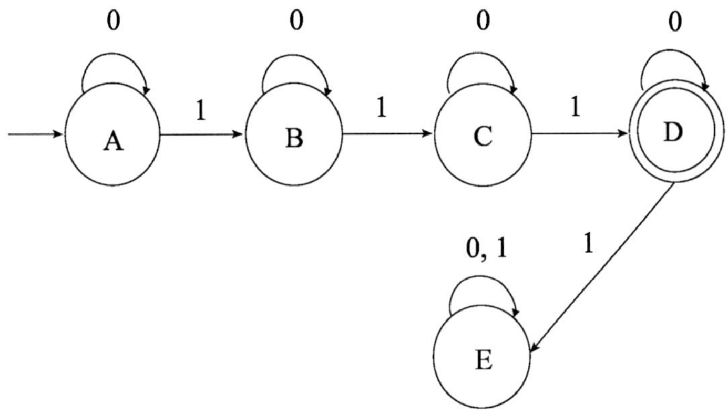

그림 2.7 스트링이 0과 1로 이루어지며 1이 반드시 세 개만 있는 스트링을 인식하는 상태 전이 다이어그램

2.1.3.3 상태 전이 테이블

유한 상태 기계를 나타내는 다른 방법으로 상태 전이 테이블을 살펴보자! 즉, 유한 상태 기계의 상태인 A, B, C, ...를 테이블의 맨 왼쪽 열에 넣고, 알파벳 원소는 맨 위의 행에 나열한다. 그러면 테이블의 각 셀(내용)은 현재 상태와 입력 심볼에 따라 전이가 일어날 다음 상태가 들어있다. 그림 2.8은 그림 2.2와 그림 2.5의 유한 상태 기계를 상태 전이 테이블로 나타낸 것이다. 그림 2.8에서 시작 상태는 테이블의 맨 왼쪽 처음에 있고, 수락 상태는 원으로 표시된 상태 이름이다.

	0	1
Ⓐ	A	B
B	B	A

	0	1
A	B	D
B	C	B
Ⓒ	C	B
D	D	D

그림 2.8 그림 2.2와 그림 2.5에 있는 상태 전이 다이어그램의 상태 전이 테이블

이와 같이 유한 상태 기계를 상태 전이 테이블로 나타내면 각 칸에 상태 이름이 한 개씩 들어간다. 이처럼 어떤 상태에서 입력 심볼 한 개에 따라 이동할 상태가 하나만 있으면 **결정적**이라 한다. 그러므로 위의 상태 전이 테이블로 나타낸 유한 상태 기계는 결정적이다. 이러한 상태 전이 테이블을 이용하면 유한 상태 기계를 컴퓨터 프로그램으로 구현하기 쉽다.

실습 2.9

실습 2.5의 상태 전이 다이어그램을 상태 전이 테이블로 나타내면 아래와 같다.

	0	1
A	B	A
Ⓑ	A	B

실습 2.10

실습 2.6의 상태 전이 다이어그램을 상태 전이 테이블로 나타내면 아래와 같다.

	0	1
A	A	B
B	B	C
Ⓒ	C	B

실습 2.11

실습 2.7의 상태 전이 다이어그램을 상태 전이 테이블로 나타내면 아래와 같다.

	0	1
A	A	B
B	A	C
C	A	D
Ⓓ	D	D

실습 2.12

실습 2.8의 상태 전이 다이어그램을 상태 전이 테이블로 나타내면 아래와 같다.

	0	1
A	A	B
B	B	C
C	C	D
Ⓓ	D	E
E	E	E

2.1.3.4 결정형 유한 상태 기계

[정의 2.9]

결정형 유한 상태 기계는 어떤 상태에서 입력 심볼 한 개에 의해 다른 상태로의 전이가 **반드시** 한 개만 존재하는 유한 상태 기계이다.

위 실습에서 살펴본 유한 상태 기계는 어떠한 입력이 들어오더라도 다른 상태로 반드시 이동한다. 즉, 어떤 입력 심볼이 들어오더라도 반드시 상태 전이가 일어나며 전이가 결정된 길은 반드시 **한 개**는 있다는 의미이다.

연습문제 2.1

01 물음에 답하시오.

(1) 알파벳 {a, b}에 대해 b가 짝수 개 있는 스트링 집합에 포함하는 것을 고르시오.

abab　　abaabba　　ε　　bbacbb　　aaaa

(2) 알파벳 {a, b, c}에 대해 $|a|=|b|=|c|$인 스트링의 집합에 포함하는 것을 고르시오.

ε　　aaabb　　bca　　acccbbaab　　aaabbbccc

(3) 정규 수식 $(b + aa)^*b$로 만들어지는 스트링을 고르시오.

ε　　baab　　ab　　aab　　bbb

02 정규 수식 $a + b(a^*ba)^*$로 생성할 수 있는 언어를 보이시오.

03 정규 수식 $b(a^*)^* + ab$로 생성할 수 있는 언어를 보이시오.

04 정규 수식 $(aa)^*c(bb)^*$로 생성할 수 있는 언어를 보이시오.

05 아래 각 정규 수식으로 정의되는 언어를 인식하는 유한 상태 기계를 구성하시오.

(1) $(0 + 1)^*1$
(2) $(a + b)a^*$
(3) $(a^*b^*)^*$
(4) $((a + b)(c + d))^*$

06 알파벳 {0, 1}에 대해 아래 각 스트링을 만드는 유한 상태 기계를 보이시오.

(1) 1이 홀수 개 있고, 0이 홀수 개 있는 스트링
(2) 반드시 1로 시작하고 반드시 1로 끝나는 스트링

(3) 1이 연속으로 두 개 있고 스트링 안에 반드시 두 번만 나타나는 스트링

(4) 반드시 0으로 시작하고 0으로 끝나는 스트링에서, 0과 1이 각각 연속으로 세 개씩 존재하는 스트링(예; 000111000111 와 같은 패턴)

07 아래 각 테이블로 표현한 유한 상태 기계를 전이 다이어그램으로 나타내고, 이 기계가 인식할 수 있는 언어를 보이시오. 알파벳은 {a, b}이다.

(1)

	a	b
A	A	D
B	C	B
Ⓒ	C	C
D	D	D

(2)

	a	b
A	A	D
B	A	B
C	B	C
Ⓓ	C	A

(3)

	a	b
A	B	A
B	C	C
C	B	D
Ⓓ	C	A

(4)

	a	b
A	A	B
B	C	A
Ⓒ	B	C

2.2 토큰

이미 살펴보았듯이 컴파일러 첫 단계는 입력 스트링을 한 문자씩 읽으면서 처리하는 **어휘 분석 단계**로 **스캐너**라고도 한다. 어휘 분석 단계에서는 하나씩 읽은 문자를 속성별로 분리하여 **토큰**을 만든다. 이렇게 만들어진 토큰은 어휘 분석 다음 단계인 구문 분석 단계에서 사용한다. 토큰으로 분리할 때는 스트링을 표현하는 정규 수식이나 유한 상태 기계에서 인식할 수 있는 언어 속성에 따라 분류한다. 토큰은 보통 아래 속성을 가진다.

2.2.1 예약어

예약어는 main, function, for, while, if, int, float, do, case, switch, ...와 같이 프로그래밍 언어에서 미리 **의미**를 정의한 단어로 컴파일러가 기계어의 동작 코드를 생성하는 단어이다. 예약어는 변수 이름으로 사용할 수 없기 때문에 C 프로그래밍 언어에서는 예약어를 변수로 사용하지 않지만, PL/1 같은 프로그래밍 언어는 예약어를 변수로 사용할 수도 있다.

예 2.10

아래 C 프로그램에서 예약어를 분리해 보자.

```
#include <stdio.h>
main()
{
    int x, y, z, loop;    /* 정수형 변수 x, y, z를 선언 */
    x = 10;
    y = 20;
    z = 40;
    x = x + y * z % 5;
    if ( x > x + y) printf ("%d",x);
    y = (x + y) - (x - y) * 34;
    printf ("%d \n", x);   /*  y값 출력    */
    x = 190;
    z = y + 1;
    for (loop = 1; loop < 100; loop++)
    y = y + z;
}
```

이미 알다시피 이 프로그램에서 예약어는

include, stdio.h, main, int, if, printf, for

이다. *include* 는 표준함수를 지정하는데, *stdio.h* 는 입출력 표준 함수 중 하나이다. *main* 은 주 프로그램 함수를 지정하고, *int* 는 정수형 변수를 선언한다. *for* 는 반복을 의미하는 순환 제어의 의미가 있고, *printf* 는 출력을 의미하는 함수를 나타내는 예약어이다.

2.2.2 식별자

식별자는 프로그램에서 사용하는 값이나 자료구조에 붙인 이름이나 블록 이름이다. 즉, 변수, 배열, 구조체, 함수, 클래스 이름 등이 식별자이다. 아래에서 선언된 변수 a, b, c, f, g, h, 배열 이름 knu, 함수 이름 f1, 클래스 이름 vector은 식별자이다.

```
int a, b, c;
float f, g, h=3.14;
int knu[][];
function f1( );
vector::vector()
a = b + c;
```

또한 앞의 예 2.10의 C 프로그램에서 식별자는 x, y, z, loop이다.

2.2.3 연산자

산술연산, 문자연산, 관계연산, 불리언연산 등에 대한 기계어 인스트럭션의 동작 코드를 생성할 수 있는 심볼을 의미한다. 즉, +, −, *, /, % 등은 산술연산자, ==, <=, >=, !=, >, < 등은 관계연산자, ||(or), &&(and), !(not) 등은 불리언 연산자이다. 예 2.10에서는 +, *, %, >, −, <, ++가 연산자이다.

2.2.4 숫자 상수

숫자 상수는 정수, 실수, 복소수 등 컴퓨터 내부에 표현되는 수로 1534, −35, 0, 0.64E4, 13.16, −3.4와 같은 수를 말한다. 이러한 상수는 어휘 분석 단계에서는 문자로 취급하여 입력한 후, 의미 분석 단계에서 값을 가지는 자료로 변환한다. 상수 −6.1713는 어휘 분석 단계에서는 일곱 자리의 문자 스트링이지만, 컴퓨터 내부에서는 산술 연산이 가능하도록 "유동소수점" 값으로 변환한다. 이것은 특정 문자에 값을 부여하는 것이다. 예 2.10에서 10, 20, 40, 5, 34, 190, 1, 100는 상수이다.

2.2.5 문자형 상수

문자형 상수는 단일 문자나 따옴표(" ") 안의 문자 스트링이다. 'KNU', "This is the first program." "Pass" 등은 문자형 상수이다. 그러므로 예 2.10에서는 "%d", "%d \n"가 문자형 상수이다.

2.2.6 특수 문자

특수문자는 ( ) . , ; : 등과 같이 다른 문자와 구별하는 문자이다. 예 2.10에서 ; ( ) 쉼표(,) { }는 특수 문자이다.

2.2.7 할당 기호

할당 기호는 =와 같이 오른쪽 수식을 계산한 결과를 왼쪽 변수나 배열 원소에 "할당"하라는 의미를 가지는 기호이다. 예 2.10에서는 =가 할당 기호이다.

2.2.8 주석

주석은 프로그램 속에 기술하는 설명문을 /* 와 */ 안에 기술하는데 프로그램 실행에는 영향을 주지 않는다. 프로그래밍 언어에 따라 // ....//, /*.....*/, {* .. *} 등 여러 방법으로 기술한다. 예를 들어 /* This is the first program. */ 는 주석이다. 예 2.10에서는 /* 정수형 변수 x, y, z 를 선언 */ 와 /* y값 출력 */ 가 주석이다.

2.2.9 빈칸

빈칸은 컴파일러에게 어떤 정보를 직접 주는 것은 아니지만 단어나 연산자를 구별한다.

연습문제 2.2

01 아래의 C 프로그램 일부를 토큰으로 분리하고 속성을 부여하시오.

```
for (j = start; finish <= 100; j++)
{
    Tax = 3256 + Tax;
    Ratio =  3.1415;
    Grade[j] = Tax * Ratio - GT;
}
if  (a <= b) area = 3.14 * r * r
            else cur = 2 * 3.14 * r;
```

02 아래 각 문장을 컴파일하면 어떤 현상이 발생하는지와 이유를 설명하시오.

(1) 'this is /* not */ a test' (주석이 따옴표 안에 있다)
(2) /* 'this is 'not' a test' */ (따옴표가 주석 안에 있다)
(3) /* this is /* not */ a test */ (주석이 주석 안에 있다)
(4) 'this is 'not' a test' (따옴표가 따옴표 안에 있다)

2.3 심볼 테이블

지금까지 살펴 본 것처럼 어휘 분석을 통하여 토큰을 분리하는데 식별자에 대해서는 **심볼 테이블**을 구성한다. 식별자가 원시 프로그램에서 여러 번 사용되더라도 심볼 테이블에는 한 번만 저장한다. 저장할 때는 각 식별자 관련 정보인 **자료형, 크기, 이름, 범위 규칙**, 해당 **블록 번호, 전역/지역 값** 등도 저장한다. 범위 규칙, 블록 번호, 전역/지역 값들은 실행할 때 사용하는 정보이다.

C 같은 블록 구조 언어에서는 이름이 같은 식별자라도 다른 블록이나 다른 함수에서 선언되면 다른 식별자로 취급한다. 그러므로 블록 구조 언어의 심볼 테이블은 더 복잡하다. 즉, 각 블록마다 심볼 테이블을 따로 만들거나, 한 심볼 테이블에 식별자를 구별할 수 있도록 블록을 표시하여 저장한다. 이러한 식별자 구별 과정은 구문 분석 단계에서 이루어진다. 주석은 시작 표시로 토큰으로 분류는 하지만 값을 가질 필요는 없기 때문에 주석은 출력하지 않고 토큰 값도 없다.

프로그램의 토큰은 **속성**과 거기에 해당하는 **값**으로 나누어진다. 예 2.10의 C 언어 프로그램은 아래와 같이 토큰으로 분리한다.

토큰 속성	토큰 값
예약어	*main*
특수문자	(
특수문자	)
특수문자	{
예약어	*int*
식별자	x에 대한 심볼 테이블의 포인터
특수문자	,
식별자	y에 대한 심볼 테이블의 포인터
특수문자	,
식별자	z에 대한 심볼 테이블의 포인터
특수문자	,
식별자	loop에 대한 심볼 테이블의 포인터
특수문자	;
식별자	y에 대한 심볼 테이블의 포인터
할당기호	=
숫자 상수	20
특수문자	;
식별자	z에 대한 심볼 테이블의 포인터
특수문자	=
숫자 상수	40

토큰 속성	토큰 값
특수문자	;
((생략))	((생략))
예약어	*for*
특수문자	(
식별자	loop에 대한 심볼 테이블의 포인터
할당기호	=
숫자상수	1
특수문자	;
식별자	loop에 대한 심볼 테이블의 포인터
연산자	<
숫자상수	100
특수문자	;
식별자	loop에 대한 심볼 테이블의 포인터
연산자	++
특수문자	)
식별자	y에 대한 심볼 테이블의 포인터
할당기호	=
식별자	y에 대한 심볼 테이블의 포인터
연산자	+
식별자	z에 대한 심볼 테이블의 포인터
특수문자	;
특수문자	}

실습 2.13

만약 문장 for (k = 1; k 〉= x + y; k++) y = y + z; 에서 k 〉= 부분이나 k++부분을 k 〉□=와 k+□+처럼 〉와 = 사이나 +와 + 사이에 빈칸(□)을 넣으면 어휘 분석기는 토큰을 어떻게 생성하는지 설명하시오. 또 이유를 설명하시오.

이런 경우는 컴파일러에 따라 구별하는 기법이 다를 수 있다. 즉 빈칸을 무시하고 >와 =, +와 +두 문자를 연결하여 토큰 하나로 분리할 수도 있고, >나 + 한 문자를 분리하고 =와 +는 각각 다른 문자로 인식할 수도 있다. 또한 영어의 대문자와 소문자를 구별할 수도 있고 구별하지 않을 수도 있다. 그러므로 어떤 컴파일러에서는 대문자든 소문자든 하나로 인식하기 때문에 FOR, For, fOR, for은 모두 같은 예약어이며, IF, if If, iF도 마찬가지이다.

이와 같이 어휘 분석 단계에서 심볼 테이블, 숫자 상수 테이블, 문자 상수 테이블,

레이블 테이블 등을 만들 때 각 아이템 탐색 시간을 줄이기 위하여 이진 탐색 트리나 해쉬 구조로 구성하는 것이 중요하다. 이진 탐색 트리와 해쉬 구조는 "자료 구조" 과목을 참조한다.

2.4 유한 상태 기계의 구현

지금까지 살펴본 것은 언어를 표현하는 방법과 단어를 분리하는 개념을 살펴보았다. 이와 같이 언어를 수학이나 도구로 표현하는 이유는 컴퓨터가 언어를 자동으로 이해하도록 규칙을 제공하는 것이다. 그러한 의미에서 유한 상태 기계는 어휘 분석기의 행위를 표현하기 좋은 방법이다.

먼저, 어휘를 분석하기 위해 유한 상태 기계가 어떻게 동작하는지를 살펴보자. 즉, 입력에 대하여 유한 상태 기계가 어떤 행위를 하는지를 알아본다. 그림 2.9는 유한 상태 기계의 구현 개념으로 입력을 하나씩 읽어서 유한 상태 기계가 현재 상태와 비교하여 다음 상태로 전이가 일어나도록 한다. 다음 입력을 가져온다.

이러한 유한 상태 기계의 구현은 아래와 같이 전이 함수를 테이블(배열로 선언)로 구성하여 프로그램으로 구현할 수 있다. 이 프로그램에서 순환을 정상으로 마치면 입력한 스트링(언어)은 수락하는 것이다.

```
function FSM( )
{
 int State = 100;   SymbolCh = 100;
```

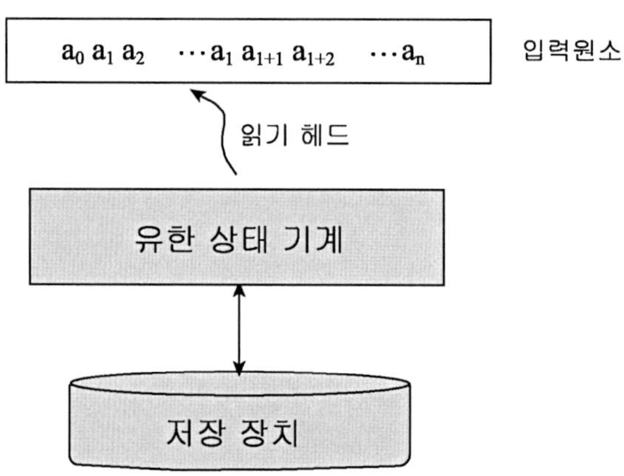

그림 2.9 유한 상태 기계의 구현

```
int MapFn[StateNo][SymbolCh];  /* 상태 전이 테이블, 상태수, 심볼문자  */
int inchar, startSt, state;          /* 입력 심볼, 시작 상태, 다음 상태  */
scanf(&inchar);
state = startSt;
while ( !eof()) {
        state = MapFn[state][inchar];     /* 상태 전이 테이블의 비교  */
        scanf(&inchar);
        }
}
```

2.4.1 어휘 분석을 위한 유한 상태 기계

여기에서는 유한 상태 기계를 어휘 분석기에 어떻게 활용하는가를 살펴보자. 지금까지 토큰 생성에서 사용한 식별자를 인식하는 유한 상태 기계를 구성해 본다. 일반적으로 프로그래밍 언어에서 사용하는 식별자는 다음과 같은 속성이 있다.

> "첫 글자는 반드시 영어 알파벳 문자이고, 그 뒤부터는 영어 알파벳 문자와 숫자가 섞여서 표현되는 단어이다"

예를 들어, KNU, K007, WorldCup2006처럼 표현한다. 그러므로 식별자는 정규 수식 {A, B,⋯, Z, a, b, ..,z}({A, B,⋯, Z, a, b, ..,z} + {0, 1, 2, ⋯, 9})*로 나타내며, "정규 정의"로 나타내면 letter = {A, B,⋯, Z, a, b, ..,z}, digit = {0, 1, 2, ⋯, 9}로 정의하여 아래와 같다.

letter(letter + digit)*

또한 유한 상태 기계는 아래와 같다.

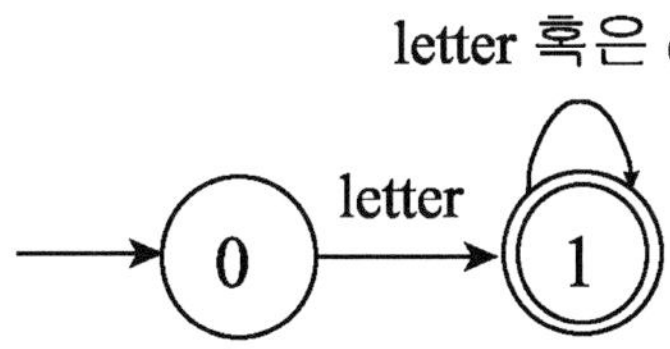

이 유한 상태 기계는 맨 처음에는 반드시 영어 알파벳으로 시작하고, 그 뒤에는 여러 개의 문자나 숫자로 구성된 식별자를 인식하기 때문에, 식별자 KNU, K007, WorldCup2006는 각각 아래와 같이 인식할 수 있다. ⓪와 ①는 상태 번호이다.

KNU에 대하여: ⓪ $\rightarrow^{K}$ ① $\rightarrow^{n}$ ① $\rightarrow^{u}$ ①와 같이 수락한다.
K007에 대하여: ⓪ $\rightarrow^{K}$ ① $\rightarrow^{0}$ ① $\rightarrow^{0}$ ① $\rightarrow^{7}$ ①와 같이 수락한다.

WorldCup2006에 대하여: ⓪ $\rightarrow^{W}$ ① $\rightarrow^{o}$ ① $\rightarrow^{r}$ ① $\rightarrow^{l}$ ① $\rightarrow^{d}$ ① $\rightarrow^{C}$ ① $\rightarrow^{u}$ ① $\rightarrow^{p}$ ① $\rightarrow^{2}$ ① $\rightarrow^{0}$ ① $\rightarrow^{0}$ ① $\rightarrow^{6}$ ①와 같이 수락한다.

그러나 84JUN와 TT%은 인식할 수 없다.

84JUN에 대하여: ⓪ $\rightarrow^{8}$?(이동할 다음 상태를 모른다)
TT%에 대하여: ⓪ $\rightarrow^{T}$ ①$\rightarrow^{T}$ ①$\rightarrow^{\%}$?(이동할 다음 상태를 모른다)

그림 2.10은 식별자를 인식하는 유한 상태 기계와 자연수를 인식하는 유한 상태 기계를 결합한 유한 상태 기계이다.

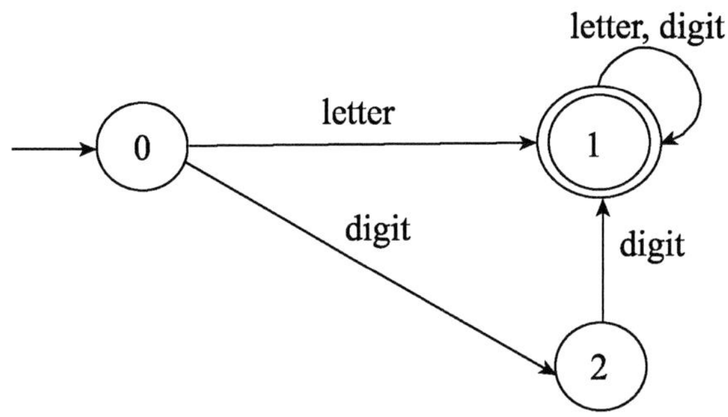

그림 2.10 식별자와 자연수를 인식하는 유한 상태 기계

그림 2.10의 유한 상태 기계는 자연수를 인식할 수 있다. 예를 들어, 숫자 123이나 654는 각각 아래와 같이 인식할 수 있다.

123에 대하여: ⓪ $\rightarrow^{1}$ ② $\rightarrow^{2}$ ① $\rightarrow^{3}$ ①와 같이 수락한다.
654에 대하여: ⓪ $\rightarrow^{6}$ ② $\rightarrow^{5}$ ① $\rightarrow^{4}$ ①같이 수락한다.

그러나 이 기계는 맨 처음은 반드시 숫자로 시작하는 자연수만 인식할 수 있기 때문에 부호가 있는 -912나 +457 같은 수는 인식할 수 없다.

컴퓨터에서는 자연수 외에도 아래와 같이 여러 형식의 정수형 수와 실수형 상수를 사용한다.

-120 +347 0 3498 -0 1
.912 0.012 -3.14 0.0 +34.12E7 -1245.e-4 +0.0

그러므로 이렇게 소수점으로 시작하거나 소수점이 있는 상수 등 여러 형식의 수를 인식하는 유한 상태 기계를 설계하려면 약간 복잡하다.

예 2.11

아래와 같이 부호와 지수 부분은 없으나, 소수점으로 시작하고 소수점 이하에만 수가 있는 실수형 상수를 인식하는 유한 상태 기계를 구성하시오.

.1
.156
0.0003612305

위의 수를 인식하려면 소수점 앞에는 어떤 수도 없으므로 시작 상태에서 소수점부터 시작한다. 시작 상태 0에서 소수점을 읽어서 상태 1로 변한 후에 상태 1과 2에서 수가 반복으로 온다. 이러한 수를 인식하는 유한 상태 기계는 그림 2.11과 같다.

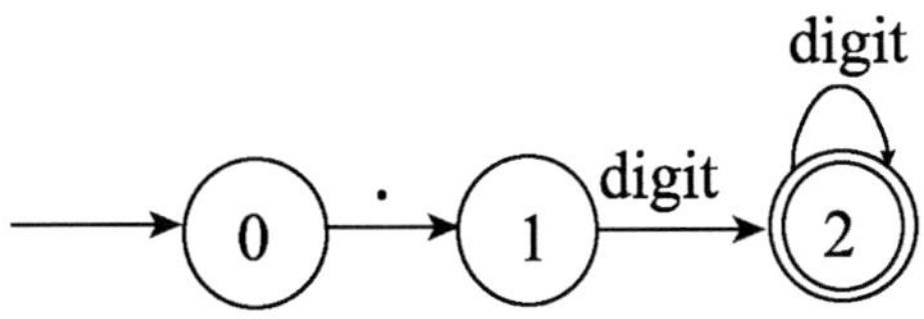

그림 2.11 부호와 지수 부분이 없고 소수점으로 시작하는 실수형 상수를 인식하는 유한 상태 기계

실습 2.14

아래와 같이 부호와 지수 부분이 없고, 소수점 앞과 뒤에 수가 있는 실수형 상수를 인식하는 유한 상태 기계를 구성하시오.

0.1　　35.6　　36.12305

그림 2.12는 위 형식의 상수를 인식하는 유한 상태 기계이다.

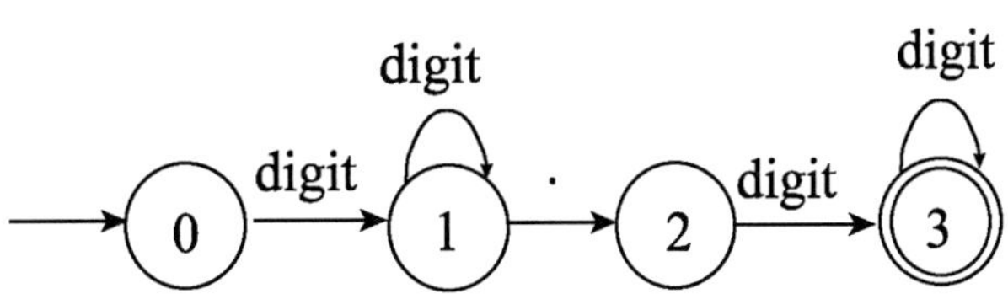

그림 2.12 부호와 지수 부분이 없고, 소수점 앞과 뒤에 수가 있는 실수형 상수를 인식하는 유한 상태 기계

그림 2.12의 유한 상태 기계는 시작 상태 0에서 수에 의해 상태가 변하고 상태 1에서 수가 반복으로 오고 소수점에 따라 상태 2로 변한 후에 다시 상태 2와 3에서 수가 반복으로 와서 보기와 같은 실수를 인식한다.

실습 2.15

아래와 같이 수 앞에 +/– 부호가 있을 수도 있고 없을 수도 있는 자연수를 인식하는 유한 상태 기계를 구성하시오.

517
+8783
–120

이 수들은 +와 – 부호에 따라 두 개의 상태 전이, 부호가 없는 경우까지 세 개의 상태 전이가 발생하며 전이한 각 상태에서 소수점이 없는 수가 반복하도록 유한 상태 기계를 구성한다. 그림 2.13은 부호가 있는 경우와 없는 경우의 자연수를 인식하는 유한 상태 기계이다.

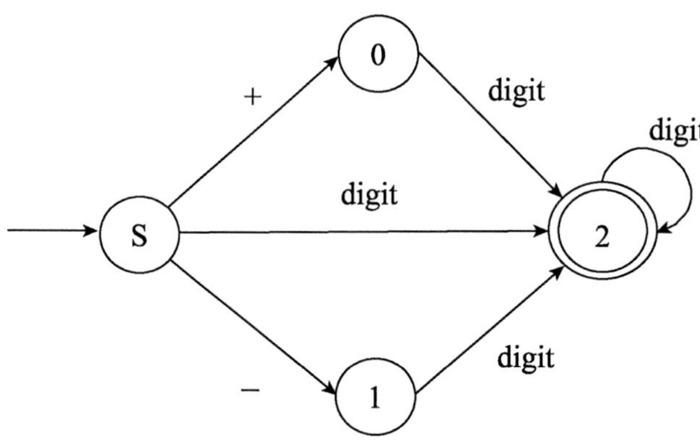

그림 2.13 부호가 있는 자연수를 인식하는 유한 상태 기계

위에서 간단한 예와 실습을 통하여 여러 형식의 상수를 인식하는 유한 상태 기계를 구성해 보았다. 이러한 과정을 이용하여 +/– 부호는 없지만 소수점과 소수 이하의 수와 지수 부분이 있는 실수형 상수를 인식하는 유한 상태 기계를 구성하면 그림 2.14와 같다.

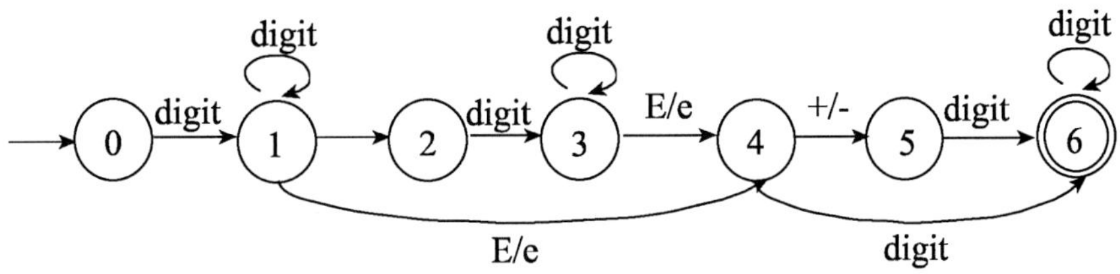

그림 2.14 +/− 부호가 없는 실수형 상수를 인식하는 유한 상태 기계

위의 여러 예를 통하여 어휘 분석에서 좀 더 복잡한 C 프로그래밍 언어의 관계 연산자 ==, !=, <, <=, >, >= 를 인식하는 유한 상태 기계를 살펴보자. 이 관계 연산자는 문자 하나만 사용하는 것도 있고 두 개를 결합하여 관계 연산자를 구성하는 것도 있다. 그러므로 그림 2.15와 같이 두 단계를 거치는 연산자도 있으며 한 단계만 거치는 연산자도 있다. 예를 들어, < 를 읽은 후에 = 를 읽으면 “작거나 같다(LE)”는 의미이고, < 를 읽은 후에 다음 문자가 관계 연산자 외의 문자이면 other에 의해 상태가 이동하고 “작다(LT)”는 의미만 가진다. 마지막 상태에서 함수 Return(reop, EQ)은 “읽은 문자가 관계 연산자이며 의미는 같다(EQ)”는 정보를 반환한다. 다른 Return도 유사하다.

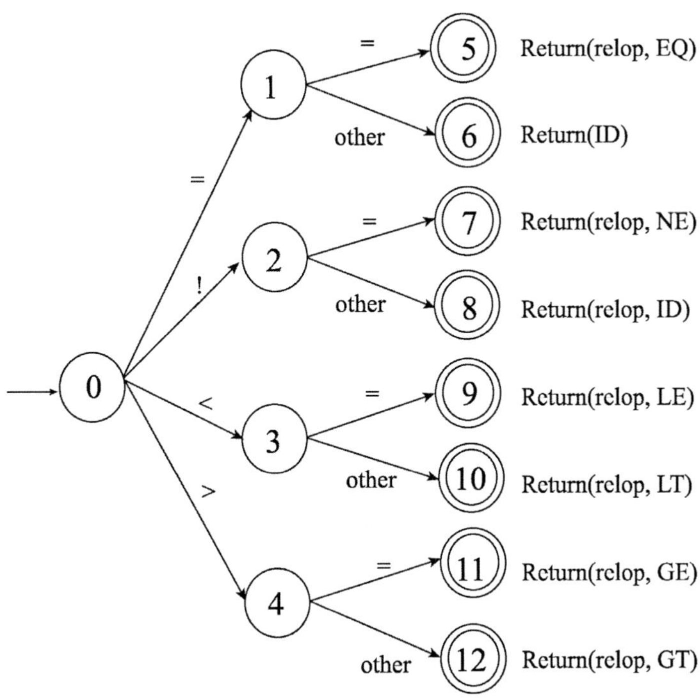

그림 2.15 관계 연산자를 인식하는 유한 상태 기계

마찬가지로 C 프로그래밍 언어에서 사용하는 *for*, *if*, *while*, *main*, *function* 같은 예약어를 인식하는 유한 상태 기계를 구성해 보자. 이러한 예약어는 식별자를 인식하는 방법과 유사하므로 실제 컴파일러에서는 식별자를 인식하는 유한 상태 기계와 예약어를 인식하는 유한 상태 기계 두 개를 결합한다. 그림 2.16은 예약어를 인식하는 유한 상태 기계이다.

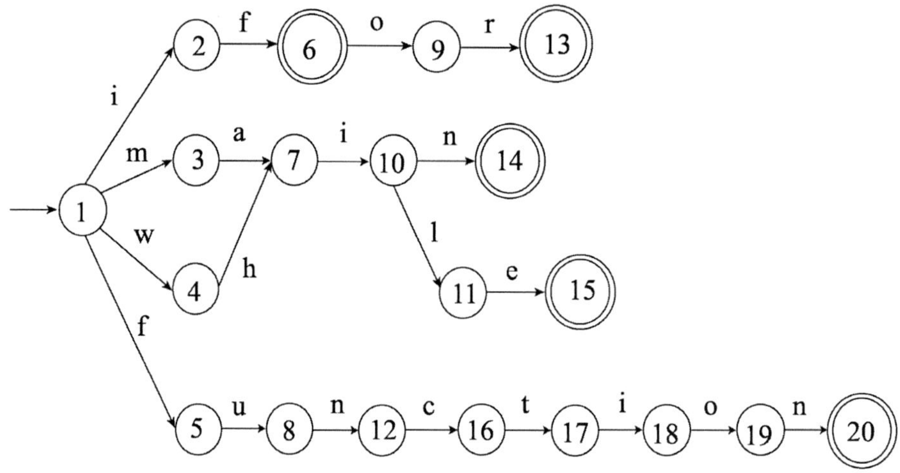

그림 2.16 예약어를 인식하는 유한 상태 기계

그림 2.16에서는 *if* 문자를 상태 6에서 수락하고 f 문자에 이어 or을 읽은 후 상태 13에서 for로 인식한다. 이런 방법으로 상태의 개수를 줄인다.

2.4.2 유한 상태 기계의 동작 구현

앞에서 유한 상태 기계가 언어를 정의하고 인식하는 과정을 살펴보았다. 그러면 유한 상태 기계를 프로그램으로 어떻게 구현하는가를 살펴보자.

유한 상태 기계의 각 상태가 수행하는 행위는 그림 2.17과 같이 함수 프로그램으로 구현한다. 상태 이동은 현재 수행 중인 함수 프로그램에서 입력으로 들어오는 문자에 따라 다음 상태에 해당하는 함수를 호출함으로써 이루어진다.

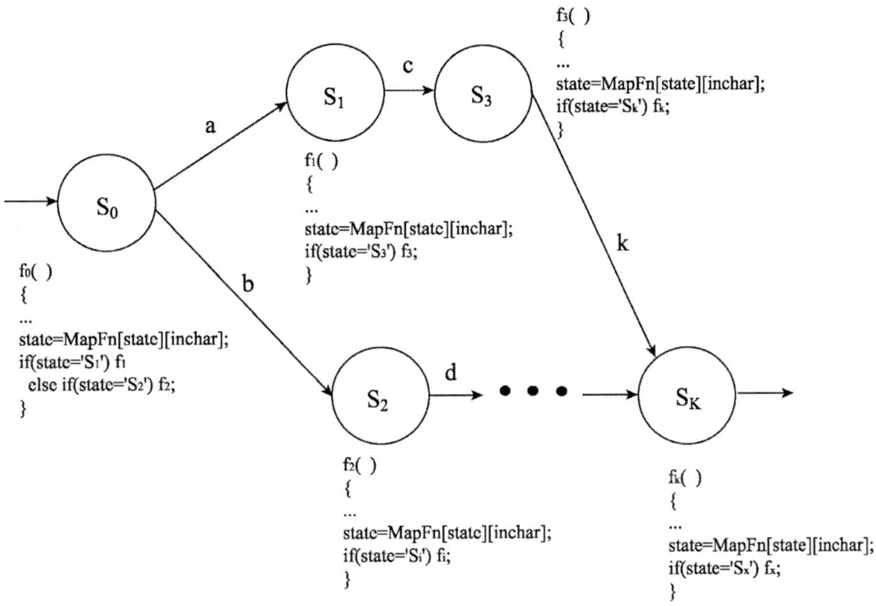

그림 2.17 함수 프로그램으로 유한 상태 기계의 구현

이러한 방법으로 +/- 부호와 지수 부분이 없는 실수형 상수를 인식하는 유한 상태 기계는 그림 2.18과 같이 구현할 수 있다.

```
function FSM_of_Realnumber( )
{
char inchar;
int state;
state = 0;
while (inchar == !eof( )) {
switch(state)
    {
     case 0:        /* 시작 상태 0  */
              {
                  if  (inchar ∈ {0,1,2,3,4,5,6,7,8,9}) {
                              scanf(&inchar);
                              state = 1;
                             }
                             else printf("error");   /* 다른 문자 혹은 에러 */
              }
```

```
        case 1:   /* 상태 1   */
              {
                  if  (inchar ∈ {0,1,2,3,4,5,6,7,8,9}) {
                              scanf(&inchar);
                              state = 1 ;
                             }
                              elseif  (inchar == " · ") {
                                        scanf(&inchar);
                                        state = 2;
                                       }
                             else printf("error");        /*  다른 문자 혹은 에러 */
              }
        case 2:   /* 상태 2   */
              {
                  if  (inchar ∈ {0,1,2,3,4,5,6,7,8,9}) {
                              scanf(&inchar);
                              state = 3;
                             }
                             else printf("error");        /*  다른 문자 혹은 에러 */
              }
        case 3:  /* 상태 3   */
              {
                  if  (inchar ∈ {0,1,2,3,4,5,6,7,8,9}) {
                              scanf(&inchar);
                              state = 3 ;
                             }
                             else printf("error");        /*  다른 문자 혹은 에러 */
              }
      }
   }
       if (inchar == eof( ) && state == 3)  printf("accept")      /*  수락 상태  */
                    else printf("error");
   }
```

그림 2.18 +/- 부호와 지수 부분이 없는 실수형 상수를 인식하는 유한 상태 기계의 구현

실습 2.16

+/- 부호가 있는 일반 형식의 실수형 상수를 인식하는 유한 상태 기계를 간단하게 구현하시오.

실습 2.17

어떤 프로그램에서 주석(/* ... */)을 읽고 인식하는 유한 상태 기계를 간단하게 구현하시오.

```
function  FSM_of_Comment( )
{
char inchar;
int state;
state = 0;   /*  시작 상태 0  */
while (inchar == !eof( )) {
switch(state)
    {
     case 0:    /*  시작 상태 0  */
            {
                if  (inchar == "/") {
                            scanf(&inchar);
                            state = 1 ;
                            }
                            else printf("error"); /* 다른 문자 혹은 에러 */
            }
     case 1:      /*  상태 1  */
            {
                if  (inchar == "*") {
                            scanf(&inchar);
                            state = 2 ;
                            }
                            else printf("error"); /* 다른 문자 혹은 에러 */
            }

     case 2:   /*  상태 2  */
            {
                if  (inchar == "*") {
                            scanf(&inchar);
                            state = 3 ;
                            }
                            else scanf(&inchar); /* 상태 2에 머문다 */
            }
     case 3:      /*  상태 3  */
```

```
            {
                if  (inchar == "/") {
                            scanf(&inchar);
                            state = 4 ;
            }
                        elseif(inchar == "*") scanf(&inchar); /* 상태 3에
                                                              머문다 */
                        else scanf(&inchar);
                              state = 2;
            }
        }
    }
        if (inchar == eof( ) && state == 4) printf("accept");
                                else printf("error");
    }
```

이러한 어휘 분석기를 실질적으로 구현하는 과정에서는 단순히 토큰만 분리하는 것이 아니라 앞으로 컴파일 과정에서 사용할 정보를 생성하기 위하여 아래와 같은 부가 기능을 추가한다.

- 심볼 테이블에 삽입하기
- 숫자 상수를 알맞은 자료형으로 변환하기
- 식별자에 대한 심볼 테이블의 위치 계산하기 등

유한 상태 기계에서 이러한 추가 정보를 구현하는 액션을 함수로 구현한다. 예를 들어, 식별자를 인식하는 유한 상태 기계에서는 어떤 입력 스트링이 수락 상태가 되면 생성한 토큰의 자료형, 크기, 이름, 포인터 등을 심볼 테이블에 넣는 액션을 수행한다. 아래는 식별자를 인식하는 유한 상태 기계에 심볼 테이블에 토큰을 삽입하는 액션 함수 Insert_Symbol_Tbl(ID_Token)를 추가한 것이다.

```
{
state = 0 ;   /* 시작   상태  */
while (inchar == !eof( )) {
switch(state)
    {
                ....
          ( 생략 )
```

```
                ....
    case 1:
            {
                if  (inchar ∈ {A, B,···, Z, a, b, .., z} || inchar ∈
                   {0,1,2,3,4,5,6,7,8,9})
                        {
                         scanf(&inchar);
                         state = 1;
                        }
                        else printf("error"); /* 다른 문자 혹은 에러 */
            }
    }
}
    if (inchar == eof( ) && state == 1) {
                            printf("accept");
                            Insert_Symbol_Tbl(ID_Token);
                        }
                        else printf("error");
}
```

추가 액션에 대한 다른 예를 살펴보자. 상수를 인식하는 유한 상태 기계에서 숫자로 된 입력 스트링은 각 숫자가 크기 값을 가지지 않는 "문자" 열이다. 그러므로 입력된 숫자 열을 토큰으로 인식한 후에는 값의 "의미"를 가지는 "상수"이어야 한다. 즉, 4,2,6의 숫자 열은 $4 \times 100 + 2 \times 10 + 6 = 426$의 의미를 가지는 값이어야 한다. 이와 같이 유한 상태 기계가 상수의 의미를 가지도록 인식하려면 상태 전이 함수에서 상태 전이가 일어나기 전에 추가 액션을 수행한다.

실습 2.18

값을 가지는 자연수를 인식하도록 유한 상태 기계에 액션을 추가해 보자. 예를 들어, 상태 0에서 367의 3이 입력되면 3에 100을 곱하는 액션을 수행한 후에 상태 1로 가야 한다. 다시 상태 1에서 6를 입력받으면 10을 곱하여 이미 계산한 300에 더하는 액션을 수행한다. 7을 입력 받으면 이미 계산한 360에 7을 더하여 367이라는 상수를 만드는 액션을 수행한다. 수락 상태가 되어 상수 토큰이 생성되면 상수의 자료형, 크기, 포인터 등을 상수 테이블에 넣는 액션을 수행하는 유한 상태 기계를 구현하시오. 상태 0에서 상태 1로 전이가 일어나려면 추가 액션 A를 수행한 후에 일어난다.

아래 함수를 이용할 수 있다.

```
/*   Number, Digit는  전역 변수로 사용  */
function Save()
    {
     Number = Digit;      /*  앞에서 이미 입력한 심볼인 숫자를 저장 */
    }
function Product()
    {
     Number = Number*10 + Digit; /* 앞 단계까지 입력된 숫자에 10을
                                    곱하고 누적 */
    }
```

연습문제 2.4

01 national, nature, neutral, nano, nueral의 여러 단어를 한 번에 인식하는 유한 상태 기계를 그리시오. 각 단어의 수락 상태는 각각 다르다.

02 안녕하세요, 안녕!, 안녕히 계세요, 안녕히!의 여러 단어를 한 번에 인식하는 유한 상태 기계를 그리시오. 각 단어의 수락 상태는 각각 다르다.

03 한글 자판에서 입력하는 한글 자음과 모음을 조합하여 한 문자를 만드는 유한 상태 기계를 구성하시오.

04 +/- 부호가 있고 소수점을 포함하고 +/-의 지수가 있는 -78.23e-3 같은 일반적인 실수형 상수를 인식하는 유한 상태 기계를 그리시오. 또, 구성한 유한 상태 기계에서 상수 값이 의미가 있도록 변환하는 액션을 추가하시오.

제 3 장

Lex 사용하기

지금까지 어휘 분석기에 대한 기초적인 개념을 살펴보았다. 이러한 개념에 따라 어휘 분석기를 구현할 수 있다. 그러나 실질적으로 구현하기란 어려울 수도 있다. 유닉스 환경에서 제공하는 렉스(Lex)라는 유틸리티를 사용하면 어휘 분석기를 쉽게 구현할 수 있다.

이 장에서는 이러한 Lex 사용법을 알아보자.

3.1 Lex를 사용하여 어휘 분석기 만들기

컴파일러 개발자가 토큰으로 만들어질 단어를 규칙에 따라 입력하면 Lex 유틸리티가 실행하여 어휘 분석기인 C 함수로 된 프로그램 *yylex*( )를 만들어낸다. 이 때 입력하는 규칙이 바로 정규 수식이다. 물론 입력의 편리를 위하여 연산자나 기호 등을 변형한 형식이다(컴퓨터에서 문자를 입력해야 하기 때문).

이 Lex는 구문 분석기에서 사용할 yacc이라는 유틸리티와 같이 사용되는데, yacc는 파서 생성기인 C 함수로 된 yyparse( )를 만든다. 그림 3.1은 Lex와 yacc와의 관계이다.

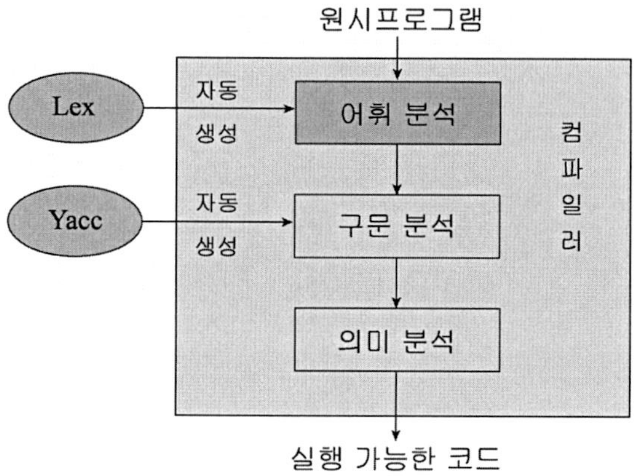

그림 3.1 Lex와 yacc의 기능

3.1.1 Lex 구조와 원시 코드

Lex는 그림 3.2와 같이 원시 프로그램을 Lex 컴파일러가 lex.yy.c를 생성한다. lex.yy.c는 C 프로그래밍 언어로 된 함수이므로 C 컴파일러로 컴파일하면 a.out라는 어휘 분석기를 만든다. 이 a.out를 실행하면 어떤 언어로 작성한 원시 프로그램을 컴파일할 수 있다.

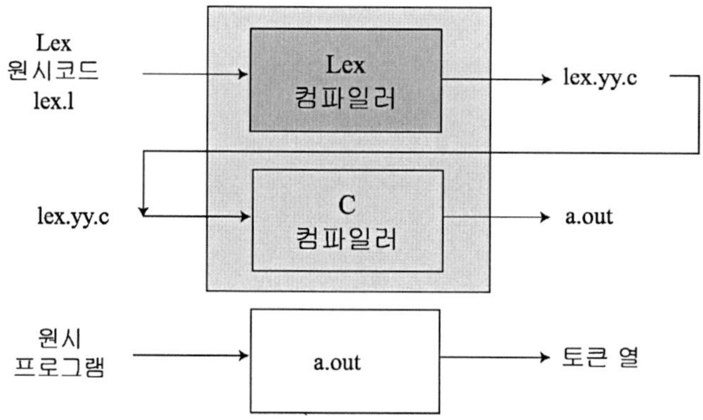

그림 3.2 정규 수식으로부터 어휘 분석기 생성 과정

이러한 과정에서 먼저 하여야 할 일은 Lex 원시 코드를 어떻게 만들고 입력하는 가이다. Lex 원시 코드는 xxx.1 형식으로 그림 3.3과 같이 lex.yy.c라는 함수 프로그램으로 변환한다.

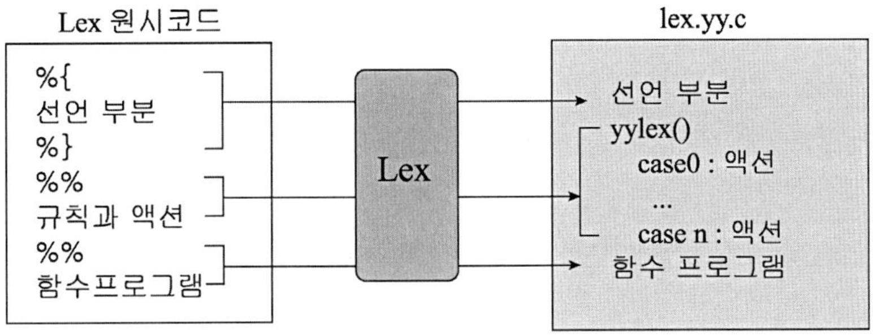

그림 3.3 Lex 원시 코드에서 lex.yy.c 생성

이 Lex 원시 코드의 전체 구조는 **선언 부분**, **규칙과 액션**, **함수 프로그램**의 세 부분으로 구성된다. 각 부분은 %% 기호로 분리하는데, 맨 처음 부분과 세 번째 부분은 생략할 수 있다.

```
%{
#include
C 언어의 선언
Lex 정의부분
%}

%%
            p1          { action1 }         /*  Lex 패턴과 액션 부분  */
            p2          { action2 }
                          ........
            p3          { action3 }
%%
액션에 의해여 호출되는 C 언어 함수
```

예를 들어 수를 인식하는 Lex 원시 코드를 아래와 같이 기술할 수 있다.

```
%{
#include y.tab.h
#include math.h
int constbl[100] ;
void insert_constbl();
%}
%%
[0-9]+          {insert_constbl(atoi(yytext); return(INT);}
[\n\t];
```

```
. ;
%%
void insert_constbl(int digit)
{
      static  i = 0;
      constbl[i++] = digit;
}
```

이 예에서 %{ 와 %} 사이에 기술한 내용은 Lex 원시 코드에서 사용할 변수를 선언한 것이다. 즉, 상수를 저장할 상수 테이블을 constbl[100]으로 선언하였고, 인식한 상수를 상수 테이블에 저장하는 insert_constbl() 함수를 선언하였다.

%%와 %% 사이에 있는 [0–9]+는 정규 수식 $digit^+$, 즉 $\{0,1,2,3,4,5,6,7,8,9\}^+$를 Lex에서 표현하는 패턴과 액션이다. 이 패턴은 숫자 상수를 인식하면 이 상수를 인자로 하여 insert_constbl을 호출하라는 의미이다. 두 번째 %% 이후는 액션인 insert_constbl() 함수를 호출하면 수행할 함수로 인자로 가져온 상수를 상수 테이블에 저장한다.

아래는 위의 원시 코드를 Lex를 통해 생성한 어휘 분석 루틴 lex.yy.c이다. 선언 부분은 어휘 분석 루틴에 그대로 옮겨지고, 호출될 함수 프로그램도 그대로 옮겨졌다. 패턴과 액션은 yylex() 안에 C 프로그램으로 변환되는데, 상수가 인식되면 상태 0이 되어 액션 함수를 호출한다.

```
#include y.tab.h
#include math.h
  int constbl[100];
  void insert_constbl();
      . . .
  int yylex()
  {
      switch()  {
          case 0 : insert_constbl(atoi(yytext);
                       return (INT);
          case 1 : break;
          case 2 : break;
         }
             . . .
  }
             . . .
  void insert_constbl(int digit)
```

```
{
  static j = 0 ;
  sym[j++] = digit ;
}
```

3.1.1.1 Lex 원시 코드의 선언 부분

선언 부분은 아래와 같이 코드의 처음 부분으로 Lex 정의 부분과 C 언어로 된 선언 부분이다. 보통 매크로, 전처리 함수, 사용할 함수 등을 정의하거나 선언한다.

```
%{
#include y.tab.h
#include math.h
int constbl[100] ;
void insert_constbl();
%}
```

3.1.1.2 Lex 원시 코드의 패턴과 액션 부분

패턴과 액션은 정규 수식을 표현하는 부분으로 **규칙** 부분이라 한다. 각 줄에는 아래와 같이 패턴과 액션을 기술하며, 입력 심볼이 패턴과 매치하면 관련 액션을 실행한다. 각 액션은 해당 패턴이 매치되면 실행할 함수이다.

```
%%
패턴    액션
패턴    액션
패턴    액션
.
.
.
%%
```

이러한 패턴 표기는 x, y가 패턴일 때 아래 중에서 하나로 표기한다.

패 턴	의 미
c	문자 "c"를 의미한다. 예: a
"c"	" 와 " 사이에 있는 모든 문자를 텍스트로 취급하며, a"*"b는 문자열 a*b를 나타내지만 a*b는 정규 수식의 a*b이다. 예 : "kn"
\c	한 개의 문자를 텍스트 문자로 취급하며 "c"와 같다. 아래는 모두 XYZ++를 나타내는 정규 수식 표현이다. XYZ"++" "XYZ++" XYZ\+\+

<table>
<tr><th>패 턴</th><th>의 미</th></tr>
<tr><td>[abc]</td><td>a, b, c중에서 어떤 한 문자를 나타낸다. [ ]내에 사용된 연산자는 의미가 없으며, - , ^, \만 특수한 의미를 가진다. -는 범위를 나타내는 연산자, ^은 여집합 연산자, \는 에스케이프 문자이다.
[\t\n]은 공백, 탭, 새줄을 의미하는 문자중의 하나
[a-z]는 a부터 z사이의 문자 중에 한 문자
[-+0-9]는 +/- 부호와 모든 숫자를 포함하는 숫자
[A-Za-z0-9]는 영문자와 숫자
[^*]는 *를 제외한 모든 문자
[^a- zA-Z]는 영문자를 제외한 모든 문자
[\50-\186]은 ASCII 값 50부터 186까지의 인쇄 가능한 모든 문자</td></tr>
<tr><td>x?</td><td>선택을 의미하는 연산자이다. ab?c는 b를 선택할 수도 있고, 선택하지 않을 수도 있으므로 abc 또는 ac이다.</td></tr>
<tr><td>x*</td><td>x가 0번 이상 반복으로 나타난다. [a- zA-Z][a-zA-Z0-9]*는 첫 번째 문자는 반드시 영어 문자이며, 두 번째 부터는 영어 문자와 숫자가 혼합된 문자열을 의미한다.</td></tr>
<tr><td>x+</td><td>x가 한 번 이상 반복으로 나타난다. [a-z]+는 모든 영어의 소문자 문자열을 의미한다.</td></tr>
<tr><td>x|y</td><td>x와 y에서 하나를 선택하는 연산자이다. (ab | cd)는 문자열 ab나 cd를 인식한다. (ab | cd)는 ab | cd 만으로도 표현이 가능하며, (ab | cd+) ? (ef)*는 abefef, efefef, cdef, cddd이다.</td></tr>
<tr><td>.</td><td>.(마침표)는 새 줄 문자를 제외한 모든 문자들을 나타낸다. 예를 들어, "--".* 는 --부터 한 라인의 끝까지이다.</td></tr>
<tr><td>^x</td><td>한 라인의 시작에서만 인식된다. ^abc는 abc가 라인의 시작에 나타나야만 abc를 토큰으로 처리한다. ^(hat)의 의미와 문자 클래스 [ ]내의 연산자 ^와는 다르다.</td></tr>
<tr><td>x$</td><td>오직 라인의 끝에서만 인식한다. abc$처럼 표기한다.</td></tr>
<tr><td>xy</td><td>x가 y와 접속되어 연결된다.</td></tr>
<tr><td>(x)</td><td>단순한 x 이다. (a | b)</td></tr>
<tr><td>x/y</td><td>x의 뒤에는 반드시 y가 있어야만 x를 인식한다. ab/cd는 ab다음에 cd가 이어서 나타날 때만 ab를 토큰으로 처리한다. 그러므로 abc$, abc/\n은 모두 라인의 끝에 abc가 나타났을 때만 abc를 인식한다.</td></tr>
<tr><td><S>x</td><td>Lex가 시작 조건 S(스트링)에 있을 때의 패턴 x이다.</td></tr>
<tr><td>{이름}</td><td>정의된 이름을 다른 섹션에서 호출할 매크로의 이름이다.</td></tr>
<tr><td>x{m}</td><td>패턴 x가 m번 나타난다.</td></tr>
<tr><td>x{m, n}</td><td>패턴 x가 m에서 n까지 나타난다. a[1,4]=a|aa|aaa|aaaa</td></tr>
</table>

위의 여러 규칙에서 예를 들어보자.

x/y는 오른쪽 y에 속하는 패턴이 있으면 이 패턴을 x와 매치한다. 즉, 패턴이 [a–z]*/[0–9]이고 입력 스트링이 xyz2이면 2가 /의 오른쪽인 [0–9] 안에 있으므로 세 개의 문자 xyz를 [a–z]에서 매치한다. 그러나 스트링 xyz$에서는 $이 /의 오른쪽에 있는 [0–9] 안에 없기 때문에 xyz는 매치하지 않는다.

패턴과 액션의 개념을 아래 예에서 살펴보자.

```
%%
[a-z]+       printf ("alpha\n");                /* 영어 알파벳 문자를 인식한다 */
[0-9]+       printf ("numeric\n");              /* 숫자를 인식한다 */
[a-z0-9]+    printf ("alphanumeric\n");         /* 영문자와 숫자의 혼합을 인식한다 */
[\t]+        printf ("space\n");                /* 빈칸을 인식한다 */
  .          printf ("special character\n");    /* 특수 문자를 인식한다 */
\n           ;                                  /* 새로운 줄을 인식한다 */
%%
```

위의 Lex 원시 코드는 입력 스트링을 영어 알파벳, 숫자, 영문자와 수의 혼합, 특수문자, 빈칸을 인식하고 분류한다. 한 패턴이 선택되면 해당 액션을 실행하고, 현재 문자에서 다음 문자로 이동한다. 새로운 줄을 의미하는 문자가 읽혀지면 더 이상 실행하지 않는다. 액션은 복잡할 수도 있는데 위의 원시 코드에 아래와 같이 상수를 테이블에 저장하는 액션을 추가할 수 있다.

```
%%
[a-z]+       printf ("alpha\n");                /* 영어 알파벳 문자를 인식하는 패턴 */
[0-9]+       {
               printf ("numeric\n");            /* 숫자를 인식하는 패턴 */
               insert_constbl(atoi(yytext));    /* 인식한 숫자를 상수 테이블에 삽입 */
               return(INT);
             }
[a-z0-9]+    printf ("alphanumeric\n");         /* 영문자와 숫자의 혼합을 인식한다 */
[\t]+        printf ("space\n");                /* 빈칸을 인식하는패턴 */
  .          printf ("special character\n");    /* 특수 문자를 인식하는 패턴 */
\n           ;                                  /* 새로운 줄을 인식하는 패턴 */
%%
```

yylex( )는 호출될 때마다 키보드 입력 stdin에서 문자를 읽어서 패턴 중에서 매치한다. 이 때 현재의 입력과 매치하는 패턴이 여러 개 있으면 아래 규칙에 따라 하나를 선택한다.

(1) 현재 입력에서 가장 긴 스트링과 매치하는 패턴을 선택한다.
(2) 만약 패턴이 여러 개 있으면 맨 처음 패턴을 선택한다.

그러나 입력의 맨 처음 문자와 매치하는 패턴이 없으면 stdout에 출력하고 다음 문자로 이동한다. 원시 코드에서 char * yytext(매치된 입력 문자 스트링)와 char * yyleng(매치된 문자 스트링의 길이)는 전역 변수이다.

실습 3.1

아래 Lex 원시 코드의 패턴과 액션에서 "compiler xyz23 254"를 입력할 때의 결과를 보이시오.

```
%%
[a-z]+        printf ("alpha\n");
[0-9]+        printf ("numeric\n");
[a-z0-9]+     printf ("alphanumeric\n");
[ \t]+        printf ("space\n");
  .           printf ("special character\n");
 \n              ;
 %%
```

이 패턴과 액션에서는 "compiler xyz23 254"를 차례로 입력하므로 아래의 결과를 얻는다.

```
alpha
space
alphanumeric
space
numeric
```

3.1.1.3 Lex 원시 코드의 호출될 함수 부분

이 부분은 액션에서 호출하는 C 함수로 이루어지며 그대로 Lex의 출력 파일인 lex.yy.c에 복사하며 *main* ( ) 함수도 이 부분에 있어야 한다. Lex는 yacc와 같이 사용할 수도 있고, 같이 사용하지 않을 수도 있다.

3.1.2 Lex 원시 프로그램 예

위에서 학습한 내용을 바탕으로 숫자 상수를 값이 있는 정수나 유동 소수점으로 변환하여 컴퓨터 내부에 표현하는 Lex 원시 코드를 만들어 보자. 즉, 상수의 자료형에 따라 정수형(INTEGER)이나 실수형(REAL)으로 불리는 토큰을 출력한다.

우선, 정수형 수와 유동 소수점 수의 정규 수식을 패턴으로 표현하면 아래와 같다. 즉, 342나 987는 정수형 수이고 12., 12.34, 43.4E-4 2.e-3는 유동 소수점 수이며 소수 이하나 지수 부분은 표현하지 않을 수도 있다.

- 정수형 수 패턴 : [0-9]+
- 유동 소수점 수 패턴 : [0-9]+\.[0-9]+?([eE][+-]?[0-9]+)?

정규 수식을 나타내는 이 패턴과 해당 액션을 %%와 %% 사이에 작성하면 Lex 원시 코드는 아래와 같다.

```
%{
int i;
double r;
%}
%%
[0-9]+              {
                      sscanf  (yytext, "%d", &i);
                      printf ("INTEGER\n");
                    }
[0-9]+\.[0-9]+?([eE][+-]?[0-9]+)?   {
                                      sscanf (yytext, "%1f", &r);
                                      printf ("REAL\n");
                                    }
.          ;          /*  그외...  */
%%
main  ( )
{
 yylex ( );
}
```

정수형 수가 [0-9]+에서 매치되면 yytext는 입력한 문자열을 할당하고, “INTEGER”라는 문자를 출력한다. 또한 소수점 있는 실수형 수가 매치되면 yytext는 입력한 문자열을 할당하고, “REAL”이라는 문자를 출력한다. 이 코드에서는 간단하게 자료형을 출력하는 예만 보이고 내부 자료 구조로 변환하는 과정은 이미 위의 실습에서 다루었으므로 생략한다.

실습 3.2

다음은 입력 파일을 읽어서 정수를 분리하는 Lex 원시 코드이다. Lex 원시 코드 파일을 "test.l"으로 하고, 입력 파일을 "input.dat"로 하여 아래와 같이

```
>lex test.l
>cc lex.yy.c  -ll
>a.out < input.dat
```

실행한 후 결과를 관찰하시오.
입력할 문장이 있는 파일 "input.dat"의 내용은 아래와 같다.

```
World2006  45960Korea CS
12345Programming system59023 abcde
```

Lex 원시 코드 파일 "test.l" 내용은 아래와 같다.

```
%%
[0-9]+      printf("%s\n", yytext);
"$"         exit(0);
[\n\b\t] ;
.    ;
%%
main()
{
 yylex();
}
```

이 코드를 실행한 결과는 아래와 같다.

```
2006
45960
12345
59023
```

실습 3.3

C 프로그래밍 언어의 할당연산자(=), 산술연산자, 비교 연산자를 인식하는 Lex 원시 코드를 작성하시오. 필요한 함수는 스스로 정의하시오.

작성한 Lex 원시 코드는 아래와 같다.

```
%{
 #include y.tab.h
 #include math.h
%}
%%
=                              printf ("할당연산자\n");
\+|\-|\*|\/                    printf ("산술연산자\n");
\"=="|\<|\>|"<="|">="|"!="     printf ("관계연산자\n");
.                 ;            /*  그외...  */
%%
main  ( )
{
  yylex();
}
```

연습문제 3.1

01 아래 토큰을 인식하는 Lex 코드를 작성하시오.

(1) 식별자(반드시 영어 문자로 시작하고 그 뒤에는 문자와 숫자가 혼합된다. 하이픈(_), &, $, ->도 포함한다)
(2) 숫자(정수, C 언어에서 일반 형식의 실수)
(3) 예약어 중 main, int, array, if, for, while, else, function

02 한글 자음과 모음을 인식하는 Lex 코드를 작성하시오.

03 아래 주석을 인식하는 Lex 코드를 작성하시오.

```
/*  This is the first Lex program.  */
```

04 아래 특수 문자와 괄호를 인식하는 Lex 코드를 작성하시오.

(1) ^_^
(2) :)
(2) ((((((a + b))))))

05 아래 C 프로그램 일부에서 토큰을 분리하는 Lex 코드를 작성하시오.

```
score = 100;
if ( score >= 90 ) grade[student] = "A"
            else grade[student] = "F";
```

3.2 Lex 실행하기

앞에서와 같이 Lex 원시 코드를 작성하면 유닉스 운영체제나 윈도우즈 운영체제 환경에서 Lex 프로그램을 실행한다. Lex 프로그램을 실행하려면 두 단계가 필요하다.

단계 1: Lex를 사용하여 lex.yy.c라는 파일을 만든다.
단계 2: 만들어진 lex.yy.c 파일을 C 컴파일러로 컴파일한다.

즉, Lex 원시 파일이 "test_lex"라면 아래와 실행한다.

```
>lex test_lex
>cc lex.yy.c  -o  test_lex
```

또한 C 컴파일러를 통하면 Lex 라이브러리를 연결하려면 아래와 같이 -ll라는 옵션을 사용한다. input.dat는 입력할 문자가 있는 파일이다.

```
>lex test.l
>cc lex.yy.c  -ll
>a.out < input.dat
```

그러나 Lex는 유닉스 버전, 버클리 버전, 윈도우즈 버전 등 여러 종류가 있기 때문에 버전에 따라 실행 방법이 약간 다를 수 있다. 어떤 버전에서는 입력 파일을 모두 읽고 나면 yywrap()이라는 함수를 호출하여 yylex()가 종료할 준비를 하도록 한다.

실습 3.4

C 프로그래밍 언어의 식별자를 인식하는 Lex 원시 코드를 작성하고 실행하시오. 또 식별자를 인식하는 코드를 이용하여 예약어의 if, for, while를 인식하는 Lex 원시 코드를 작성하고 실행하시오. 필요한 함수는 스스로 정의하시오.

작성한 Lex 원시 코드는 아래와 같다.

```
%{
#include y.tab.h
#include math.h
int symtbl[100];
void insert_symtbl();
%}
%%
```

```
[a-zA-Z][a-zA-Z0-9]*            {
                                        insert_symtbl(atoi(yytext);
                                        return(IDENT);
                                  printf ("식별자\n");
                                }
if                                printf ("예약어 - if\n");
for                               printf ("예약어 - for\n");
while                             printf ("예약어 - while\n");
.      ;                    /*  그외...  */
%%
void insert_symtbl(int inchar)
{
     static   i = 0;
     symtbl[i++] = inchar;
}
main()
{
   yylex();
}
```

실습 3.5

아래 프로그램 일부에서 각 토큰을 분리하는 Lex 원시 코드를 작성하고 실행하시오. 필요한 함수는 스스로 정의하시오.

```
switch(state)
     {
      case 0:
               {
                    if  (inchar == 'a') {
                         scanf(&inchar);
                         state = 1;
                         }
                    else printf("error");
               }
     }
```

연습문제 3.2

01 연습문제 3.1에서 작성한 각 Lex 코드를 실행해보고 결과를 쓰시오.

02. 아래에 주어진 각 입력 스트링에 대하여 Lex 원시 코드를 작성하고 실행한 결과를 쓰시오.

(a) prolog1k5
(b) mobil8_g234
(c) ㅇㅜㄹㅣㄴㅏㄹㅏ
(d) h9u%lg57^f38
(e) hhhhhhhuuuuu3s
(f) 대한민국~~2006

03 아래 C 프로그램 일부에서 토큰을 분리하는 Lex 코드를 작성하고 실행하시오.

```
int main()
{
 BiTree_Node* root = NULL;
 BiTree_Node* foundedNode = NULL;
 char Name;
 char tmp;
 printf("이름을 입력하세요: ");
 do {
     tmp = fgetc(stdin);
     if(tmp != '\n') {
          insert(&root, tmp);
     }
}
while(tmp != EOF);
printf("\n 검색을 원하는 이름을 입력하세요. ");
scanf("%c", &Name);
 while(Name != 'z'){
  foundedNode = searchBST(root, Name);
  if (foundedNode != NULL) {
```

```
                printf("\n %c 이름을 찾았습니다. \n", foundedNode->Name);
                }
            else {
                printf("\n 원하는 이름을 찾을 수 없습니다. \n");
                }
    scanf("%c", &Name);
    printf("\n\n\n 검색을 원하는 이름을 입력하세요. ");
    scanf("%c", &Name);
}
 getchar();
 return 0;
}
```

제 4 장

구문 분석

이 장에서는 컴파일러가 프로그래밍 언어가 올바르게 작성되었는지를 분석하는 구문 분석을 설명한다. 구문 분석을 위해 구문 분석의 개념, 문법의 특성, 문법을 인식하는 인식기를 살펴본다.

4.1 구문 분석 개념

구문 분석기는 어휘 분석가 만든 토큰 스트링을 읽어서 프로그램 전체의 문법을 검사하여 **파스 트리**를 생성한다. 예를 들어 아래 문장이 입력으로 들어오면 구문 분석기는 문법과 비교하여 문장이 잘못되었다는 것을 알린다. 즉, 오른쪽 괄호)에 대해 왼쪽 괄호 (가 없는 것이거나, 숫자를 잘못 입력하여 1.87 다음에)가 올 수 있다. 이 문장에 에러가 있다는 것을 알려 준 후에도 그 뒤 문장을 컴파일하기 위해 컴파일러는 구문 분석을 계속 수행한다.

x = (a - 78) * 1.87) + y;

이 할당문을 수정하여 x = (a - 78) * 1.873 + y;와 같이 정상적인 토큰 스트림으로 입력하면 구문 분석기는 파스 트리를 생성한다. 이 파스 트리는 프로그램의 각 문장이 **문법**에서 만들어지는 언어인지를 알아보는 **유도 과정**이다. 즉, 문법에서 만들어지는 언어이면 그 문장은 올바르고, 아니면 문장이 틀린 것이다. 이와 같이 문장을 문법과 비교하여 검사하기 때문에 어떤 언어의 문법을 이해하는 것은 중요하다.

그림 4.1는 이러한 과정을 수행하는 구분 분석기의 위치와 기능이다.

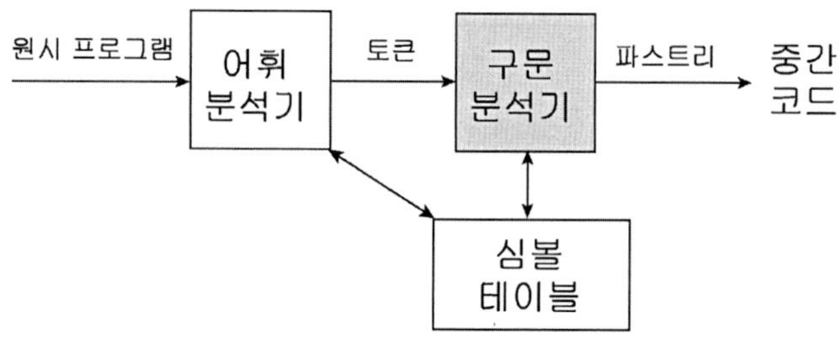

그림 4.1 구문 분석기의 위치와 기능

구문 분석에 의하여 생성되는 것은 파스 트리이지만, 이 파스트리에서 유도 과정은 제거하여 최종 연산자와 피연산자로만 구성한 트리를 **신택스 트리**라 한다. 신택스 트리는 중간 코드 형태이며 기계어 인스트럭션을 만들 수 있는 가장 작은 자료 구조로 연산자 동작 코드와 피연산자 주소로 구성한다. 그러므로 신택스 트리의 중간 노드가 연산자이고, 잎 노드는 피연산자 주소이다. 파스 트리는 문법에 따라 유도하는 과정을 표현하고, 신택스 트리는 기계어 인스트럭션을 생성할 중간 코드를 표현한다.

위 할당문을 수정하여 x = (a - 78) * 1.873 + y;와 같이 정상적인 토큰 스트림으로 입력하면 구문 분석기는 그림 4.2와 같은 신택스 트리를 생성한다. 구문 분석기가 문법 검사를 통하여 직접 신택스 트리를 생성하는 과정을 **구문-직접의 변환**이라 한다. 이 과정은 뒤에서 자세히 다룬다.

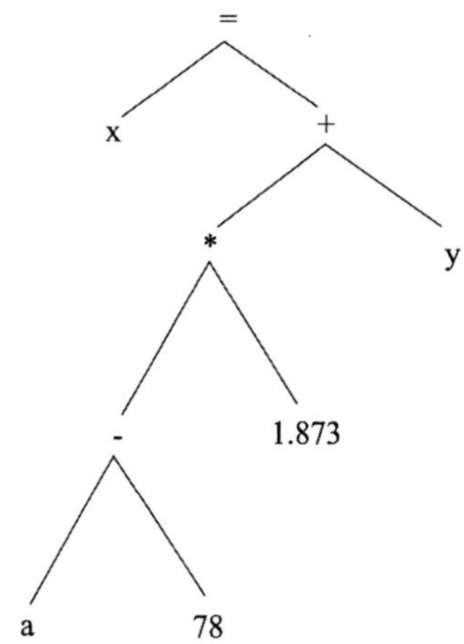

그림 4.2 할당문 x = (a - 78) * 1.873 + y;의 신택스 트리

어휘 분석에서 정규 수식이나 유한 상태 기계와 같은 수학적인 표현을 사용하였듯이, 구문 분석기도 언어가 문법에 맞는지를 자동으로 검사하기 위해 수학적 원리를

이용한 형식 표현법을 사용한다. 이러한 형식 표현법을 **형식 문법**이라 하는데, 컴파일러의 구문 분석기를 구현하는 수단일 뿐 아니라, 프로그래밍 언어를 정의하기도 한다.

연습문제 4.1

01 구문 분석기를 설명하시오.

02 구문 분석에서는 왜 파스 트리를 생성하는지 설명하시오.

03 신택스 트리는 무엇인지 설명하시오.

04 유도를 설명하고 구문 분석에서 왜 유도 과정이 필요한지 설명하시오.

05 할당문 y = (x + e) − 43) + s;의 신택스 트리를 구성하시오.

06 아래 신택스 트리를 보고 원래의 원시 문장을 쓰시오.

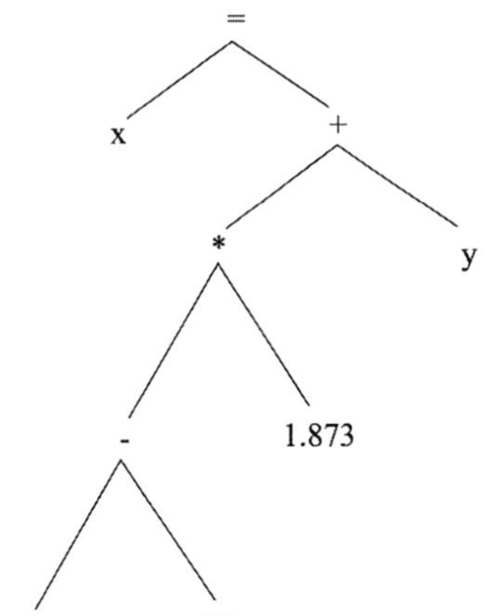

07 형식 언어가 필요한 이유를 설명하시오.

4.2 문법과 언어

컴파일러의 구문 분석 단계를 이해하기 위해 형식 언어 이론과 개념을 살펴보자.

4.2.1 문법

앞에서 언어란 스트링의 집합으로 정의하여 정규 수식과 유한 상태 기계로 표현하였다. 여기에서는 언어를 다른 방법인 **문법**으로 표현해 보자. 문법이란 어떤 언어의 스트링을 생성하는 규칙이므로 언어에 없는 스트링은 만들 수 없다.

[정의 4.1]

문법(G)은 $G=(V_N, V_T, P, S)$와 같이 네 개의 요소로 구성한다. 여기에서 각 구성요소는 아래와 같다.

1. V_N은 넌터미널 심볼의 유한 집합이다.
2. V_T은 터미널 심볼의 유한 집합이다.
3. P는 생성 규칙의 유한 집합으로 $\alpha \rightarrow \beta (\alpha \in V+, \beta \in V^*)$형식인데 α는 널이 아니다.
4. S는 시작 심볼로 넌터미널 심볼이다($S \in V_N$).

여기에서 넌터미널 심볼과 터미널 심볼은 같은 것이 없고($V_N \cap V_T = \phi$), 넌터미널 심볼과 터미널 심볼 모두를 알파벳 집합(V)이라 한다($V = V_N \cup V_T$).

정의 4.1에 의하면 α → β에서 α와 β는 넌터미널 스트링과 터미널 스트링(β는 ε 포함)을 나타내는데 언어에 있는 스트링을 어떻게 생성하는가를 의미한다.

예 4.1

문법 $G1 = (\{S, T\}, \{t, r\}, P, S)$을 살펴보자. 이 문법의 각 원소는 아래와 같다.

1. 넌터미널 심볼 집합, $\{S, T\}$
2. 터미널 심볼 집합, $\{t, r\}$
3. 시작 심볼, S
4. 생성 규칙, $P : S \rightarrow tTS$

$$S \rightarrow t$$
$$T \rightarrow SrT$$
$$T \rightarrow rt$$
$$T \rightarrow SS$$

예 4.1에 사용한 문법 표기와 같이 영어 대문자(A, B, C, S, T …)는 넌터미널 심볼, 소문자(a, b, c, t, r, y, …)는 터미널 심볼, 특별히 지정하지 않으면 S는 시작 넌터미널이다. 또한 같은 넌터미널에서 정의하는 생성 규칙은 아래와 같이 표현할 수 있다. 기호 | 는 여러 개 중에서 선택할 수 있다는 의미이다.

$$P : S \rightarrow \mathrm{t}TS \mid \mathrm{t}$$
$$T \rightarrow S\mathrm{r}T \mid \mathrm{rt} \mid SS$$

[정의 4.2]

유도는 생성 규칙에서 문장을 생성하는 과정으로 시작 심볼에서 시작하여 기호(→)의 왼쪽 심볼을 기호(→)의 오른쪽에 있는 심볼들로 대치한다. S는 시작 넌터미널, α, β, γ는 넌터미널 혹은 터미널 스트링, x는 터미널 스트링이면, 유도 기호(⇒)를 사용하여 아래처럼 $\alpha_1 \Rightarrow \alpha_2$ 같이 표기한다.

$$S \Rightarrow \alpha \Rightarrow \beta \Rightarrow \gamma \Rightarrow \cdots \Rightarrow \mathrm{x}$$

여기에서

(1) $\alpha_1 \Rightarrow \alpha_2$는 단계 하나만 유도한 경우이다. 즉, $A \rightarrow \gamma \in P$이고 $\alpha, \beta \in V^*$ 이면, $\alpha A \beta \Rightarrow \alpha \gamma \beta$이다.

(2) $\alpha_1 \Rightarrow^* \alpha_2$는 유도가 한 번도 없거나 여러 단계를 유도한다. 즉, $\forall \alpha \in V^*$인 α에 대하여 $\alpha \Rightarrow^* \alpha$이다. 또한 $\alpha \Rightarrow^* \beta$이고 $\beta \Rightarrow \gamma$이면 $\alpha \Rightarrow^* \gamma$이다.

(3) $\alpha_1 \Rightarrow^+ \alpha_2$는 유도가 한 번 이상 여러 단계를 유도한다.

유도는 생성 규칙을 시작 넌터미널부터 터미널 스트링으로 끝날 때까지 연속으로 적용하기 때문에 문법이 스트링을 유도한다고 한다. 그러므로 유도를 하면 스트링이 문법에 속하는지 아닌지 알 수 있다.

예를 들어, 어떤 문법에서 생성 규칙이 아래와 같다. 이 때 스트링 $rttt$을 유도해 보자.

$$P : S \rightarrow St$$
$$S \rightarrow r$$
$$S \rightarrow \varepsilon$$

시작 넌터미널 S에서 시작하여 S를 St로 대치하면 St이다. 여기에서 S를 다시 St로 대치하면 Stt이다. 또다시 S를 St로 대치하면 $Sttt$이다. 마지막으로 S를 r로 대치하면 $rttt$이다. 즉, $S \Rightarrow St \Rightarrow Stt \Rightarrow Sttt \Rightarrow rttt$와 같이 유도할 수 있다. 그러므

로 터미널 스트링 $rttt$은 이 문법으로 유도가능하고 이 문법에 속한다.

[정의 4.3]

언어는 어떤 문법 G의 시작 넌터미널 심볼 S로부터 유도 $\Rightarrow^+$를 적용하여 생성하는 터미널 스트링으로 $L(G)$로 표기한다, 그러므로 언어 $L(G)$안에 있는 스트링은 아래와 같이 문법 G의 터미널 심볼로만 구성한다.

$$L(G) = \{\omega \mid S \Rightarrow^+ \omega,\ \omega \in V_T^*\}$$

예 4.2

문법 $G2 = (\{S\}, \{t\}, P, S)$을 살펴보자. 이 문법에서 생성 규칙이 $P : S \rightarrow tS \mid t$이면 아래처럼 언어를 생성할 수 있다.

$S \Rightarrow t$ $t \in L(G2)$

$S \Rightarrow tS \Rightarrow tt$ $tt \in L(G2)$

$S \Rightarrow tS \Rightarrow ttS \Rightarrow ttt$ $ttt \in L(G2)$

......

그러므로 이 문법이 유도할 수 있는 언어는 $L(G2) = a^n \mid n \geq 1$이다.

예 4.3

문법 $G3 = (\{S\}, \{0,1\}, P, S)$를 살펴보자. 생성 규칙이 아래와 같을 때 이 문법에서 언어를 유도해 보자.

$$P : S \rightarrow 0S0 \mid 1S1 \mid 0 \mid 1$$

이 문법에서 언어 하나를 유도하면 아래와 같다.

$$S \Rightarrow 0S0 \Rightarrow 00S00 \Rightarrow 001S100 \Rightarrow 0010100$$

즉, 0010100는 이 문법으로 생성할 수 있는 여러 스트링 중의 하나이며 $L(G3)$에 속하는 언어이다.

[정의 4.4]

$S \Rightarrow^* \alpha$이고 $\alpha \in V^*$이면 α를 문법 G의 **문장형식**이라 하고, $S \Rightarrow^* \alpha$이고 $\alpha \in V_T^*$이면 α는 문법 G의 **문장**이라 한다.

정의에 따르면 시작 넌터미널로부터 유도하는 과정에 넌터미널 심볼과 터미널 심볼이 혼합(V^*에 속한다)된 스트링을 문장형식이라 하고, 문장형식 안에 넌터미널은 더 이상 없고 터미널 스트링(V_T^*에만 속한다)만 있는 경우를 문장이라 한다. 그러므로 이때의 문장은 이 문법이 생성한 언어이다.

예 4.4

문법 $G4 = (\{S, A, B\}, \{0, 1, \varepsilon\}, P, S)$에서 생성 규칙이 아래와 같을 때 문장 0110을 유도하면서 문장 형식을 알아보자.

$$
\begin{aligned}
P : S &\rightarrow 0A \mid 1B \mid \varepsilon \\
A &\rightarrow 1S \\
B &\rightarrow 0S
\end{aligned}
$$

이 문법에서 문장 0110를 유도하는 과정은 아래와 같다.

$$
\begin{aligned}
S &\Rightarrow 0A && (\text{생성 규칙 } S \rightarrow 0A \text{ 적용}) \\
&\Rightarrow 01S && (\text{생성 규칙 } A \rightarrow 1S \text{ 적용}) \\
&\Rightarrow 011B && (\text{생성 규칙 } S \rightarrow 1B \text{ 적용}) \\
&\Rightarrow 0110S && (\text{생성 규칙 } B \rightarrow 0S \text{ 적용}) \\
&\Rightarrow 0110 && (\text{생성 규칙 } S \rightarrow \varepsilon \text{ 적용})
\end{aligned}
$$

유도 과정에서 생성되는 S, $0A$, $01S$, $011B$, $0110S$는 문장형식이고, 터미널 스트링만으로 구성된 0110은 문장이다.

실습 4.1

생성 규칙이 아래와 같은 문법 $G5 = (\{S\}, \{0,1\}, P, S)$가 있다. 이 문법에서 홀수 개의 0이나 1이 있고, 그 왼쪽과 오른쪽에 동시에 0과 1이 같은 순서로 있는 언어를 유도하시오.

$$
\begin{aligned}
P : S &\rightarrow 0S0 \\
S &\rightarrow 1S1 \\
S &\rightarrow 0 \\
S &\rightarrow 1
\end{aligned}
$$

이 문법으로 생성할 수 있는 언어는 아래와 같다.

$$L(G) = \{0, 1, 000, 010, 111, 00000, \ldots\}$$

예 4.5

아래 생성 규칙이 있는 문법 $G6=(\{S, A, B\}, \{a, b, \varepsilon\}, P, S)$에서 문장 *aabb*를 유도해 보자.

$$
\begin{aligned}
P: S &\rightarrow ASB \\
S &\rightarrow \varepsilon \\
A &\rightarrow a \\
B &\rightarrow b
\end{aligned}
$$

이 문법에서는 문장 *aabb*를 아래 과정을 거쳐서 유도할 수 있다.

$$
\begin{aligned}
S &\Rightarrow ASB && (\text{생성 규칙 } S \rightarrow ASB) \\
&\Rightarrow AASBB && (\text{생성 규칙 } S \rightarrow ASB) \\
&\Rightarrow AaSBB && (\text{생성 규칙 } A \rightarrow a) \\
&\Rightarrow AaBb && (\text{생성 규칙 } S \rightarrow \varepsilon) \\
&\Rightarrow Aabb && (\text{생성 규칙 } B \rightarrow b) \\
&\Rightarrow aabb && (\text{생성 규칙 } A \rightarrow a)
\end{aligned}
$$

그러므로 유도한 문장 *aabb*는 $L(G6)$에 속하는 언어이다. 이 생성 규칙에 따르면 문법 $G6$는 a와 b로 구성되는 스트링이지만, a 개수와 b 개수가 같고 a가 b보다 반드시 앞에 와야 한다. 물론 a나 b가 하나도 없는 널스트링도 있을 수 있다. 그러므로 이 언어를 집합으로 표현하면 아래와 같다.

$$L(G6) = \{\varepsilon, ab, aabb, aaabbb, aaaabbbb, aaaaabbbbb, \dots\} = \{a^n b^n\}, n \geq 0$$

[정의 4.5]

어떤 두 문법 Gi과 Gj가 같은 언어를 만들면 두 문법은 서로 **동치**이다. 즉, $L(Gi) = L(Gj)$인 두 문법 Gi와 Gj가 존재하면 문법 Gi와 Gj는 서로 동치이다.

지금까지 스트링을 생성하는 여러 문법을 살펴보았다. 이 때 유도하는 과정을 한 경우만 살펴보았는데, 실질적으로 어떤 스트링을 유도하는데 여러 개의 유도 과정이 있을 수 있다. 다시 말하면, 같은 스트링을 만드는데 생성 규칙을 여러 방법(혹은 다른 순서)으로 적용할 수 있다.

실습 4.2

생성 규칙이 아래와 같은 문법 $G7 = (\{S, A, B\}, \{1,0\}, P, S)$에서 여러 개의 유도과정으로 다양한 스트링을 생성하시오.

$$
\begin{aligned}
P : S &\rightarrow 1SA \\
S &\rightarrow BA \\
A &\rightarrow 10 \\
B &\rightarrow 0A
\end{aligned}
$$

이 문법에서는 아래와 같이 여러 유도 과정을 통하여 다양한 스트링을 생성할 수 있다.

$$
\begin{aligned}
&S \Rightarrow BA \Rightarrow 0AA \Rightarrow 010A \Rightarrow 01010 \\
&S \Rightarrow BA \Rightarrow B10 \Rightarrow 0A10 \Rightarrow 01010 \\
&S \Rightarrow 1SA \Rightarrow 1BAA \Rightarrow 1B10\mathrm{A} \Rightarrow 1B1010 \Rightarrow 10A1010 \Rightarrow 10101010 \\
&S \Rightarrow 1SA \Rightarrow 1S10 \Rightarrow 1BA10 \Rightarrow 10AA10 \Rightarrow 1010A10 \Rightarrow 10101010 \\
&S \Rightarrow 1SA \Rightarrow 11SAA \Rightarrow 11SA10 \Rightarrow 11S1010 \Rightarrow 11BA1010 \\
&\quad \Rightarrow 110AA1010 \Rightarrow 11010A1010 \Rightarrow 11010101010 \\
&S \Rightarrow 1SA \Rightarrow 11SAA \Rightarrow 11BAAA \Rightarrow 110AAAA \Rightarrow 11010AAA \\
&\quad \Rightarrow 1101010AA \Rightarrow 110101010A \Rightarrow 11010101010
\end{aligned}
$$

이 유도 과정을 살펴보면 같은 스트링을 생성하는데 여러 개의 유도 과정이 있다는 것을 알 수 있다. 즉, 스트링 01010, 10101010, 11010101010는 유도 과정이 각각 두 개씩 있다.

4.2.2 문법의 분류

인간이 사용하는 언어를 수학적으로 표현하는 여러 이론이 있는데, 놈 촘스키는 1959년에 언어를 복잡한 정도에 따라 분류하는 방식을 제안하였다. 이 등급은 컴퓨터 프로그래밍 언어에도 적용되어 컴파일러가 언어를 자동으로 번역할 수 있게 되었다.

촘스키는 모든 언어를 문법으로 표현할 수 있는 방법과 제한에 따라 아래의 4등급으로 분류하였다.

- **무제한 문법(타입 0 문법)**
- **문맥-민감 문법(타입 1 문법)**
- **문맥-자유 문법(타입 2 문법)**
- **우-선형 문법(타입 3 문법)**

문맥-민감 언어는 문맥-민감 문법에서 생성하고, **문맥-자유 언어**는 문맥-자유 문법에서 생성한다. **우-선형 언어**도 마찬가지로 우-선형 문법에서 생성한다.

무제한 문법은 상위 계층 문법으로 자연언어처럼 표현을 제한하지 않는 방법이고, 우-선형 문법은 하위 계층 문법으로 제한이 많기 때문에 기계 언어같은 제한된 언어를 표현한다. 우-선형 문법으로 자연언어를 표현하기는 어렵다. 프로그래밍 언어 같이 어느 정도의 제한이 있는 경우에는 문맥-자유 문법이 알맞다. 즉, 문맥-자유 문법은 프로그래밍 언어를 표현하기 쉽고, 컴파일러가 언어를 자동으로 번역하기 쉽다.

그림 4.3은 이와 같이 분류한 문법의 계층인데, 무제한 등급은 문맥-민감 문법을 포함하고, 문맥-민감 문법은 문맥-자유 문법을 포함한다. 또한 문맥-자유 문법은 최하위 계층인 우-선형 문법을 포함한다.

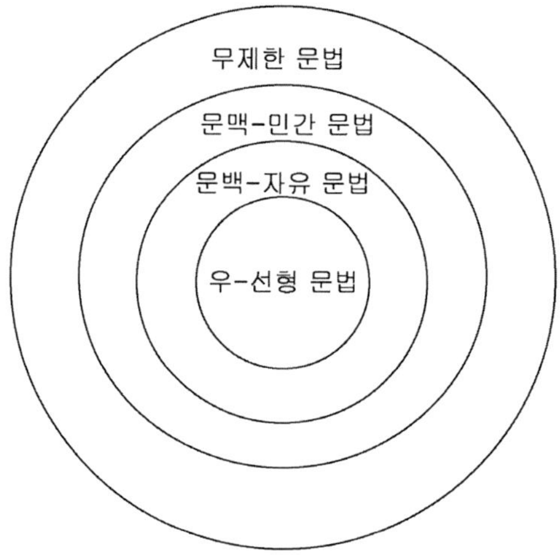

그림 4.3 문법의 분류

여기에서, 촘스키의 문법 분류를 좀 더 구체적으로 살펴보자.

A, *B*, *C*,...는 단일 넌터미널, a, b, c,...는 단일 터미널, .., *X*, *Y*, *Z*는 단일 넌터미널 혹은 터미널, ..., x, y, z 터미널 스트링, α, β, γ, ...는 넌터미널과 터미널의 혼합 스트링을 나타내는 기호이다. 그러면 각 문법 등급은 아래처럼 표현할 수 있다.

- **무제한 문법**은 타입 0 문법이라고도 생성 규칙에 제한이 없는 문법으로, 각 생성 규칙의 화살표(→) 양쪽(왼쪽과 오른쪽)에는 임의의 넌터미널과 터미널 스트링이 있다. 단, ε는 화살표의 오른쪽에만 올 수 있다. 아래는 무제한 문법의 생성 규칙 예이다.

$$AaB \rightarrow bA \mid \varepsilon$$

- **문맥-민감 문법**은 타입 1 문법이라고도 하며 아래와 같은 생성 규칙으로 구성되며 실제 컴파일러에서는 사용할 수 없다.

  $$\alpha \rightarrow \beta$$

  여기에서 $|\alpha| \leq |\beta|$로 화살표 오른쪽 스트링 β의 길이가 α의 길이와 같거나 더 길다. 아래는 문맥-민감 문법의 생성 규칙 예이다.

  1. $A \rightarrow \mathrm{a}AB C\mathrm{c}$
  2. $A \rightarrow \varepsilon$
  3. $\mathrm{a}B \rightarrow \mathrm{ab}$
  4. $\mathrm{b}B \rightarrow \mathrm{bb}$
  5. $\mathrm{c}B \rightarrow \mathrm{cb}$
  6. $\mathrm{b}C \rightarrow \mathrm{ac}$
  7. $C \rightarrow C\mathrm{c}$

  아래는 이 문맥-민감 문법으로 생성할 수 있는 언어이며 다른 유도로 여러 스트링을 생성할 수 있다.

  $$A \Rightarrow \mathrm{a}ABC \Rightarrow \mathrm{aa}ABCBC \Rightarrow \mathrm{aa}BCBC \Rightarrow \mathrm{aab}CBC \Rightarrow \mathrm{aab}C\mathrm{c}BC$$
  $$\Rightarrow \mathrm{aabCcbC} \Rightarrow \mathrm{aabCccbC} \Rightarrow \mathrm{aabCccbCc} \Rightarrow \mathrm{aaacccbCc} \Rightarrow \mathrm{aaacccacc}$$

- **문맥-자유 문법**은 타입 2 문법이라고도 하며, 문맥에 제한되지 않고 자유롭다. 아래는 문맥-자유 문법의 생성 규칙이다.

  $$A \rightarrow \alpha$$

  여기에서 $|A| = 1$이고, $|A| \leq |\alpha|$이다. 즉, A는 반드시 넌터미널로 한 개이고, α는 넌터미널과 터미널이 혼합된 스트링이다. 아래는 문맥-자유 문법의 생성 규칙 예이다.

  $S \rightarrow \mathrm{a}AS$
  $S \rightarrow \mathrm{a}$
  $A \rightarrow S\mathrm{b}A$
  $A \rightarrow \mathrm{ba}$
  $A \rightarrow SS$

  오늘날 대부분의 프로그래밍 언어는 이 문맥-자유 문법 형식으로 정의한다. 이 책에서 기술하는 문법도 문맥-자유 문법으로 설명한다.

• **우-선형 문법**은 타입 3 문법이라고도 하며 아래와 같은 생성 규칙으로 구성된다.

$A \rightarrow \mathrm{a}B$ 또는 $A \rightarrow \mathrm{a}$

이 생성 규칙에서 A와 B는 넌터미널이고, a는 터미널이다. 우-선형 문법은 제한이 많기 때문에 단순한 언어를 정의한다. 그러므로 식별자, 상수, 예약어 같은 단순한 어휘를 정의한다.

실습 4.3

아래의 여러 생성 규칙이 있다. 촘스키의 분류에 따른 무제한 문법, 문맥-민감 문법, 문맥-자유 문법, 우-선형 문법 각각의 생성 규칙을 찾아보자.

1. $\mathrm{a}S\mathrm{b} \rightarrow \mathrm{a}A\mathrm{b}B\mathrm{c}$
2. $A \rightarrow \mathrm{b}B$
3. $A\mathrm{b} \rightarrow \mathrm{b}$
4. $\mathrm{b} \rightarrow AB$
5. $S \rightarrow \mathrm{a}A\mathrm{bc}$
6. $AB \rightarrow BAC$

이 생성 규칙에서 무제한 문법은 $\mathrm{b} \rightarrow AB$와 $AB \rightarrow BAC$이고, 문맥-민감 문법은 $\mathrm{a}S\mathrm{b} \rightarrow \mathrm{a}A\mathrm{b}B\mathrm{c}$와 $A\mathrm{b} \rightarrow \mathrm{b}$이다. 또 문맥-자유 문법은 $S \rightarrow \mathrm{a}A\mathrm{bc}$이고 우-선형 문법은 $A \rightarrow \mathrm{b}B$이다.

실습 4.4

어떤 언어, $L(G) = \{\varepsilon, \mathrm{abc}, \mathrm{aabbcc}, \mathrm{aaabbbccc}, \ldots\} = \{\mathrm{a}^n\mathrm{b}^n\mathrm{c}^n\}$, $n \geq 0$는 a 뒤에는 b가, b 뒤에는 c가 오지만, a, b, c 각각의 개수가 반드시 같은 스트링의 집합이다. 이 언어를 생성하는 문맥-민감 언어를 구성해 보자.

이 언어는 아래와 같이 생성 규칙을 만들 수 있다.

1. $A \rightarrow \mathrm{a}ABC$
2. $A \rightarrow \varepsilon$
3. $CB \rightarrow CX$
4. $CX \rightarrow BX$
5. $BX \rightarrow BC$
6. $\mathrm{a}B\mathrm{c} \rightarrow \mathrm{abc}$
7. $\mathrm{b}B\mathrm{c} \rightarrow \mathrm{bbc}$
8. $C \rightarrow C\mathrm{c}$

그러므로 이 문법은 $A \Rightarrow \mathrm{a}ABC \Rightarrow \mathrm{aa}ABCBC \Rightarrow \mathrm{aa}BCBC \Rightarrow \mathrm{aa}BCXC \Rightarrow \mathrm{aa}BBXC \Rightarrow \mathrm{aa}BBCC \Rightarrow \mathrm{aab}BCC \Rightarrow \mathrm{aabb}CC \Rightarrow \mathrm{aabb}C\mathrm{c} \Rightarrow \mathrm{aabbcc}$와 같이 유도할 수 있다.

4.2.3 문맥-자유 문법과 표현

문맥-자유 문법은 컴파일러에 입력하는 프로그래밍 언어를 표현하는데 적당한 문법이다. 이 문맥-자유 문법은 프로그래밍 언어의 문장이나 구조를 **반복 구조로 표현**한다. 예를 들어, 조건문을 만드는 아래 규칙을 정규 수식으로 표현할 수 있는지 살펴보자.

「S_1과 S_2이 각각 문장이고, E가 수식이면 "**if** (E) S_1 **else** S_2;"는 문장이다」

이미 알고 있듯이 정규 수식은 대수식으로 언어를 표현하거나 생성하기 때문에 어휘 분석기에서 토큰을 분리하기에 적당한 도구이다. 그러므로 이와 같은 조건이나 반복 같은 계층 구조에 대한 규칙을 대수식이나 대수 연산으로 표현하려면 매우 어렵다. 즉, 위 규칙인 조건문의 S_1과 S_2같이 반복으로 나타나는 것이나 계층 구조는 표현할 수 없다.

그러나 반복 구조와 계층 구조도 문법의 생성 규칙으로 쉽게 표현할 수 있다. 즉, 위의 규칙에서 문장의 종류를 나타내는 이름으로 *stmt*를, 수식을 나타내는 이름으로 *expr*를 부여하여 아래와 같이 문법으로 표현할 수 있다.

$$stmt \rightarrow \textbf{if}\ (expr)\ stmt\ \textbf{else}\ stmt\ ;$$

이와 같이 제한 때문에 표현하기 어려운 구조도 문맥-자유 문법으로는 표현하기 쉽다.

예 4.6

수식 a + a + a + a + a와 같이 더하기를 반복으로 연산하는 문법 $G = (\{E, OP\}, \{a, +\}, P, E)$를 구성해 보자. 이 수식에서 터미널 심볼은 a와 연산자 +이고, 더하기 연산만 반복한다. 그러므로 수식을 표현하려면 터미널 심볼 a는 넌터미널 E에서 유도하고, 터미널 심볼 +는 넌터미널 OP에서 유도하도록 아래와 같이 반복한다.

$$E \Rightarrow E\ \ OP\ \ E \Rightarrow^{*} E\ \ OP\ \ E\ \ \ OP\ \ E\ \ \ OP\ \ E\ \ \ OP\ \ E \Rightarrow^{*} \mathrm{a+a+a+a+a}$$

이렇게 하려면 아래와 같은 생성 규칙을 구성한다.

$$\begin{aligned} P:\ \ E &\rightarrow E\ \ OP\ \ E \\ E &\rightarrow \mathrm{a} \\ OP &\rightarrow + \end{aligned}$$

수식 a + a + a + a + a을 이 생성 규칙으로 아래와 같이 유도할 수 있다(밑줄 있는 넌터미널 심볼을 대치한다).

$$
\begin{aligned}
E &\Rightarrow E \quad OP \quad E \\
&\Rightarrow E \quad OP \quad E \quad OP \quad E \\
&\Rightarrow E \quad OP \quad E \quad OP \quad E \quad OP \quad E \\
&\Rightarrow E \quad OP \quad E \quad OP \quad E \quad OP \quad E \quad OP \quad E \\
&\Rightarrow \mathrm{a} \quad OP \quad E \quad OP \quad E \quad OP \quad E \quad OP \quad E \\
&\Rightarrow \mathrm{a} + E \quad OP \quad E \quad OP \quad E \quad OP \quad E \\
&\Rightarrow \mathrm{a} + \mathrm{a} \quad OP \quad E \quad OP \quad E \quad OP \quad E \\
&\Rightarrow \mathrm{a} + \mathrm{a} + E \quad OP \quad E \quad OP \quad E \\
&\Rightarrow \mathrm{a} + \mathrm{a} + \mathrm{a} \quad OP \quad E \quad OP \quad E \\
&\Rightarrow \mathrm{a} + \mathrm{a} + \mathrm{a} + E \quad OP \quad E \\
&\Rightarrow \mathrm{a} + \mathrm{a} + \mathrm{a} + \mathrm{a} \quad OP \quad E \\
&\Rightarrow \mathrm{a} + \mathrm{a} + \mathrm{a} + \mathrm{a} + E \\
&\Rightarrow \mathrm{a} + \mathrm{a} + \mathrm{a} + \mathrm{a} + \mathrm{a}
\end{aligned}
$$

예 4.7

수식 a + a - a * a / a와 같이 사칙연산을 수행할 수 있는 문법 $G = (\{E, OP\}, \{a, +, -, *, /\}, P, E)$를 구성해 보자. 이 수식에서 터미널 심볼은 a와 연산자 +, -, *, / 이다. 그러므로 이 수식을 표현하려면 터미널 심볼 a는 넌터미널 E에서 유도하고, 터미널 심볼 +, -, *, / 는 넌터미널 OP에서 유도하도록 아래와 같이 반복한다.

$$E \Rightarrow E \quad OP \quad E \overset{*}{\Rightarrow} E \quad OP \quad E \quad OP \quad E \quad OP \quad E \quad OP \quad E \overset{*}{\Rightarrow} \mathrm{a} + \mathrm{a} - \mathrm{a} * \mathrm{a} / \mathrm{a}$$

아래와 같은 생성 규칙을 구성한다.

$$
\begin{aligned}
P:\ & E \rightarrow E \quad OP \quad E \\
& E \rightarrow \mathrm{a} \\
& OP \rightarrow + \\
& OP \rightarrow - \\
& OP \rightarrow * \\
& OP \rightarrow /
\end{aligned}
$$

수식 a + a - a * a / a은 이 생성 규칙으로 아래와 같이 유도할 수 있다(밑줄 친 넌터미널 심볼을 대치한다).

$$
\begin{aligned}
E &\Rightarrow \underline{E} \quad OP \quad E \\
&\Rightarrow \underline{E} \quad OP \quad E \quad OP \quad E \\
&\Rightarrow \underline{E} \quad OP \quad E \quad OP \quad E \quad OP \quad E \\
&\Rightarrow \underline{E} \quad OP \quad E \quad OP \quad E \quad OP \quad E \quad OP \quad E
\end{aligned}
$$

$\Rightarrow$ a $\underline{OP}$ E OP E OP E OP E
$\Rightarrow$ a + $\underline{E}$ OP E OP E OP E
$\Rightarrow$ a + a $\underline{OP}$ E OP E OP E
$\Rightarrow$ a + a - $\underline{E}$ OP E OP E
$\Rightarrow$ a + a - a $\underline{OP}$ E OP E
$\Rightarrow$ a + a - a * $\underline{E}$ OP E
$\Rightarrow$ a + a - a * a $\underline{OP}$ E
$\Rightarrow$ a + a - a * a / $\underline{E}$
$\Rightarrow$ a + a - a * a / a

[정의 4.6]

문맥-자유 문법(CFG : Context-Free Grammar)은 $CFG = (V_N, V_T, P, S)$로 구성한다. 여기에서 각 구성요소는 아래와 같다.

1. V_N은 넌터미널 심볼의 유한 집합이다.
2. V_T은 터미널 심볼의 유한 집합으로 $V_N \cap V_T = \phi$, $V_N \cup V_T = V$이다. V는 알파벳 집합이다.
3. P는 생성 규칙의 유한 집합으로 아래 형식이다.
   $A \rightarrow \alpha$, ($A \in V_N$, $\alpha \in V^*$, $|A| = 1$이고 $|A| \leq |\alpha|$)
4. S는 시작 심볼이며 $S \in V_N$이다.

예 4.8

괄호와 음수를 포함하는 산술 수식을 생성하는 문맥-자유 문법을 구성하자. 연산에 사용할 연산자 심볼은 V_T = {a, +, -, *, /, (,)}이며, 넌터미널 심볼은 V_N = {E, OP}이다. 그러므로 문맥-자유 문법 CFG = ({E, OP}, {a, +, -, *, /, (,)}, P, E)의 생성 규칙은 아래와 같이 구성할 수 있다.

P : $E \rightarrow E$ OP E
$E \rightarrow$ (E)
$E \rightarrow -E$
$E \rightarrow$ a
$OP \rightarrow$ +
$OP \rightarrow$ -
$OP \rightarrow$ *
$OP \rightarrow$ /

실습 4.5

문맥-자유 문법 $CFG = (\{E, OP\}, \{a, +, -, *, /, (,)\}, P, E)$에서 아래의 각 산술 수식을 유도하는 과정을 보이시오. 생성 규칙은 다음과 같다.

$$P: \quad E \rightarrow E \ \ OP \ E \ \ |(\ E \ ) \ | \ -E \ | \ \ a$$
$$OP \ \rightarrow \ + \ | \ - \ | \ * \ | \ /$$

(1) a * a * a

$$\underline{E} \Rightarrow E\ OP\ \underline{E} \Rightarrow E\ OP\ E\ OP\ \underline{E} \Rightarrow E\ OP\ E\ \underline{OP}\,\mathrm{a} \Rightarrow E\ OP\ \underline{E} * \mathrm{a} \Rightarrow E\ \underline{OP}\,\mathrm{a} * \mathrm{a}$$
$$\Rightarrow \underline{E} * \mathrm{a} * \mathrm{a} \Rightarrow \mathrm{a} * \mathrm{a} * \mathrm{a}$$

(2) a - (-a) - a

$$\underline{E} \Rightarrow E\ OP\ \underline{E} \Rightarrow E\ OP\ E\ OP\ \underline{E} \Rightarrow E\ OP\ E\ \underline{OP}\,\mathrm{a} \Rightarrow E\ OP\ \underline{E}\ -\mathrm{a}$$
$$\Rightarrow E\ OP\,(\underline{E})\ -\mathrm{a} \Rightarrow E\ OP\,(-\underline{E})\ -\mathrm{a} \Rightarrow E\ \underline{OP}\,(-\mathrm{a})\ -\mathrm{a} \Rightarrow \underline{E}\ -(-\mathrm{a})\ -\mathrm{a}$$
$$\Rightarrow \mathrm{a}\ -(-\mathrm{a})\ -\mathrm{a}$$

(3) a + a * a

$$\underline{E} \Rightarrow E\ OP\ \underline{E} \Rightarrow E\ OP\ E\ OP\ \underline{E} \Rightarrow E\ OP\ E\ \underline{OP}\,\mathrm{a} \Rightarrow E\ OP\ \underline{E} * \mathrm{a}$$
$$\Rightarrow E\ \underline{OP}\,\mathrm{a} * \mathrm{a} \Rightarrow \underline{E} + \mathrm{a} * \mathrm{a} \Rightarrow \mathrm{a} + \mathrm{a} * \mathrm{a}$$

(4) a * a - a

$$\underline{E} \Rightarrow E\ OP\ \underline{E} \Rightarrow E\ OP\ E\ OP\ \underline{E} \Rightarrow E\ OP\ E\ \underline{OP}\,\mathrm{a} \Rightarrow E\ OP\ \underline{E}\ -\mathrm{a}$$
$$\Rightarrow E\ \underline{OP}\,\mathrm{a}\ -\mathrm{a} \Rightarrow \underline{E} * \mathrm{a}\ -\mathrm{a} \Rightarrow \mathrm{a} * \mathrm{a}\ -\mathrm{a}$$

(5) a - a / (a + a)

$$\underline{E} \Rightarrow E\ OP\ \underline{E} \Rightarrow E\ OP\ E\ OP\ \underline{E} \Rightarrow E\ OP\ E\ OP\,(\underline{E}\,) \Rightarrow E\ OP\ E\ OP\,(E\ OP\ \underline{E}\,)$$
$$\Rightarrow E\ OP\ E\ OP\,(E\ \underline{OP}\,\mathrm{a}) \Rightarrow E\ OP\ E\ OP\,(\underline{E} + \mathrm{a}) \Rightarrow E\ OP\ E\ \underline{OP}\,(\mathrm{a} + \mathrm{a})$$
$$\Rightarrow E\ OP\ \underline{E}\ /\,(\mathrm{a}+\mathrm{a}) \Rightarrow E\ \underline{OP}\,\mathrm{a}\,/\,(\mathrm{a}+\mathrm{a}) \Rightarrow \underline{E} - \mathrm{a}\,/\,(\mathrm{a}+\mathrm{a}) \Rightarrow \mathrm{a}\ -\mathrm{a}\,/\,(\mathrm{a}+\mathrm{a})$$

지금까지 문맥-자유 문법의 개념을 살펴보았다. 이렇게 표현한 문법을 컴퓨터에 입력할 수 있어야 한다. 즉, 넌터미널과 터미널을 구별하여야 하고, 정의 기호인 "→"를 컴퓨터 키보드에서 나타내야 한다. 이와 같이 문맥-자유 문법을 컴퓨터에 입력 가능하도록 다른 형식인 백커스-나우어 폼(BNF: Backus-Naur Form)으로 표현한다. 즉, 넌터미널은 <>로, 정의 기호인 "→"는 ::=로 나타내면 컴퓨터 키보드에서 표현

가능하고 입력도 쉽다. 그러므로 생성 규칙 $S \rightarrow aSb \mid \varepsilon$는 아래와 같이 BNF 로 표기할 수 있다.

$\langle S \rangle ::= a \langle S \rangle b \mid \varepsilon$

문맥-자유 문법과 백커스-나우어 폼은 같은 의미의 표현이다.

예 4.8에 있는 괄호와 음수를 포함하는 산술 수식을 생성하는 문맥-자유 문법 $CFG = (\{E, OP\}, \{a, +, -, *, /, (,)\}, P, E)$을 백커스-나우어 폼으로 나타내면 아래와 같다.

$$
\begin{aligned}
P: \quad & \langle E \rangle ::= \langle E \rangle \langle OP \rangle \langle E \rangle \\
& \langle E \rangle ::= (\langle E \rangle) \\
& \langle E \rangle ::= - \langle E \rangle \\
& \langle E \rangle ::= a \\
& \langle OP \rangle ::= + \\
& \langle OP \rangle ::= - \\
& \langle OP \rangle ::= * \\
& \langle OP \rangle ::= /
\end{aligned}
$$

4.2.4 유도 트리

유도 트리는 생성 규칙에서 해당하는 규칙을 선택하여 유도하는 과정을 시각적으로 트리를 표현하는 것이다. 그러므로 이 유도 트리는 문장의 문법 구문을 계층적으로 보이게 한다.

문맥-자유 문법 $CFG = (V_N, V_T, P, S)$이고, $\omega \in V_T^*$일 때 유도 트리는 아래와 같이 그린다.

1. 각 노드는 알파벳 $V(V_N \cup V_T)$에 있는 심볼 중의 하나이다.
2. 루트 노드는 시작 심볼 S이다.
3. $N \in V_N$이면, N 노드에는 서브 트리가 하나는 있어야 한다.
4. $S \rightarrow N_1 N_2 \dots N_n \in P$이면, N 노드를 루트로 하고 $N_1, N_2, \dots, N_n$를 N 노드의 서브 트리로 한다. 서브트리는 가장 왼쪽부터 $N_1, N_2, \dots, N_n$의 순서로 구성한다.

그러므로 유도 트리의 중간 노드는 넌터미널 노드에 해당하고, 터미널 노드는 잎 노드에 해당한다.

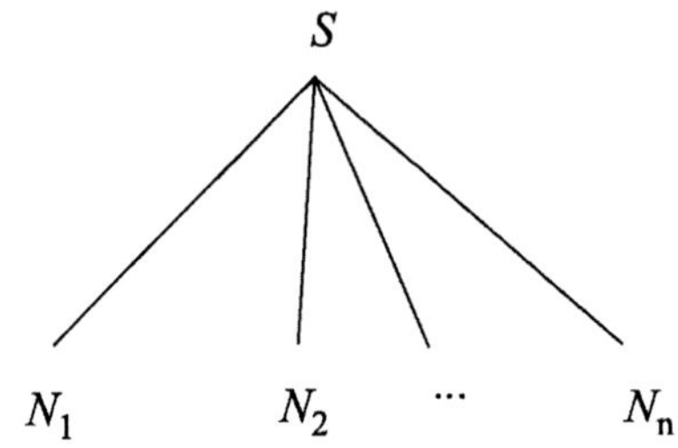

그림 4.4 유도 트리 구성하기

예 4.9

아래 생성 규칙이 있는 문맥-자유 문법 $G8 = (\{E, OP\}, \{a, +, -, *, /, (,)\}, P, E)$이 있다.

$$P: \; E \rightarrow E \;\; OP \;\; E \;\; | (E) \;|\; - E \;|\; a$$
$$OP \rightarrow \; + \;|\; - \;|\; * \;|\; /$$

이 문법에서 산술 수식 a + a * a를 생성하는 유도 트리 구성 과정은 아래와 같다

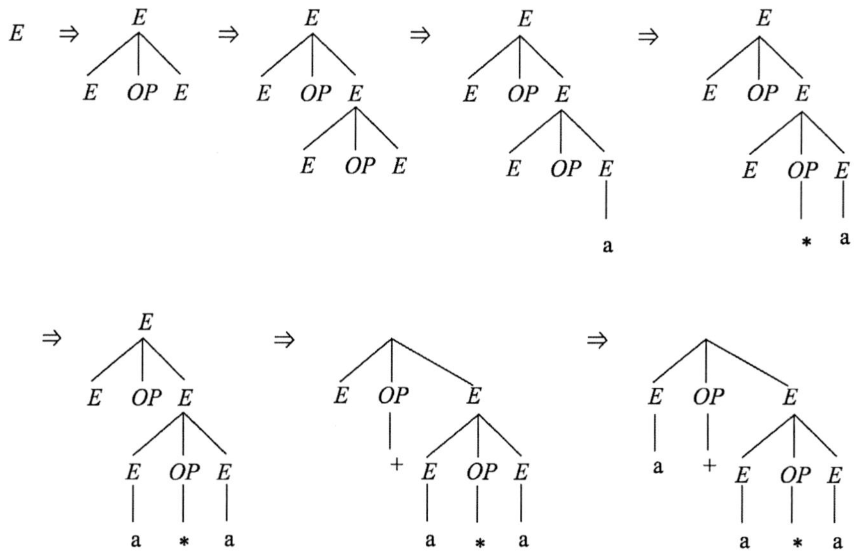

그림 4.5 산술 수식 a + a * a의 유도 트리

예 4.9에서 산술 수식 a + a * a에 대한 유도 트리는 두 번째 유도의 가장 오른쪽에 있는 넌터미널 심볼 *E*를 가장 먼저 a로 유도하고, 왼쪽으로 가면서 *OP*, *E*의 순으로 *와 a를 유도하였다. 그러나 그림 4.6의 유도 트리는 두 번째 유도의 가장 왼쪽에 있는 넌터미널 심볼 *E*를 가장 먼저 a로 유도하고, 오른쪽으로 가면서 넌터미널 심볼 *OP*, *E*의 순으로 +와 a를 유도할 수도 있다.

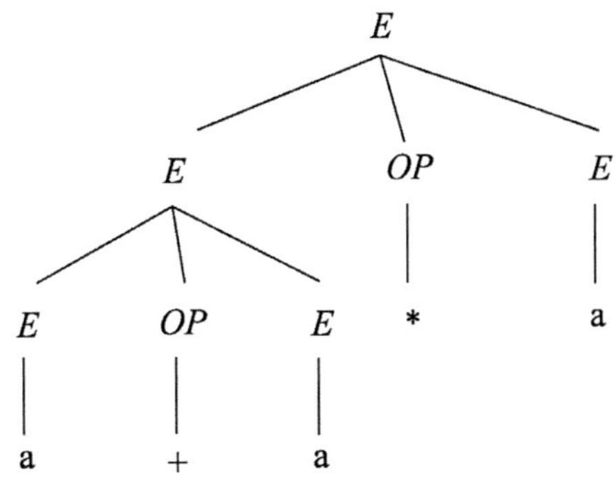

그림 4.6 산술 수식 a + a * a의 또 다른 유도 트리

이와 같이 유도 과정에서 가장 오른쪽 넌터미널부터 심볼을 대치하여 유도할 수도 있고, 가장 왼쪽부터 심볼을 대치하여 유도할 수도 있다. 즉, 문장 형식에서 어느 넌터미널을 먼저 선택하여 유도할 것인가는 연산자의 우선순위 결정은 물론이며, 프로그래밍 언어의 의미를 해석할 때 매우 중요하다.

유도 과정인 $\alpha_0 \Rightarrow \alpha_1 \Rightarrow \dots \Rightarrow \alpha_n (i,\ 0 \le i \le n-1)$에서 α_i에 있는 가장 왼쪽 넌터미널에 생성 규칙을 적용하여 α_{i+1}가 유도되면 **좌단 유도**라 한다. 그러므로 α_i에 있는 가장 오른쪽 넌터미널에 생성 규칙을 적용하여 α_{i+1}가 유도되면 **우단 유도**이다.

아래의 산술 수식 a + a*a의 유도 결과는 모두 우단 유도로 스트링을 생성하였다.

$$\underline{E} \Rightarrow E \quad OP\ \underline{E} \Rightarrow E \quad OP\ E \quad OP\ E \Rightarrow \underline{E} \quad OP\ E \quad \underline{OP}\ a \Rightarrow E \quad OP\ \underline{E} * a$$
$$\Rightarrow E \quad \underline{OP}\ a * a \Rightarrow \underline{E} \quad + a * a \Rightarrow a + a * a$$

그러나 아래는 같은 산술 수식 a + a * a에 대한 좌단 유도 과정이다.

$$\underline{E} \Rightarrow \underline{E} \quad OP\ E \Rightarrow \underline{E} \quad OP\ E \quad OP\ E \Rightarrow a \quad \underline{OP}\ E \quad OP\ E \Rightarrow a + \underline{E} \quad OP\ E$$
$$\Rightarrow a + a \quad \underline{OP}\ E \Rightarrow a + a * \underline{E} \quad \Rightarrow a + a * a$$

이와 같이 문맥-자유 문법에서 어느 스트링에 대하여 여러 개의 유도 트리를 만들 수 있으면 그 문법을 **불명확**하다고 한다. 문법이 불명확하면 언어는 여러 의미로 해석할 수 있다. 프로그래밍 언어에서는 한 문장이 여러 의미로 해석되면 다른 코드를 생성하여 결과가 다르기 때문에 문법이 명확하여야 한다. 즉, 어느 스트링을 생성하는 유도 트리는 반드시 하나만 있어야 한다.

예를 들어 그림 4.5의 유도 트리는 수식 a + a * a를 a + (a * a)와 같은 의미로 유도한 트리이며, 그림 4.6의 유도 트리는 (a + a) * a와 같은 의미로 유도한 트리이다. 즉, 서로 다른 의미로 해석할 수 있는 트리 두 개가 존재하므로 이 문법은 불명확하다고 할 수 있다. 연산자 우선순위에 따르면 그림 4.5의 유도 트리가 올바른 의미이다. 이와 같이 어느 문법이 불명확한 경우에는 컴파일러나 프로그래밍 언어에서 사용할 수 없기 때문에 명확한 문법으로 변환하여야 한다. 그러나 어떤 문법의 불명확성을 검사할 수 있는 알고리즘은 없으며, 명확한 문법으로 바꾸는 공식이나 방법도 없다. 다만 경험이나 시행착오로 적절히 변환하여야 한다.

연습문제 4.2

01 아래의 각 문법을 촘스키 정의에 따라 분류하시오.

(1)
$$S \rightarrow aSb \mid bAc$$
$$A \rightarrow bSc \mid c$$

(2)
$$S \rightarrow aBc$$
$$A \rightarrow AB \mid a$$
$$B \rightarrow BA \mid \varepsilon$$

(3)
$$S \rightarrow bSBa$$
$$bSA \rightarrow bScc$$
$$Ba \rightarrow Aa$$
$$Sc \rightarrow c$$
$$A \rightarrow c$$

(4)
$$S \rightarrow ab$$
$$a \rightarrow aAbB$$
$$AbB \rightarrow \varepsilon$$

02 넌터미널 *S*에서 시작하는 아래 각 문법을 여러 개의 유도 과정을 보이시오.

(1)
$$S \rightarrow aS$$
$$S \rightarrow bA$$
$$A \rightarrow bS$$
$$A \rightarrow c$$

(2)
$$S \rightarrow aSBc$$
$$aSA \rightarrow aSbb$$
$$Bc \rightarrow Ac$$
$$Sb \rightarrow b$$
$$A \rightarrow a$$

03 아래 생성 규칙을 *BNF*로 변환하시오.

$$P : E \rightarrow E + E \mid E * E \mid (E) \mid -E \mid \mathrm{a}$$

04 아래의 문맥-자유 문법 *G*가 있다. 주어진 각 스트링을 우단으로 유도하시오.

$G = (\{E\}, \{+, -, *, /, (,)\}, P, E)$

$P : E \rightarrow E + E$

$E \rightarrow E * E$

$E \rightarrow (E)$

$E \rightarrow -E$

$E \rightarrow \mathrm{a}$

(1) −(a + a)

(2) a * a − a − a

(3) a * (a + a) − a

(4) (a − a) * (−a + a)

(5) a * a / a / a

(6) −a +(−(a + a))

05 문제 4의 각 스트링을 좌단으로 유도하시오.

06 아래 각 문법이 명확한 문법인지 검사하시오.

(1) $E \rightarrow \mathrm{a}E + \mid AA$

$A \rightarrow \mathrm{c} \mid E$

(2) $E \rightarrow A\mathrm{a}A \mid A + A$

$A \rightarrow \mathrm{c} \mid E$

(3) $E \rightarrow \mathrm{a}E + E \mid \mathrm{a}E \mid \mathrm{c}$

$E \rightarrow \mathrm{c}$

(4) $E \rightarrow \mathrm{a}E + \mathrm{c} \mid AB$

$A \rightarrow \mathrm{a}$

$B \rightarrow \mathrm{b}$

4.3 문법의 불명확성

프로그램이 올바르게 실행하려면 프로그램을 명확하게 기술하여야 한다. 그렇게 하려면 프로그래밍 언어를 나타내는 문법을 명확하게 정의하여야 한다. 만약 어떤 문법이 명확하지 않으면 명확하게 바꾸어야 한다. 이 절에서는 문법의 불명확성을 해결하는 방법을 설명한다.

4.3.1 불명확한 문법을 명확한 문법으로 재구성하기

문법의 불명확성을 해결하는 한 방법으로 명확한 문법으로 다시 구성하는 것이다. 예를 들어 아래 산술연산 수식의 문법을 살펴보자.

$$G8 = (\{E\}, \{+, *, (,), \mathrm{a}\}, P, E)$$
$$
\begin{aligned}
P : E &\rightarrow E + E \\
E &\rightarrow E * E \\
E &\rightarrow (E) \\
E &\rightarrow \mathrm{a}
\end{aligned}
$$

이 문법은 앞에서 살펴본 것처럼 명확하지 않은 문법이기 때문에 같은 입력 스트링에 대하여 두 개의 유도 트리를 생성한다. 즉, 아래 각 경우에 따라 더하기와 곱하기 연산자의 우선순위를 다르게 결정한다.

(1) 좌단 유도를 할 것인지 또는 우단 유도를 할 것인지
(2) $E + E$를 먼저 선택할 것인지 또는 $E * E$를 먼저 선택할 것인지

그러므로 곱하기 연산자가 더하기 연산자보다 먼저 수행하도록 생성 규칙을 정의하려면 좌단 유도를 할 것인지 우단 유도를 할 것인지를 결정하여야 한다. 또한 생성 규칙 $E + E$와 $E * E$에서 어느 것을 먼저 선택하더라도 연산자 우선순위가 변하지 않도록 하여야 한다.

이렇게 하려면 생성 규칙

$$P : E \rightarrow E + E \mid E * E$$

에서 $E + E$와 $E * E$ 중에서 하나를 선택하지 않고, 각각 별도의 생성 규칙을 적용한다.

이러한 개념으로 이 문법을 아래와 같이 명확한 문법으로 다시 쓸 수 있다.

$$G8' = (\{E', T, F\}, \{+, *, (,), \mathrm{a}\}, P', E')$$

$$
\begin{aligned}
P' :\ & E' \rightarrow E' + T \\
& E' \rightarrow T \\
& T \rightarrow T * F \\
& T \rightarrow F \\
& F \rightarrow (E') \\
& F \rightarrow \mathrm{a}
\end{aligned}
$$

이와 같이 문법은 의미가 같은 다른 문법으로 재구성할 수 있다. 그림 4.7은 *G8'* 문법에서 스트링 a + a * a를 유도하는 과정으로 유도 트리가 오직 하나만 존재한다. 그러므로 이 *G8'* 문법은 명확한 문법이며, 서브 트리는 연산자 우선순위 규칙에 따른 부분 수식이다. 즉, 곱하기 연산이 더하기 연산보다 우선순위가 높다는 것을 알 수 있다(트리의 레벨이 낮은 서브 트리를 먼저 연산하므로 곱하기 연산의 우선순위가 높다). 또한 a + a + a처럼 같은 우선순위의 연산자가 연속으로 있으면 왼쪽 결합법칙을 적용하여 왼쪽 연산자부터 오른쪽으로 차례로 연산한다.

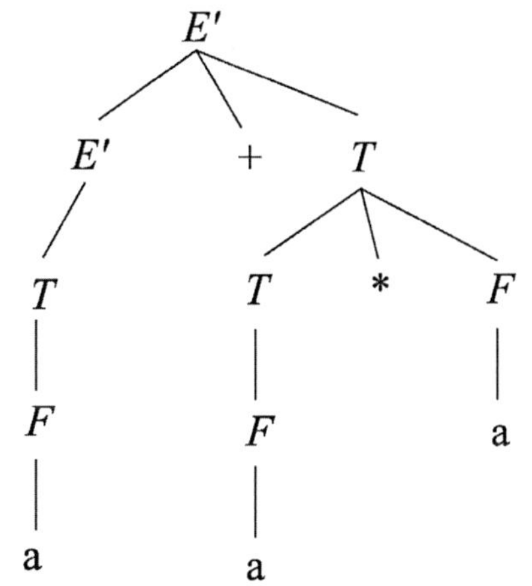

그림 4.7 스트링 a + a * a을 재구성한 명확한 문법(*G8'*)으로 유도한 유도 트리

실습 4.6

문법, *G8'*에서 유도되는 트리는 오직 하나만 존재한다는 것과 이 문법이 명확하다는 것을 증명하시오.

실습 4.7

아래 문법 $G9$에서 스트링 a + a + a를 좌단 유도와 우단 유도 과정을 보이고 각 경우의 유도 트리를 그리시오. 또한 유도 트리에서 연산자 우선순위를 비교하시오. 이때 연산자 결합법칙을 비교한다.

$$
\begin{aligned}
G9 = (\{E\},\ \{+,\ *,\ (,\ ),\ \mathrm{id}\},\ P,\ E) \\
P:\ & E \rightarrow E + E \\
& E \rightarrow E * E \\
& E \rightarrow (\ E\ ) \\
& E \rightarrow \mathrm{id}
\end{aligned}
$$

이 문법 $G9$에서는 좌단 유도 과정과 우단 유도 과정은 아래와 같다. 여기에서 밑줄있는 넌터미널 심볼은 대치할 심볼이다. 그러므로 좌단 유도는 가장 왼쪽 넌터미널 심볼부터 우단 유도는 가장 오른쪽 넌터미널 심볼부터 대치한다.

좌단 유도 : $\underline{E} \Rightarrow \underline{E} + E \Rightarrow \underline{E} + E + E \Rightarrow \mathrm{id} + \underline{E} + E$
$\Rightarrow \mathrm{id} + \mathrm{id} + \underline{E} \Rightarrow \mathrm{id} + \mathrm{id} + \mathrm{id}$

우단 유도 : $\underline{E} \Rightarrow E + \underline{E} \Rightarrow E + E + \underline{E} \Rightarrow E + \underline{E} + \mathrm{id}$
$\Rightarrow \underline{E} + \mathrm{id} + \mathrm{id} \Rightarrow \mathrm{id} + \mathrm{id} + \mathrm{id}$

또한 각 경우의 유도 과정을 유도 트리로 나타내면 그림 4.8과 같다. 이 경우에 좌단 유도는 외쪽 더하기부터 연산하도록 명확하게 유도하지만, 우단 유도는 오른쪽 더하기부터 연산하도록 유도하기 때문에 연산자 결합법칙이 성립하지 않는다. 결국 이 문법은 연산자 결합법칙이 성립하지 않는 우단 유도 트리를 만들기 때문에 명확하지 않은 문법이다.

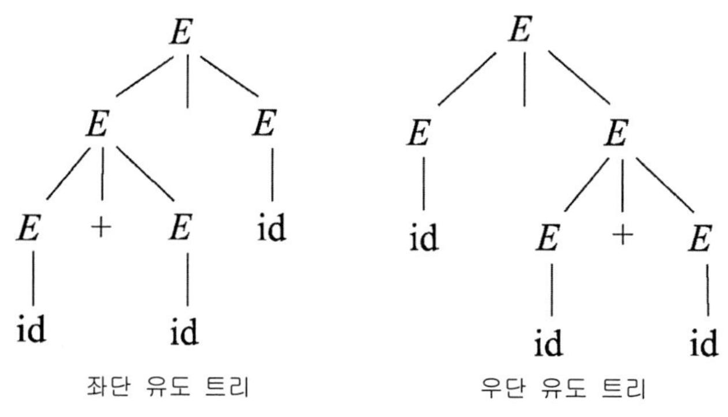

그림 4.8 문법 $G9$에 의한 스트링 a + a + a의 좌단 유도 트리와 우단 유도 트리

실습 4.8

문법 $G9$에서 스트링 a + a * a를 유도하는 과정에서 $E + E$를 먼저 선택하는 경우와 $E * E$를 먼저 선택하는 경우의 유도 트리를 그리시오. 그리고 연산자 우선순위를 비교하시오.

문법 $G9$에서는 $E + E$를 먼저 선택하는 경우의 유도 과정과 $E * E$를 먼저 선택하는 경우의 유도 과정은 각각 아래와 같다.

$E + E$를 먼저 선택하는 경우:

$$\underline{E} \Rightarrow \underline{E} + E \Rightarrow \text{id} + \underline{E} \Rightarrow \text{id} + \underline{E} * E \Rightarrow \text{id} + \text{id} * \underline{E} \Rightarrow \text{id} + \text{id} * \text{id}$$

$E * E$를 먼저 선택하는 경우:

$$\underline{E} \Rightarrow \underline{E} * E \Rightarrow \underline{E} + E * E \Rightarrow \text{id} + \underline{E} * E \Rightarrow \text{id} + \text{id} * \underline{E} \Rightarrow \text{id} + \text{id} * \text{id}$$

이와 같은 유도 과정을 거치므로 유도 트리는 그림 4.9와 같으며 유도 트리에서 보듯이 곱하기 연산자와 더하기 연산자의 우선순위가 바뀐다. $E + E$를 먼저 선택하고 좌단 유도하면 곱하기연산을 먼저 수행하고, $E * E$를 먼저 선택하고 좌단 유도를 수행하면 더하기 연산을 먼저 수행한다.

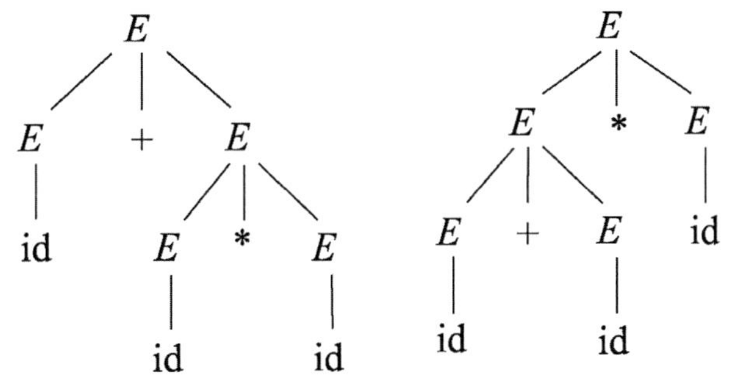

그림 4.9 문법 $G9$에서 $E + E$를 먼저 선택하는 경우와 $E * E$를 먼저 선택하는 경우의 유도 트리

4.3.2 불명확한 if 문 구조

연산 수식의 문법뿐 아니라 조건문에서도 불명확성을 발견할 수 있다. 아래 문법으로 불명확성을 좀 더 살펴보자.

$$G10 = (\{Stmt,\ Ifstmt,\ CondEp,\ Compstmt,\ Assignstmt\},\ \{\text{if},\ \text{else}\},\ P,\ Stmt)$$

$$\begin{aligned} P:\ & Stmt \rightarrow Compstmt \\ & Stmt \rightarrow Assignstmt \\ & Stmt \rightarrow Ifstmt \\ & Ifstmt \rightarrow \text{if}\ CondEp\ Stmt \\ & Ifstmt \rightarrow \text{if}\ CondEp\ Stmt\ \ \text{else}\ Stmt \end{aligned}$$

이 문법 *G*10에서 *CondEp*는 "참값"과 "거짓값"를 구하는 조건 수식이며, *Stmt*는 문장으로 복합문, 할당문, if문이 있다. 그러므로 이 문법으로 조건문

if E_1 $S1$ **else if** E_2 S_2 **else** S_3

의 유도 트리를 구성하면 그림 4.10과 같다.

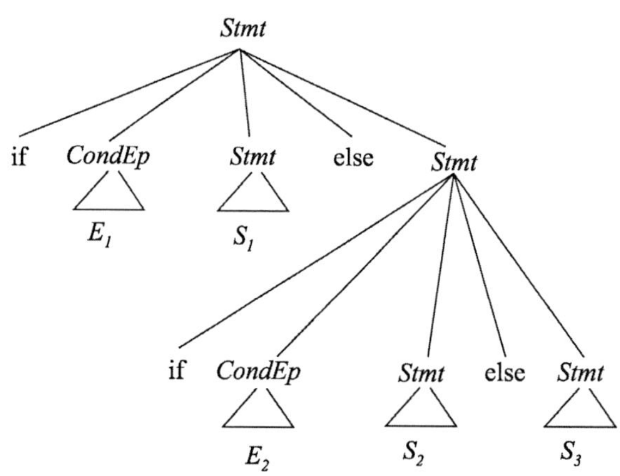

그림 4.10 문법 *G*10에서 유도한 조건문 **if** E_1 S_1 **else if** E S_2 **else** S_3의 유도 트리

그러나 이 문법 *G*10으로 아래 조건문의 유도 트리를 구성해 보자.

if E_1 **if** E_2 S_1 **else** S_2

이 문장은 생성 규칙 $Ifstmt \rightarrow \text{if}\ CondEp\ Stmt$ 을 적용할 수 있는 경우와 $Ifstmt \rightarrow \text{if}\ CondEp\ Stmt\ \text{else}\ Stmt$을 적용할 수 있는 두 경우가 있다. 즉, 아래와 같이 두 경우의 의미를 가진다.

(1) **if** E_1 **if** E_2 S_1 **else** S_2

밑줄 부분은 E_1이 참인 경우 실행하는 문장

(2) **if** E_1 **if** E_2 S_1 **else** S_2

밑줄 부분은 E_1이 참인 경우 실행하는 문장

이 문법은 그림 4.11과 같이 두 개의 다른 유도 트리가 있다.

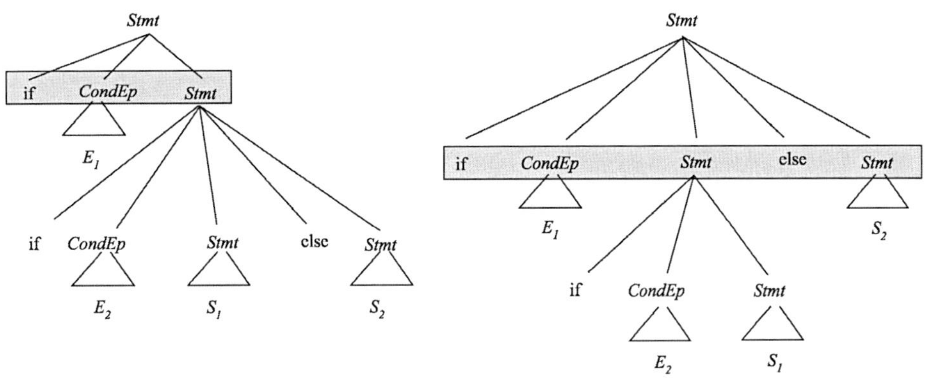

그림 4.11 조건문 if E_1 if E_2 S_1 else S_2에 대한 두 개의 유도 트리

이와 같이 조건문 **if** E_1 **if** E_2 S_1 **else** S_2은 "참"인 경우에 실행하는 문장이 두 개가 있고, 각각 다른 의미를 가지기 때문에 이 문법도 명확한 문법이 아니다.

여기에서 조건문을 유도하는 문법도 불명확하다는 것을 알았다. 그러므로 이 문법을 명확한 문법으로 변환하려면 "참"과 "거짓"의 값에 따라 실행하는 부분이 항상 일정하도록 변환하여야 한다. 즉, "참"인 경우의 실행부분(then 이하 부분)과 "거짓"인 경우의 실행 부분(else 이하 부분)을 아래처럼 가장 가까운 것끼리 매치하도록 변환한다.

if E_1 S_1 **else** S_2

if E_1 **if** E_2 S_1 **else** S_2

if E_1 **if** E_2 S_1 **else** S_2 **else** S_3

if E_1 **if** E_2 S_1 **else** **if** E_3 S_2 **else** S_3

그러므로 문법 *G*10은 명확한 문법 *G*10'처럼 다시 쓸 수 있다.

*G*10' = ({*Stmt, Ifstmt, CondEp, Matched_Stmt, Unmatched_Stmt*}, {if, else}, *P*, *Stmt*)

P : *Stmt* → *Ifstmt*
Ifstmt → *Matched_Stmt*
Ifstmt → *Unmatched_Stmt*
Matched_Stmt → if *CondEp* *Matched_Stmt* else *Matched_Stmt*
Matched_Stmt → OtherStmt
Unmatched_Stmt → if *CondEp* *Ifstmt*
Unmatched_Stmt → if *CondEp* *Matched_Stmt* else *Unmatched_Stmt*

이와 같이 명확한 문법으로 변환한 문법은 두 종류의 if 문이 있다. 하나는 '참'(then)이 else와 매치하는 if 문이고, 하나는 '참'(then)이 else와 매치하지 않는 if 문이다. 넌터미널 OtherStmt는 if 문장 외의 다른 문장(while, assignment, for,....)을 생성하는 규칙이다.

그림 4.12는 if 문 구조를 나타내는 스트링 if *CondEp* if *CondEp* OtherStmt else OtherStmt의 유도 트리이다.

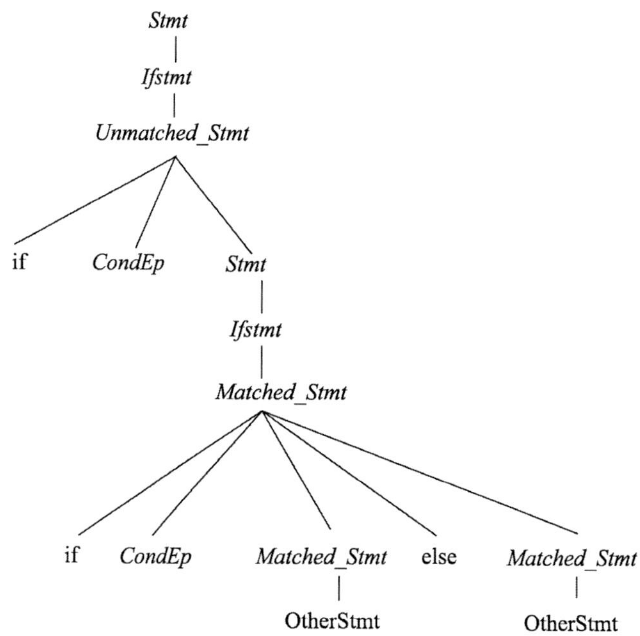

그림 4.12 불명확성을 제거한 if 문의 유도트리

연습문제 4.3

01 아래 문법을 사용하여 각 스트링의 유도 트리를 보이시오.

$G = (\{E, T, F\}, \{+, \ *, \ (, \ ), \ \mathrm{a}\}, P, E)$

$P: E \rightarrow E + T$

$E \rightarrow T$

$T \rightarrow T * F$

$T \rightarrow F$

$F \rightarrow (E)$

$F \rightarrow \mathrm{a}$

(1) a * a * a * a
(2) (a * a) + d + (a * a)
(3) -a + a
(4) (+a) + a
(5) a * 2.34
(6) a * (a + a) + (a)

02 아래 문법에 −(빼기)와 /(나누기) 연산자를 포함하도록 확장하고 스트링 −a * a + (−a)의 유도 트리를 보이시오.

$G = (\{E, T, F\}, \{+, \ *, \ (, \ ), \ \mathrm{a}\}, P, E)$

$P: E \rightarrow E + T \mid T$

$T \rightarrow T * F \mid F$

$F \rightarrow (E) \mid \mathrm{a}$

03 문제 2에서 만들어진 문법에 ^(제곱연산자)를 포함하도록 재구성 하시오. 이 제곱연산자의 우선순위는 곱하기 연산자보다 높다. 이 연산자가 여러 개 있으면 왼쪽부터 오른쪽으로 우선순위를 가지고 수행한다(즉, 2^3^2 = 64이다).

04 아래 문법이 명확한 문법인지 불명확한 문법인지 설명하고, 그 이유를 설명하시오.

$G = (\{E\}, \{+, \ *, \ \mathrm{id}\}, P, E)$

$P: E \rightarrow E + E$

$E \rightarrow E * E$

$E \rightarrow \mathrm{id}$

05 아래 문법이 명확한 문법인지 불명확한 문법인지 설명하고, 그 이유를 설명하시오.

$$G = (\{E, T, F\}, \{+, *, \mathrm{id}\}, P, E)$$
$$P : E \rightarrow E + T \mid T$$
$$T \rightarrow T * F \mid F$$
$$F \rightarrow \mathrm{id}$$

06 주어진 문법으로 아래 각 if 문을 생성하는 모든 유도 트리를 보이시오.

$$G = (\{S, Ifstmt, CExpr\}, \{\mathrm{if}, \mathrm{else}\}, P, S)$$
$$P : S \rightarrow Ifstmt$$
$$Ifstmt \rightarrow \mathrm{if}\ CExpr\ \ S$$
$$Ifstmt \rightarrow \mathrm{if}\ CExpr\ \ S\ \ \mathrm{else}\ \ S$$

(1) if *CExpr* *S*

(2) if *CExpr* *S* if *CExpr* if *CExpr* *S* else *S*

07 C 프로그래밍 언어에서 a =+ b와 a =- b는 각각 어떤 의미인지 설명하고, 이러한 수식과 할당문을 생성하는 문법을 구성하시오. 또한 a++와 ++a를 생성하는 문법을 구성하시오.

4.4 푸시다운 기계와 번역기

문맥-자유 문법은 **푸시다운 기계**가 인식한다. 푸시다운 기계는 유한 상태 기계와 마찬가지로 입력 심볼에 따라 현재 상태에서 다른 상태로 이동하면서 스트링을 인식하는 이론이다. 다만, 푸시다운 기계는 임시 **저장 장소**가 있어서 단순하게 상태의 이동만 하는 것이 아니라 보다 지능적이다. 이 절에서는 문맥-자유 문법을 인식하는 푸시다운 기계를 간략하게 설명한다.

4.4.1 푸시다운 기계

푸시다운 기계도 유한 상태 기계와 마찬가지로 이론적이고 추상적인 기계이다. 즉, 유한 상태 기계는 어휘 분석에 유용하고, 푸시다운 기계는 문법의 구문 분석에 유용하다. 푸시다운 기계는 아래와 같이 정의한다.

[정의 4.7]

입력 심볼 T에 대한 **푸시다운 기계(M)**는 M = (S, T, z, q, s_0, Q, F)와 같이 7개의 요소로 구성되는 시스템이다. 여기에서 각 요소는 아래와 같다.

S : 상태의 유한 집합(빈상태는 없음)
T : 입력 심볼의 유한 집합
z : 스택에 있는 심볼의 유한 집합
q : 현재 상태에서 입력된 새 심볼에 따라 전이할 상태를 알려주는 상태 전이 함수로
  $S \times (T \cup \{\lambda\}) \times z \rightarrow S \times z^*$의 부분집합
$Q \in z$: 스택의 시작 심볼
s_0 : 시작 상태로, $s_0 \in S$
F : 수락 상태의 유한 집합으로, $F \subseteq S$

푸시다운 기계는 Q를 제외한 6개의 요소로 정의할 수도 있는데, 이때의 전이 함수는 $S \times (T \cup \{\lambda\}) \times (z \cup \{\lambda\}) \rightarrow S \times z^*$의 부분집합이며 스택의 초기상태는 λ로 간주한다.

푸시다운 기계는 현재 상태, 입력 심볼, 스택의 톱 심볼에 의해 동작하므로 상태 전이함수에 의해

q(현재 상태, 입력 심볼, 스택의 톱 심볼) → (새로운 상태, 스택에 푸시할 스트링)

처럼 동작한다. 예를 들어, q(s_i, a, A) → (s_j, BC)로 s_i,는 현재 상태, a는 입력 심볼, A는 현재 스택에 있는 톱 심볼이며, s_j는 전이함수에 의해 전이한 상태, BC는 스택에 들어갈 심볼이다.

푸시다운 기계는 그림 4.13과 같이 상태 전이 테이블, 스택(스택이 없으면 유한 상태 기계이다), 입력 큐로 구성한다. 스택에는 입력한 심볼(X)이 들어가며(#는 스택 바닥) 맨 처음 상태는 시작 심볼만 들어있다. 입력 스트링에서 문자 ↲ 는 입력의 끝을 나타낸다. 상태전이 테이블에는 푸시, 팝, 새로운 상태, 수락, 에러(거부) 등의 내용이 있다. 푸시는 입력 심볼 X를 스택에 넣으라는 의미이고 팝은 스택에서 해당하는 심볼을 제거하라는 의미이다. 새로운 상태는 현재 상태에서 전이가 일어날 새로운 상태이며 수락은 이 언어를 인식한다는 의미이다. 푸시다운 기계는 이러한 정보를 이용하여 스택의 톱 심볼과 입력 심볼에 해당하는 내용을 테이블에서 찾아서 다음 상태로 이동하는데 이때 해당하는 푸시, 팝, 수락, 거부 등의 행동을 수행한다. 그러므로 수락이나 거부에 따른 수행을 마치면 입력 스트링이 수락할 수 있는 언어인지 아닌지를 결정한다.

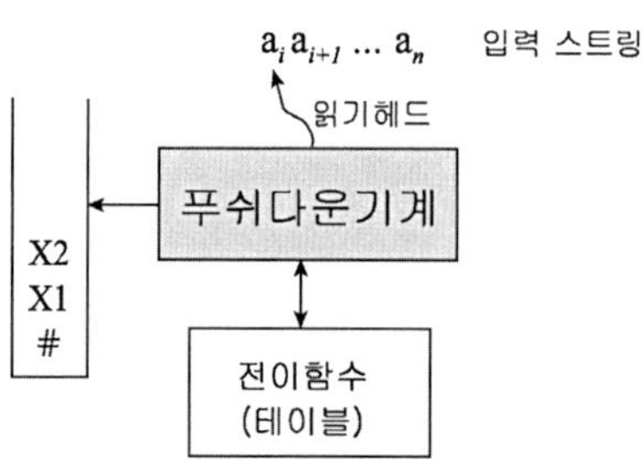

s (상태)		입력 심볼				
		a_1	a_2	...	a_n	↲
스택심볼	X	내용	내용	...	내용	내용
	#	내용	내용	...	내용	내용

그림 4.13 스택을 사용 푸시다운 기계와 전이함수 테이블

그림 4.14는 아래 문법의 푸시다운 기계의 동작을 테이블로 나타낸 예이다(이 테이블을 만드는 과정은 뒷부분에서 다룬다).

$S \rightarrow ASB$
$S \rightarrow \varepsilon$
$A \rightarrow \mathrm{a}$
$B \rightarrow \mathrm{b}$

이 테이블에서 상태는 s_1과 s_2가 있는데 여기에서 s_1은 시작 상태이다. 각 상태마다 전이 테이블이 있으며 내용은 상태, 푸시, 팝, 수락, 거부가 있다.

s_1	a	b	↲
X	s_1, 푸시(X)	s_2, 팝	거부
#	s_1, 푸시(X)	거부	수락

s_2	a	b	↲
X	거부	s_2, 팝	거부
#	거부	거부	수락

그림 4.14 푸시다운 기계의 상태 전이 테이블 예

그림 4.14의 상태 전이 테이블을 이용하여 입력 스트링 aabb을 인식해보자. s_1에서는 a를 읽은 후에 X를 스택에 넣고, s_2에서는 b를 읽은 후에 스택에서 X 빼낸다.

먼저, 단계1에서 #와 a 심볼을 매치하면 상태는 s_1이 되며 행위는 푸시(X)이므로 스택이 단계2처럼 구성된다. 단계2의 X가 입력 심볼 a를 매치하면 상태는 s_1이 되며 행위는 푸시(X)이므로 스택은 단계3과 같다. 단계3에서 X와 입력 b와 매치하면 상태는 s_2가 되며 팝하여 스택은 단계4와 같다. 단계4에서 X가 b를 매치하면 상태는 s_2이며 팝하여 스택은 단계5와 같이 변한다. 단계5의 s_2에서 #와 ↲를 매치하면 행위는 수락이 되어 이 스트링은 이 기계가 인식할 수 있다.

스택	입력	행위
1. (#	aabb↲)	(s_1, 푸시(X))
2. (#X	abb↲)	(s_1, 푸시(X))
3. (#XX	bb↲)	(s_2, 팝)
4. (#X	b↲)	(s_2, 팝)
5. (#	↲)	(수락)

그러므로 그림 4.14의 푸시다운 기계에서 수락하는 언어는 $a^n b^n (n \geq 0)$이다.

실습 4.9

수식에서는 왼쪽 괄호의 수와 오른쪽 괄호의 수가 같아야 한다. 즉, (a-b-c) * ((d/4.0)-5)처럼 왼쪽과 오른쪽 괄호의 수가 매치한다. 입력 심볼이 왼쪽 괄호와 오른쪽 괄호로만 구성된 스트링으로 들어올 때 괄호의 수를 매치하여 수락하는 푸시다운 기계를 구성하시오. 또 이 언어를 유한 상태 기계로 인식할 수 있는지 없는지 설명하시오.

푸시다운 기계의 상태 전이 테이블은 아래와 같다.

s_1	(	)	↲
X	s_1, 푸시(X)	s_1, 팝	거부
#	s_1, 푸시(X)	거부	수락

이 기계에서 ((( )))를 인식하는 스택의 상태변화는 아래와 같다.

스택	입력	행위
1. (#	((()))↲)	(s_1, 푸시(X))
2. (#X	(()))↲)	(s_1, 푸시(X))
3. (#XX	()))↲)	(s_1, 푸시(X))
4. (#XXX	)))↲)	(s_1, 팝)
5. (#XX	))↲)	(s_1, 팝)
6. (#X	)↲)	(s_1, 팝)
7. (#	↲)	(수락)

유한 상태 기계로는 이 언어를 인식할 수 없다. 맨 처음 나타나는 오른쪽 괄호와 대응하는 왼쪽 괄호가 앞 쪽에 무한하게 있을 수 있기 때문이다.

푸시다운 번역기는 앞에서 언급한 푸시다운 기계의 특성에 **출력 함수**를 추가한 기계이다. 이 출력 함수는 상태 전이 테이블에 포함되어 있으며 상태를 변경하기 전에 지정한 내용을 출력한다. 푸시다운 번역기를 이해하기 쉽도록 푸시다운 기계를 확장해보자.

이미 언급한 것처럼 푸시다운 기계는 결정형 기계이다. **결정형** 기계는 입력에 따라서 지정한 동작이 반드시 하나만 있다. 그러나 **비결정형** 기계는 동작이 하나도 없거나 여러 개 있어서 하나를 선택할 수 있다. 그러므로 비결정형 푸시다운 기계로는 큰 등급의 언어를 만들 수 있다.

4.4.2 언어의 등급과 인식 기계

앞에서 살펴본 것과 같이 우선형 문법(정규 수식)으로 정의하는 언어는 유한 상태 기계로 인식할 수 있다. 즉, 유한 상태 기계로 인식할 수 있는 언어는 우선형 문법으로 정의할 수 있다. 유한 상태 기계, 우선형 문법, 정규수식 중에서 어느 하나만 정의하면 다른 것으로도 변환할 수 있다. 변환 알고리즘은 홉크로프트와 울만(1979년)이 저술한 책에 잘 나와 있다.

문맥-자유 문법으로 정의하는 언어는 결정형 푸시다운 기계로 인식할 수 있다. 이와 같이 결정형 푸시다운 기계로 인식하는 문맥-자유 언어의 일부를 결정형 문맥-자유 언어라 한다. 그러나 결정형 푸시다운 기계로 인식할 수 없는 문맥-자유 언어도 있는데, 이러한 언어에는 비결정형 푸시다운 기계가 필요하다. 비결정형 푸시다운 기계는 입력에 따라 **경로가 여러 개 존재**한다는 의미이다. 이 비결정형 기계는 오토마타 과목에서 자세히 다루고 있다.

이와 같이 언어는 등급에 따라 각기 다른 인식기가 필요하며, 이러한 자동화 기술은 컴파일러나 자연언어를 번역하는 중요한 기술이다. 언어가 단순할수록 인식기가 간단하며, 언어의 질이 높거나 속성이 복잡할수록 더욱 지능적이고 강력한 인식기가 필요하다. 아래는 각 언어의 등급에 따른 인식기이다.

문 법	언 어	인식기
무제한 문법(타입 0)	반복 나열 집합	튜링 기계
문맥-민감 문법(타입 1)	문맥-민감 언어	선형 기계
문맥-자유 문법(타입 2)	문맥-자유 언어	푸시다운 기계
정규 문법(타입 3)	정규 언어	유한 상태 기계

연습문제 4.4

01 아래의 각 언어를 인식할 수 있는 푸시다운 기계를 구성하시오.

(1) $a^*(a+b)c^*$
(2) $\{a^2b^3\}$
(3) $\{a^ncb^m\}$, m>n>0
(4) $\{a^nb^m\}$, n>m>0
(5) $\{a^mb^mc^nd^n\}$, m, n≥0
(6) $\{a^nb^mc^nd^m\}$, m, n>0

02 컴파일러에서 수식을 후위표기법으로 표현하거나 사용하는 이유를 설명하시오.

03 아래의 각 중위표기법을 후위표기법으로 변환하시오.

(1) a*a*a↲　(2) (a-a)+a↲　(3) (-a)↲　(4) (-a +a)↲

04 후기표기법으로 표현한 수식 *+aa*aa를 유도하는 문맥-자유 문법을 구성하시오.

05 문제 4에서 구성한 문법으로 후기표기법으로 표현한 수식 *-ba+ba를 유도하는 과정을 기술하시오. 또한 유도 트리를 그리시오.

06 알파벳 {0, 1}에 대하여 정규 수식으로 언어를 만들 수 있다. 이 언어를 생성하는 정규 문법을 구성하시오.

07 상태 전이 테이블의 행위에서 거부는 어떤 의미이며, 상태 전이 도중 거부가 나타나면 푸시다운 기계는 어떻게 되는지 설명하시오.

08 어떤 푸시다운 기계의 상태 전이 테이블은 아래와 같다.

s_1	(	)	↲
X	s_1, 푸시(X)	s_1, 팝	거부
#	s_1, 푸시(X)	거부	수락

이 기계에서 (((( )))를 인식하는 과정을 스택의 상태변화로 표현하시오.

제 5 장

하향식 파싱

컴파일러의 구문 분석 단계에서는 프로그래밍 언어의 구문을 분석하는데, 문법 G와 입력 스트링이 주어지면 분석을 통하여 입력 스트링이 $L(G)$에 속하는지 아닌지를 결정한다. 이러한 과정을 파싱이라 하는데 입력 스트링을 문법이 생성하는 언어에 속하는지 아닌지를 검사하고 파싱 트리를 생성한다.

문맥-자유 문법의 파싱에는 **상향식 파싱**과 **하향식 파싱**의 두 개념이 있다. 이 장에서는 파싱에 필요한 개념, 하향식 파싱 기법인 리커시브 디센트 파싱 기법, 예측 파싱 기법을 설명한다.

5.1 하향식 파싱 개념

하향식 파싱은 문법의 생성 규칙 중에서 적당한 생성 규칙을 선택하고 정의 기호 왼쪽에 있는 넌터미널을 오른쪽의 심볼 스트링으로 한 단계씩 대치하면서 유도 트리를 생성한다. 즉, 입력에서 심볼 하나를 읽고 이 심볼을 생성할 수 있는 생성 규칙을 찾아 다음 단계를 유도할 것인지 아닌지를 결정한다.

앞에서 살펴본 아래 문법 G를 사용하여 스트링 a + a * a를 유도하는 과정을 간단하게 살펴보자.

$$G = (\{E, OP\}, \{a, +, -, *, /, (,)\}, P, E)$$

$$P: \; E \rightarrow E \; OP \; E \; | (E) \; | - E \; | \; a$$

$$OP \rightarrow \; + \; | \; - \; | \; * \; | \; /$$

이 문법에서 산술 수식 a + a * a를 생성하는 좌단으로 유도하는 과정은 아래와 같다(밑줄 부분은 대치되는 넌터미널이다).

$$\underline{E} \Rightarrow \underline{E}\ \ OP\ E \Rightarrow \underline{E}\ \ OP\ E\ \ OP\ E \Rightarrow \mathrm{a}\ \ \underline{OP}\ E\ \ OP\ E$$
$$\Rightarrow \mathrm{a} + \underline{E}\ \ OP\ E \Rightarrow \mathrm{a} + \mathrm{a}\ \ \underline{OP}\ E \Rightarrow \mathrm{a} + \mathrm{a} * \underline{E} \Rightarrow \mathrm{a} + \mathrm{a} * \mathrm{a}$$

그림 5.1은 이 문법으로 산술 수식 a + a * a를 유도하는 트리이다. 이와 같이 하향식 파싱은 각 생성 규칙의 넌터미널을 자신이 정의하는 문법 심볼로 대치한다.

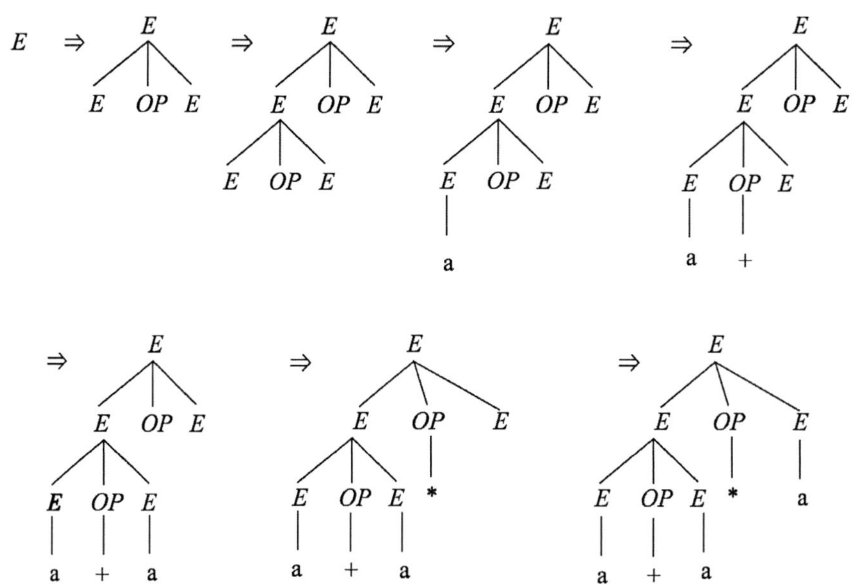

그림 5.1 산술 수식 a + a * a의 좌단 유도 트리

그러나 위 문법에서 산술 수식 a + a * a를 다른 생성 규칙을 적용하여 유도하여 보자. 즉,

$$\underline{E} \Rightarrow \underline{E}\ \ OP\ E \Rightarrow \underline{E}\ \ OP\ E\ \ OP\ E \Rightarrow \mathrm{a}\ \ \underline{OP}\ E\ \ OP\ E$$

에서 다음 단계 유도에 $OP \rightarrow +$ 대신에 $OP \rightarrow /$ 를 대치해 보자. 그러면 아래와 같이 유도하지만 원하는 a + a * a를 생성하지는 않는다.

$$\underline{E} \Rightarrow \underline{E}\ \ OP\ E \Rightarrow \underline{E}\ \ OP\ E\ \ OP\ E \Rightarrow \mathrm{a}\ \ \underline{OP}\ E\ \ OP\ E \Rightarrow \mathbf{a}\ /\ \underline{\boldsymbol{E}}\ \ \boldsymbol{OP\ E}$$
$$\Rightarrow \mathrm{a}\ /\ \mathrm{a}\ \ \underline{OP}\ E \Rightarrow \mathrm{a}\ /\ \mathrm{a} * \underline{E} \Rightarrow \mathrm{a}\ /\ \mathrm{a} * \mathrm{a}$$

그러므로 문장형식 **a / *E* *OP* *E***을 유도하기 전단계로 되돌아가서(**백트래킹**) 생성 규칙 $OP \rightarrow +$를 대치하면 a + a * a를 유도한다. 이 과정은 그림 5.2와 같다.

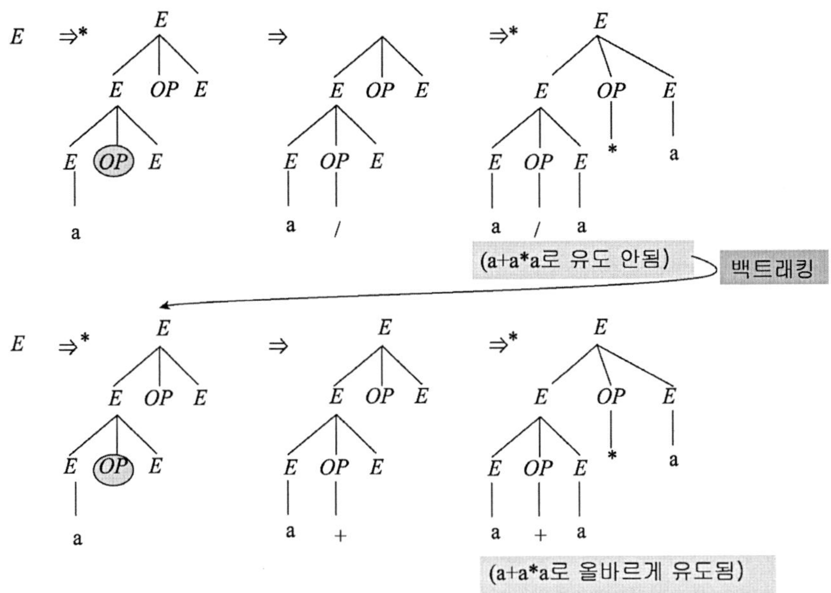

그림 5.2 백트래킹에 의한 산술 수식 a + a * a의 유도 트리

이와 같이 어떤 스트링이 매치되지 않아 이미 유도하였던 지난 단계의 특정 문장 형식으로 되돌아가는 일을 백트래킹이라 한다. 백트래킹을 통하여 새로운 생성 규칙을 선택하고 유도를 계속 진행한다.

하향식 파싱 기법은 아래와 같은 여러 특성이 있다.

1. 어떤 문법에 **좌측-순환**이 있으면 하향식 파서는 파싱을 진행하지 못하고 무한 반복에 들어간다. 좌측-순환은 문법 G에 $E \rightarrow E\ OP\ E$와 같이 좌측-순환이 발생할 수 있는 생성 규칙이 있거나 α에 대하여 $S \Rightarrow S\alpha$와 같은 유도가 생기는 넌터미널 S가 존재하는 경우를 말한다. 문법이 좌측-순환이면 파싱을 진행하지 못하므로 좌측-순환을 제거하여야 한다.
2. 백업과 백트래킹이 있다. 백트래킹이 있으므로 불필요한 파싱으로 시간이 소비되고, 어느 단계의 문장 형식으로 되돌아갈 것인지를 기억하여야 한다 (백업).
3. 백트래킹이 없는 하향식 파서를 구현하려면 백트래킹이 발생하지 않도록 문법을 구성하거나 백트래킹이 발생할 것인지 아닌지를 미리 예측하여야 한다. 이러한 방법으로 LL(1) 문법을 사용하는 방법이 있다.

연습문제 5.1

01 백트래킹을 설명하시오.

02 백트래킹이 발생하면 되돌아갈 단계를 어떻게 알 수 있는지 설명하시오.

03 하향식 파싱에서 좌단 유도와 우단 유도 중 어느 것을 사용하는지 설명하시오.

04 아래 문법 G에서 스트링 a / a * a + a를 좌단 유도와 우단 유도 하시오.

$$G = (\{E,\ OP\},\ \{a,\ +,\ -,\ *,\ /,\ (,\ )\},\ P,\ E)$$

$$P : E \rightarrow E \quad OP\ E \quad |(E) \mid - E \mid a$$

$$OP \rightarrow \ + \mid - \mid * \mid /$$

5.2 리커시브 디센트 파싱

하향식 파싱은 입력 스트링을 좌단 유도하면서 루트에서 잎 노드까지 전위 순회하면서 파스 트리를 구성한다. 이 하향식 파싱의 대표적인 기법으로 **리커시브 디센트** 파싱이 있다. 리커시브 디센트 파싱은 각 넌터미널이 정의하는 생성 규칙을 함수 프로그램으로 구현하는 것이다. 즉, 리커시브 디센트 파서는 재귀적 함수의 집합이라 할 수 있다.

수식 $-a + a * a$를 파싱하는 리커시브 디센트 파서를 이해하기 위하여 아래 문법에서 각 넌터미널에 대한 함수를 만들어 보자.

$$
\begin{aligned}
G:\ & E \rightarrow -\,F\quad OP\ F \\
& F \rightarrow \mathrm{a} \\
& OP \rightarrow +
\end{aligned}
$$

이 문법에서 $E \rightarrow -\,F\quad OP\ F$는 -(마이너스 심볼)로 시작하고 그 뒤에 F가 오고, 그 뒤에는 순서대로 OP와 F가 온다. 그러므로 맨 위의 생성 규칙은 - 심볼 다음의 F는 $F \rightarrow \mathrm{a}$에 의해 a가 오며, 바로 뒤의 OP는 $OP \rightarrow +$에 의해 +가 오고, 그 뒤의 F는 다시 a가 와야 한다. 물론 $F \rightarrow \mathrm{a}$와 $OP \rightarrow +$는 a와 +만으로 끝난다는 의미이다. 그러므로 이러한 의미가 되도록 넌터미널 심볼 E, F, OP에 대한 함수를 구현한다.

각 함수는 각 넌터미널에 해당하는 생성 규칙의 심볼을 다 읽을 때까지 입력 스트링을 스캔한다. 이 과정에서 각 생성 규칙의 맨 처음에 있는 터미널 심볼로 적용할 생성 규칙을 결정한다. 그러면 적용할 생성 규칙에서 다음 나오는 심볼에 대하여 취급한다. 이 때 넌터미널이면 해당 함수 프로그램을 호출하고, 터미널이면 그 다음 입력 심볼을 읽어온다.

아래는 위 문법에 대하여 리커시브 디센트 파서를 구성한 예이다.

```
function E( )          /*    E → - F   OP F     */
        {
          if (nextsymbol == '-')
                  {
                   get_nextsymbol( );
                   F( );
                   OP( );
                   F( );
                  }
                  else Error( );
        }
```

```
function F( )          /*    F → a        */
      {
        if (nextsymbol == 'a')   get_nextsymbol( )
                                 else Error( );
        }
function OP( )          /*    OP → +       */
      {
        if (nextsymbol == '+')  get_nextsymbol( )        /*  OP → +   */
                                else Error( );
      }
 main( )
 {
   get_nextsymbol( );
   E( );
   if (next_symbol == '↲ ')  Accept( )
                     else  Error( );
 }
```

이와 같이 리커시브 디센트 파서는 각 넌터미널 심볼에 대하여 생성 규칙을 함수로 구현함으로서 간단하게 구성할 수 있다. 그러나 리커시브 디센트 파서를 구현하려면 몇 개의 고려할 사항이 있다. 즉, 문법의 생성 규칙이 어떻게 구성되어 있는가에 따라 문제가 발생할 수 있으며 구현 방법도 달라질 수 있다. 아래 문법을 살펴보자.

P1: $A \rightarrow aAb$
$\quad\;\; A \rightarrow b$

P2: $A \rightarrow aAb$
$\quad\;\; A \rightarrow \varepsilon$

P3: $A \rightarrow aAb$
$\quad\;\; A \rightarrow a$

위의 각 생성 규칙에서 A는 넌터미널 심볼, a, b는 터미널 심볼로서 각각 다른 특성을 지니고 있다. P1은 같은 넌터미널 심볼 A가 생성하는 두 규칙에서 화살표의 오른쪽이 각각 다른 터미널 심볼 a와 b로 시작하고, P2는 a와 ε로 시작한다. 또한 P3은 같은 넌터미널 심볼 A가 생성하는 규칙에서 두 개 모두 터미널 심볼 a로 시작한다. 이 경우에는 두 개의 생성 규칙에서 하나를 **선택**하여야 하므로 파싱할 때 혼란이 오기 때문에 리커시브 디센트 파서를 문법에 따라 다르게 구현한다.

[정의 5.1]

S-터미널 집합(Selection-**터미널 집합**)은 문법의 생성 규칙을 적용하도록 하는 입력 심볼(터미널)의 집합이다. 그러므로 생성 규칙에서의 S-터미널 집합은 규칙의 오른 쪽에서 맨 처음 시작하는 터미널이 반드시 하나는 존재한다.

예 5.1

위의 문법 규칙 P1에서 첫 번째 생성 규칙의 S-터미널 집합은 {a}이며, 두 번째 생성 규칙에서는 {b}이다.

아래에서 문맥-자유 문법의 특성에 따라 리커시브 디센트 파서가 생성 규칙을 어떻게 적용하는지 살펴본다.

5.2.1 문법에 $A \rightarrow a\alpha$ 형식의 생성 규칙이 있는 경우

이 형식은 P1처럼 한 넌터미널이 생성하는 규칙에서 →의 오른쪽에서 맨 처음 심볼이 터미널이지만 서로 다른 터미널인 경우이다. 즉, A는 넌터미널, a는 터미널, α는 넌터미널과 터미널이 혼합된 스트링이다.

리커시브 디센트 파싱 알고리즘은 생성 규칙에서 어느 것을 적용할지를 결정해야 한다.

S-터미널 집합은 입력 스트링에서 방금 읽은 심볼이 생성 규칙의 맨 처음 터미널과 매치되면 그 생성 규칙을 적용한다는 의미이다. 그러므로 어떤 규칙이든 반드시 하나만 적용된다. 예를 들어, 아래의 생성 규칙 P4를 살펴보자.

P4: 1. $A \rightarrow aAc$
  2. $A \rightarrow bAc$
  3. $A \rightarrow c$

문법 규칙 P4에서 스트링 abccc를 유도하면 아래와 같다.

$$A \overset{a}{\Rightarrow} aAc \overset{b}{\Rightarrow} abAcc \overset{c}{\Rightarrow} abccc$$

입력 심볼을 a, b, c순으로 하나씩 읽을 때마다 생성 규칙 세 개 중에서 어느 것을 적용할 것이지 결정한다. 방금 읽은 입력 터미널 a가 생성 규칙 1의 오른쪽에 있는 맨 처음 터미널 심볼과 같기 때문에 생성 규칙 1을 적용하고, b이면 생성 규칙

2를, c이면 생성 규칙 3을 적용한다. 이러한 입력 심볼이 생성 규칙을 선택하도록 하는 S-터미널 집합의 한 원소이다.

A → aα 형식의 생성 규칙에서는 S-터미널 집합에서 터미널이 하나만 있지만 어떤 문맥-자유 문법에서는 터미널이 여러 개 있을 수 있다.

예 5.2

아래는 문법의 생성 규칙 P5에 대한 리커시브 디센트 파서이다.

P5: 1. $A \rightarrow \mathrm{a}AB$
2. $A \rightarrow \mathrm{b}$
3. $B \rightarrow \mathrm{a}$
4. $B \rightarrow \mathrm{b}B\mathrm{a}$

main 함수 프로그램은 맨 처음 문자를 읽고 그 문자를 생성한 넌터미널이 무엇인지 선택하여 해당 생성 규칙을 결정하고 함수 *A*를 호출한다(리커시브 디센트). 입력 스트링이 모두 읽혀진 후에는 *main* 함수로 되돌아온다. 함수 *Accept*( )와 *Reject*( )는 입력 스트링이 해당 문법에 속하는지 아닌지를 알린다.

```
function  A ( )
{
 if (nextsymbol == 'a')                              /*  규칙 1  */
          {
        get_nextsymbol( );
        A( );
        B( );
        }
      else if (nextsymbol == 'b') get_nextsymbol( )    /*  규칙 2  */
   else Reject( );
}

function B ( )
{
 if (nextsymbol == 'a')  get_nextsymbol( )           /*  규칙 3  */
        else if (nextsymbol == 'b')
                {                                    /*  규칙 4  */
                 get_nextsymbol( );
                 B( );
                 if (nextsymbol == 'a') get_nextsymbol( )
```

```
                              else Reject( );
                 }
          else Reject( );
    }

    main( )                      /*  파싱 시작  */
    char nextsymbol;             /*  입력 문자  */
    {
        get_nextsymbol(nextsymbol);
        A( );
        if (nextsymbol == '↵ ') Accept( )
                    else Reject( );
    }
```

실습 5.1

아래 문법에 대하여 리커시브 디센트 파서를 구성하시오. 이 문법에서 생성 규칙 1과 2는 다른 터미널 a, b로 시작하면서 *A*를 정의하지만, 규칙 3과 4는 다른 터미널 a, b로 시작하면서 *B*를 정의한다.

1. $A \rightarrow aAbB$
2. $A \rightarrow baB$
3. $B \rightarrow aAa$
4. $B \rightarrow b$

이 문법으로 리커시브 디센트 파서를 구성하면 아래와 같다.

```
function A( )
 {
  if (nextsymbol == 'a')                          /*  규칙 1  */
      {
        get_nextsymbol( );
        A( );
        if (nextsymbol == 'b') get_nextsymbol( ) else Reject( );
        B( );
      }
   else if (nextsymbol == 'b')                    /*  규칙 2  */
          {
            get_nextsymbol( );
```

```
                if (nextsymbol == 'a') get_nextsymbol( ) else Reject( );

                B( );
            }
    }

    function B( )
    {
     if (nextsymbol == 'a')                              /*  규칙 3  */
            {
            get_nextsymbol( );
            A( );
            if (nextsymbol == 'a')  get_nextsymbol( ) else Reject( );
            }
        else if (nextsymbol == 'b')  get_nextsymbol( )  /*  규칙 4  */
                else Reject( );
    }
```

5.2.2 문법에 $A \rightarrow \varepsilon$ 형식의 생성 규칙이 있는 경우

이 형식은 P2처럼 같은 넌터미널이 정의하는 생성 규칙이 $A \rightarrow \varepsilon$와 같이 오른쪽 맨 처음 심볼이 ε인 경우이다. A는 넌터미널이고 이 넌터미널을 정의하는 생성 규칙은 각각 다른 S-터미널 집합을 가진다. 문법의 생성 규칙에 ε를 추가하면 리커시브 디센트 기법으로 파싱하기 어려운 문법도 쉽게 파싱할 수 있다. 아래의 문법 규칙을 살펴보자.

P6: 1. $A \rightarrow aBA$
    2. $A \rightarrow b$
    3. $B \rightarrow cBA$
    4. $B \rightarrow \varepsilon$

이 문법으로 리커시브 디센트 파싱하려면 각 생성 규칙에 대하여 S-터미널 집합을 구하여야 하는데, 생성 규칙 4의 $B \rightarrow \varepsilon$에 대해서는 S-터미널 집합을 구할 수 없다(입력 심볼에는 ε이 없다). 그러므로 $B \rightarrow \varepsilon$ 형식이 포함된 문법은 다른 파싱 알고리즘이 필요하다.

생성 규칙 4의 ε에 대한 S-터미널 집합을 구하기 위하여 몇 개의 용어를 정의하자.

[정의 5.2]

넌터미널 A의 FOLLOW 집합은 S↲ 에서 유도하는 문장 형식에서 A의 바로 뒤에 올 수 있는 모든 터미널(혹은 끝표시 ↲)의 집합이다. 즉, α와 β에 대하여 $S \Rightarrow^{*} \alpha A a \beta$ 형식의 유도가 있는 경우에 터미널 a의 집합을 말한다. FOLLOW 집합은 FOLLOW(A)로 표기하며 S는 시작 넌터미널 심볼이다.

여기에서 고려할 사항은 유도하는 과정에서 어느 순간에 A와 a 사이에 어떤 심볼이 있었을 수도 있다. 그 것은 ε를 유도한 후에 즉시 사라졌다는 의미이다. 또 A가 문장 형식에서 맨 오른쪽 끝에 있는 심볼이면 ↲ 이 FOLLOW(A)에 들어간다.

예 5.3

문법 규칙 P6에서 A의 FOLLOW 집합을 구하기 위하여 유도해보자. 넌터미널 심볼 A는 아래와 같이 문장 형식을 유도한다.

$$\underline{A\text{↲}} \Rightarrow aBA\text{↲} \Rightarrow acBAA\text{↲} \Rightarrow acB\underline{Aa}BA\text{↲} \Rightarrow \ldots \Rightarrow acB\underline{Ab}\text{↲} \Rightarrow \ldots$$

이 유도에서 밑줄친 부분처럼 넌터미널 A에 대하여 터미널 심볼 a가 바로 뒤에 있다. 그러므로 FOLLOW(A) = { a, b, ↲ }이다. 또한 넌터미널 심볼 B는 아래와 같은 문장 형식을 유도한다.

$$A\text{↲} \Rightarrow aBA\text{↲} \Rightarrow a\underline{Ba}BA\text{↲} \ldots \Rightarrow \ldots a\underline{Bb}\text{↲} \Rightarrow \ldots$$

이 유도에서도 넌터미널 B에 대하여 터미널 심볼 a와 b가 바로 뒤에 있다. 그러므로 FOLLOW(B) = {a, b}이다.

이와 같이 생성 규칙 $B \rightarrow \varepsilon$ 형식을 포함하는 문법에 대해서는 FOLLOW 집합으로 S-터미널 집합을 구한다. 이것을 간단하게 말하면 생성 규칙의 왼쪽에 있는 넌터미널에 대한 FOLLOW 집합이다. 그러므로 위의 문법 규칙 P6에서 생성 규칙 4의 S-터미널 집합은 FOLLOW(B) = {a, b}이다. FOLLOW 집합을 구하는 구체적인 알고리즘은 뒤에서 자세히 다룬다.

파서가 입력 스트링 acbb를 유도하는 과정을 통하여 문법 규칙 P6의 S-터미널 집합을 살펴보자. 아래와 같이 각 생성 규칙의 S-터미널 집합에 따라 파서가 규칙을 적용한다.

P6:	1. $A \rightarrow \mathrm{a}BA$	S-터미널 집합 = {a}
	2. $A \rightarrow \mathrm{b}$	S-터미널 집합 = {b}
	3. $B \rightarrow \mathrm{c}BA$	S-터미널 집합 = {c}
	4. $B \rightarrow \varepsilon$	S-터미널 집합 = {a, b}

넌터미널 *B*에 대해서는 입력 심볼에 따라 유도를 결정하는데, 심볼이 c이면 생성 규칙 3을 선택하고, 입력 심볼이 a거나 b면 규칙 4를 선택한다.

아래는 입력 스트링 acbb를 파싱하는 과정이다.

1. a가 현재의 입력 스트링이고 생성 규칙 1을 적용한다.
   $A \overset{a}{\Rightarrow} \mathrm{a}BA$
2. c가 현재의 입력 스트링이고 생성 규칙 3을 적용한다.
   $A \overset{a}{\Rightarrow} \mathrm{a}BA \overset{c}{\Rightarrow} \mathrm{ac}BAA$
3. b가 현재의 입력 스트링이고 생성 규칙 4를 적용한다. 생성 규칙 4는 $B \rightarrow \varepsilon$이고 S-터미널 집합 아니기 때문에 더 이상 입력 심볼을 읽지 않고 되돌아간다.
   $A \overset{a}{\Rightarrow} \mathrm{a}BA \overset{c}{\Rightarrow} \mathrm{ac}BAA \overset{b}{\Rightarrow} \mathrm{ac}\underline{\varepsilon}AA \Rightarrow \mathrm{ac}AA$
4. b가 현재의 입력 스트링이고 S-터미널 집합에 의하여 생성 규칙 2의 $A \rightarrow \mathrm{b}$를 적용한다.
   $A \overset{a}{\Rightarrow} \mathrm{a}BA \overset{c}{\Rightarrow} \mathrm{ac}BAA \overset{b}{\Rightarrow} \underline{\mathrm{ac}\varepsilon A}\mathrm{b} \Rightarrow \mathrm{ac}\underline{A}\mathrm{b}$

생성 규칙 $A \rightarrow \varepsilon$ 형식의 파싱이 다른 점은 $A \rightarrow \varepsilon$의 S-터미널 집합에 있는 입력 심볼을 전부 검사한다는 것이다. 이 심볼 중에서 어떤 것이 현재의 입력 심볼이면 입력 심볼을 더 이상 읽지 않고 호출한 함수로 되돌아간다.

아래는 생성 규칙 P6에 대한 리커시브 디센트 파서이다.

```
function A( )
  {
    if (nextsymbol == 'a')  /* 규칙 1   */
            {
             get_nextsymbol( );
             B( );
             A( );
            }
```

```
            else if (nextsymbol == 'b')   get_nextsymbol( )    /*  규칙 2  */
        else Reject( );
    }

function B( )
    {
        if (nextsymbol == 'c')    /*  규칙 3  */
                {
                get_nextsymbol( );
                B( );
                A( );
                }
            /*  규칙 4  */
            else if (nextsymbol == 'a' || nextsymbol == 'b') return( )
        else Reject( );
    }

main ( );        /*  파싱 시작  */
char nextsymbol;
{
    get_nextsymbol( );
    A( );
    if (nextsymbol == '↲ ') Accept( ) else Reject( );
}
```

위의 함수 B( )에서는 입력 심볼 a나 b에 대하여 생성 규칙 4를 적용하는데 더 이상 입력 심볼을 읽지 않고 호출한 함수로 되돌아간다.

실습 5.2

아래 문법에서 S-터미널 집합을 구하고, 리커시브 디센트 파서를 구성해 보자.

1. One → 1 Zero 1
2. One → 0
3. Zero → 0 One 0
4. Zero → ε

이 문법에서 규칙 4에 대한 S-터미널 집합을 구하기 위해서 넌터미널 Zero에 대한 FOLLOW 집합을 구한다. 즉, One↲ 로부터 유도하는 과정에서 Zero 바로 뒤에 따라오는 터미널들의 집합을 구한다(↲ 도 포함한다). 그러므로 아래처럼 One ↲ 로부터의 유도 과정에서 Zero 바로 뒤에 오는 터미널은 1 밖에는 없다.

One↲ ⇒ 1 <u>Zero</u> <u>1</u>↲

그러므로 FOLLOW(Zero) = {1}이고, 각 생성 규칙의 S-터미널 집합은 아래와 같다.

1. One → 1 Zero 1 　　S-터미널 집합 = { 1 }
2. One → 0 　　S-터미널 집합 = { 0 }
3. Zero → 0 One 0 　　S-터미널 집합 = { 0 }
4. Zero → ε 　　S-터미널 집합 = FOLLOW(Zero) = { 1 }

이 S-터미널 집합에 따른 리커시브 디센트 파싱 함수는 아래와 같다.

```
function One( )
{
      if (nextsymbol == '1')  /*  규칙 1  */
              {
               get_nextsymbol( );
               Zero( );
               if (nextsymbol == '1')   get_nextsymbol( ) else Reject( );
              }
         else if (nextsymbol == '0')  get_nextsymbol( )    /* 규칙 2  */
      else Reject( );
}

function Zero( )
{
      if (nextsymbol == '0')  /*  규칙 3  */
              {
               get_nextsymbol( );
               One( );
               if (nextsymbol == '0')  get_nextsymbol( ) else Reject( );
              }                   /*  규칙 3  */
         else if (nextsymbol == '1') return( )     /*  규칙 4  */
      else Reject( );
}
```

이와 같이 리커시브 디센트 파서에서는 입력하는 심볼로 어떤 것이 들어올지 모르기 때문에 입력 심볼에 따라 어떤 생성 규칙을 적용할 것인지를 미리 예측하는 것이 중요하다. 즉, 어떤 터미널이 입력하느냐에 따라 어느 생성 규칙에 해당하는 함수를 수행할 것인지를 미리 알아낸다면 파서가 더욱 효율적일 것이다. 이렇게 하기 위하여 적용할 생성 규칙을 미리 알아내는 것이 중요하며 뒤에서 다룬다.

연습문제 5.2

01 아래 각 생성 규칙에 대한 리커시브 디센트 파서를 구현하시오.

(1) *Stmt* → if *Bool* then *Stmt* else *Stmt*

(2) *Stmt* → while *Cexpr* do *Stmt*

(3) *Stmt* → { *StmtList* }

(4) *Stmt* → id = *Expression*

02 아래 문법에서 S-터미널 집합을 구하고, 이 문법이 LL(1)인지 아니지를 결정하시오.

$S \rightarrow AB$

$A \rightarrow 1A$

$A \rightarrow \varepsilon$

$B \rightarrow 0B$

$B \rightarrow \varepsilon$

5.3 LL(1) 문법

LL(1)는 원시 프로그램을 왼쪽(*L*eft)에서 오른쪽으로 심볼을 한 개씩(*One*)만 읽어서(두 개 이상은 미리 읽을 수 없다), 읽은 심볼에 대하여 가장 좌측(*L*eftmost)부터 유도한다는 의미이다.

[정의 5.3]

어떤 문법 G에서 두 개의 생성 규칙 $A \rightarrow \alpha$와 $A \rightarrow \beta$가 아래 특성을 가지면 **LL(1) 조건**이라 한다.

1. α와 β 둘 다 같은 터미널 a로 시작하는 스트링을 유도하지 않는다.
2. α와 β중에서 반드시 하나는 빈스트링을 유도할 수 있다.
3. $\beta \Rightarrow^{*} \varepsilon$이면, α는 FOLLOW($A$)에 있는 어떤 터미널로 시작하는 스트링을 유도하지 않는다.

[정의 5.4]

어떤 문법 G가 왼쪽 리커젼이 없거나 명확한 문법이면 LL(1) 문법이 될 수 있는데 LL(1) 조건을 만족하면 **LL(1) 문법**이라 한다.

문법 규칙이 $A \rightarrow \alpha$(단, α는 터미널과 넌터미널 모두 가능한 임의의 스트링)와 같이 일반적인 형식인 경우에는

$$A \rightarrow a\alpha$$
$$A \rightarrow b\alpha$$

같이 넌터미널 A 하나가 생성 규칙 여러 개를 정의하는 경우가 있다. 이 경우에는 여러 개의 유도가 있기 때문에 LL(1) 문법이 아니며 하향식으로 파싱하기가 어렵다. 그러므로 LL(1) 문법에 대하여 하향식으로 파싱이 가능한 일반적인 기법이 필요하다.

연습문제 5.3

01 아래 문법이 LL(1) 문법인지 설명하시오.

$S \rightarrow ABC$

$A \rightarrow \mathrm{a}A$

$B \rightarrow \mathrm{b}B$

$C \rightarrow \mathrm{b}C$

02 아래 문법이 LL(1) 문법인지 설명하시오.

$S \rightarrow ABC$

$A \rightarrow \mathrm{a}A$

$A \rightarrow \varepsilon$

$B \rightarrow \mathrm{b}B$

$B \rightarrow \varepsilon$

$C \rightarrow \mathrm{b}C$

$C \rightarrow \varepsilon$

5.4 예측 파싱

지금까지 살펴본 것과 같이 리커시브 디센트 파싱에서는 입력 심볼에 따라 적용할 생성 규칙을 결정한다. 그러므로 백트래킹이나 왼쪽 리커젼이 있으면 파싱하기 어렵기 때문에 어떤 심볼이 들어올지 미리 예측하는 것이 중요하다. 이 절에서는 미리 만들어진 S-터미널 집합으로 **자동 기계**를 구성하여 파싱하는 **예측 파싱** 기법을 살펴본다. S-터미널 집합 구하는 방법은 뒤에서 자세히 다룬다.

예측 파싱은 리커시브 디센트 파싱이긴 하지만 백트래킹이 없는 하향식 파싱으로 어떤 생성 규칙을 적용할 것인가를 미리 결정하여 적용하는 기법이다. 현재 입력 심볼 a와 넌터미널 심볼 A에 대하여, 생성 규칙 $A \rightarrow \alpha_1 \mid \alpha_2 \mid \cdots \mid \alpha_n$에서 a로 시작하는 생성 규칙 하나를 선택한다. 그러므로 이와 같이 a로 시작하는 스트링을 유도할 수 있는 맨 처음 심볼을 **들여다 봄**으로서 적용할 생성 규칙을 찾을 수 있어야 한다.

예를 들어 아래 문법을 살펴보자.

$$S \rightarrow \mathrm{a}\ B\ \mathrm{b}\ S\ \mathrm{c}$$
$$S \rightarrow \mathrm{b}\ B\ \mathrm{b}\ S$$
$$S \rightarrow \mathrm{c}\ S\ \mathrm{e}$$

위 문법에서는 S라는 넌터미널에 대해 적용할 생성 규칙은 세 개이다. 그러므로 특정한 생성 규칙을 적용하려면 맨 처음 시작하는 터미널인 a 혹은 b 혹은 c로 유도하는 스트링이 있는 생성 규칙을 자동으로 선택할 수 있어야 한다.

예측 파싱은 문맥-자유 문법인 오직 LL(k) 문법에서만 가능한데, 프로그램에서 터미널 심볼 k개를 검사하여 다음 파싱에 적용할 생성 규칙을 결정한다는 의미이다. 그러므로 LL(k) 문법은 명확한 문법이다(애매한 문법이 아니다).

5.4.1 예측 파싱을 위한 자동 기계 모델

이 절에서는 간단한 문법으로 예측 파싱을 위한 자동 기계를 구성하는 과정을 살펴보자. 이 기계는 어떤 생성 규칙을 적용할 것인지를 자동으로 결정하도록 주어진 LL(1) 문법에서 만든다.

예측 파싱을 위한 자동 기계 모델은 그림 5.3과 같은데 입력 스트링으로 이루어진 프로그램 토큰, 파싱에 임시로 사용할 스택, 자동 기계의 전이 정보를 저장한 전이 테이블, 전이 테이블 정보를 이용하는 예측 파싱 루틴으로 구성된다. 자동 기계 모델로 만들어진 예측 파서는 파싱을 마치면 파스 트리를 출력한다.

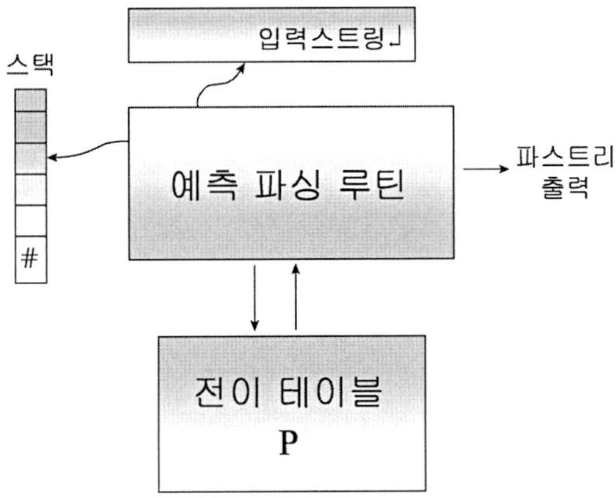

그림 5.3 예측 파싱을 위한 자동 기계 모델

예측 파싱 루틴은 입력 터미널 심볼을 하나씩 읽어서 스택 톱에 있는 넌터미널 심볼과 비교한다. 이 때 스택의 넌터미널과 입력 터미널의 관계를 전이 테이블을 검사하여 찾는다. 그러면 두 심볼 사이의 관계 정보가 전이 테이블에 있으면 이 정보에 따라 예측 파싱 루틴은 다음 행동을 진행한다. 그러나 전이 테이블에 넌터미널과 터미널 사이의 정보가 없으면 파싱 루틴은 입력 터미널에 대한 다음 행동을 진행할 수 없기 때문에 에러가 발생한다.

이 모델에서 알 수 있듯이 예측 파싱 루틴은 전이 테이블에 있는 정보에 따라 기계적으로 다음 진행을 결정하므로 어떤 생성 규칙을 선택할 것인가를 고민할 필요가 없다. 즉, 문법의 생성 규칙에서 전이 테이블만 만들면 하향식으로 파싱할 수 있다. 이 전이 테이블은 앞에서 살펴본 S-터미널 집합으로 구성할 수 있다.

5.4.2 자동 기계에 의한 예측 파서의 구조와 동작

자동 기계 모델에 의한 예측 파서의 구체적인 구조는 그림 5.4와 같다. 입력 큐에는 프로그램을 이루고 있는 토큰이 차례로 있고, 스택은 파싱 과정에서 필요한 넌터미널 심볼이 있다. 스택에 있는 넌터미널들은 파싱 테이블에 있는 동작 정보에 따라 스택에 삽입, 대치, 제거된다. 파싱 핸들러(예측 파싱 루틴)는 입력 큐에서 토큰을 하나씩 읽어서 스택의 톱에 있는 넌터미널 심볼과 매치하여 파싱 테이블의 정보를 검사한다. 그러면 현재의 넌터미널 심볼과 입력 터미널 심볼로 얻은 다음 수행할 정보인 삽입, 대치, 제거 등에 따라 새로운 동작을 수행한다. 파싱 테이블에는 입력 큐에서 읽은 토큰과 스택의 톱에 있는 넌터미널을 매치하면 다음에 수행할 동작이 저장되어 있다.

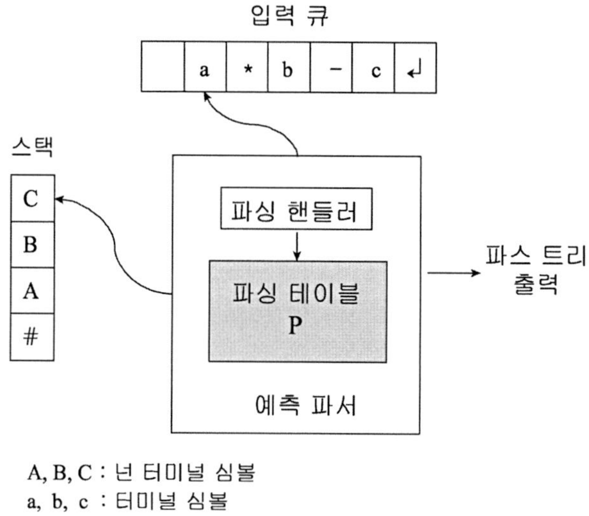

그림 5.4 자동 기계 모델에 의한 예측 파서 구조

여기에서 파싱 테이블 P의 구조를 좀 더 구체적으로 살펴보자.

파싱 테이블은 아래와 같이 맨 위의 행에 터미널 심볼이 있고, 맨 왼쪽 열에 넌터미널 심볼이 있는 **P[A, a]** 형식의 테이블로, A_i (i = 1, 2, ..., n)는 넌터미널 심볼이고, a_j (j = 1, 2, ..., m)는 터미널 심볼이다. 넌터미널 심볼과 터미널 심볼이 매치하는 곳의 내용은 "생성 규칙"이나 "에러"가 있다.

터미널 / 넌터미널	a_1	a_2	...	a_m	↵
A_1	생성 규칙	에러	...	에러	에러
A_2	에러	생성 규칙	...	생성 규칙	생성 규칙
A_3	에러	에러	...	에러	생성 규칙
...	...	...	...	...	
A_n	에러	에러	...	에러	에러

파싱 핸들러는 이 파싱 테이블을 이용하여 입력하는 터미널 심볼 a_j와 스택 톱의 넌터미널 심볼 A_i를 파싱 테이블에서 매치한다. 그러면 파싱 테이블 내용은 $P[A_i, a_j]$ = "생성 규칙"이거나 $P[A_i, a_j]$ = "에러"이다.

파싱 테이블 $P[A_i, a_j]$의 내용에 따라 다음 동작을 수행하는데, 내용이 $P[A_i, a_j]$ = "생성 규칙"이면 스택의 톱에 있는 넌터미널을 이 생성 규칙의 오른쪽 심볼 스트링으로 대치한다.

아래에서 왼쪽 부분이 스택이고 오른쪽 부분이 입력 큐인 상태라 하자. #는 스택의 바닥을, ↲ 는 입력 스트링의 맨 끝을 의미한다.

(#......X, $a_j\, a_j+1$ ... ↲)

먼저, $P[A_i, a_j]$ = "$X \rightarrow \alpha\beta\omega$"이면, 스택 톱의 넌터미널 심볼을 아래처럼 대치한다.

(#......ωβα, $a_j\, a_j+1$ ... ↲)

즉, 스택의 톱에는 생성 규칙의 αβω에서 맨 앞 심볼인 α이 오도록 역으로 대치한다. 그러나 $P[A_i, a_j]$ = "에러"이면 에러 메시지를 통지한다.

아래 문법으로 aabbbb를 예측 파싱하는 과정을 살펴보자.

1. $S \rightarrow aSb$
2. $S \rightarrow bA$
3. $A \rightarrow aA$
4. $A \rightarrow b$

이 문법의 파싱 테이블은 아래와 같다고 가정한다(테이블 만드는 과정은 뒤에서 다룬다).

넌터미널 \ 터미널	a	b
S	$S \rightarrow aSb$	$S \rightarrow bA$
A	$A \rightarrow aA$	$A \rightarrow b$

맨 먼저, 스택과 입력 큐의 상태는 아래와 같다.

(#S,   aabbbb↲)

이 상태에서 파싱 테이블을 검사하면 $P[S, a]$ = "$S \rightarrow aSb$"이므로, 생성 규칙 $S \rightarrow aSb$로 대치하면 스택 상태는 아래와 같이 변한다.

(#bSa,   aabbbb↲)

이 상태에서 스택 톱의 터미널 심볼 a와 입력 터미널 심볼 a가 매치한다. 그러면 입력에서 터미널 심볼 a가 생성 규칙 $S \rightarrow aSb$의 맨 앞에 있는 터미널 a로 시작한다는 의미와 같다. 즉, 이 a는 입력 심볼 a가 생성 규칙을 올바르게 적용했다는 의미이므로, 스트링 aSb에서 a를 제거한 다음 스트링 Sb를 매치한다. 터미널 a는 이미 매치하였으므로 스택과 입력 큐에서 a를 제거하고 다음 입력 터미널 a와 스택의 심볼 S를 매치한다. 이 때 스택과 입력 큐의 상태는 아래와 같다.

(#bS, abbbb↵)

이 상태에서 파싱 테이블을 검사하면 P[S, a] = "S → aSb"이므로, 생성 규칙 S → aSb로 대치하면 스택은 아래와 같다.

(#bb$S$a, abbbb↵)

마찬가지로 입력에서 터미널 심볼 a가 생성 규칙 S → aSb의 맨 앞에 있는 터미널 a와 매치한다는 의미이므로 스택과 입력 큐에서 a를 제거한다. 스택과 입력 큐의 상태는 아래와 같다.

(#bb$S$, bbbb↵)

이 상태에서 파싱 테이블을 검사하면 P[S, b] = "S → bA"이므로, 생성 규칙 S → bA로 대치하면 스택은 아래와 같다.

(#bb$A$b, bbbb↵)

이 상태에서도 입력에서 터미널 심볼 b가 생성 규칙 S → bA의 맨 앞에 있는 터미널 b와 매치한다는 의미이므로 스택과 입력 큐에서 b를 제거한다. 스택과 입력 큐의 상태는 아래와 같다.

(#bbA, bbb↵)

이 상태에서 파싱 테이블을 검사하면 P[A, b] = "A → b"이므로, 이 생성 규칙으로 대치하면 스택 상태는 아래와 같다.

(#bbb, bbb↵)

이 상태에서도 입력에서 터미널 심볼 b가 생성 규칙 A → b의 터미널인 b와 매치한다는 의미이므로 스택과 입력 큐에서 b를 제거한다. 스택과 입력 큐의 상태는 아래와 같다.

(#bb, bb↵)

이 상태에서도 스택과 입력 큐에서 b를 제거한다. 스택과 입력 큐의 상태는 아래와 같다.

(#b, b↵)

이 상태에서도 스택과 입력 큐에서 b를 제거한다. 스택과 입력 큐의 상태는 아래와 같다.

(#, ↲)

마지막으로 심볼 #와 ↲ 가 매치하면 입력 스트링을 모두 검사하였으며 파싱이 끝났다는 의미이다. 즉, 입력 스트링을 주어진 문법의 정상적인 언어로 수락한다는 뜻이다.

이와 같이 예측 파싱은 해당 생성 규칙을 정확하게 적용하므로 백트래킹없이 파싱을 수행한다.

그러나 위의 같은 문법으로 aababa를 예측 파싱하여 보자.

(#*S*, aababa↲)
(#b*S*a, aababa↲)
(#b*S*, ababa↲)
(#bb*S*a, ababa↲)
(#bb*S*, baba↲)
(#bb*A*b, baba↲)
(#bb*A*, aba↲)
(#bb*A*a, aba↲)
(#bb*A*, ba↲)
(#bbb, ba↲)
(#bb, a↲)

마지막 상태에서는 b와 a가 매치하지 않기 때문에 파싱을 더 이상 진행하지 않고 "에러"를 통보한다.

파싱 핸들러는 위에서 살펴본 예측 파싱을 아래처럼 수행한다.

```
function Predictive_Parsing _Handler ( )     /*   예측 파싱 핸들러 동작  */
{
   a = get_nextsymbol( );  /* 입력 큐의 스트링에서 토큰 하나를 가져 온다  */
   while (  ) {
      X = Stack(top);
      if ( X == ↲ ) accept( );
      if ( X ∈ V_T  || ↲ )
         if ( X == a )  remove X from the stack and get_nextsymbol( )
                        else error(1);
         else     /* X가 넌터미널이면  */
         if ( P[X, a] == X → Y1Y2...Yk )    replace X by  YkYk-1,...,Y1;
```

```
                                        /*    Y1이 스택 톱에 오도록 대치한다    */
            else error(2);
        }
    }
```

위에서 보았듯이 예측 파싱은 파싱 테이블의 정보가 매우 중요하며, 파싱 핸들러는 테이블 정보에 따라 동작을 수행하기만 하면 된다.

실습 5.3

아래 문법과 파싱 테이블을 이용하여 aba를 예측 파싱하여 보자.

1. $S \rightarrow aSb$
2. $S \rightarrow bA$
3. $A \rightarrow aA$
4. $A \rightarrow b$

이 문법의 파싱 테이블은 아래와 같다.

넌터미널 \ 터미널	a	b
S	$S \rightarrow aSb$	$S \rightarrow bA$
A	$A \rightarrow aA$	$A \rightarrow b$

예측 파싱 과정은 아래와 같다.

(#S, aba↵)
(#bSa, aba↵)
(#bS, ba↵)
(#bAb, ba↵)
(#bA, a↵)
(#bAa, a↵)
(#bA, ↵)
(더 이상 매치가 일어나지 않으므로 파싱을 진행할 수 없음)

실습 5.4

실습 5.3의 문법과 파싱 테이블을 이용하여 bbb를 예측 파싱하여 보자. 예측 파싱 과정은 아래와 같다.

(#S, bbb↵)
(#Ab, bbb↵)
(#A, bb↵)
(#b, bb↵)
(# b↵)
(더 이상 매치가 일어나지 않으므로 파싱을 진행할 수 없음)

실습 5.5

실습 5.3의 문법과 파싱 테이블을 이용하여 abbb를 예측 파싱하여 보자. 예측 파싱 과정은 아래와 같다.

(#bSa, abbb↵)
(#bS, bbb↵)
(#bAb, bbb↵)
(#bA, bb↵)
(#bb, bb↵)
(#b, b↵)
(# ↵)
(순조롭게 파싱을 마침)

실습 5.6

아래 문법과 파싱 테이블을 이용하여 10000을 예측 파싱하여 보자.

1. $S \rightarrow 1S0$
2. $S \rightarrow 0A$
3. $A \rightarrow 1A$
4. $A \rightarrow 0$

이 문법의 파싱 테이블은 아래와 같다.

넌터미널 \ 터미널	1	0
S	$S \rightarrow 1S0$	$S \rightarrow 0A$
A	$A \rightarrow 1A$	$A \rightarrow 0$

파싱 과정을 스스로 해결해 본다.

5.4.3 예측 파서의 파싱 테이블 만들기

이 절에서는 파싱 테이블 만드는 과정을 살펴보자.

파싱 테이블 만드는 기본 개념은 어느 생성 규칙을 적용할 것인가를 찾는 것이다. 이 때 생성 규칙의 오른쪽 스트링에서 맨 처음에 시작하는 터미널 심볼이 무엇인가가 중요하다. 즉, 입력 터미널 심볼이 오른쪽 스트링의 시작 터미널과 매치하는 생성 규칙을 적용하도록 한다. 여러 개가 있는 경우에는 앞에서 계산한 S-터미널 집합을 이용하여 테이블을 구성한다.

A → α 형식의 생성 규칙에서 α의 FIRST(α) 집합에 터미널 a가 있고, 현재의 입력 심볼이 a이면, 넌터미널 *A*와 터미널 a이 매치하는 P[*A*, a]에 "A → α"을 넣어 *A*를 α로 대치하도록 한다. 또한 유도 과정에서 문장 형식이 널가능(α ⇒* ε)이고, 현재의 입력 심볼 a가 FOLLOW(*A*) 집합 안에 있는 심볼 a이면, P[*A*, a]에 "A → α"을 넣어 *A*를 α로 대치하도록 한다. FIRST와 FOLLOW 집합을 구하는 과정을 뒤에서 자세히 다룬다.

좀 더 구체적으로 표현하면 아래와 같다.

```
function Making_Predictive_Parsing _Table ( )   /* 예측 파싱 테이블 만들기  */
  {
    for (each production A → α)
    {
    for (a ∈ FIRST(α)) P[A, a] = A → α;
    if (ε ∈ FIRST(α)  && a ∈ FOLLOW(A))  P[A, a] = A → α;
    if (ε ∈ FIRST(α)  && ↲ ∈ FOLLOW(α))  P[A, ↲] = A → α;
    }
  }
```

아래 문법으로 예측 파싱 테이블을 만들어보자.

1. *S* → a*S*b
2. *S* → b*A*
3. *A* → a*A*
4. *A* → b

파싱 테이블을 만들기 전에 먼저 중요한 것은 이 문법에 대한 FIRST와 FOLLOW 집합을 구하는 것이다. 이 문법은 ε를 유도하지 않으며 FIRST와 FOLLOW 집합은 아래와 같다.

FIRST(*S*) = {a, b}
FIRST(*A*) = {a, b}

FOLLOW(S) = {b, ↲ }
FOLLOW(A) = {a, b, ↲ }

이미 구해진 FIRST와 FOLLOW 집합에서 예측 파싱 테이블은 아래처럼 구성한다.

(1) 생성 규칙 $S \to aSb$에서 FIRST(S) = {a}이므로 P[S, a] = $S \to aSb$
(2) 생성 규칙 $S \to bA$에서 FIRST(S) = {b}이므로 P[S, b] = $S \to bA$
(3) 생성 규칙 $A \to aA$에서 FIRST(A) = {a}이므로 P[A, a] = $A \to aA$
(4) 생성 규칙 $A \to b$에서 FIRST(A) = {b}이므로 P[A, b] = $A \to b$

또한 이 문법은 유도 과정에서 문장 형식이 널가능($\alpha \Rightarrow^* \varepsilon$)하지 않으므로 FOLLOW 집합은 사용하지 않는다. 그러므로 만들어진 예측 파싱 테이블은 아래와 같다.

넌터미널 \ 터미널	a	b
S	$S \to aSb$	$S \to bA$
A	$A \to aA$	$A \to b$

이어서 널가능($\alpha \Rightarrow^* \varepsilon$)한 다른 문법의 예측 파싱 테이블을 만들어보자.

1. $E \to TE'$
2. $E' \to +TE'$
3. $E' \to \varepsilon$
4. $T \to FT'$
5. $T' \to *FT'$
6. $T' \to \varepsilon$
7. $F \to (E)$
8. $F \to a$

먼저 위 문법의 FIRST 집합을 구하면 아래와 같으며,

FIRST(E) = { (, a }　　FIRST(T) = { (, a }　　FIRST(F) = { (, a }
FIRST(E') = { +, ε}　　FIRST(T') = { *, ε}

FOLLOW 집합은 아래와 같다.

FOLLOW(E) = FOLLOW(E') = {), ↲ }
FOLLOW(T) = FOLLOW(T') = { +,), ↲ }
FOLLOW(F) = { +, *,), ↲ }

이 FIRST와 FOLLOW 집합을 통하여 얻은 터미널 심볼로 예측 파싱 테이블은 아래와 같이 구한다.

생성 규칙 $E \rightarrow TE'$에 대해서 a $\in$ FIRST(α)에 해당하는 터미널 a는 FIRST(E) = { (, a }이므로 P[A, a] = A → α를 만들면 아래와 같다.

P[E, ( ] = $E \rightarrow TE'$
P[E, a] = $E \rightarrow TE'$

즉, FIRST(TE') = FIRST(T) = {(, a}이기 때문이다.

또 생성 규칙 $E' \rightarrow +TE'$에 대해서는 FIRST(E') = { +, ε}이므로

P[E', +] = $E' \rightarrow +TE'$

이다.

마찬가지로 $E' \rightarrow \varepsilon$에 대해서는 FOLLOW($E'$) = {), ↲ }이므로

P[E',)] = $E' \rightarrow \varepsilon$
P[E', ↲] = $E' \rightarrow \varepsilon$

이다.

이런 과정을 반복하여 아래의 예측 파싱 테이블을 구할 수 있다.

넌터미널 \ 터미널	a	+	*	(	)	↲
E	$E \rightarrow TE'$			$E \rightarrow TE'$		
E'		$E' \rightarrow +TE'$			$E' \rightarrow \varepsilon$	$E' \rightarrow \varepsilon$
T	$T \rightarrow FT'$			$T \rightarrow FT'$		
T'		$T' \rightarrow \varepsilon$	$T' \rightarrow *FT'$		$T' \rightarrow \varepsilon$	$T' \rightarrow \varepsilon$
F	$F \rightarrow$ a			$F \rightarrow (E)$		

이 예측 파싱 테이블을 이용하여 입력 스트링 a + a * a를 파싱한다.

(#E, a+a*a↲)
(#$E'T$, a+a*a↲)
(#$E'T'F$, a+a*a↲)
(#$E'T'$a, a+a*a↲)
(#$E'T'$, +a*a↲)
(#E', +a*a↲)
(#$E'T$+, +a*a↲)
(#$E'T$, a*a↲)

(#$E'T'F$,	a*a↵)
(#$E'T'$a,	a*a↵)
(#$E'T'$,	*a↵)
(#$E'T'F$*,	*a↵)
(#$E'T'F$,	a↵)
(#$E'T'$a,	a↵)
(#$E'T'$,	↵)
(#E',	↵)
(#,	↵)

이미 언급한 바와 같이 예측에 의해 파싱하려면 FIRST와 FOLLOW 집합을 구하는 것이 매우 중요하다.

연습문제 5.4

01 아래 문법과 예측 파싱 테이블을 이용하여 주어진 스트링을 파싱하는 과정을 기술하시오.

1. $S \rightarrow \mathrm{a}S\mathrm{b}$
2. $S \rightarrow \mathrm{b}A$
3. $A \rightarrow \mathrm{a}A$
4. $A \rightarrow \mathrm{b}$

이 문법의 파싱 테이블은 아래와 같다.

터미널 / 넌터미널	a	b
S	$S \rightarrow \mathrm{a}S\mathrm{b}$	$S \rightarrow \mathrm{b}A$
A	$A \rightarrow \mathrm{a}A$	$A \rightarrow \mathrm{b}$

(1) abba (2) bbbba (3) ababab (4) aaaaa (5) abab

02 아래 문법으로 예측 파싱 테이블을 만드시오.

1. $E \rightarrow +S*$
2. $E \rightarrow *T$
3. $T \rightarrow (T)$
4. $T \rightarrow a$

03 아래 주어진 문법에 대하여 물음에 답하시오.

$S \rightarrow aAbS$
$S \rightarrow \varepsilon$
$A \rightarrow aSb$
$A \rightarrow \varepsilon$

(1) 각 넌터미널에 대하여 FOLLOW 집합을 구하시오.
(2) 예측 파싱 테이블을 구하시오.
(3) ababba를 파싱하시오.

04 아래 문법에 대하여 예측 파싱 테이블을 구성하시오.

$S \rightarrow 0A1S$
$S \rightarrow \varepsilon$
$A \rightarrow 0S1$
$A \rightarrow 1$
$A \rightarrow \varepsilon$

5.5 FIRST와 FOLLOW 집합 구하기

이절에서는 문맥-자유 문법 $G=(V_N, V_T, P, S)$에서 $A \in V_N$이고 $a \in V_T$이면, FIRST 터미널 집합과 FOLLOW 터미널 집합을 생성 규칙에서 구하는 과정을 살펴본다.

5.5.1 FIRST 터미널 집합 구하기

FIRST 터미널 집합은 넌터미널 A에서 유도하여 첫 번째 나타나는 터미널 집합을 의미하고 다음과 같이 정의한다.

[정의 5.5]

FIRST(A) 집합은 A가 넌터미널 심볼이면, A에서 유도되는 모든 스트링의 맨 앞에 있는 터미널의 집합이다. 또한 $A \Rightarrow^* \varepsilon$이면 ε도 FIRST(A)의 집합에 속한다. 즉, FIRST 터미널 집합은 아래처럼 구한다.

$$\text{FIRST}(A) = \{a \in V_T) \cup \{\varepsilon\} \mid A \Rightarrow^* a\beta,\ \beta \in V^*\}$$

정의에서처럼 어떤 넌터미널 A가 유도과정에서 ε을 유도(즉, $A \Rightarrow^* \varepsilon$)할 수 있으면 A를 **널가능하다**고 한다.

정의에 따라 아래 생성 규칙에서 각 넌터미널에 대한 FIRST 터미널 집합을 구해보자.

$S \rightarrow aA \mid A$
$A \rightarrow bB \mid B$
$B \rightarrow c$

먼저, 생성 규칙 S에서는 아래와 같이 세 개의 유도가 가능하고 각 유도의 문장 형식에서 맨 앞에 오는 터미널 심볼 a, b, c가 있다.

$S \Rightarrow aA$
$S \Rightarrow A \Rightarrow bB$
$S \Rightarrow A \Rightarrow B \Rightarrow c$

그러므로 넌터미널 S에서의 FIRST 터미널 집합은 FIRST(S) = { a, b, c }이다.

다음은 생성 규칙 A에서는 아래와 같이 두 개의 유도가 가능하고 각 유도의 문장

형식에서 맨 앞에 오는 터미널 심볼은 b와 c이다.

$A \Rightarrow \mathrm{b}B$
$A \Rightarrow B \Rightarrow \mathrm{c}$

그러므로 넌터미널 A에서의 FIRST 터미널 집합은 FIRST(A) = { b, c }이다.

마지막 생성 규칙 B에서는 아래와 같은 유도가 가능하고 이 유도의 문장 형식에서 맨 앞에 오는 터미널 심볼은 c이다.

$B \Rightarrow \mathrm{c}$

그러므로 넌터미널 B에서의 FIRST 터미널 집합은 FIRST(B) = { c }이다.

지금까지 간단한 생성 규칙에서 FIRST 터미널 집합을 구하는 과정을 살펴보았다. 그러나 생성 규칙은 오른쪽 심볼 스트링이 간단하지만 않고 긴 경우, ε을 생성하는 경우, 여러 심볼이 혼합되는 경우에는 FIRST 터미널 집합을 구하는 방법이 약간 복잡하다.

심볼 스트링이 $A_1A_2 \ldots A_n$처럼 연속으로 있는 경우의 FIRST($A_1A_2 \ldots A_n$) 터미널 집합은 아래와 같이 구한다.

$$\mathrm{FIRST}(A_1A_2 \ldots A_n) = (\ldots.((\mathrm{FIRST}(A_1) \cup \mathrm{FIRST}(A_2)) \cup \mathrm{FIRST}(A_3)) \cup \ldots.. \cup \mathrm{FIRST}(A_n))$$

단, 여기에서 괄호 속에 있는 두 집합 (FIRST(p) ∪ FIRST(q))의 합집합 연산은 아래와 같다.

(1) $\varepsilon \notin \mathrm{FIRST}(p)$인 경우에는, $\mathrm{FIRST}(p) \cup \mathrm{FIRST}(q) = \mathrm{FIRST}(p)$
(2) $\varepsilon \in \mathrm{FIRST}(p)$인 경우에는, $\mathrm{FIRST}(p) \cup \mathrm{FIRST}(q)$
$= (\mathrm{FIRST}(p) - \{ \varepsilon \}) \cup \mathrm{FIRST}(q)$

즉, 첫 번째 FIRST(p)의 집합에 ε이 없으면 결과는 FIRST(p)이고, ε이 있으면 FIRST(p)에서 ε을 제외한 FIRST(p)와 FIRST(q)의 합집합이다. 이 계산 방법을 이해하기 위해 아래 예를 살펴보자.

FIRST(p) = { a, b, c, d }이고, FIRST(q) = { c, d, e }이면,
FIRST(p)∪FIRST(q) = { a, b, c, d }이다.
FIRST(p) = { x, y, z, ε }이고, FIRST(q) = { a, b }이면,
FIRST(p)∪FIRST(q) = { x, y, z, a, b }이다.
FIRST(p) = { a, b, ε }이고, FIRST(q) = { x, y, ε }이면,
FIRST(p)∪FIRST(q) = { a, b, x, y, ε }이다.

이와 같이 각 생성 규칙에 따라 FIRST(X) 터미널 집합을 구하는 방법을 정리하

면 아래와 같다.

(1) X가 터미널 심볼이면, X의 FIRST 터미널 심볼은 X이다. 즉, $X \in V_T$이면, FIRST(X) = { X }이다.
(2) $X \rightarrow a\alpha$의 생성 규칙이 있으면 a를 FIRST(X)에 넣는다. 즉, $X \rightarrow a\alpha \in P$이고 $a \in V_T$이면, FIRST(X) = FIRST(X) ∪ {a}이다. 또한, X가 ε를 생성하면 X의 FIRST 집합에 ε을 넣는다. 즉, $X \rightarrow \varepsilon \in P$이면 FIRST($X$) = FIRST($X$) ∪ {ε}이다.
(3) $X \rightarrow A_1A_2 \ldots A_k$의 생성 규칙이 있으면 FIRST($X$) = FIRST($X$) ∪ FIRST($A_1A_2 \ldots A_k$)이다. 즉, FIRST($X$) = FIRST($X$) ∪ FIRST($A_1A_2 \ldots A_k$) = FIRST($X$) ∪ (....((FIRST($A_1$) ∪ FIRST($A_2$)) ∪ FIRST($A_3$)) ∪..... ∪ FIRST($A_n$))이다.

FIRST 터미널 집합을 구하는 과정에서, 맨 처음에는 각 넌터미널의 FIRST 터미널 집합은 공집합이다. 그 후에 생성 규칙의 오른쪽에서 맨 앞에 터미널 심볼이 있는 생성 규칙(ε-생성 규칙 포함)에서 FIRST 터미널 집합을 먼저 구한다. 그러면 남아있는 생성 규칙은 모두 넌터미널 심볼로 시작하므로 FIRST($A_1A_2 \ldots A_k$) 계산 방법으로 각 넌터미널 심볼의 FIRST 터미널 집합이 더 없을 때까지 반복한다.

생성 규칙이 $A \rightarrow \alpha_1 \mid \alpha_2 \mid \ldots \mid \alpha_n$ 형식이면 FIRST 터미널 집합은 일반적으로 아래와 같이 구할 수 있다.

FIRST(A) = FIRST(α_1) ∪ FIRST(α_2) ∪ ... ∪ FIRST(α_n)

예 5.4

아래와 같이 프로그램 구조를 나타내는 간단한 문법에서 FIRST 터미널 집합을 구해보자.

Prog → *Decl* *Exec* ;
Decl → # *Prog* | type *Exec* | int
Exec → *Decl* *Prog* | stmt

먼저, 생성 규칙의 형식에 따라 각 넌터미널의 FIRST 터미널 집합을 구할 수 있다.

FIRST(*Prog*) = { }
FIRST(*Decl*) = { #, type, int }
FIRST(*Exec*) = { stmt }

다시, 이 각 집합으로부터 각 넌터미널의 FIRST 터미널 집합을 아래와 같이 구할 수 있다.

FIRST(*Prog*) = FIRST(*Prog*) ∪ FIRST(Decl Exec ;)
FIRST(*Prog*) = FIRST(*Prog*) ∪ ((FIRST(*Decl*) ∪FIRST(*Exec*))
∪ FIRST(;))

이다.

여기에서 FIRST(*Decl*)에는 ε이 없기 때문에 FIRST(*Decl*)∪FIRST(*Exec*) = FIRST(*Decl*) = {#, type, int}이다. 최종적으로 ((FIRST(*Decl*) ∪FIRST(*Exec*)) ∪ FIRST(;)) = FIRST(*Decl*) = { #, type, int }이다. 그러므로

FIRST(*Prog*) = FIRST(*Prog*) ∪ FIRST(*Decl* *Exec* ;)
= { } ∪ { #, int, type }
= { #, int, type }

이다. 같은 방법으로

FIRST(*Exec*) = FIRST(*Exec*) ∪ (FIRST(*Decl* *Prog*)
FIRST(*Exec*) = FIRST(*Exec*) ∪ (FIRST(*Decl*) ∪ FIRST(*Prog*))

로 FIRST(*Decl*)에 ε이 없기 때문에 FIRST(*Decl* *Prog*) = FIRST(*Decl*) = { #, int, type }이다. 그러므로

FIRST(*Exec*) = FIRST(*Exec*)∪ (FIRST(*Decl* *Prog*)
= { stmt } ∪ { #, int, type }
= { #, stmt, int, type }

이다.

FIRST 집합에 더 추가할 터미널이 없을 때까지 반복하여 아래 집합을 구한다.

FIRST(*Prog*) = { #, int, type }
FIRST(*Exec*) = { #, stmt, int, type }

이 문법에서 최종으로 구한 각 넌터미널의 FIRST 터미널 집합은 아래와 같다.

FIRST(*Prog*) = { #, int, type }
FIRST(*Decl*) = { #, int, type }
FIRST(*Exec*) = { #, stmt, int, type }

예 5.5

많이 사용하는 아래와 같은 산술 수식 문법에서 FIRST 터미널 집합을 구해보자.

G: 1. $E \rightarrow TE'$
2. $E' \rightarrow +TE'$
3. $E' \rightarrow \varepsilon$
4. $T \rightarrow FT$
5. $T' \rightarrow *FT'$
6. $T' \rightarrow \varepsilon$
7. $F \rightarrow (E)$
8. $F \rightarrow \mathrm{a}$

먼저, FIRST(α) 집합 정의에 따라 오른쪽 스트링에서 맨 앞에 있는 터미널과 $\alpha \Rightarrow^* \varepsilon$인 경우의 ε를 구하면 아래와 같다.

$\text{FIRST}(E) = \{\ \}$
$\text{FIRST}(E') = \{+, \varepsilon\}$
$\text{FIRST}(T') = \{*, \varepsilon\}$
$\text{FIRST}(T) = \{\ \}$
$\text{FIRST}(F) = \{(, \mathrm{a}\}$

여기에서 각 넌터미널에 대하여 FIRST 터미널 집합을 구한다.

$E \rightarrow TE'$에 대하여 아래처럼 구한다.

$\text{FIRST}(E) = \text{FIRST}(TE')$
$\text{FIRST}(E) = \text{FIRST}(E) \cup (\text{FIRST}(T) \cup \text{FIRST}(E'))$
$\text{FIRST}(E) = \{\ \} \cup (\text{FIRST}(T) \cup \text{FIRST}(E'))$

$\text{FIRST}(E) = \{\ \} \cup (\text{FIRST}(T) \cup \text{FIRST}(E'))$에서 $\text{FIRST}(T)$는 ε이 없기 때문에 $\text{FIRST}(E) = \{\ \} \cup \text{FIRST}(T) = \{\ \} \cup \text{FIRST}(F) = \{(, \mathrm{a}\}$이다.

마찬가지로 $T \rightarrow FT'$에 대하여도 아래처럼 구한다.

$\text{FIRST}(T) = \text{FIRST}(FT')$
$\text{FIRST}(T) = \text{FIRST}(T) \cup (\text{FIRST}(F) \cup \text{FIRST}(T'))$
$\text{FIRST}(T) = \{\ \} \cup (\text{FIRST}(F) \cup \text{FIRST}(T'))$

$\text{FIRST}(T) = \{\ \} \cup (\text{FIRST}(F) \cup \text{FIRST}(T'))$에서 $\text{FIRST}(F)$는 ε이 없기 때문에 $\text{FIRST}(T) = \{\ \} \cup \text{FIRST}(F) = \{(, \mathrm{a}\}$이다.

최종적으로 구해진 FIRST 터미널 집합은 다음과 같다.

FIRST(E) = FIRST(T) = FIRST(F) = { (, a }
FIRST(E') = { +, ε }
FIRST(T') = { *, ε }

아래는 지금까지 살펴본 FIRST 집합을 구하는 알고리즘이다.

```
function FIRST_SET;
input: grammar G = (V_N, V_T, P, S);
output: FIRST_SET;
{
for (each production) {
  /*  생성 규칙이 터미널 자체이면 이 심볼은 FIRST 집합이다.         */
   if (X ∈ V_T)   FIRST(X) = X;

  /* X → aα 형식과 X → ε 형식이 있으면 a와 ε를 FIRST(X)에 넣는다  */
     if (X → aα  ∈ P)   FIRST(X) = FIRST(X) ∪ {a};
     if (X → ε   ∈ P)   FIRST(X) =  FIRST(X) = FIRST(X) ∪ {ε};
}

for (X ∈V_N  &&  X → A1 A2 ... Ak ∈ P) {
/*      FIRST(X) = FIRST(X)∪(....((FIRST(A1)∪FIRST(A2))∪FIRST(A3))
        ∪.....∪ FIRST(Ak))                                              */
/*      여기에서 합집합 연산(FIRST(Ak) ∪ FIRST(Ak+1))은 아래처럼 결과를
        가진다                                                          */
/*      ε ∉ FIRST(Ak)이면 연산 결과는 FIRST(Ak)이다                     */
/*      ε ∈ FIRST(Ak)이면 연산 결과는 (FIRST(Ak) - {ε}) ∪ FIRST (Ak+1)
        이다                                                            */
          p = FIRST(A1)
          for (k = 2; k <= n; k++) {
          if (ε ∉ p)   p = p
              else if (ε ∈ p )   p = (p - {ε}) ∪ FIRST(Ak);
     }
      FIRST(X) = FIRST(X)∪p;
   }
}
```

5.5.2 FOLLOW 터미널 집합 구하기

지금까지 구한 FIRST 터미널 집합으로는 생성 규칙을 선택하기에는 부족하다. 즉, 생성 규칙의 오른쪽에 맨 처음 나오는 터미널과 함께 넌터미널 A 바로 뒤에 나타나는 터미널을 알 수 있으면 더 많은 정보를 이용하므로 좀 더 명확하게 생성 규칙을 선택할 수 있다. 이와 같이 넌터미널 바로 뒤에 있는 터미널 심볼을 FOLLOW 라하며 다음과 같이 정의한다.

[정의 5.6]

FOLLOW(A) 집합은 문장형식에서 넌터미널 A의 바로 뒤에 있는 터미널 심볼의 집합이다. 즉, 문장형식 $S \Rightarrow^* \alpha A a \beta$에서 터미널 a를 말한다. 어느 유도 시점에서 A와 a 사이에 어떤 심볼이 있을 수도 있는데 이것은 ε을 유도하였다가 사라진 것이다. A가 어떤 문장형식의 오른쪽 맨 끝에 있는 심볼이면 입력 스트링의 끝을 의미하는 ↲ 도 FOLLOW(A)에 속한다. 즉, 아래처럼 구한다.

$$\text{FOLLOW}(A) = \{a \in V_T) \cup \{↲\}|\ S \Rightarrow^* \alpha A a \beta,\ \alpha,\ \beta \in V^*\}$$

FOLLOW를 구하려면 생성가능한 문장 형식을 모두 생각하여야 한다. 그러나 문장 형식은 생성 규칙에서 유도하므로, 각 생성 규칙 $X \rightarrow A_1A_2 \ldots A_k$의 오른쪽 심볼 스트링 $A_1A_2 \ldots A_k$에서 생성가능한 문장 형식을 추론함으로서 FOLLOW 집합을 구할 수 있다.

정의에 따르면 FOLLOW 터미널 집합은 각 생성 규칙이 $A \rightarrow \alpha B \beta$ 형식인 경우에는 넌터미널 B 다음의 β가 ε이거나 ε을 유도할 수 있으면

$$S \Rightarrow^* \alpha_1 \underline{A} \alpha_2 \Rightarrow \alpha_1 \underline{\alpha B \beta} \alpha_2 \Rightarrow^* \alpha_1 \omega \alpha_2$$

처럼 A가 $\alpha B \beta$로 대치할 수 있기 때문에 각 문장 형식에서 A 바로 뒤에 오는 심볼은 모두 B 바로 뒤에 올 수 있다는 의미이다. 이러한 의미에서 아래와 같은 구조의 생성 규칙에서 FOLLOW(A)와 FOLLOW(B)는 FOLLOW(A) = FOLLOW(B)이다.

$$A \rightarrow \alpha B$$
$$B \rightarrow \alpha A$$

FOLLOW 터미널 집합을 구하기 위해 단계별로 살펴본다.

(1) 맨 처음 시작 심벌에서는 ↲ 를 FOLLOW 집합에 넣는다. 즉, FOLLOW(S) = { ↲ }이다.

(2) 생성 규칙이 $A \rightarrow \alpha B\beta$와 같은 형식이고 $\beta \neq \varepsilon$이면, 넌터미널 B의 FOLLOW에는 FIRST(β) 집합에서 ε을 제외한 나머지 터미널 심볼을 넣는다. 즉, $A \rightarrow \alpha B\beta$이고 $\beta \neq \varepsilon$이면 FOLLOW(B) = FOLLOW(B) ∪ (FIRST(β) − {ε})이다.

(3) 생성 규칙이 $A \rightarrow \alpha B$ 형식이면 A의 FOLLOW 터미널 심볼 전체를 B의 FOLLOW에 넣는다. 즉, $A \rightarrow \alpha B \in P$이면 FOLLOW($B$) = FOLLOW($B$) ∪ FOLLOW($A$)이다.

(4) 또한 생성 규칙이 $A \rightarrow \alpha B\beta$ 형식이면서 FIRST(β) 집합에 ε이 있는 경우(즉, $\beta \overset{*}{\Rightarrow} \varepsilon$)에도 A의 FOLLOW 터미널 심볼 전체를 B의 FOLLOW에 넣는다. 즉, $A \rightarrow \alpha B\beta$이며 $\beta \overset{*}{\Rightarrow} \varepsilon$이면 FOLLOW($B$) = FOLLOW($B$)∪FOLLOW($A$)이다.

예 5.6

예 5.5에서 이미 사용한 산술 수식 문법에서 FOLLOW 터미널 집합을 구해보자. 각 넌터미널의 FOLLOW 집합을 구하기 위해 예 5.5에서 구한 FIRST 집합을 이용한다.

단계 1. 시작 심벌 E에서는 ↲ 를 FOLLOW 집합에 넣는다.

FOLLOW(E) = { ↲ }이다.

단계 2. $A \rightarrow \alpha B\beta$와 같은 형식이고 $\beta \neq \varepsilon$인 생성 규칙을 적용한다.

① 생성 규칙 $E \rightarrow TE'$의 FOLLOW 집합 :

FOLLOW(T) = FOLLOW(T) ∪ (FIRST(E') − {ε})

FOLLOW(T) = ϕ ∪ {+}

FOLLOW(T) = {+}

② 생성 규칙 $E' \rightarrow +TE'$의 FOLLOW 집합:

FOLLOW(T) = FOLLOW(T) ∪ (FIRST(E') − {ε})

FOLLOW(T) = ϕ ∪ {+}

FOLLOW(T) = {+}

③ 생성 규칙 $T \rightarrow FT'$의 FOLLOW 집합:

FOLLOW(F) = FOLLOW(F) ∪ (FIRST(T') − {ε})

FOLLOW(F) = ϕ ∪ {*}

FOLLOW(F) = {*}

④ 생성 규칙 $T' \rightarrow {}^*FT'$의 FOLLOW 집합 :

$FOLLOW(F) = FOLLOW(F) \cup (FIRST(T') - \{\varepsilon\})$

$FOLLOW(F) = \phi \cup \{*\}$

$FOLLOW(F) = \{*\}$

⑤ 생성 규칙 $F \rightarrow (E)$의 FOLLOW 집합 :

$FOLLOW(E) = FOLLOW(E) \cup (FIRST(\;)) - \{\varepsilon\})$

$FOLLOW(E) = \{\hookleftarrow\} \cup \{)\}$

$FOLLOW(E) = \{\hookleftarrow ,)\}$

단계 3. 생성 규칙이 $A \rightarrow \alpha B$ 형식인 경우를 적용한다.

⑥ 생성 규칙 $E \rightarrow TE'$의 FOLLOW 집합 :

$FOLLOW(E') = FOLLOW(E') \cup FOLLOW(E)$

$FOLLOW(E') = \phi \cup FOLLOW(E)$

$FOLLOW(E') = \{\hookleftarrow ,)\}$

즉, $FOLLOW(E') = FOLLOW(E) = \{\hookleftarrow ,)\}$이다.

⑦ 생성 규칙 $E' \rightarrow +TE'$의 FOLLOW 집합 :

$FOLLOW(E') = FOLLOW(E') \cup FOLLOW(E')$

$FOLLOW(E') = \{\hookleftarrow ,)\} \cup \{\hookleftarrow ,)\}$

$FOLLOW(E') = \{\hookleftarrow ,)\}$

⑧ 생성 규칙 $T \rightarrow FT'$의 FOLLOW 집합 :

$FOLLOW(T') = FOLLOW(T') \cup FOLLOW(T)$

$FOLLOW(T') = \phi \cup \{+\}$

$FOLLOW(T') = \{+\}$

⑨ 생성 규칙 $T' \rightarrow {}^*FT'$의 FOLLOW 집합 :

$FOLLOW(T') = FOLLOW(T') \cup FOLLOW(T)$

$FOLLOW(T') = \{+\} \cup \{+\}$

$FOLLOW(T') = \{+\}$

단계 4. 생성 규칙이 $A \rightarrow \alpha B\beta$ 형식이면서 FIRST(β) 집합에 ε이 있는 경우를 적용한다.

⑩ 생성 규칙 $E \rightarrow TE'$의 FOLLOW 집합 :

$FOLLOW(T) = FOLLOW(T) \cup FOLLOW(E)$

$FOLLOW(T) = \{+\} \cup \{ \hookleftarrow ,) \}$

> FOLLOW(T) = {↲ ,), +}
>
> ⑪ 생성 규칙 $E' \rightarrow +TE'$의 FOLLOW 집합:
> FOLLOW(T) = FOLLOW(T) ∪ FOLLOW(E')
> FOLLOW(T) = {↲ ,), +} ∪ {↲ ,)}
> FOLLOW(T) = {↲ ,), +}
>
> ⑫ 생성 규칙 $T \rightarrow FT'$의 FOLLOW 집합:
> FOLLOW(F) = FOLLOW(F) ∪ FOLLOW(T)
> FOLLOW(F) = {*} ∪ {↲ ,), +}
> FOLLOW(F) = {*, ↲ ,), +}
>
> ⑬ 생성 규칙 $T' \rightarrow *FT'$의 FOLLOW 집합:
> FOLLOW(F) = FOLLOW(F) ∪ FOLLOW(T')
> FOLLOW(F) = {*, ↲ ,), +}∪{+}
> FOLLOW(F) = {*, ↲ ,), +}
>
> 이다.

지금까지를 종합하면, 생성 규칙이 $X \rightarrow A_1A_2 \ldots A_{n-1}\ A_n$형식이면 X의 FOLLOW 터미널 집합을 A_n의 FOLLOW에 넣는다. 심볼 A_n이 널가능할 때는 X의 FOLLOW 터미널 집합을 A_{n-1}의 FOLLOW 집합에 넣는다. 이러한 과정을 널가능하지 않을 때까지 반복한다. 그러므로 생성 규칙 $T \rightarrow FT'$에서는 FOLLOW(T') = FOLLOW(T) = {↲ ,), +}이다.

이와 같이 모든 넌터미널 심볼에 대하여 FOLLOW 터미널 집합에 더 이상 FOLLOW 터미널 심볼이 추가되지 않거나, FOLLOW 터미널 집합이 변화하지 않으면 모든 FOLLOW 터미널 집합을 구한 것이다.

그러므로 위 문법에 대한 FOLLOW 터미널 집합은 아래와 같다.

FOLLOW(E) = { ↲ ,)}
FOLLOW(E') = { ↲ ,)}
FOLLOW(T) = {↲ ,), +}
FOLLOW(T') = {↲ ,), +}
FOLLOW(F) = {*, ↲ ,), +}

아래는 지금까지 살펴본 FOLLOW 집합을 구하는 알고리즘이다.

function FOLLOW_SET;

```
input: grammar G = (VN, VT, P, S);
output: FOLLOW_SET;
 /* 생성 규칙의 각 넌터미널 심볼의 초기 FOLLOW 집합은 비어 있다. */
{
 /* S가 시작심볼이고 ↲ 가 입력문장의 끝이면 ↲ 를 FOLLOW(S)에 넣는다. */
 if (S∈ 'Start symbal' && '↲ '= 'End mark')   FOLLOW(S) = '↲ ';
 for   (A → αBβ∈P  &&  β≠ε) {
        FOLLOW(B)  =  FOLLOW(B)  ∪  (FIRST(β)  -  {ε});
       }
 for   (A → αB∈P)  {
        FOLLOW(B)  =  FOLLOW(B)  ∪  FOLLOW(A);
       }
 for   (A → αBβ∈P  &&  ε∈FIRST(β)) {
        FOLLOW(B)  =  FOLLOW(B)  ∪  FOLLOW(A);
       }
 /*         남아있는 넌 터미널에 대해 아래 과정을 반복한다            */
  for (X → A1A2 ... An-1 An∈ P) {
              for (j = n; j >= 2; j--) {
                  if   (ε∈FIRST(Aj)) {
                        FOLLOW(Aj-1)  =   FOLLOW(X);
                       }
                  }
          }
}
```

연습문제 5.5

01 아래 각 문법에서 FIRST와 FOLLOW 집합을 구하시오.

(1)
1. $Expr \rightarrow Expr + Term$
2. $Expr \rightarrow Term$
3. $Term \rightarrow \mathrm{a}$
4. $Term \rightarrow (\ Expr\ )$

(2)
1. $S \rightarrow \mathrm{a}A\mathrm{b}B$
2. $A \rightarrow \mathrm{b}A$
3. $A \rightarrow \mathrm{a}$
4. $B \rightarrow \mathrm{b}A$

02 아래 각 문법에서 FIRST와 FOLLOW 집합을 구하고 예측 파싱 테이블을 구성하시오.

(1)
1. $S \rightarrow \mathrm{a}S'\mathrm{b}E$
2. $S' \rightarrow \mathrm{b}S'$
3. $S' \rightarrow \mathrm{b}$
4. $E \rightarrow \mathrm{b}S'$

(2)
1. $A \rightarrow \mathrm{a}B\mathrm{b}E$
2. $B \rightarrow \mathrm{b}B$
3. $B \rightarrow \varepsilon$
4. $E \rightarrow \mathrm{b}B$

5.6 예측 파싱에서 고려할 사항

LL(1) 문법으로 예측 파싱을 수행하더라도 고려해야 할 문제가 있다. 예를 들어 아래 문법을 살펴보자.

$Stmt \rightarrow$ if $Bexpr$ then $Stmt$ $Stmt'$ | a
$Stmt' \rightarrow$ else $Stmt$ | ε
$Bexpr \rightarrow$ bool

이 문법은 프로그래밍 언어의 제어문 중에서 if 문의 구조이다. 파싱 테이블을 구성하기 위해 문법을 아래와 같이 다시 쓸 수 있다.

1. $Stmt \rightarrow$ if $Bexpr$ then $Stmt$ $Stmt'$
2. $Stmt \rightarrow$ a
3. $Stmt' \rightarrow$ else $Stmt$
4. $Stmt' \rightarrow \varepsilon$
5. Bexpr $\rightarrow$ bool

이 문법의 FIRST와 FOLLOW 집합은 아래와 같다.

FIRST($Stmt$) = { if, a }
FIRST($Stmt'$) = { else, ε }
FIRST($Bexpr$) = { bool }

FOLLOW($Stmt$) = { else, ↲ }
FOLLOW($Stmt'$) = { else, ↲ }
FOLLOW($Bexpr$) = { then }

생성 규칙

$Stmt \rightarrow$ if $Bexpr$ then $Stmt$ $Stmt'$
$Stmt \rightarrow$ a

에서 a ∈ FIRST(α)에 해당하는 터미널은 if와 a이므로 FIRST($Stmt$) = { if, a }이다. 그러므로 P[A, a] = $A \rightarrow \alpha$를 만들면 아래와 같다.

P[$Stmt$, if] = if $Bexpr$ then $Stmt$ $Stmt'$
P[$Stmt$, a] = a

마찬가지로 생성 규칙

$Stmt' \rightarrow$ else $Stmt$
$Stmt' \rightarrow \varepsilon$

에서 a ∈ FIRST(α)에 해당하는 터미널은 else와 ε이므로 FIRST(*Stmt'*) = {else, ε}이다. 그러므로 P[*A*, a] = *A* → α를 만들면 아래와 같다.

P[*Stmt'*, else] = else *Stmt*

또한 *Stmt'* → ε에 대해서는 FOLLOW(*Stmt'*) = {else, ↲}이므로

P[*Stmt'*, else] = *Stmt'* → ε
P[*Stmt'*, ↲] = *Stmt'* → ε

이다. 또한 생성 규칙 *Bexpr* → bool에서는 FIRST(*Bexpr*) = {bool}이므로

P[*Bexpr*, bool] = *Bexpr* → bool

이다. 그러므로 이 문법에서 FIRST와 FOLLOW 집합으로 만든 파싱 테이블은 아래와 같다.

터미널 / 넌터미널	a	bool	else	if	then	↲
Stmt	*Stmt* → a			*Stmt* → if *Bexpr* then *Stmt Stmt'*		
Stmt'			*Stmt'* → else *Stmt* *Stmt'* → ε			*Stmt'* → ε
Bexpr		*Bexpr* → bool				

그러나 이 테이블을 살펴보면 P[*Stmt'*, else]에는 아래와 같이 두 개의 내용이 있다.

Stmt' → else *Stmt*
Stmt' → ε

즉, *Stmt'* → else *Stmt*에 대한 FIRST(*Stmt'*) = {else, ε}에 의해 만든

P[*Stmt'*, else] = *Stmt'* → else *Stmt*

와 *Stmt'* → ε에 대한 FOLLOW(*Stmt'*) = {else, ↲}에 의해 만든

P[*Stmt'*, else] = *Stmt'* → ε

이다.

이렇게 P[*Stmt'*, else]의 내용이 두 개 이상 있으면 충돌이 있다고 한다. 파싱 도중에 스택 톱의 넌터미널 심볼 *Stmt'*와 입력 터미널 심볼 else이 매치하면 생성 규

칙 3인 *Stmt'* → else *Stmt*로 대치해야 할지, 생성 규칙 4인 *Stmt'* → ε으로 대치해야 할지 혼동이 온다. 결국, 대치할 생성 규칙이 두 개 이상 있으므로 이 문법은 LL(1) 문법이 아니며 올바르게 파싱할 수 없다. 파싱을 올바르게 수행하려면 문법 구조를 바꾸어서 LL(1) 문법으로 변환하든지 다른 파싱 방법을 이용하여 파싱 테이블의 P[*Stmt'*, else] 내용을 한 개만 있도록 해야 한다. 이렇게 하려면 다른 기법을 사용하여야 한다.

실습 5.7

if 문에 대한 위의 문법과 파싱 테이블에서 아래 문장을 파싱해 보자.

if bool then if bool then a else a

파싱 과정은 다음과 같다.

(#*Stmt*,	if bool then if bool then a else a↲)
(#*Stmt'Stmt*then*Bexpr*if,	if bool then if bool then a else a↲)
(#*Stmt'Stmt*thenbool,	bool then if bool then a else a↲)
(#*Stmt'Stmt*then,	then if bool then a else a↲)
(#*Stmt'Stmt*,	if bool then a else a↲)
(#Stmt'*Stmt'Stmt*then*Bexpr*if,	if bool then a else a↲)
(#*Stmt'Stmt'Stmt*then*Bexpr*,	bool then a else a↲)
(#*Stmt'Stmt'Stmt*thenbool,	bool then a else a↲)
(#*Stmt'Stmt'Stmt*then,	then a else a↲)
(#*Stmt'Stmt'Stmt*,	a else a↲)
(#*Stmt'Stmt'*a,	a else a↲)
(#*Stmt'Stmt'*,	else a↲)

이 단계에서 넌터미널 심볼 *Stmt'*와 입력 터미널 심볼 else를 매치하면 그 내용은 *Stmt'* → else *Stmt*와 *Stmt'* → ε 두 개가 있다. 그러므로 어느 것을 선택하여야 하는지 알 수 없어서 파싱을 진행할 수 없다.

지금까지 살펴본 것과 같이 파싱 테이블을 사용하면 자동으로 예측 파싱을 수행할 수 있다. 그러나 실제 프로그래밍 언어의 문법에서 파싱 테이블을 만드는 것이 쉬운 것은 아니다. 그러나 위의 과정에 따라 파싱 테이블을 자동으로 생성하는 도구(**컴파일러-컴파일러**)가 있는데, 프로그래밍 언어의 문법만 잘 기술하면 파싱 테이블을 자동으로 생성한다. 대표적으로 **yacc**이라는 컴파일러-컴파일러는 보통 **상향식 파싱** 방법에 사용한다.

연습문제 5.6

01 아래 주어진 문법과 파싱 테이블을 보고 이 문법이 LL(1) 언어인지 증명하시오. 아래 주어진 파싱 테이블을 이용하여 각 입력 스트링을 파싱하시오.

$E \rightarrow TE'$

$E' \rightarrow +TE'$

$E' \rightarrow \varepsilon$

$T \rightarrow FT'$

$T' \rightarrow *FT'$

$T' \rightarrow \varepsilon$

$F \rightarrow (E)$

$F \rightarrow \mathrm{a}$

넌터미널 \ 터미널	a	+	*	(	)	↲
E	$E \rightarrow TE'$			$E \rightarrow TE'$		
E'		$E' \rightarrow +TE'$			$E' \rightarrow \varepsilon$	$E' \rightarrow \varepsilon$
T	$T \rightarrow FT'$			$T \rightarrow FT'$		
T'		$T' \rightarrow \varepsilon$	$T' \rightarrow *FT'$		$T' \rightarrow \varepsilon$	$T' \rightarrow \varepsilon$
F	$F \rightarrow \mathrm{a}$			$F \rightarrow (E)$		

(1) a * a + a

(2) a + (a + a)

(3) (a + a) * a

(4) a * (a + a

(5) a + * a

02 본문의 예측 파싱 테이블 만드는 과정을 C나 C++프로그래밍 언어로 구현하시오. 또 임의의 스트링을 입력하여 올바르게 파싱을 수행하는지 검사하시오.

03 문제 2의 프로그램에 임의의 문법을 입력하여 파싱 테이블을 구성하시오.

5.7 예측 파싱에서 에러 처리

예측 파싱은 주어진 파싱 테이블 정보에 따라 입력 스트링의 터미널 심볼을 스택에 푸시하거나 스택에서 심볼 스트링을 제거하기도 한다. 이러한 과정에서 입력 스트링에 다음 심볼로 올바르지 않은 터미널이 있으면 파싱 테이블에서는 다음 진행할 정보를 알 수 없다. 이러한 경우에 구문 분석 에러가 발생한다.

이와 같이 에러가 발생하면 파서는 테이블에 정보가 없기 때문에 다음 행동을 어떻게 하여야 하는지 알 수 없다. 즉, 실습 5.3에서와 같이 주어진 파싱 테이블을 이용하여 aba를 예측 파싱하면, 넌터미널 심볼 *A*가 스택 톱에 있고, 입력 터미널은 ↲ 인 경우에는 아래와 같이 파싱을 완전히 수행하지 않는다.

(#*S*, aba↲)
(#b*S*a, aba↲)
(#b*S*, ba↲)
(#b*A*b, ba↲)
(#b*A*, a↲)
(#b*A*a, a↲)
(#b*A*, ↲)
(더 이상 매치가 일어나지 않으므로 파싱을 진행할 수 없음)

파서는 이 상태에서 더 이상 진행할 수 없다. 그러나 프로그램에서는 이 문장 외에 나머지 문장에 대해서는 파싱을 진행하여야 하므로 비록 파싱 진행에 필요한 정보(즉, P[*A*, a]가 비었음)가 없더라도 다음 문장부터 파싱할 수 있도록 하여야 한다.

이와 같이 계속 진행할 수 있도록 하려면 아래와 같은 방법이 있다.

(1) 파싱 스택에서는 정지한 상태로 있기 때문에 파싱을 진행하도록 하기 위해, 입력에 있는 스트링에서 동기화할 수 있는 토큰이 나타날 때까지 토큰을 지나간다. 또는 P[*A*, a]가 비었으면 스택에서 톱에 있는 심볼을 제거한다. 그러면 현재의 문장을 삭제한 것과 같은 의미가 되어 에러가 있는 문장을 제거한 이전 문장에서 에러가 있는 문장 바로 다음 문장으로 파싱을 진행하게 된다. 이러한 방법을 패닉-모드 에러 회복이라 한다.

(2) 또 한 방법은 파싱 테이블의 빈칸을 에러 처리 루틴의 포인터로 채워서 에러가 나타나면 에러 처리를 수행하고 되돌아오도록 한다. 이러한 방법은 단계-레벨 에러 회복이라 한다.

앞에서 보인 파싱 테이블을 이용한 예를 들어보자. 이 파싱 테이블은 아래처럼 에러 정보가 포함되어 있다.

터미널 / 넌터미널	a	+	*	(	)	↲
E	$E \rightarrow TE'$	error	error	$E \rightarrow TE'$	error	error
E'	error	$E' \rightarrow +TE'$	error	error	$E' \rightarrow \varepsilon$	$E' \rightarrow \varepsilon$
T	$T \rightarrow FT'$	error	error	$T \rightarrow FT'$	error	error
T'	error	$T' \rightarrow \varepsilon$	$T' \rightarrow *FT'$	error	$T' \rightarrow \varepsilon$	$T' \rightarrow \varepsilon$
F	$F \rightarrow$ a	error	error	$F \rightarrow (E)$	error	error

에러가 포함된 예측 파싱 테이블을 이용하여 입력 스트링 a a * a를 파싱한다.

(#E,	aa*a↲)	
(#E'T,	aa*a↲)	
(#E'T'F,	aa*a↲)	
(#E'T'a,	aa*a↲)	
(#E'T',	a*a↲)	에러 발생, 입력에서 a를 지나간다
(#E'T',	*a↲)	
(#E'T'F*,	*a↲)	
(#E'T'F,	a↲)	
(#E'T'a,	a↲)	
(#E'T',	↲)	
(#E',	↲)	
(#,	↲)	파싱 끝

이와 같이 입력 스트링에서 특정 토큰을 제거하여 파싱을 진행한다. 같은 방법으로 입력 스트링 a + (a * a를 파싱한다.

(#E,	a + (a * a ↲)
(#E'T,	a + (a * a ↲)
(#E'T'F,	a + (a * a ↲)
(#E'T'a,	a + (a * a ↲)
(#E'T',	+ (a * a ↲)
(#E',	+ (a * a ↲)
(#E'T+,	+ (a * a ↲)

(#E'T,	(a * a ↵)	
(#E'T'F,	(a * a ↵)	
(#E'T')E(,	(a * a ↵)	
(#E'T')E,	a * a ↵)	
(#E'T')E'T,	a * a ↵)	
(#E'T')E'T'F,	a * a ↵)	
(#E'T')E'T'a,	a * a ↵)	
(#E'T')E'T',	* a ↵)	
(#E'T')E'T'F*,	* a ↵)	
(#E'T')E'T'F,	a ↵)	
(#E'T')E'T'a	a ↵)	
(#E'T')E'T',	↵)	
(#E'T')E',	↵)	
(#E'T'),	↵)	에러 발생, 스택 톱에서)를 제거한다
(#E'T',	↵)	
(#E',	↵)	
(#,	↵)	파싱 끝

이 에러는 괄호가 매칭하지 않아서 발생하는 에러이다. 여기에서는 스택의 톱에 있는 심볼을 제거하여 파싱을 진행하였다.

연습문제 5.7

01 제5.7절의 파싱 테이블을 사용하여 아래 문장을 파싱하시오.

(1) (a * a) a

(2) (a a) + a * a

(3) a * (a - a) + a

(4) a (* a) + a

02 예측 파싱에서 에러가 발생하면 스택에서 심볼을 제거하는 이유를 설명하시오.

03 본문 외의 다른 에러 처리 방법을 개발하시오.

제 6 장

상향식 파싱

앞에서 살펴보았듯이 LL(1) 문법을 하향식 파싱하는 과정에서 여러 문제점이 있다. 즉, 리커젼이나 백트래킹이 발생하기 때문에 알고리즘을 복잡하게 할 뿐 아니라 프로그램을 구현하기 어렵다.

이장에서는 리커젼이나 백트래킹 문제를 해결하고 효율적으로 파싱하는 다른 방법을 살펴본다. 하향식 파싱은 시작 심볼에서 문장인 터미널 심볼까지 문법 규칙을 적용하였다. 그러나 **상향식 파싱**은 문장의 터미널 심볼에서 시작 심볼까지 문법 규칙을 거꾸로 적용하면서 파싱한다.

생성 규칙 $A \rightarrow \beta$가 있으면

$$S \Rightarrow^{*} \alpha A \omega \Rightarrow^{*} \alpha \beta \omega$$

같이 유도할 수 있으면 하향식 파싱이고, 아래처럼 문법 규칙을 적용하면 상향식 파싱이다($\Rightarrow^{R}$은 환원을 의미한다).

$$\alpha\beta\omega \Rightarrow^{R} \alpha A \omega \Rightarrow^{R} S$$

이 장에서는 상향식 파서의 개념을 사용한 이동-환원 파싱 기법과 LR 문법을 살펴본다.

6.1 상향식 파싱 개념

상향식 파싱은 문법의 터미널 노드에서 시작 심볼(유도 트리의 루트)까지 문법 규칙을 적용하면서 문장에서 스트링을 감소하면서 파싱하는 방법이다. 그러므로 입력 스트링에 대한 파스 트리를 맨 밑바닥에 있는 잎 노드에서 시작하여 톱에 있는 루트까지 가면서 구성한다.

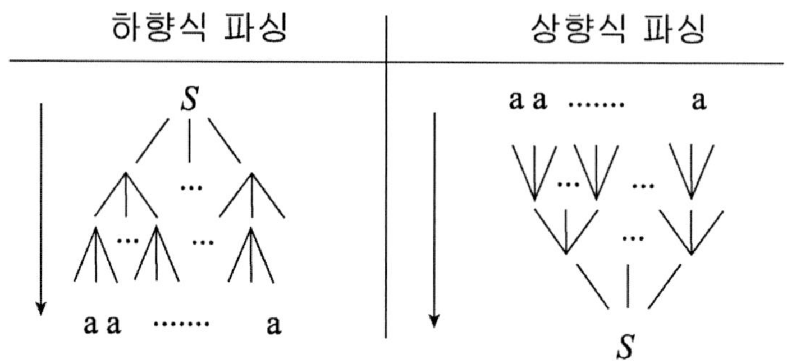

그림 6.1 하양식 파싱과 상향식 파싱 기법의 기본 개념

상향식 파싱을 좀 더 구체적으로 살펴보자.

입력한 문장에서 맨 처음 터미널 심볼을 보고 그 심볼을 생성할 수 있는 생성 규칙 중에서 적당한 생성 규칙으로 바꾼다. 그러면 그 터미널을 포함하는 문장형식이 만들어진다. 이 문장형식이 어떤 생성 규칙과 완전히 같으면 이 문장형식을 생성할 수 있는 넌터미널로 다시 바꾼다. 이와 같이 문장형식을 넌터미널로 바꾸는 과정을 **환원**한다고 한다. 그러나 이 문장형식이 어떤 생성 규칙과 완전히 같지 않으면 입력 문장에서 새로운 터미널을 완전한 생성 규칙의 한 형식이 될 때까지 읽어 들인다. 이러한 과정을 반복하여 문장형식이 어떤 생성 규칙과 완전히 같으면 또다시 이 문장형식을 생성할 수 있는 넌터미널로 바꾼다. 그러면 문장형식은 다시 다른 넌터미널로 환원하게 된다.

간단하게 아래 문법 *G*를 사용하여 입력 스트링 abbcd를 상향식으로 파싱하는 과정을 살펴보자.

$$
\begin{aligned}
G:\ & S \rightarrow \mathrm{a}AB \\
& A \rightarrow A\mathrm{bc} \mid \mathrm{b} \\
& B \rightarrow \mathrm{d}
\end{aligned}
$$

이 문법에 의하여 문장 abbcd가 *S*로 가는 과정은 아래와 같다.

a$\underline{\mathrm{b}}$bcd (b를 생성 규칙 $A \rightarrow$ b에 의해 *A*로 바꾼다)
$\Rightarrow^{R}$ a$\underline{A\mathrm{bc}}$d (*A*bc를 생성 규칙 $A \rightarrow A$bc에 의해 *A*로 바꾼다)
$\Rightarrow^{R}$ a*A*$\underline{\mathrm{d}}$ (d를 생성 규칙 $B \rightarrow$ d에 의해 *B*로 바꾼다)
$\Rightarrow^{R}$ $\underline{\mathrm{a}AB}$ (a*A*B를 생성 규칙 $S \rightarrow \mathrm{a}AB$에 의해 *S*로 바꾼다)
$\Rightarrow^{R}$ S (*S*는 시작심볼이다)

즉, 이 문법에서 스트링 abbcd는 a$\underline{\mathrm{b}}$bcd $\Rightarrow^{R}$ a$\underline{A\mathrm{bc}}$d $\Rightarrow^{R}$ a*A*$\underline{\mathrm{d}}$ $\Rightarrow^{R}$ $\underline{\mathrm{a}AB}$ $\Rightarrow^{R}$ *S*의 과정을 거쳐 시작 심볼 *S*로 환원한다. 이와 같이 상향식 파싱은 입력 스트링의 맨 앞

에 **처음 나타나는 터미널 심볼이나 문장형식**을 넌터미널로 바꾼다. 이렇게 왼쪽에서 처음 만나면서 넌터미널로 바꿀 수 있는 터미널 심볼이나 문장형식을 **핸들**이라 한다. 그러므로 상향식 파싱 기법은 바로 이 **핸들**을 찾아서 환원하는 것이다.

[정의 6.1]

생성 규칙 $A \rightarrow \beta$가 있고 우단유도 $S \Rightarrow^*_{rm} \alpha A \omega \Rightarrow^*_{rm} \alpha\beta\omega$가 있으면 문장형식 $\alpha\beta\omega$에서 부분 스트링 심볼 α뒤에 있는 β를 **핸들**이라 하고, 생성 규칙 $A \rightarrow \beta$에 의해 β는 A로 환원할 수 있다. 즉, 핸들은 생성 규칙의 오른쪽에 있는 심볼 스트링에서 입력 문장의 스트링과 일치하는 부분 스트링이다

위의 예에서 각 문장형식의 핸들은 아래와 같다.

문장형식 a$\underline{\text{b}}$bcd 에서는 b
문장형식 a$\underline{A\text{bc}}$d 에서는 Abc
문장형식 a$A\underline{\text{d}}$ 에서는 d
문장형식 $\underline{\text{a}AB}$ 에서는 aAB
시작심볼 S 환원 끝

이와 같이 문장 형식에서 핸들을 찾으면 환원이 쉽게 이루어지기 때문에 상향식 파싱에서는 핸들을 발견하는 기법이 핵심이다. 문법에서 핸들이 한 개만 있으면 명확한 문법이므로 쉽게 파싱할 수 있지만, 만약 핸들이 여러 개 있으면 명확하지 않은 문법이므로 파싱을 할 수 없다. 핸들이 여러 개 있으면 어느 생성 규칙을 적용하여야할 지 알 수 없기 때문이다.

그림 6.2는 파스트리에서의 핸들을 나타낸다.

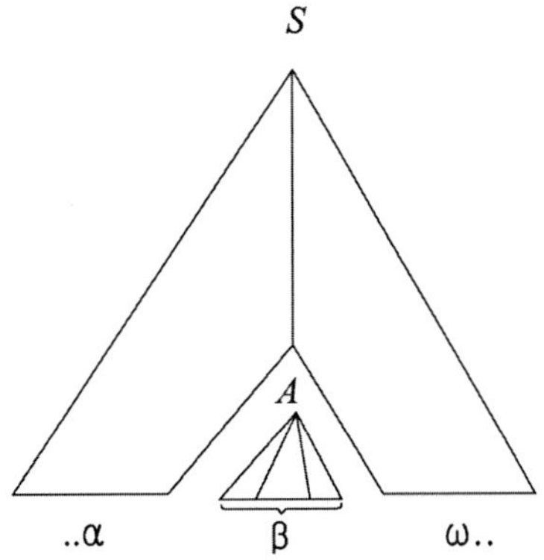

그림 6.2 파스트리에서 $\alpha\beta\omega$에 대한 핸들 $A \rightarrow \beta$

상향식 파싱은 터미널 스트링에서 시작하여 시작 심볼까지 가면서 우단유도를 역으로 수행하기 때문에 이 과정에서 나무의 **가지치기**와 같이 핸들이 차례로 없어진다. 즉, ω가 입력 문장이면 $\omega = \zeta_n$이며, ζ_n는 n번째 오른쪽 문장형식으로 시작 심볼 *S*까지 환원한다.

$$\omega = \zeta_n \Rightarrow^R \zeta_{n-1} \Rightarrow^R \cdots \Rightarrow^R \zeta_3 \Rightarrow^R \zeta_2 \Rightarrow^R \zeta_1 \Rightarrow^R \zeta_0 = S$$

이 과정에서 가지치기가 일어나는데 그림 6.3은 파스트리에서 (1)에서 (6)까지 가지치기 과정이다. 이와 같이 역순으로 유도를 수행하면서 핸들이 제거되어 시작 심볼까지 환원하는 방법으로 파싱하는 기법을 상향식 파싱 기법이라 한다.

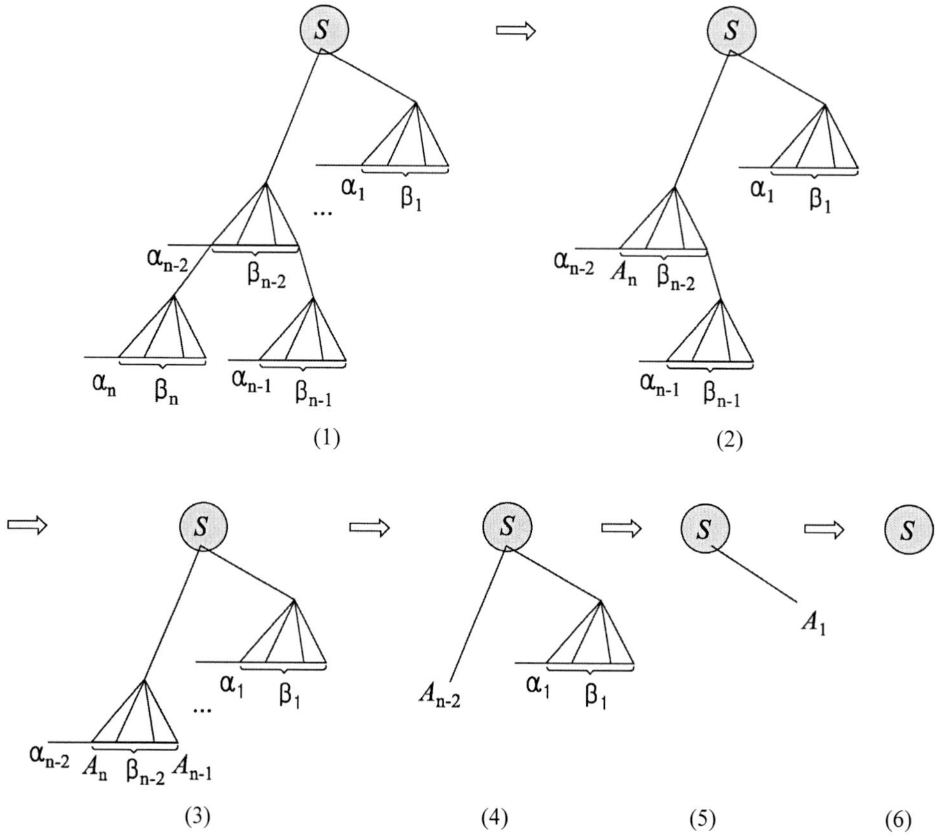

그림 6.3 파스트리에서의 가지치기 과정

이제 핸들에 대하여 좀 더 구체적인 예를 살펴보자.

예 6.1

아래 문법을 사용하여 산술 수식 $id_1 + id_2 * id_3$을 시작 심볼 E로 환원하면서 핸들을 찾아보자. id_1, id_2, id_3의 각 번호는 터미널 심볼 id를 왼쪽부터 오른쪽으로 순서를 나타낸다.

$$
\begin{aligned}
G: E &\rightarrow E + E \\
E &\rightarrow E * E \\
E &\rightarrow \mathrm{id}
\end{aligned}
$$

수식 $id_1 + id_2 * id_3$은 아래 테이블처럼 E로 환원하는 과정에서 핸들을 구할 수 있다. 단계 (1)에서는 맨 처음 터미널인 id_1이 핸들이고 생성 규칙 $E \rightarrow \mathrm{id}$이 적용되어 환원된다. 그 후에 문장형식 $E + id_2$를 생성하는 규칙이 없기 때문에 핸들이 될 수 없다. 다음 터미널인 id_2를 생성 규칙과 대응한다. 그러면 id_2는 생성 규칙 $E \rightarrow \mathrm{id}$에 의해 생성되는 핸들이다. 이러한 과정을 반복하면 $E + E * E$가 된다. 마찬가지로 오른쪽 끝에 있는 $E * E$가 핸들이 되어 $E \rightarrow E * E$에 의하여 E로 환원한다. 다시 오른쪽 끝에 있는 $E + E$가 핸들이 되고 $E \rightarrow E + E$에 의하여 E로 환원한다.

	오른쪽 문장형식	핸 들	환원에 적용된 생성 규칙
(1)	$\mathbf{id_1} + id_2 * id_3$	$\mathbf{id_1}$	$E \rightarrow \mathrm{id}$
(2)	$E + \mathbf{id_2} * id_3$	$\mathbf{id_2}$	$E \rightarrow \mathrm{id}$
(3)	$E + E * \mathbf{id_3}$	$\mathbf{id_3}$	$E \rightarrow \mathrm{id}$
(4)	$E + \mathbf{E * E}$	$\mathbf{E * E}$	$E \rightarrow E * E$
(5)	$\mathbf{E + E}$	$\mathbf{E + E}$	$E \rightarrow E + E$
(6)	E		

이러한 상향식 파싱 기법은 스택을 사용하여 **이동-환원**이라는 알고리즘으로 구현하는데, 스택을 사용하여 문장형식에서 핸들을 발견하고 환원하는 과정을 수행한다. 그러므로 핸들을 쉽게 발견할 수 있도록 하고 **환원할 생성 규칙을 결정**하는 것이 상향식 파싱에서 매우 중요하다.

다음 절에서 스택 구조와 입력 스트링을 사용하여 이동-환원 알고리즘으로 상향식 파싱을 수행하는 과정을 알아본다.

연습문제 6.1

01 상향식 파싱에서는 리커젼이나 백트래킹이 발생하지 않는 이유를 설명하시오.

02 환원이 무엇인지 설명하시오. 또 유도와 다른 점은 무엇입니까?

03 아래 문법을 사용하여 물음에 답하시오.

$$
\begin{aligned}
G:\quad & S \rightarrow \mathrm{a}AD \\
& A \rightarrow A\mathrm{bc} \mid C \\
& D \rightarrow \mathrm{d} \\
& C \rightarrow \mathrm{b}
\end{aligned}
$$

(1) 우단 유도에 의한 파스트리를 구성하시오.
(2) 문장 abbcd를 상향식으로 파싱하시오.
(3) 문장 abbcd를 상향식으로 파싱하는 각 단계에서 핸들을 찾으시오.
(4) 문장 accdcb를 상향식으로 파싱하시오.

6.2 이동-환원 파싱 알고리즘

상향식으로 파싱하려면 이미 언급한 것처럼 이동-환원 파싱 알고리즘을 사용한다. 이 알고리즘은 기본적으로 두 개의 동작인 **이동**과 **환원**을 수행한다. 이동은 입력 스트링의 터미널 심볼을 정해진 정보에 따라 스택에 넣는 동작이고, 환원은 정보에 따라 스택의 톱에서부터 해당 생성 규칙의 오른쪽 스트링 길이만큼을 이 생성 규칙의 넌터미널로 바꾸는 것이다. 즉, 스택에서 생성 규칙의 오른쪽 스트링을 제거하고 넌터미널로 바꿈으로서 환원하는 것이다.

이와 같이 두 동작을 수행하는 이동-환원 알고리즘은 두 개의 요소가 있다.

(1) 오른쪽 문장형식에서 어떻게 핸들을 탐지할 것인가?
(2) 한 넌터미널의 오른쪽에 여러 개의 생성 규칙이 있으면 어느 생성 규칙을 선택하여야 할 것인가?

그러므로 이동-환원 알고리즘은 핸들을 탐지하기 위해 스택을 사용하여 오른쪽 문장형식에서 핸들을 찾고 적용할 생성 규칙을 **결정적**으로 선택한다. 이것이 상향식 파싱의 주요 특징이다.

이동-환원 알고리즘에서 핸들을 탐지하려면 스택의 톱에 있는 문법 심볼하고 입력 스트링의 맨 앞에 있는 터미널 심볼을 비교한다. 그러면 비교 결과는 이미 만들어진 정보에 따라 아래의 네 동작 중 하나를 수행한다.

- 이동 : 현재의 입력 스트링의 맨 앞에 있는 터미널 심볼을 스택의 톱에 이동한다.
- 환원 : 스택의 톱에 있는 핸들을 정보에 따라 해당 생성 규칙의 넌터미널로 바꾼다.
- 수락 : 입력 스트링을 모두 읽어서 정상적인 파싱이 수행되었음을 알린다. 즉, 문법이 입력되는 문장을 인식할 수 있다는 의미이다.
- 에러 : 파서는 구문 에러를 발견하고 에러 처리 루틴을 호출한다.

상향식 파싱에서 사용하는 이동-환원 알고리즘은 아래와 같이 동작한다.

단계 1 : 맨 처음 상태에 스택은 비어있다.
단계 2 : 비어있는 스택에 입력 스트링의 맨 처음에 있는 심볼을 이동한다.
단계 3 : 스택의 톱에 있는 심볼과 입력 스트링의 맨 앞 터미널 심볼을 비교한다. 이 때 규칙에 따라 입력 스트링의 터미널 심볼을 스택으로 이동할 것인지, 아니면 스택에서 심볼 몇 개를 해당 생성 규칙의 넌터미널로 바꿀 것인지를 결정한다.

3.1 규칙이 이동이면, 터미널 심볼을 스택에 넣는다.

3.2 규칙이 환원이면, 스택의 톱에서부터 문장형식을 환원하려는 생성 규칙의 넌터미널로 바꾼다.

3.3 입력 스트링을 모두 읽고 스택의 톱에 시작 심볼만 남으면 파싱을 종료한다(즉, 주어진 문법으로 입력 문장을 인식할 수 있다).

예 6.2

아래 문법을 사용하여 입력 스트링 caabaab을 이동-환원 알고리즘이 어떻게 파싱하는지 살펴보자.

G: 1. $S \rightarrow SaB$
 2. $S \rightarrow \mathrm{c}$
 3. $B \rightarrow \mathrm{ab}$

이 문법에서는 입력 스트링 caabaab에 대해 아래와 같이 유도한다.

$$S \Rightarrow \underline{SaB} \Rightarrow Sa\underline{\mathrm{ab}} \Rightarrow \underline{SaB}\mathrm{aab} \Rightarrow Sa\underline{\mathrm{ab}}\mathrm{aab} \Rightarrow \underline{\mathrm{c}}\mathrm{aabaab}$$

이 유도과정에서는 각 단계의 문장형식에서 가장 오른쪽 넌터미널을 먼저 유도(우단유도)하는데 밑줄이 있는 스트링은 단계에서의 핸들이다.

이동-환원 파싱은 항상 우단유도를 수행하며 아래는 이동-환원 알고리즘에 의한 파싱에서 스택(왼쪽)과 입력 스트링(오른쪽)의 변화 과정이다. 오른쪽의 입력 스트링에 있는 각 터미널은 왼쪽에 있는 스택으로 들어간다. 스택 속의 내용은 파싱 과정에서 나타나는 문장형식이다.

(#	:	caabaab↲)⊢	이동
(#c	:	aabaab↲)⊢	생성 규칙2에 의하여 환원
(#*S*	:	aabaab↲)⊢	이동
(#*S*a	:	abaab↲)⊢	이동
(#*S*aa	:	baab↲)⊢	이동
(#*S*aab	:	aab↲)⊢	생성 규칙3에 의하여 환원
(#*SaB*	:	aab↲)⊢	생성 규칙1에 의하여 환원
(#*S*	:	aab↲)⊢	이동
(#*S*a	:	ab↲)⊢	이동
(#*S*aa	:	b↲)⊢	이동
(#*S*aab	:	↲)⊢	생성 규칙3에 의하여 환원

(#*SaB*	:	↲)⊢ 생성 규칙1에 의하여 환원
(#*S*	:	↲)⊢ 수락

위의 이동-환원 파싱에서 환원 동작을 수행할 때마다 환원된 넌터미널 심볼은 스택의 톱에 있으며, 이 심볼이 바로 핸들이다. 즉, 상향식 파싱은 이와 같이 이동-환원 동작으로 핸들을 탐지한다.

이동-환원 알고리즘에서 또 한 가지 중요한 것은 **어느 경우에는 이동을 수행하고, 어느 경우에는 환원을 수행하는지를 알려주는 정보가 있어야** 한다. 그러므로 이 정보(규칙)를 만드는 것도 이동-환원 파싱 알고리즘에서는 매우 중요하다.

실습 6.1

아래 문법 *G*가 있다. 이동-환원 알고리즘으로 입력 스트링 caab를 파싱하는 과정의 스택 상태를 보이시오.

G: 1. $S \rightarrow SaB$
2. $S \rightarrow c$
3. $B \rightarrow ab$

입력 스트링 caab를 이동-환원 방식으로 파싱하면 아래와 같은 스택 상태를 보인다.

(#	:	caab↲)⊢	이동
(# c	:	aab↲)⊢	생성 규칙2에 의해 환원
(# *S*	:	aab↲)⊢	이동
(# *S*a	:	ab↲)⊢	이동
(# *S*aa	:	b↲)⊢	이동
(# *S*aab	:	↲)⊢	생성 규칙3에 의해 환원
(# *SaB*	:	↲)⊢	생성 규칙1에 의해 환원
(# *S*	:	↲)⊢	수락

실습 6.2

아래 문법 *G*가 있다. 이동-환원 알고리즘으로 입력 스트링 ababccab를 파싱하는 과정의 스택 상태를 보이시오.

G: 1. $S \rightarrow SaB$
2. $S \rightarrow c$
3. $B \rightarrow ab$

입력 스트링 ababccab를 이동-환원 방식으로 파싱하면 아래와 같은 스택 상태를 보인다.

(#	:	ababccab↲)⊢	이동
(# a	:	babccab↲)⊢	이동
(# ab	:	abccab↲)⊢	생성 규칙3에 의해 환원
(# *B*	:	abccab↲)⊢	이동
(# *B*a	:	bccab↲)⊢	이동
(# *B*ab	:	ccab↲)⊢	생성 규칙3에 의해 환원
(# *BB*	:	ccab↲)⊢	이동
(# *BB*c	:	cab↲)⊢	생성 규칙2에 의해 환원
(# *BBS*	:	cab↲)⊢	이동
(# *BBS*c	:	ab↲)⊢	생성 규칙2에 의해 환원
(# *BBSS*	:	ab↲)⊢	이동
(# *BBSS*a	:	b↲)⊢	이동
(# *BBSS*ab	:	↲)⊢	생성 규칙3에 의해 환원
(# *BBSSB*	:	↲)⊢	에러, 진행 못함

연습문제 6.2

01 이동–환원 파싱 알고리즘은 리커젼이 발생하지 않는 이유를 설명하시오.

02 이동–환원 파싱 알고리즘은 백트래킹이 발생하지 않는 이유를 설명하시오.

03 이동–환원 파싱 알고리즘은 스택에서 핸들을 알 수 있는 이유를 설명하시오.

04 생성 규칙의 오른쪽 스트링에서 입력 문장의 스트링과 일치하는 부분 스트링을 핸들이라 한다. 생성 규칙 $A \rightarrow \beta$가 있고 아래와 같은 우단유도가 있다고 하면 ( ) 속에 들어갈 심볼은 무엇입니까?

$$S \Rightarrow^{*}_{rm} \alpha(\quad)\omega \Rightarrow^{*}_{rm} \alpha\beta\omega$$

05 주어진 문법으로 아래의 각 입력 스트링을 이동–환원 알고리즘으로 파싱하면서 각 단계에서의 스택과 입력 상태를 보이시오. 또 각 단계에서 핸들을 찾으시오.

1. $S \rightarrow SA\text{b}$
2. $S \rightarrow \text{acb}$
3. $A \rightarrow \text{b}B\text{c}$
4. $A \rightarrow \text{bc}$
5. $B \rightarrow \text{ba}$
6. $B \rightarrow A\text{c}$

(1) acb (2) acbbcb (3) acbbbacb (4) acbbbcccb (5) acbbcbbcb

06 이동–환원 알고리즘에서 어떤 넌터미널의 오른쪽에 생성 규칙이 여러 개(즉, $A \rightarrow \beta_1|\beta_2|\beta_3|\beta_4|\beta_5|\beta_6|$ 이면)있으면 어느 생성 규칙을 선택하는지 설명하시오. 또 어떻게 선택하는지 설명하시오.

6.3 LR 문법

이동-환원 알고리즘으로 어떤 문법을 올바르게 파싱할 수 있으면 이 문법을 **LR** 문법이라 한다. LR 문법에서 LR의 의미는 입력 스트링을 왼쪽(***L***eft)에서 오른쪽으로 읽어서 가장 오른쪽(***R***ight) 넌터미널을 먼저 유도한다는 의미이다(즉, 우단유도).

지금까지 살펴본 것처럼, 이동-환원 파싱 알고리즘은 스택의 톱에 있는 심볼이 생성 규칙의 오른쪽에 있는 스트링과 같으면 환원을 수행한다. 그러나 LR 문법이 아니면 이동이나 환원 동작을 수행하지 못하기 때문에 파싱을 할 수 없다.

예 6.3

아래 문법에 대하여 입력 스트링 aaab를 파싱하여 보자.

G: 1. $S \rightarrow SaB$
2. $S \rightarrow \mathrm{a}$
3. $B \rightarrow \mathrm{ab}$

입력 스트링 aaab에 대한 파싱 과정에서 스택과 입력 상태는 아래와 같으며 파싱을 진행할 수 없다.

(# : aaab↵)⊢ 이동
(#a : aab↵)⊢ 생성 규칙2에 의하여 환원
(#S : aab↵)⊢ 이동
(#Sa : ab↵)⊢ 이동 혹은 환원(충돌 발생함)
(더 이상 파싱을 진행할 수 없음)

위 예의 파싱에서 보듯이 입력 스트링 aaab를 파싱할 때 상태

(#Sa : ab↵)

에서는 스택 톱의 a와 입력 스트링의 a를 비교하여, a를 스택으로 이동할 수도 있고, 스택 톱의 a를 $S \rightarrow \mathrm{a}$로 환원할 수도 있다. 이와 같이 어떤 단계에서 수행할 동작이 여러 개 있으면 **충돌**이 일어난다고 한다. 이 경우에는 **이동/환원 충돌**이 발생했다.

충돌에는 아래와 같이 여러 개가 있을 수 있다.

이동/환원 충돌
이동/이동 충돌
환원/환원 충돌

충돌이 발생하면 상향식 파싱을 계속 수행할 수 없기 때문에, 충돌이 발생하는 이러한 문법은 LR 문법이 아니다. 즉, LR 문법이어야만 파싱을 계속할 수 있다. LR 문법이 아닌 문법을 파싱하려면 LR 문법으로 변경하거나, 특정 알고리즘으로 LR 파싱이 가능하도록 필요한 정보를 만들어 준다.

위의 문법 예에서 파싱을 계속 진행하도록 이동 동작을 적용하여 보자.

(# : aaab↲)⊢ 이동
(#a : aab↲)⊢ 생성 규칙2에 의하여 환원
(#*S* : aab↲)⊢ 이동
(#*S*a : ab↲)⊢ 이동
(#*S*aa : b↲)⊢ 생성 규칙2에 의하여 환원
(#*S*a*S* : b↲)⊢ 이동
(#*S*a*S*b : ↲)⊢ 에러(이동 환원 모두 수행할 수 없음)
(더 이상 파싱을 진행할 수 없음)

또한, 파싱을 계속 진행하도록 환원 동작을 적용하여 보자.

(# : aaab↲)⊢ 이동
(#a : aab↲)⊢ 생성 규칙2에 의하여 환원
(#*S* aab↲)⊢ 이동
(#*S*a : ab↲)⊢ 생성 규칙2에 의하여 환원
(#*SS* : ab↲)⊢ 이동
(#*SS*a : b↲)⊢ 이동
(#*SS*ab : b↲)⊢ 생성 규칙3에 의하여 환원
(#*SSB* : ↲)⊢ 에러(이동 환원 모두 수행할 수 없음)
(더 이상 파싱을 진행할 수 없음)

이와 같이 특정한 충돌이 발생하면 스택의 톱에 있는 핸들(터미널 a)이 더 이상 파싱할 수 없고 에러가 발생한다. 파서가 입력하는 터미널을 스택으로 이동할 것인지 스택의 톱에 있는 핸들을 환원할 것인지를 알 수 없기 때문이다.

지금까지 이동/환원 충돌을 알아보았다. 이번에는 **환원/환원** 충돌의 예를 살펴본다. 환원/환원 충돌은 파싱 도중에 환원할 생성 규칙이 여러 개 있는 경우이다. 즉, 파싱을 계속 진행하려면 어느 규칙을 적용하여야 할지 명확하게 알 수 없다.

아래 문법으로 입력 스트링 aa를 파싱하면서 환원/환원 충돌을 살펴보자.

G: 1. $S \rightarrow SA$
2. $S \rightarrow \mathrm{a}$
3. $A \rightarrow \mathrm{a}$

입력 스트링 aa의 파싱 과정은 아래와 같다.

(# : aa↲)⊢ 이동
(#a : a↲)⊢ 생성 규칙2와 생성 규칙3 모두 적용가능
(환원/ 환원 충돌, 에러)
(더 이상 파싱을 진행할 수 없음)

위의 문법으로 입력 스트링 aa에 대해 이동-환원 파싱을 수행하면, 핸들 a가 스택에 있을 때 생성 규칙2로 환원할 것인지, 생성 규칙3으로 환원할 것인지를 알 수 없기 때문에 환원/환원 충돌이 발생한다.

그러나 파싱을 계속하기 위하여 생성 규칙3을 적용하면 아래와 같이 다시 환원/환원 충돌이 발생한다.

(# : aa↲)⊢ 이동
(#a : a↲)⊢ 생성 규칙3에 의하여 환원
(#*A* : a↲)⊢ 이동
(#*A*a : ↲)⊢ 생성 규칙2와 생성 규칙3 모두 적용가능
(환원/ 환원 충돌, 에러)
(더 이상 파싱을 진행할 수 없음)

마찬가지로 생성 규칙2를 적용하면 아래와 같이 파싱이 정상적으로 이루어진다.

(# : aa↲)⊢ 이동
(#a : a↲)⊢ 생성 규칙2에 의하여 환원
(#*S* : a↲)⊢ 이동
(#*S*a : ↲)⊢ 생성 규칙3에 의하여 환원
(#*SA* : ↲)⊢ 생성 규칙1에 의하여 환원
(#*S* : ↲)⊢ 수락

이와 같이 환원/환원 충돌에서는 어느 생성 규칙을 적용할지가 매우 중요하다.

그러면 환원/환원 충돌이 발생하는 이유는 무엇인가? 여러 개의 생성 규칙이 적용가능하다는 것은 스택의 톱에 있는 문장 형식과 일치하는 생성 규칙이 여러 개 있다는 것이다. 즉, 스택의 톱에 있는 문장 형식이 특정 생성 규칙에만 일치하는 것은 아니다. 그러므로 어느 생성 규칙으로 환원하더라도 그 순간에는 환원이 가능하다는 의미이다(비록 나중에 에러가 발생하더라도).

실습 6.3

아래 문법으로 입력 스트링 ababab를 이동–환원 알고리즘으로 파싱하는 스택 상태를 보이시오.

G: 1. $S \rightarrow S$a
　　2. $S \rightarrow$ ab

입력 스트링 ababab를 이동-환원 알고리즘으로 파싱하는 과정은 아래와 같다.

(#	:	ababab↵)	⊢ 이동
(# a	:	babab↵)	⊢ 이동
(# ab	:	abab↵)	⊢ 생성 규칙2에 의해 환원
(# *S*	:	abab↵)	⊢ 이동
(# *S*a	:	bab↵)	⊢ 생성 규칙1에 의해 환원
(# *S*	:	bab↵)	⊢ 이동
(# *S*b	:	ab↵)	⊢ 이동
(# *S*ba	:	b↵)	⊢ 이동
(# *S*bab	:	↵)	⊢ 생성 규칙2에 의해 환원
(# *S*b*S*	:	↵)	⊢ 에러, 진행 못함

예 6.4

아래의 배열 참조와 함수 호출 두 문장을 살펴보자.

area(x, y);　/*　배열 참조, 배열명 area이고 인덱스가 x, y이다.　*/
area(*A*, *B*); /*　함수 호출, 함수명 area이고 인자가 *A*, *B*이다.　*/

두 경우에서 area(x, y);는 배열이므로 스택에서는 배열 참조에 대한 생성 규칙으로 환원하여야 하고, area(*A*, *B*);는 함수를 호출하는 생성 규칙으로 환원하여야 한다.

a는 변수나 인자인 경우에 이 문장을 파싱하는 스택은 아래와 같은데, 입력 스트링의 맨 앞에 있는 터미널 심볼 ;에 대하여 배열 참조 생성 규칙과 함수 호출 생성 규칙 둘 다 환원할 수 있다. 그러므로 환원/환원 충돌이 발생한다.

(#......area(a, a)　　:　　; a = a + a * a ......↵)

그러면 충돌은 어떻게 해결할 수 있을까?

우선, 이동/환원 충돌은 환원보다는 이동을 선택함으로서 파싱이 계속 진행하도록 한다. 입력 스트링을 스택에 이동하여 정상으로 파싱을 수행하면 간단하게 해결되는 것이고, 또 다른 에러가 발생하면 파싱이 가능하도록 문법을 LR 문법으로 변경한다. 이렇게 이동을 선택하였지만 다시 에러가 난다는 것은 방금 이동한 터미널 심볼 뒤에 남아있는 스트링 중에 있는 어느 터미널 심볼이 스택 톱에 있는 스트링과 문장 형식으로 일치하지 않는다는 의미이다.

그러므로 에러가 발생한 현재의 상태에서 입력 터미널 심볼 다음에 어떤 심볼들이 있는지 미리 알 수만 있으면, 현재의 입력 터미널을 이동할 것인지 환원할 것인지에 대한 정보를 미리 구할 수 있다. 이와 같이 입력 스트링의 심볼을 **미리보기** 함으로써, 좀 더 명확한 이동-환원 정보를 구할 수 있기 때문에 특정 상태에서의 이동/환원이나 환원/환원 충돌을 해결할 수 있다.

미리보기 정보는 지금까지의 LR 문법의 파싱 정보에 추가하는 터미널 심볼이다. 즉, 입력 심볼 한 개를 미리 볼 수 있으면 LR(1) 문법이라 하고, 입력 심볼 k개를 미리 볼 수 있으면 LR(k) 문법이라 한다. 그러므로 상향식으로 파싱하는 프로그래밍 언어는 보통 LR(1) 문법으로 정의한다. 이 경우 파싱 알고리즘은 현재의 입력 심볼 외에는 더 이상 미리보지 않는다. 그러나 문법이 명확하지 않은 경우는 k가 어떠한 값을 가지더라도 LR(k) 문법이 아니기 때문에 이동-환원 알고리즘으로 파싱하면 충돌이 발생한다. 또한 LR 문법에서 k개의 입력 심볼을 미리보는 파싱 알고리즘은 **LR(k)** 파싱 알고리즘이다.

예 6.5

if 문장에 대한 아래 문법은 명확하지 않기 때문에 LR이 될 수 없다. *S*는 문장을 나타내는 생성 규칙, *Cexpr*은 조건수식을 나타내는 생성 규칙으로 결과 값은 참과 거짓 중에서 하나이다.

G: 1. $S \rightarrow$ if $Cexpr$ then S
2. $S \rightarrow$ if $Cexpr$ then S else S
3. $S \rightarrow$ id

프로그램에서 많이 사용하는 문장인

if $Cexpr$ then if $Cexpr$ then S else S

는 위의 문법으로 유도 트리 두 개를 만들 수 있기 때문에 명확하지 않으므로 LR 문법이 아니다.

예 6.6

예 6.5의 문법으로 아래 문장을 이동-환원 알고리즘으로 파싱해 보자.

if *Cexpr* then if *Cexpr* then *S* else *S*

스택과 입력 스트링의 구성은 아래와 같다.

(# .... if *Cexpr* then if *Cexpr* then *S* : else *S* ..... ↵)⊢ 이동 혹은 환원 가능

이 파싱 과정에서는 입력 심볼 else에 따라서 이동이나 환원이 결정되기 때문에 현재의 스택 톱에 있는 문장 형식 if *Cexpr* then *S*를 핸들이라 하기 어렵다. 생성 규칙1에 의하여 핸들이 되어 환원할 수도 있고, 생성 규칙2에 의하여 else가 스택으로 이동한 후 다음 S를 찾아서 if *Cexpr* then *S* else *S*가 핸들이 될 수도 있다.

위의 파싱 상태에서 생성 규칙1을 적용하면 파싱은 아래와 같다.

(# ... if *Cexpr* then if *Cexpr* then *S* :	else *S* ..... ↵)⊢	생성 규칙1에 의해 환원
(# ... if *Cexpr* then *S* :	else *S* ..... ↵)⊢	이동
(# ... if *Cexpr* then *S* else :	*S* ..... ↵)⊢	이동
(# ... if *Cexpr* then *S* else *S* :	..... ↵)⊢	생성 규칙2에 의해 환원
(# ... S :	..... ↵)⊢	(파싱 계속 진행)

또한 생성 규칙2을 적용하면 파싱은 아래와 같다.

(# ... if *Cexpr* then if *Cexpr* then *S* :	else *S* ..... ↵)⊢	이동
(# ... if *Cexpr* then if *Cexpr* then *S* else :	*S* ..... ↵)⊢	이동
(# ... if *Cexpr* then if *Cexpr* then *S* else *S* :	..... ↵)⊢	생성 규칙2에 의해 환원
(# ... if *Cexpr* then *S* :	..... ↵)⊢	생성 규칙1에 의해 환원
(# ... *S* :	..... ↵)⊢	(파싱 계속 진행)

지금까지는 충돌이 발생한 상황인데 이와 같이 프로그램에서 자주 사용하는 조건문 if 구조를 어떻게 파싱하였는가(어느 생성 규칙을 먼저 적용하였는가)에 따라 파싱 결과가 다를 수 있다. 즉, 파싱 과정에 따라 의미가 다르게 해석될 수 있기 때문

에 프로그램이 의도하지 않은 결과를 만들 수도 있다. 그러므로 프로그램의 의미를 명확하게 하려면 문법을 명확하게 구성하고 올바르게 파싱하여야 한다. 이렇게 하려면 명확하지 않은 문법은 다시 구성하여 명확한 문법으로 변경한다.

if 구조를 명확하게 변경하는 방법은 앞에서 이미 살펴보았다. 프로그래밍 언어에서 if 문장은 보통 가장 안쪽의 then(참)과 else(거짓)가 대응하도록 파싱한다.

실습 6.4

아래 문법으로 산술 수식 입력 a + b * c을 이동–환원 알고리즘으로 파싱하는 스택 상태를 보이시오.

G: 1. $E \rightarrow E + E$
2. $E \rightarrow E * E$
3. $E \rightarrow (E)$
4. $E \rightarrow \mathrm{a}$
5. $E \rightarrow \mathrm{b}$
6. $E \rightarrow \mathrm{c}$

산술 수식 a + b * c를 파싱하는 스택 상태는 아래와 같다.

(#	:	a+b*c↲)⊢	이동
(#a	:	+b*c↲)⊢	생성 규칙4에 의해 환원
(#E	:	+b*c↲)⊢	이동
(#E+	:	b*c↲)⊢	이동
(#E+b	:	*c↲)⊢	생성 규칙5에 의해 환원
(#E+E	:	*c↲)⊢	이동
(#E+E*	:	c↲)⊢	이동
(#E+E*c	:	↲)⊢	생성 규칙6에 의해 환원
(#E+E*E	:	↲)⊢	생성 규칙2에 의해 환원
(#E+E	:	↲)⊢	생성 규칙1에 의해 환원
(#E	:	↲)⊢	파싱 종료, 수락

실습 6.5

좀 더 복잡한 아래 문법으로 산술 수식 입력 a + b * c을 이동-환원 알고리즘으로 파싱하는 과정을 스택으로 보이시오.

G: 1. $E \rightarrow E + E$
2. $E \rightarrow T$
3. $T \rightarrow T * F$
4. $T \rightarrow F$
5. $F \rightarrow (E)$
6. $F \rightarrow$ a
7. $F \rightarrow$ b
8. $F \rightarrow$ c

산술 수식 a + b * c를 파싱하는 스택 상태는 아래와 같다.

스택		입력	동작	
(#	:	a + b * c ↲)⊢	이동	a
(# a	:	+ b * c ↲)⊢	환원	$F \rightarrow$ a
(# F	:	+ b * c ↲)⊢	환원	$T \rightarrow F$
(# T	:	+ b * c ↲)⊢	환원	$E \rightarrow$ T
(# E	:	+ b * c ↲)⊢	이동	+
(# E +	:	b * c ↲)⊢	이동	b
(# E + b	:	* c ↲)⊢	환원	$F \rightarrow$ b
(# $E + F$	:	* c ↲)⊢	환원	$T \rightarrow F$
(# $E + T$	:	* c ↲)⊢	이동	*
(# $E + T$ *	:	c ↲)⊢	이동	c
(# $E + T$ * c	:	↲)⊢	환원	$F \rightarrow$ c
(# $E + T * F$	:	↲)⊢	환원	$T \rightarrow T * F$
(# $E + T$	:	↲)⊢	환원	$E \rightarrow E$ +T
(# E	:	↲)⊢	수락	

연습문제 6.3

01 아래 문법으로 입력 스트링 aaab를 파싱하는 과정을 살펴보고 물음에 답하시오.

G: 1. $S \rightarrow SaB$
2. $S \rightarrow$ a
3. $B \rightarrow$ ab

입력 스트링 aaab에 대한 파싱 과정은 아래와 같다. ______에 들어갈 심볼을 쓰시오.

(#	:	aaab↲)⊢ 이동
(#a	:	__ab↲)⊢ 생성 규칙2에 의하여 환원
(#S	:	aab↲)⊢ 이동
(#S___	:	ab↲)⊢ 이동 혹은 환원

02 아래의 문법에 대하여 각 입력 스트링을 파싱하는 과정에서 어떤 충돌(이동/환원, 환원/환원)이 발생하는지, 혹은 발생하지 않는지를 알아보시오.

1. $S \rightarrow S$ab
2. $S \rightarrow$ bA
3. $A \rightarrow$ bb
4. $A \rightarrow$ bA
5. $A \rightarrow$ bbc
6. $A \rightarrow$ c

(a) bc (b) bbcab (c) bacb

03 아래 문법으로 각 입력 스트링을 이동-환원 파싱하시오. 어느 입력 스트링에 대하여 무슨 충돌(이동/환원, 환원/환원)이 발생하는지 살펴보시오. 문법에서 others는 다른 문장을 의미한다.

G: 1. $S \rightarrow$ if *Cexpr* then S
2. $S \rightarrow$ if *Cexpr* then S else S
3. $S \rightarrow$ others

(1) if *Cexpr* then S else S
(2) if *Cexpr* then S
(3) if *Cexpr* then if *Cexpr* then S else S
(4) if *Cexpr* then S else if *Cexpr* then S else S
(5) if *Cexpr* then if Cexpr then S else if *Cexpr* then S else if *Cexpr* then S else S

제 7 장

LR 파서

앞에서 살펴보았듯이 이동-환원 알고리즘은 상향식 파싱 기법에서 사용한다. 상향식 파싱 기법으로 LR 속성을 가진 문맥-자유 문법을 효율적으로 파싱하는 파서를 LR 파서라 한다. 이 장에서는 LR 파서의 개념, 동작, LR 파서를 구현하는 방법을 설명한다.

7.1 LR 파싱 개념

LR(k) 파서에서 L은 입력 스트링을 왼쪽에서 오른쪽으로 읽는다는 의미이고, R은 우단 유도를 역으로 구성한다는 의미이다. 또한 k는 입력 스트링에서 미리보기하는 심볼의 수이다. 이러한 LR 파서에는 여러 특성이 있다.

- LR 파서는 대부분의 컴파일러에 사용한다.
- LR 파서는 대부분의 프로그래밍 언어를 컴파일한다.
- LR 파서는 LL 파서보다 일반적이다.
- LR 파서는 컴파일 도중에 에러를 빨리 탐지한다.

또한 LR 파서는 적용하는 문법이나 알고리즘에 따라 변형된 여러 기술이 있다.

- 단순 LR 파서(SLR; Simple LR)
- 캐노니컬 LR 파서(CLR; Canonical LR)
- 미리보기 LR 파서(LALR; Lookahead LR)

이들 LR 파서 사이에서 단순 LR 파서는 프로그램 크기가 작고 캐노니컬 LR 파서는 프로그램 크기가 가장 크다(캐노니컬 LR 파서 크기 > LALR 파서 크기 > 단순 LR 파서 크기). 캐노니컬 LR 파서는 이동/환원이나 환원/환원 충돌이 일어나지 않고 정확하게 파싱하기 위하여 정보를 많이 가지고 있기 때문이다. 반면에 단순 LR 파서는 간단하지만 파싱 정보가 많지 않아서 충돌이 발생할 수 있다.

이렇게 LR 파서가 약간씩 다른 것은 **파싱 테이블**을 구성하는 방법이 다르기 때문이다. 파싱 테이블에는 이동-환원 파싱 알고리즘에서 이용하는 정보인 이동과 환원을 결정하는 파싱 정보가 들어있다. 그러므로 각 파서는 각각 다른 방법으로 얻은 정보로 자신의 파싱 테이블을 구성한다.

- 단순 LR 파서는 LR(0) 아이템과 FOLLOW 정보를 사용하여 파싱 테이블을 구성한다.
- 캐노니컬 LR 파서는 LR(1) 아이템을 사용하여 파싱 테이블을 구성한다. LR(1) 아이템은 LR(0) 아이템과 미리보기 심볼로 만든다.
- 미리보기 LR 파서는 캐노니컬 LR 파싱 테이블을 재구성한다.

지금까지 살펴보았듯이 LR 파서는 이동-환원 동작을 결정하는 정보를 파싱 테이블에서 가져온다. LR 파서는 그림 7.1과 같이 LR 파싱 드라이버, LR 파싱 테이블, 입력 스트링 큐, 스택으로 구성한다. LR 파싱 드라이버는 스택의 심볼과 입력 스트링의 터미널 심볼에 따라 이동이나 환원을 결정하는 정보를 LR 파싱 테이블에서 가져와서 파싱을 수행한다. 즉, 파싱 테이블에 정해진 정보에 따라서만 동작하기 때문에 LR 문법에 대하여 **결정적**으로 파싱을 수행한다.

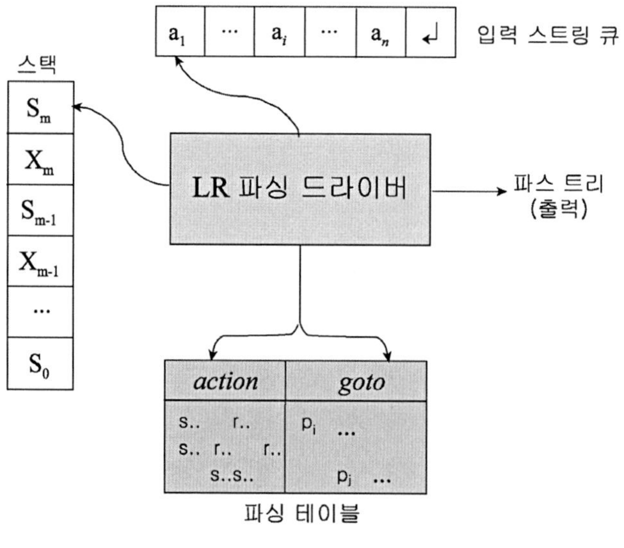

그림 7.1 LR 파서의 일반적인 모델

연습문제 7.1

01 LR(k) 파서에서 L, R, k의 의미를 쓰시오.

02 심볼 미리보기를 설명하시오.

03 인간과 컴퓨터의 문장 해석 방법 차이를 심볼 미리보기를 이용하여 설명하시오.

04 LR 파서의 특성을 쓰시오.

05 LR 파서의 종류를 쓰시오.

06 LR(0) 아이템과 LR(1) 아이템의 차이를 설명하시오.

07 LR 파싱 기법을 왜 결정적 파싱이라 하는지 설명하시오.

7.2 LR 파싱 테이블

이 절에서는 LR 파서를 구성하는 LR 파싱 테이블 구조와 특성을 살펴본다. LR 파싱 테이블은 LR 파싱 드라이버가 제어하는 테이블이 두 개 있는데 각각 **액션** 테이블과 **점프** 테이블이다.

액션 테이블에는 스택의 톱에 있는 문법 심볼과 입력 스트링의 터미널 심볼을 비교하여 입력 심볼을 스택으로 이동할 것인지, 아니면 스택의 핸들을 해당 생성 규칙의 넌터미널 심볼로 환원할 것인지를 알려주는 정보가 있다. 또한 점프 테이블에는 스택의 핸들을 해당 생성 규칙으로 환원한 후에 스택의 톱에 있는 넌터미널 심볼에 대한 새로운 **상태** 정보가 있다.

액션 테이블의 열에는 상태 번호가 있고 행에는 프로그램에서 사용하는 터미널 심볼들이 있다. 점프 테이블의 열에는 상태 번호가 있고 행에는 문법의 생성 규칙에서 사용하는 넌터미널 심볼들이 있다. 그리고 액션 테이블의 각 상태와 각 터미널 심볼에 해당하는 내용은 이동과 환원에 대한 정보가 있으며, 점프 테이블의 각 상태와 각 넌터미널 심볼에 해당하는 내용에는 <상태번호>만 있다.

액션 테이블에 있는 이동과 환원 액션 정보는 아래와 같은 형식이다.

이동 정보 : (이동, 상태번호)
환원 정보 : (환원, 생성 규칙)

그림 7.2는 LR 파싱 테이블의 구조로 왼쪽은 액션 테이블이며 오른쪽은 점프 테이블이다. 액션 테이블의 내용에서 <수락>은 입력 스트링을 정상적으로 파싱하면 행해지는 액션이다. 즉, 문법에 맞은 입력이라는 의미이다. 그리고 <이동>, <환원>, <수락> 액션 중에서 어느 행동도 수행하지 않는 경우는 파싱을 수행하지 못하는 <에러> 액션이다.

	액션 테이블	점프 테이블
심볼 / 상태	(입력 터미널 심볼) $a_1 a_2 \dots a_i \ a_n$	(넌 터미널 심볼) $N_1 N_2 \dots N_i \ N_m$
1 2 . . . n	<이동, 상태번호> <환원 생성규칙> <수락> <에러>	<상태 번호>

그림 7.2 LR 파싱 테이블 구조와 내용

연습문제 7.2

01 LR 파싱 테이블의 구성 요소를 쓰시오.

02 액션 테이블의 속성을 설명하시오.

03 점프 테이블의 속성을 설명하시오.

04 LR 파서에서 스택의 기능을 설명하시오.

7.3 LR 파싱 드라이버

이 절에서는 LR 파서를 구성하는 LR 파싱 드라이버의 구조와 동작을 살펴본다. LR 파싱 드라이버는 LR 파싱 테이블 내용을 이용하여 아래와 같이 동작한다.

action(상태번호, 입력 터미널 심볼)⊢액션(이동, 환원 혹은 수락)

즉, 액션 테이블에서 상태번호와 입력 터미널 심볼에 해당하는 내용을 검사하여 그 액션 내용에 따라 결정적으로 파싱을 진행한다.

액션이 (이동, 상태번호)이면 입력 스트링의 맨 앞에 있는 터미널 심볼을 스택으로 이동하고 상태번호를 넣는다. 이 상태번호는 다음 입력 터미널 심볼과 대응할 새로운 상태이다. 또 액션이 (환원, 생성 규칙)이면 스택의 톱에 있는 핸들을 생성 규칙에 해당하는 넌터미널로 환원하고 이 넌터미널에 해당하는 새로운 상태번호를 점프 테이블에서 찾아 넣는다.

LR 파싱 드라이버가 사용하는 스택은 아래와 같이 구성하는데, 스택 속의 s_i는 상태번호이며 X_i는 문법 심볼로 넌터미널이나 터미널 중의 하나이다($X_i \in V$). s_0는 초기 상태번호이고 s_m은 스택의 톱 상태번호이다. 문법 심볼 X_m는 스택의 톱에 있는 심볼이다.

(#s_0 X_1 s_1 X_2 .... X_m s_m)

또한 입력 큐는 아래와 같은 형식인데, a_1, a_2......., a_n는 입력 터미널 스트링으로 어휘 분석기에서 만들어진 토큰 스트림이다. a_i는 스택의 톱에 있는 심볼과 대응할 맨 앞에 있는 터미널 심볼이며, a_{i+1} .... a_n ↲ 는 아직 읽혀지지 않은 터미널 심볼들이다.

(a_i a_{i+1} .... a_n ↲)

스택과 입력 큐를 한꺼번에 아래와 같이 나타낼 수 있다.

(#s_0 X_1 s_1 X_2 .... X_m s_m : a_i a_{i+1} .... a_n ↲)

스택의 #는 스택의 시작을 나타내는 기호이며, 입력 스트링의 ↲ 는 스트링의 맨 마지막임을 나타내는 기호이다.

LR 파싱은 맨 처음에는 스택이 비고 (#s_0 ....만 있는 상태에서 시작하는데 입력 스트링의 터미널 심볼이 액션에 따라 스택에 들어가며 상태도 바뀐다. 그러면 바뀐 상태에 따라서 새로운 입력 심볼이 스택에 들어갈 수도 있고 스택의 톱에 있는 핸들이 넌터미널로 환원할 수도 있다. 이러한 과정을 반복하여 맨 마지막에 있는 ↲ 까지 읽고, 스택의 스트링이 모두 시작 심볼로 환원되면 입력 스트링은 주어진 문법으로 인식가능 하므로 <수락> 액션으로 파싱을 종료한다.

예 7.1

리스트를 생성하는 문법 *G*와 LR 파싱 테이블이 있다. 이 파싱 테이블에 따라 LR 파싱 과정을 살펴보자.

$$G: \; L \rightarrow L \; , \; E \mid E$$
$$E \rightarrow \mathrm{a}$$

이 문법으로 LR 파싱 테이블을 생성하기 위하여 여러 생성 규칙을 분리한 후, 번호가 있는 문법으로 아래와 같이 다시 쓸 수 있다. 번호는 각 생성 규칙 번호를 의미한다.

G: 1. $L \rightarrow L \; , \; E$
2. $L \rightarrow E$
3. $E \rightarrow \mathrm{a}$

그러면 그림 7.3과 같은 LR 파싱 테이블을 만들 수 있는데 <이동>, <환원>, <수락> 액션 외의 빈칸은 <에러> 액션이다(만드는 방법은 뒤에서 다룬다).

상태 번호	액션 테이블			점프 테이블	
	a	,	↲	L	E
0	<이동,3>			1	2
1		<이동,4>	<수락>		
2		<환원,2>	<환원,2>		
3		<환원,3>	<환원,3>		
4	<이동,3>				5
5		<환원,1>	<환원,1>		

그림 7.3 리스트를 생성하는 문법에 대한 LR 파싱 테이블

위의 문법과 생성된 파싱 테이블로 리스트인 입력 스트링 a,a,a↲ 를 LR 파싱 드라이버가 파싱하는 과정은 아래와 같다.

스택의 맨 처음 상태인 0에서 입력 스트링의 맨 앞에 있는 터미널 a를 대응한다.

(#0 : a,a,a↲)

그러면 LR 파싱 테이블의 내용은 <이동,3> 액션이다. 그러므로

action(0, a)⊢이동 3

를 수행하여 스택에 a를 넣고 상태 번호 3을 스택에 넣으면 스택과 입력 큐의 상태와 아래와 같다.

(#0a3 : ,a,a↵)

다시 스택의 현재 상태 3에서 입력 스트링의 쉼표(,)를 대응한다. 그러면 LR 파싱 테이블의 내용은 <환원,3> 액션이다. 그러므로

action(3, ,)⊢환원 3

를 수행하여 스택 톱에 있는 a를 생성 규칙 $E \rightarrow$ a로 환원하여 a를 *E*로 변경한다. 이때 스택의 톱에 있는 심볼 a가 핸들이라는 의미이다. 그러면 스택과 입력 큐의 상태와 아래와 같다.

(#0*E* : ,a,a↵)

여기에서는 상태 0과 넌터미널 심볼 *E*로 점프 테이블의 내용을 찾는다. 해당하는 내용은 아래와 같이 상태 번호 2이다.

goto(0, *E*)⊢상태번호 2

이 상태 번호 2를 스택에 넣으면 스택은 아래와 같다.

(#0*E*2 : ,a,a↵)

상태 2에서 입력 스트링의 쉼표(,)를 대응하면 다시 환원 2가 선택된다. 이러한 과정을 반복하면 아래와 같다.

(#0 : a,a,a↵)⊢ 이동 3
(#0a3 : ,a,a↵)⊢ 환원 3
(#0*E*2 : ,a,a↵)⊢ 환원 2
(#0*L*1 : ,a,a↵)⊢ 이동 4
(#0*L*1,4 : a,a↵)⊢ 이동 3
(#0*L*1,4a3 : ,a↵)⊢ 환원 3
(#0*L*1,4*E*5 : ,a↵)⊢ 환원 1
(#0*L*1 : ,a↵)⊢ 이동 4
(#0*L*1,4 : a↵)⊢ 이동 3
(#0*L*1,4a3 : ↵)⊢ 환원 3
(#0*L*1,4*E*5 : ↵)⊢ 환원 1
(#0*L*1 : ↵)⊢ 수락

스택의 톱에 있는 심볼을 넌터미널로 환원할 때는 넌터미널 뒤에 있는 상태 번호도 같이 삭제한다.

또 다른 예로 많이 사용하는 산술 연산을 파싱해 보자.

예 7.2

산술 수식을 생성하는 아래 문법 *G*와 LR 파싱 테이블이 있다. 이 파싱 테이블로 산술 수식 a + a * a↲ 를 파싱하는 과정을 살펴본다.

$$G: E \rightarrow E + T \mid T$$
$$T \rightarrow T * F \mid F$$
$$F \rightarrow (E) \mid \mathrm{a}$$

이 문법으로 LR 파싱 테이블을 생성하려면 생성 규칙을 분리하여 아래와 같이 다시 쓴다.

G: 1. $E \rightarrow E + T$
2. $E \rightarrow T$
3. $T \rightarrow T * F$
4. $T \rightarrow F$
5. $F \rightarrow (E)$
6. $F \rightarrow \mathrm{a}$

이 문법에 대하여 생성한 LR 파싱 테이블은 그림 7.4와 같다. 이 테이블에서는 이동, 환원, 수락 액션을 간략하게 표기하기 위하여 s(shift), r(reduction), acc(accept)로 표기한다. s에 붙은 숫자는 다음 상태번호, r에 붙은 숫자는 생성 규칙 번호이다. 즉, s5는 입력 스트링의 맨 앞에 있는 터미널 심볼을 스택으로 이동하고 상태번호 5를 스택에 넣으라는 의미이다. 또 r3은 스택의 톱에 있는 핸들을 생성 규칙 3의 넌터미널로 환원하라는 의미이다.

상태	액션 테이블						점프 테이블		
	a	+	*	(	)	↲	E	T	F
0	s5			s4			1	2	3
1		s6				acc			
2		r2	s7		r2	r2			
3		r4	r4		r4	r4			
4	s5			s4			8	2	3
5		r6	r6		r6	r6			
6	s5			s4				9	3
7	s5			s4					10
8		s6			s11				
9		r1	s7		r1	r1			
10		r3	r3		r3	r3			
11		r5	r5		r5	r5			

그림 7.4 산술 수식을 생성하는 문법 *G*에 대한 LR 파싱 테이블

이제 이 파싱 테이블로 입력 스트링 a + a * a↵ 를 파싱하면 스택과 입력 큐의 상황은 아래와 같다.

스택		입력	
(#0	:	a + a * a↵)⊢	이동 5
(#0a5	:	+ a * a↵)⊢	환원 6
(#0*F*3	:	+ a * a↵)⊢	환원 4
(#0*T*2	:	+ a * a↵)⊢	환원 2
(#0*E*1	:	+ a * a↵)⊢	이동 6
(#0*E*1+6	:	a * a↵)⊢	이동 5
(#0*E*1+6a5	:	* a↵)⊢	환원 6
(#0*E*1+6*F*3	:	* a↵)⊢	환원 4
(#0*E*1+6*T*9	:	* a↵)⊢	이동 7
(#0*E*1+6*T*9*7	:	a↵)⊢	이동 5
(#0*E*1+6*T*9*7a5	:	↵)⊢	환원 6
(#0*E*1+6*T*9*7*F*10	:	↵)⊢	환원 3
(#0*E*1+6*T*9	:	↵)⊢	환원 1
(#0*E*1	:	↵)⊢	수락

이와 같이 스택의 톱에 있는 심볼은 생성 규칙의 오른쪽에 있는 스트링이므로 넌터미널로 환원할 때는 생성 규칙의 오른쪽 스트링의 길이만큼 제거한다. 이 때 스택에는 상태번호도 같이 들어있으므로 상태번호도 같이 삭제한다.

지금까지 살펴본 LR 파서는 아래와 같이 동작한다.

단계 1. 스택의 바닥에 상태번호 0를 넣는다. 포인터는 입력 스트링의 맨 처음 터미널을 가리킨다.

단계 2. 스택의 톱에 있는 심볼(즉, 실제로는 상태번호)과 현재의 입력 심볼을 대응하여 파싱 테이블에서 해당하는 액션을 찾는다.

단계 3. 액션이 (이동, 상태번호)이면;
- 3.1 입력 심볼을 스택에 넣는다.
- 3.2 상태번호를 스택에 추가한다.
- 3.3 다음 심볼을 읽기 위해 입력 포인터를 다음 심볼로 옮긴다.

단계 4. 액션이 (환원, 생성 규칙)이면;
- 4.1 환원 액션에서 지정한 생성 규칙을 찾는다.
- 4.2 스택 톱에서부터 생성 규칙의 오른쪽에 해당하는 스트링을 상태번호와 함께 제거한다(이 심볼이 핸들이다).

4.3 생성 규칙의 오른쪽 스트링을 제거한 후 왼쪽 넌터미널을 스택의 톱에 넣는다.

4.4 방금 넣은 넌터미널과 바로 앞에 있는 상태번호에 해당하는 새로운 상태번호를 점프 테이블에서 찾아 스택에 넣는다.

4.5 입력 포인터는 현재의 입력 심볼을 계속 가리킨다.

단계 5. 만약 액션이 <에러>이면 에러 탐지 루틴을 수행한다.

단계 6. 만약 액션이 <수락>이면 파싱을 종료한다.

이러한 LR 파싱 드라이버의 동작을 구체적으로 표현하면 그림 7.5와 같다.

```
function LR_Parsing_Driver( )
 {
  input: token sequence, augmented grammar, stack and the parsing table;
  output: parsing tree;
    /* 초기 스택 상태와 입력 큐 상태 :        (#s0    :    ai ai+1 ....... an ↵ ) */
    /* 파싱이 진행 중인 스택과 입력 큐 상태 :
       (#s0X1s1X2 ....... Xmsm : ai ai+1 ....... an ↵ ); */
    /* 스택 톱 심볼(상태번호)와 입력 심볼을 아래처럼 비교한다                  */
    /* 이동 액션이면 스택 톱에 입력 심볼을 이동하고 상태번호를 넣는다          */
   if (ACTION(sm, ai) == "shift s ") (#s0X1s1X2 ....... Xmsmais : ai+1 ....... an ↵ );

    /* 환원 액션이면 스택에서 상태번호를 포함하여 β를 제거한다                  */
    if (ACTION(sm, ai) == "reduce  A → β")
      {
           (#s0X1s1X2 ....... Xm-r sm-r            :   ai ai+1 ....... an ↵ )
           (#s0X1s1X2 ....... Xm-r sm-r As         :   ai ai+1 ....... an ↵ )
           /*  (r = |β|, GOTO(sm-r,  A) = s)  */
      }
   if (ACTION(sm, ai) == "accept") printf ("parsing is completed normally");
   if (ACTION(sm, ai) == "error") call ERROR( );
 }
```

그림 7.5 LR 파싱 드라이버

실습 7.1

그림 7.4의 파싱 테이블과 아래 문법을 이용하여 산술 수식 a * b + c을 LR 파싱하는 과정을 보이시오(문법에서 터미널 심볼 b와 c는 그림 7.4의 파싱 테이블에서 심볼 a와 같이 취급한다).

G: 1. $E \rightarrow E + T$
2. $E \rightarrow T$
3. $T \rightarrow T * F$
4. $T \rightarrow F$
5. $F \rightarrow (E)$
6. $F \rightarrow$ a | b | c

위의 산술 수식 a * b + c을 파싱하는 과정의 스택과 입력 큐는 아래와 같다.

(#0	:	a * b + c ↲)⊢	이동 5	a
(#0a5	:	* b + c ↲)⊢	환원 6	$F \rightarrow$ a
(#0F3	:	* b + c ↲)⊢	환원 4	$T \rightarrow F$
(#0T2	:	* b + c ↲)⊢	이동 7	*
(#0T2*7	:	b + c ↲)⊢	이동 5	b
(#0T2*7b5	:	+ c ↲)⊢	환원 6	$F \rightarrow$ b
(#0T2*7F10	:	+ c ↲)⊢	환원 3	$T \rightarrow T * F$
(#0T2	:	+ c ↲)⊢	환원 2	$E \rightarrow T$
(#0E1	:	+ c ↲)⊢	이동 6	+
(#0E1+6	:	c ↲)⊢	이동 5	b
(#0E1+6c5	:	↲)⊢	환원 6	$F \rightarrow$ c
(#0E1+6F3	:	↲)⊢	환원 4	$T \rightarrow F$
(#0E1+6T9	:	↲)⊢	환원 1	$E \rightarrow E + E$
(#0E	:	↲)⊢	수락	

위의 산술 수식 a * b + c는 정상적으로 파싱을 종료한다.

실습 7.2

그림 7.4의 파싱 테이블과 아래 문법을 이용하여 산술 수식 a + b (c을 LR 파싱하는 과정을 보이시오(문법에서 터미널 심볼 b와 c는 그림 7.4의 파싱 테이블에서 심볼 a와 같이 취급한다).

G: 1. $E \rightarrow E + T$
   2. $E \rightarrow T$
   3. $T \rightarrow T * F$
   4. $T \rightarrow F$
   5. $F \rightarrow (E)$
   6. $F \rightarrow$ a | b | c

위의 산술 수식 a + b (c을 파싱하는 과정의 스택과 입력 큐는 아래와 같다.

(#0 : a + b (c ↲)⊢ 이동 5 a
(#0a5 : + b (c ↲)⊢ 환원 6 $F \rightarrow$ a
(#0F3 : + b (c ↲)⊢ 환원 4 $T \rightarrow F$
(#0T2 : + b (c ↲)⊢ 환원 2 $E \rightarrow T$
(#0E1 : + b (c ↲)⊢ 이동 6 +
(#0E1+6 : b (c ↲)⊢ 이동 5 b
(#0E1+6b5 : (c ↲)⊢ 에러
(파싱을 진행 못함)

위에서 보았듯이 이 산술 수식 a + b (c는 연산자가 올 자리에 왼쪽 괄호(( )가 나타나서 파싱을 계속하지 못하고 에러가 발생한다. 이 때 에러 처리 루틴을 호출한다.

연습문제 7.3

01 그림 7.4의 LR 파싱 테이블을 이용하여 아래의 각 수식을 파싱하는 과정에서 입력 스트링과 스택 상태를 단계별로 보이시오.

(1) phi + tx + k

(2) a * (b + d) - e

(3) a0 + a1 * a2

(4) (i / j) + k

02 그림 7.4의 LR 파싱 테이블을 이용하여 아래의 각 수식을 파싱하는 과정에서 입력 스트링과 스택 상태를 단계별로 보이시오.

(1) (i * j * + k

(2) a * c)

(3) a ((c + d)

03 LR 파서에서 틀린 문장을 파싱할 때는 파싱 테이블에 해당하는 정보(이동이든 환원이든)가 없다. 그러면 어떠한 상황이 발생하는지 설명하시오.

04 문제 3에 의한 상황이 발생하면 파서는 파싱을 계속 진행하지 못할 수도 있다. 파싱을 계속 진행하려면 어떻게 하여야 하는지 설명하시오.

7.4 LR 파싱 테이블 만들기

지금까지 LR 파서가 LR 문법으로 구성된 프로그래밍 언어를 어떻게 파싱하는지 살펴보았다. 즉, 입력 스트링, 스택은 이미 있으며 LR 파싱 드라이버는 파싱 테이블의 정보에 따라 수행하는 단순한 알고리즘이다. 여기에서 중요한 것은 LR 파싱 테이블만 있으면 파싱 드라이버는 입력 스트링을 쉽게 파싱한다는 것이다. 그러면 LR 파싱 테이블은 어떻게 만드는가? 이 절에서는 LR 파싱 테이블 만드는 방법을 알아본다. 여기에 기술하는 내용 중 일부는 쉽고 여러 책에서 자주 사용하는 Aho, Sethi, Ullman이 저술한 컴파일러의 원리, 기술, 도구라는 책의 예를 참조한다.

LR 파싱 방법은 결정형 오토마타처럼 각 상태에서 다른 상태로 전이를 일으키는 것이다. 즉, 전이가 자동으로 일어나도록 상태 전이 정보를 테이블에 넣는 것이다. 이와 같이 상태 전이가 자동으로 일어나도록 하려면 문법의 시작 넌터미널에서 문장을 이루는 터미널까지 유도가 일어나는 전 과정을 **미리 파악**하여 둔다. 즉, 상태 전이 정보는 유도 과정의 각 단계 정보이며 테이블에 저장한다.

미리보기를 하려면 유도하는 과정에서 발생하는 각 단계의 문장 형식을 분석하는 것이 필요하다.

아래 문법을 살펴보자.

$$
\begin{aligned}
G:\ &1.\ E \rightarrow TE' \\
&2.\ E' \rightarrow +TE' \\
&3.\ E' \rightarrow \varepsilon \\
&4.\ T \rightarrow FT' \\
&5.\ T' \rightarrow *FT' \\
&6.\ T' \rightarrow \varepsilon \\
&7.\ F \rightarrow (\ E\ ) \\
&8.\ F \rightarrow \mathrm{a}
\end{aligned}
$$

아래는 이 문법의 시작 넌터미널 E에서 우단 유도하는 한 과정이다.

$$
\begin{aligned}
&E \Rightarrow TE' \Rightarrow T+TE' \Rightarrow T+T \Rightarrow T+FT' \Rightarrow T+F*FT' \Rightarrow T+F*F \\
&\quad \Rightarrow T+F*\mathrm{a} \Rightarrow T+\mathrm{a}*\mathrm{a} \Rightarrow FT'+\mathrm{a}*\mathrm{a} \Rightarrow F+\mathrm{a}*\mathrm{a} \Rightarrow \mathrm{a}+\mathrm{a}*\mathrm{a}
\end{aligned}
$$

이러한 유도 과정을 통하면 각 단계의 문장 형식에서 다음 유도에는 어떤 문장 형식이 나올지 알 수 있다. 이와 같이 전부 유도해 보면 다음에 나타날 문장 형식의 정보를 미리 알 수 있다. 그러므로 다음에 나타날 정보를 미리 계산하여 LR 파싱 테이블을 만들면 될 것이다.

그러므로 LR 파싱 테이블을 구성하기 위해 이동/환원 정보를 문법에서 미리 알아내려면 아래의 정보를 구한다.

FIRST와 FOLLOW라는 터미널 심볼 집합에서 LR(0) 아이템 모음

이렇게 모아진 LR(0) 아이템 모음에서 **특정 알고리즘**으로 LR 파싱 테이블을 구성한다. 알고리즘은 주어진 경우에 따라서 단순 LR 파싱 테이블, 캐노니컬 LR 파싱 테이블, 미리보기 LR 파싱 테이블 등을 만들 수 있다.

지금부터 앞에서 구한 FIRST와 FOLLOW 터미널 집합을 사용하여, 단순 LR 파싱 테이블을 구현한다.

7.4.1 LR(0) 아이템의 캐노니컬 모음 구하기

이 절에서는 LR 파싱 테이블을 만드는데 필요한 여러 요소 중에서 LR(0) 아이템 모음을 구하는 과정을 설명한다. 먼저 LR(0) 아이템과 필요한 함수를 정의하고 이러한 아이템이나 함수가 필요한 이유와 방법을 설명한다.

먼저, LR(0) 아이템 모음을 구하려면 아래와 같이 첨가 문법과 두 함수가 필요하다.

- 첨가 문법
- *closure* 함수
- *goto* 함수

우선, 각 요소가 무엇을 의미하는지 정의하자.

[정의 7.1]

LR(0) 아이템은 생성 규칙의 오른쪽 어떤 위치에 점(•)을 찍은 생성 규칙이다.

예를 들어, LR(0) 아이템의 정의에 따라 $A \rightarrow XYZ \in P$이면 아래는 각각은 LR(0) 아이템이다.

$[A \rightarrow \cdot\ XYZ]$
$[A \rightarrow X \cdot\ YZ]$
$[A \rightarrow XY \cdot\ Z]$
$[A \rightarrow XYZ \cdot]$

여기에서 $A \rightarrow \varepsilon$는 $[A \rightarrow \cdot]$이다. 점 뒤에 있는 심볼을 **마크 심볼**이라 하고, A

가 첨가 문법의 시작 심볼(즉, $A = S'$)이고, $\alpha \neq \varepsilon$이면 $[A \rightarrow \alpha \cdot \beta]$ 아이템을 **커널** 아이템이라 한다. 또한 ***closure*** 연산을 수행한 결과인 $[A \rightarrow \cdot \alpha]$아이템을 ***closure*** 아이템이라 한다. 이 때 $[A \rightarrow \alpha \cdot \beta]$는 α에서 유도되는 입력 스트링을 방금 모두 보았다는 것이고, 다음 보는 심볼이 β에서 유도되는 입력 스트링이면 생성 규칙 $A \rightarrow \alpha\beta \cdot$ 에 의해 환원될 수 있다는 것을 의미한다.

[정의 7.2]

첨가 문법은 아래와 같은 특성으로 주어진 문법 $G=(V_N, V_T, P, S)$에서 G의 넌터미널이 아닌 새로운 시작 넌터미널 심볼 S'을 $G' = (V_N \cup \{S'\}, V_T, P \cup \{S' \rightarrow S\}, S')$와 같이 문법 G에 추가한 새로운 문법이다.

1. V_N은 넌터미널 심볼의 유한 집합이다.
2. V_T은 터미널 심볼의 유한 집합으로 $V_N \cap V_T = \phi$, $V_N \cup V_T = V$이다. V는 알파벳 집합이다.
3. P는 생성 규칙의 유한 집합으로 아래의 형식을 가지는데 α는 널이 아니다. $\alpha \rightarrow \beta(\alpha \in V^+, \beta \in V^*)$
4. S'는 시작 넌터미널 심볼로서 $S' \in V_N$

이와 같은 첨가 문법이 필요한 이유는 LR 파서가 이동-환원 기법으로 상향식 파싱하여 시작 심볼까지 모두 환원했다는 사실을 알기 위한 것이다. 즉, 파서가 $S' \rightarrow S$까지 환원했다는 의미는 파싱 종료와 입력 스트링을 수락한다는 것이다.

[정의 7.3]

어떤 시작 넌터미널부터 우단유도를 수행하여 $S \Rightarrow^* \alpha A \omega \Rightarrow \alpha \beta_1 \beta_2 \omega$와 같은 유도가 발생하면 문장형식 $\alpha \beta_1 \beta_2 \omega$에서 스트링 $\alpha\beta_1$를 **활성 접두사**라 한다.

정의에 따르면 활성 접두사는 문장 형식 $S \Rightarrow^* \alpha \underline{\beta_1 \beta_2} \omega$의 핸들인 $\beta_1\beta_2$ 앞에 있는 $\underline{\alpha \beta_1}$가 오른쪽 문장 형식의 접두사인 것이다. 즉, $\underline{\alpha \beta_1}$에서 더 이상 오른쪽으로 진행하지 않은 상태이므로 앞으로 어떤 스트링이 나올 것인가를 예측하는 스트링이다. 이 활성 접두사는 오른쪽에 어떤 스트링이 나오는가에 따라 핸들이 형성될 수도 있고 아닐 수도 있다. 다시 말하면 LR 파서에서는 파싱할 때 스택을 사용하므로 아이텀 $A \rightarrow \beta_1 \cdot \beta_2$가 $\alpha\beta_1$에 대하여 타당하다는 것은 파싱 스택에서 $\alpha\beta_1$를 발견하면 이동할 것인지 환원할 것인지를 알려준다는 것이다.

예 7.3

산술 수식을 생성하는 아래 문법 G에 대해 활성 접두사를 알아보자.

$$\begin{aligned} G: E &\rightarrow E + T \mid T \\ T &\rightarrow T * F \mid F \\ F &\rightarrow (E) \mid \mathrm{a} \end{aligned}$$

정의에 따르면 이 문법은 우단 유도를 통하여 $E \Rightarrow^* T * F$에서 $\underline{T*}$가 활성 접두사이다.

어떤 시작 넌터미널에서 우단유도를 수행하여 $S \Rightarrow^* \alpha A \omega \Rightarrow \alpha \beta_1 \beta_2 \omega$와 같은 유도가 있으면, 아이텀 $A \rightarrow \beta_1 \cdot \beta_2$를 활성 접두사에 대하여 **타당하다**고 하고 이 아이텀을 **타당한 아이텀**이라 한다. 일반적으로는 한 아이텀이 여러 활성 아이텀에 대하여 타당하다. 그러므로 LR(0) 아이텀의 **캐노니컬 모음**은 LR 파서의 스택에 나타나는 각 활성 접두사에 대한 타당한 아이텀들이다. 이러한 타당한 아이텀 모임을 구하려면 첨가 문법에서 ***closure*** 함수와 ***goto*** 함수를 수행한다.

[정의 7.4]

closure 함수는 아래와 같이 새로운 아이텀을 생성한다.

$$\textit{closure}(\mathrm{I}) = \mathrm{I} \cup \{B \rightarrow \cdot\, \gamma \mid A \rightarrow \alpha \cdot B\ \beta \in \textit{closure}(\mathrm{I}),\ \mathrm{B} \rightarrow \gamma \in \mathrm{P}\}$$

closure 함수는 반복적으로 LR(0) 아이텀을 구하는 함수로 ***closure***(I)에 있는 한 아이텀 $A \rightarrow \alpha \cdot B\beta$은 파싱 도중에 B에서 유도되는 부분스트링이 다음에 볼 입력 스트링이라는 것을 말한다. 그러므로 $B \rightarrow \gamma$가 생성 규칙이면 마찬가지로 이 시점에서 γ에서 생성되는 부분스트링을 볼 수 있다. 그렇기 때문에 $B \rightarrow \cdot\, \gamma$를 ***closure***(I) 에 포함한다. 그림 7.6은 ***closure***를 구한다.

```
function CLOSURE( )
{
 input: augmented grammar G'=(V_N ∪ {S'}, V_T, P ∪ {S'→ S}, S') and a item I;
 output: new items;
  closure = I ;
        while (change) {
            /* 새로운 아이템이 생기면 아이템이 더 이상 없을 때까지 계속 추
               가한다.  */
            if (A → α • Bβ ∈ closure && B → • γ ∈ P)
            if (B → • γ ∈ closure) closure = closure ∪{B → • γ};
        }
}
```

그림 7.6 *closure*를 계산하는 함수

예를 들어, 아래 산술 수식을 표현하는 첨가문법에서 ***closure***를 구하는 과정을 살펴보자.

$E' \rightarrow E$
$E \rightarrow E + T \mid T$
$T \rightarrow T * F \mid F$
$F \rightarrow (E) \mid \mathrm{a}$

I가 한 아이템 $\{[E' \rightarrow \bullet\ E]\}$의 집합이면 ***closure***(I)는 아래와 같이 구한다. 즉, ***closure***$([E' \rightarrow \bullet\ E])$에서 점(•) 바로 오른쪽에 있는 심볼을 들여다보면 알고리즘의 $A \rightarrow \alpha \bullet B\beta$에서 B에 해당하는 넌터미널 E가 있다. 이 넌터미널 E은 $B \rightarrow \bullet\ \gamma$에 해당하는 생성 규칙이므로 아직 생성할 심볼이 있다는 의미이다. 그러므로 이 넌터미널 E에서 ***closure***를 다시 적용하여 아이템을 새로 생성하여 아이템 집합 I에 추가한다. 그러면 아래와 같은 집합이 만들어진다.

$$\begin{aligned} \textit{closure}(\mathrm{I}) &= \textit{closure}\ ([E' \rightarrow \bullet E]) \\ &= \{[E' \rightarrow \bullet E], [E \rightarrow \bullet E + T], [E \rightarrow \bullet T], [T \rightarrow \bullet T * F], \\ &\quad [T \rightarrow \bullet F], [F \rightarrow \bullet (E)], [F \rightarrow \bullet \mathrm{a}]\} \end{aligned}$$

그러나 ***closure*** $([E \rightarrow E \bullet + T])$ 인 경우에는 점(•) 바로 오른쪽에 있는 심볼 +가 $B \rightarrow \bullet\ \gamma$와 같은 생성 규칙이 없으므로 결과는 아래와 같다.

$$\textit{closure}(\mathrm{I}) = \textit{closure}\ ([E \rightarrow E \bullet + T]) = \{[E \rightarrow E \bullet + T]\}$$

[정의 7.5]

goto 함수는 아래와 같이 새로운 아이템을 생성한다.

$$goto(\mathrm{I}, X) = closure\ ([A \to \alpha X \cdot \beta] \mid [A \to \alpha \cdot XB] \in \mathrm{I})$$

goto 함수는 한 아이템에서 이미 본 마크 심볼이 넌터미널 심볼이면, 마크 심볼을 뛰어 넘어 그 다음 심볼을 미리보기하여 새로운 ***closure***를 계산하는 함수이다.

즉, $[A \to \alpha \cdot X\beta]$와 같은 아이템에서 X를 뛰어 넘어 $[A \to \alpha X \cdot \beta]$ 아이템에 대하여 다시 ***closure***를 계산한다. 다시 말하면, ***goto*** 함수는 I가 어떤 활성 접두사 γ에 대하여 타당한 아이템 집합이면, ***goto***(I, X)는 활성 접두사 γX에 대한 타당한 아이템들의 집합이다.

예를 들어, 첨가 문법의 한 아이템 집합 I = $\{[E' \to E \cdot], [E \to E \cdot + T]\}$에서 ***goto*** 함수를 살펴본다. 즉, ***goto***(I, +) = ***closure*** ($[E \to E + \cdot T]$)이다. 여기에서 ***closure***($[E \to E + \cdot T]$)는 새로운 T를 보고 있기 때문에 ***closure*** 함수 정의에 따라 T에 대하여 새로운 ***closure***를 구한다. 그러므로 ***closure***($[E \to E + \cdot T]$)는 아래와 같다.

$$\begin{aligned} goto(\mathrm{I}, +) &= closure\ ([E \to E + \cdot T]) \\ &= \{[E \to E + \cdot T], [T \to \cdot T * F], [T \to \cdot F], [F \to \cdot (E)], [F \to \cdot \mathrm{a}] \end{aligned}$$

이와 같이 여러 요소와 ***closure***, ***goto*** 함수를 이용하여 LR(0) 아이템의 캐노니컬 모음을 구할 수 있다.

[정의 7.6]

캐노니컬 모음은 아래와 같이 계산한다.

$$C = \{closure(\{[S' \to \cdot S]\})\} \cup \{goto(\mathrm{I}, X) \mid \mathrm{I} \in C, X \in V\}$$

캐노니컬 모음은 첨가 문법에 있는 시작 심볼의 커널 아이템에서 시작하여 ***closure***를 계산하여 만든 ***closure*** 집합의 각 아이템에 대하여 ***goto*** 함수를 수행하여 만드는 새로운 아이템을 추가한다. 이와 같이 ***closure***를 수행할 때마다 생성하는 각 아이템에 대하여 새로운 ***goto***와 ***closure*** 를 반복한다. 모든 아이템에 대하여 수행을 마친 후 구한 아이템 모음을 LR(0) 아이템의 캐노니컬 모음이라 한다. 이 아이템 모음은 LR 파서의 스택에 나타나는 각 활성 접두사에 대하여 타당한 아이템들이다.

예를 들어, I가 두 개의 아이템 {[$E \rightarrow E \bullet$], [$E \rightarrow E \bullet + T$]}의 집합이면, 각 아이템에서 점(•)의 바로 오른쪽에 +가 있는 아이템 I를 검사함으로서 ***goto***(I, +)를 계산한다. 이때 아이템 [$E \rightarrow E \bullet$]는 +가 없기 때문에 해당 아이템이 아니지만 [$E \rightarrow E \bullet + T$]는 이러한 아이템에 해당한다. 그러므로 +를 뛰어 넘어 점을 찍으면 아이템 [$E \rightarrow E + \bullet T$]를 구할 수 있다. 그러면 다시 아이템 [$E \rightarrow E + \bullet T$]를 가지고 ***closure***([$E \rightarrow E + \bullet T$])를 계산한다. 그러면 ***goto***(I, +)는 아래와 같이 여러 개의 아이템을 만든다.

$E \rightarrow E + \bullet T$
$T \rightarrow \bullet T * F$
$T \rightarrow \bullet F$
$F \rightarrow \bullet (E)$
$F \rightarrow \bullet \mathrm{a}$

이 경우는 ***goto***(I, +)에 대해서만 만들어진 결과이다. 그러나 위의 여러 아이템 각각에서 다시 ***goto*** 함수를 수행한다. 예를 들어, [$T \rightarrow \bullet\ T * F$]에서는 ***goto***(I, T)를 구할 수 있고 [$F \rightarrow \bullet (E)$]에서는 ***goto***(I, ()를 구할 수 있다. 그러면 아이템 [$F \rightarrow (\bullet E)$]를 가지고 closure([$F \rightarrow (\bullet E)$])를 계산하여 새로운 아이템 모음, I_i을(i = 0, 1,..., n-1) 구한다. 단 $\mathrm{I} \neq \mathrm{I}_i$이다.

정의에 따라 첨가 문법에 대한 LR(0) 아이템의 캐노니컬 모음, C을 구하는 방법은 그림 7.7과 같다.

```
function Construction of Canonical Collection of Set-of-Items ( )
{
  input: augmented grammar G′ = (V_N ∪ {S′}, V_T, P ∪ {S′→ S}, S′)
         and kernel item [S′ → • S];
  output: Set-of-Items;
  C = closure ([S′ → • S]);
   for (more sets of items can be added to C) {
   for (each  I∈C)
       if (goto(I, X) ≠ϕ  && goto(I, X) ∉ C)
              C = C ∪ goto(I, X);
    }
}
```

그림 7.7 캐노니컬 모음, C을 계산하는 함수

지금부터 많이 사용하는 아래 문법으로 LR(0) 아이템의 집합에 대한 캐노니컬 모음을 구해보자.

$$
\begin{aligned}
G:\ & E \rightarrow E + T \mid T \\
& T \rightarrow T * F \mid F \\
& F \rightarrow (E) \mid \mathrm{a}
\end{aligned}
$$

이 문법에 시작 생성 규칙 $E' \rightarrow E$을 추가하면 아래의 첨가 문법으로 변형한다.

$$
\begin{aligned}
G':\ & E' \rightarrow E \\
& E \rightarrow E + T \mid T \\
& T \rightarrow T * F \mid F \\
& F \rightarrow (E) \mid \mathrm{a}
\end{aligned}
$$

이것을 다시 아래와 같이 표현한다. 각 생성 규칙 앞에 있는 번호는 단지 생성 규칙을 구별하기 위한 번호이다. 즉, 번호 (1)는 생성 규칙 $E \rightarrow E + T$를 나타낸다.

(0) $E' \rightarrow E$
(1) $E \rightarrow E + T$
(2) $E \rightarrow T$
(3) $T \rightarrow T * F$
(4) $T \rightarrow F$
(5) $F \rightarrow (E)$
(6) $F \rightarrow \mathrm{a}$

이 아이템 집합의 각 아이템에 대하여 정의에 따라 ***goto***와 ***closure*** 함수를 적용하여 새로운 아이템 집합을 구한다. 이 첨가 문법에 대한 초기 아이템 집합(I_0)을 구하면 아래와 같다.

단계 1.

커널 아이템 $[E' \rightarrow \cdot E]$에 대하여, $E' \rightarrow \alpha \cdot E\beta \in$ ***closure***(I)이고, $\cdot E$와 같이 점($\cdot$) 바로 오른쪽에 있는 E는 다시 생성 규칙 있어서 $E \rightarrow E + T \in P$이고 $E \rightarrow T \in P$이므로, $B \rightarrow \cdot \gamma$에 해당하는 아이템은

$[E \rightarrow \cdot E + T]$
$[E \rightarrow \cdot T]$

이다.

그러므로 이 두 아이템은 아이템들의 집합인 I_0에 포함한다. 또한 같은 방법으로 $\cdot T$와 같이 점($\cdot$) 바로 오른쪽에 있는 T는 다시 생성 규칙이 있어서 $T \rightarrow T$

* $F \in P$이고 $T \rightarrow F \in P$이므로, $B \rightarrow \cdot \gamma$에 해당하는 아이템은

$[T \rightarrow \cdot T * F]$
$[T \rightarrow \cdot F]$

이다. 이 두 아이템도 마찬가지로 I_0에 포함한다. 또 $\cdot F$에 대해서도 마찬가지로 적용하면

$[F \rightarrow \cdot (E)]$
$[F \rightarrow \cdot \mathrm{a}]$

이 I_0에 포함한다.

더 이상 $A \rightarrow \alpha \cdot B\beta$에 해당하는 아이템이 없어서 추가할 것이 없으므로 ***closure*** (I)는 아래와 같은 아이템들의 집합 I_0를 구하게 된다.

$$
\begin{aligned}
I_0 : E' &\rightarrow \cdot E \\
E &\rightarrow \cdot E + T \\
E &\rightarrow \cdot T \\
T &\rightarrow \cdot T * F \\
T &\rightarrow \cdot F \\
F &\rightarrow \cdot (E) \\
F &\rightarrow \cdot \mathrm{a}
\end{aligned}
$$

이 아이템 집합 I_0의 각 아이템에 대하여 정의에 있는 ***goto***와 ***closure*** 함수를 적용하여 새로운 아이템 집합을 구한다.

단계 2.

먼저, I_0의 아이템 중에서 $\cdot E$에 대한 아이템 $[E' \rightarrow \cdot E]$와 $[E \rightarrow \cdot E + T]$를 적용하면

$$\boldsymbol{goto}(I_0, E) = \boldsymbol{closure}\ (\{[E' \rightarrow E \cdot] \mid [E' \rightarrow \cdot E] \in I_0\})$$
$$\boldsymbol{goto}(I_0, E) = \boldsymbol{closure}\ (\{[E \rightarrow E \cdot + T] \mid [E \rightarrow \cdot E + T] \in I_0\})$$

이다. 즉, I_0 안에 있는 두 개의 $\cdot E$에 대하여 ***goto***(I_0, E)를 적용하면 새로운 아이템 I_1을 생성하는데 $[E' \rightarrow E \cdot]$와 $[E \rightarrow E \cdot + T]$는 점($\cdot$) 바로 뒤에 더 이상의 넌터미널이 없으므로 ***closure***를 수행하지 않는다. 그러므로 ***goto***(I_0, E)의 결과인 새로운 아이템 집합 I_1는 아래와 같다.

$$
\begin{aligned}
I_1 : E' &\rightarrow E \cdot \\
E &\rightarrow E \cdot + T
\end{aligned}
$$

단계 3.

또한, I_0의 아직 수행하지 않은 아이템에서 $[E \rightarrow \cdot T]$와 $[T \rightarrow \cdot T * F]$에 대하여 적용하면

$$goto(I_0, T) = closure(\{[E \rightarrow T \cdot] \mid [E \rightarrow \cdot T] \in I_0\})$$
$$goto(I_0, T) = closure(\{[T \rightarrow T \cdot * F] \mid [T \rightarrow \cdot T * F] \in I_0\})$$

이다. 즉, I_0 안에 있는 두 개의 $\cdot T$에 대하여 ***goto***(I_0, T)를 적용하면 새로운 아이템 집합 I_2을 생성하는데 $[E \rightarrow T \cdot]$와 $[T \rightarrow T \cdot * F]$는 점($\cdot$) 바로 뒤에 더 이상의 넌터미널이 없기 때문에 ***closure*** 를 수행하지 않는다. 그러므로 ***goto***(I_0, T)의 결과인 새로운 아이템 집합 I_2는 아래와 같다.

$$\begin{aligned} I_2 : E &\rightarrow T \cdot \\ T &\rightarrow T \cdot * F \end{aligned}$$

단계 4.

마찬가지로, I_0의 아직 수행하지 않은 아이템에서 $[T \rightarrow \cdot F]$에 대하여 적용하면

$$goto(I_0, F) = closure(\{[T \rightarrow F \cdot] \mid [T \rightarrow \cdot F] \in I_0\})$$

이다. 즉, I_0 안에 있는 $\cdot F$에 대하여 ***goto***(I_0, F)를 적용하면 새로운 아이템 집합 I_3을 생성하는데 $[T \rightarrow F \cdot]$도 점($\cdot$) 바로 뒤에 더 이상의 넌터미널이 없기 때문에 ***closure***를 수행하지 않는다. 그러므로 ***goto***(I_0, F)의 결과인 새로운 아이템 집합 I_3은 아래와 같다.

$$I_3 : T \rightarrow F \cdot$$

단계 5.

I_0의 아직 수행하지 않은 아이템에서 $[F \rightarrow \cdot (E)]$에 대하여 적용하면

$$goto(I_0, F) = closure(\{[F \rightarrow (\cdot E)] \mid [F \rightarrow \cdot (E)] \in I_0\})$$

이다. 즉, I_0 안에 있는 $\cdot ($ 에 대하여 ***goto***$(I_0, ()$를 적용하면 새로운 아이템 집합 I_4를 생성하는데 $[F \rightarrow (\cdot E)]$은 점($\cdot$) 바로 오른쪽에 있는 $\cdot E$는 다시 생성 규칙 있어서 $E \rightarrow E + T \in P$이고 $E \rightarrow T \in P$이므로, $B \rightarrow \cdot \gamma$에 해당하는 아이템은

$$[E \rightarrow \cdot E + T]$$
$$[E \rightarrow \cdot T]$$

이다. 이 경우에는 I_0에서와 같은 경우이므로 아래 아이템들을 반복하여 추가한다.

$[E \rightarrow \cdot T]$
$[T \rightarrow \cdot T * F]$
$[T \rightarrow \cdot F]$
$[F \rightarrow \cdot (E)]$
$[F \rightarrow \cdot \mathrm{a}]$

그러므로 새로운 아이템 집합 I_4는 아래와 같다.

$$
\begin{aligned}
I_4 : F &\rightarrow (\cdot E) \\
E &\rightarrow \cdot E + T \\
E &\rightarrow \cdot T \\
T &\rightarrow \cdot T * F \\
T &\rightarrow \cdot F \\
F &\rightarrow \cdot (E) \\
F &\rightarrow \cdot \mathrm{a}
\end{aligned}
$$

단계 6.

I_0의 아직 수행하지 않은 아이템에서 $[F \rightarrow \cdot \mathrm{a}]$에 대하여 적용하면

$$\textbf{\textit{goto}}(I_0, F) = \textbf{\textit{closure}}\ (\{[F \rightarrow \mathrm{a} \cdot] \mid [F \rightarrow \cdot \mathrm{a}] \in I_0\})$$

이다. 즉, I_0 안에 있는 $\cdot\,\mathrm{a}$에 대하여 ***goto***(I_0, a)를 적용하면 새로운 아이템 집합 I_5을 생성하는데 $[F \rightarrow \mathrm{a} \cdot]$도 점($\cdot$) 바로 뒤에 더 이상의 넌터미널이 없기 때문에 ***closure***를 수행하지 않는다. 그러므로 ***goto***(I_0, a)의 결과인 새로운 아이템 집합 I_5는 아래와 같다.

$$I_5 : F \rightarrow \mathrm{a} \cdot$$

아이템 집합 I_0에 있는 모든 아이템에 대하여 ***goto***를 모두 수행하였으므로 아이템 집합 I_1에 있는 각 아이템에 ***goto*** 함수를 적용한다.

단계 7.

I_1 아이템 집합에서 $[E' \rightarrow E \cdot]$는 더 이상 건너갈 심볼이 없기 때문에 $[E \rightarrow E \cdot + T]$에 대해서만 아래와 같이 ***goto*** 함수를 적용한다.

$$\textbf{\textit{goto}}(I_1, +) = \textbf{\textit{closure}}\ (\{[E \rightarrow E + \cdot T] \mid [E \rightarrow E \cdot + T] \in I_1\})$$

즉, I_1 안에 있는 $\cdot\ +$에 대하여 ***goto***(I_1, +)를 적용하면 새로운 아이템 집합 I_6를 생성한다. 이 때 $[E \rightarrow E + \cdot T]$도 점($\cdot$) 바로 뒤에 있는 T가 넌터미널로 생성 규칙이 있기 때문에 T에 대하여 ***closure***를 수행한다. 그러므로 ***goto***(I_1, +)의

결과인 새로운 아이템 집합 I_6는 아래와 같다.

$$
\begin{aligned}
I_6 : E &\rightarrow E + \cdot T \\
T &\rightarrow \cdot T * F \\
T &\rightarrow \cdot F \\
F &\rightarrow \cdot (E) \\
F &\rightarrow \cdot a
\end{aligned}
$$

아이템 집합 I_1에 있는 모든 아이템에 대하여 ***goto***를 모두 수행하였으므로, 이번에는 아이템 집합 I_2에 있는 각 아이템에 ***goto*** 함수를 적용한다.

단계 8.

I_2 아이템 집합에서 $[E \rightarrow T \cdot]$는 더 이상 건너갈 심볼이 없기 때문에 $[T \rightarrow T \cdot * F]$에 대해서만 아래와 같이 ***goto*** 함수를 적용한다.

$$goto(I_2, *) = closure\ (\{[T \rightarrow T * \cdot F] \mid [T \rightarrow T \cdot * F] \in I_2\})$$

즉, I_2 안에 있는 $\cdot *$에 대하여 ***goto***$(I_2, *)$를 적용하면 새로운 아이템 집합 I_7을 생성한다. 이 때 $[T \rightarrow T * \cdot F]$도 점$(\cdot)$ 바로 뒤에 있는 F가 넌터미널로 생성 규칙이 있기 때문에 F에 대하여 ***closure***를 수행한다. 그러므로 ***goto***$(I_2, *)$의 결과인 새로운 아이템 집합 I_7은 아래와 같다.

$$
\begin{aligned}
I_7 : T &\rightarrow T * \cdot F \\
F &\rightarrow \cdot (E) \\
F &\rightarrow \cdot a
\end{aligned}
$$

마찬가지로 아이템 집합 I_2에 있는 모든 아이템에 대하여 ***goto***를 모두 수행하였으므로, 이번에는 아이템 집합 I_3에 있는 각 아이템에 ***goto*** 함수를 적용한다. 그러나 I_3는 더 이상 ***goto*** 함수를 적용할 아이템이 없으므로 I_4 아이템 집합에서 이미 수행하지 않은 아이템에 대하여 ***goto*** 함수를 적용한다.

단계 9.

I_4 아이템 집합에서 $\cdot E$에 대한 아이템 $[F \rightarrow (\cdot E)]$와 $[E \rightarrow \cdot E + T]$를 적용하면 아래와 같다.

$$goto(I_4, E) = closure\ (\{[F \rightarrow (E \cdot)] \mid [F \rightarrow (\cdot E)] \in I_4\})$$
$$goto(I_4, E) = closure\ (\{[E \rightarrow E \cdot + T] \mid [E \rightarrow \cdot E + T] \in I_4\})$$

이다. 즉, I_4 안에 있는 $\cdot E$에 대하여 ***goto***(I_4, E)를 적용하면 새로운 아이템 집합

I_8을 생성한다. 이 때 [$F \rightarrow (E \bullet)$]나 [$E \rightarrow E \bullet + T$]도 점($\bullet$) 바로 뒤에 있는 심볼이 넌터미널이 아니기 때문에 더 이상 ***closure***를 수행하지 않는다. 그러므로 ***goto***(I_4, E)의 결과인 새로운 아이템 집합 I_8은 아래와 같다.

I_8 : $F \rightarrow (E \bullet)$
$\quad\quad E \rightarrow E \bullet + T$

다음에는 I_4 안에 있는 $\bullet T$, $\bullet F$, $\bullet$(, $\bullet$a는 이미 I_0에서 ***goto***를 적용하였기 때문에 I_5 아이템 집합으로 간다. 그러나 I_5 아이템 집합도 ***goto***를 적용할 대상이 없으므로 다시 I_6 아이템 집합의 각 아이템에 대하여 ***goto***를 적용한다.

단계 10.

I_6 아이템 집합에서 $\bullet T$에 대한 아이템 [$E \rightarrow E + \bullet T$]와 [$T \rightarrow \bullet T * F$]를 적용하면 아래와 같다.

goto(I_6, T) = ***closure*** ([$E \rightarrow E + T \bullet$] | [$E \rightarrow E + \bullet T$]$\in I_6$})
goto(I_6, T) = ***closure*** ([$T \rightarrow T \bullet * F$] | [$T \rightarrow \bullet T * F$]$\in I_4$})

이다. 즉, I_6 안에 있는 $\bullet T$에 대하여 ***goto***(I_6, T)를 적용하면 새로운 아이템 집합 I_9를 생성한다. 이 때 [$T \rightarrow T \bullet$]나 [$T \rightarrow T \bullet * F$]도 점($\bullet$) 바로 뒤에 있는 심볼이 넌터미널이 아니기 때문에 더 이상 ***closure***를 수행하지 않는다. 그러므로 ***goto***(I_6, T)의 결과인 새로운 아이템 집합 I_9는 아래와 같다.

I_9 : $E \rightarrow E + T \bullet$
$\quad\quad T \rightarrow T \bullet * F$

다음에는 I_6 안에 있는 $\bullet F$, $\bullet$(, $\bullet$a는 이미 I_0에서 ***goto***를 적용하였기 때문에 I_7 아이템 집합의 각 아이템에 대하여 ***goto***를 적용한다.

단계 11.

I_7 아이템 집합에서 $\bullet F$에 대한 아이템 [$T \rightarrow T * \bullet F$]를 적용하면 아래와 같다.

goto(I_7, F) = ***closure*** ([$T \rightarrow T * F \bullet$] | [$T \rightarrow T * \bullet F$]$\in I_7$})

즉, I_7 안에 있는 $\bullet F$에 대하여 ***goto***(I_7, F)를 적용하면 새로운 아이템 집합 I_{10}를 생성한다. 이 때 [$T \rightarrow T * F \bullet$] 도 점($\bullet$) 바로 뒤에 있는 심볼이 넌터미널이 아니기 때문에 더 이상 ***closure***를 수행하지 않는다. 그러므로 ***goto***(I_7, F)의 결과인 새로운 아이템 집합 I_{10}은 아래와 같다.

I_{10} : $T \rightarrow T * F \bullet$

마찬가지로 I_7 안에 있는 •(, •a는 이미 *goto*를 적용하였기 때문에 I_8 아이템 집합의 각 아이템에 *goto*를 적용한다.

단계 12.

I_8 아이템 집합에서 •)에 대한 아이템 $[F \rightarrow (\ E \bullet\ )]$를 적용하면 아래와 같다.

$goto(I_8,)) = closure\ ([F \rightarrow (\ E\ ) \bullet\ ]\ |\ [F \rightarrow (\ E \bullet\ )] \in I_8\})$

즉, I_8 안에 있는 •)에 대하여 *goto*(I_8,))를 적용하면 새로운 아이템 집합 I_{11}을 생성한다. 이 때 $[F \rightarrow (\ E\ ) \bullet\ ]$도 점(•) 바로 뒤에 있는 심볼이 넌터미널이 아니기 때문에 더 이상 *closure*를 수행하지 않는다. 그러므로 *goto*(I_8,))의 결과인 새로운 아이템 집합 I_{11}은 아래와 같다.

$I_{11} : F \rightarrow (\ E\ ) \bullet$

이와 같이 *closure*와 *goto* 함수를 사용하여 각 아이템 집합을 구하고 다시 캐노니컬 LR(0) 아이템 모음을 구한다.

그림 7.8은 위에서 구한 캐노니컬 LR(0) 아이템 모음과 상태 전이 오토마타를 나타낸다.

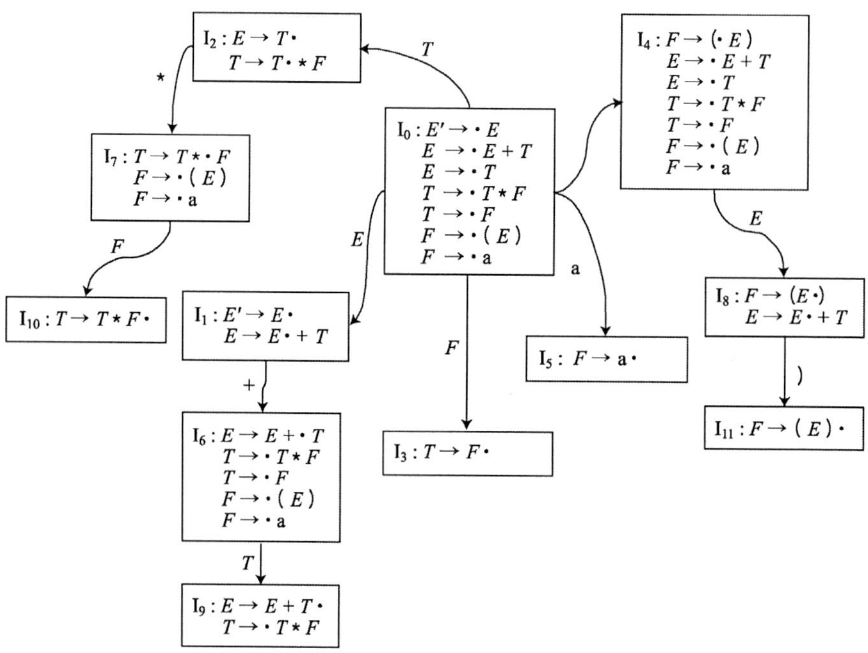

그림 7.8 주어진 첨가 문법에 대한 캐노니컬 LR(0) 아이템 모음과 상태 전이 오토마타

캐노니컬 LR(0) 아이템 모음을 자세히 살펴보면 아이템 집합에 대한 ***goto*** 함수는 활성 접두사에 의한 결정형 유한 오토마타로 표현된다. 즉, 그림 7.8과 같이 활성 접두사는 오토마타의 한 상태에서 다른 상태로 전이가 일어난다. 예를 들어, I_0에서부터 전이가 일어나는 스트링 $E + T$ *는 각 심볼 E, +, T, *을 하나씩 모두 읽은 후에는 상태 I_7로 간다. 이 의미는 스트링 $E + T$ * 다음에 올 수 있는 심볼들이 I_7에 있다는 것이다. 즉, 스트링 $E + T$ * 다음에는 (E)나 a가 올 수 있다. 스트링 $E + T$ * 다음에 아이템 집합 I_7이 온다는 것은 * 다음에는 $T \rightarrow T *\ \bullet F$처럼 점(•)이 F를 보고 있으므로 F에서 생성될 있는 생성 규칙 $F \rightarrow (E)$와 $F \rightarrow$ a가 유도될 수 있다는 것이다. 이와 같이 유도되는 심볼을 미리 알 수 있도록 생성한 아이템 집합이 바로 I_7이다. 그러므로 스트링 $E + T$ *를 활성 접두사라 하고 상태 I_7은 스트링 $E + T$ *에 대해 타당한 아이템이다.

캐노니컬 LR(0) 아이템을 구하는 것은 이와 같이 문법에서 유도하는 과정을 자동으로 예측할 수 있도록 하는 것이다.

이동-환원 파싱 기법을 위해 우단 유도를 살펴보자. 즉, $S \Rightarrow^* \alpha A \omega \Rightarrow^* \alpha \beta_1 \beta_2 \omega$에서 $\alpha\beta_1$는 $E + T$ *가 대응되므로 스트링 $E + T$ * 다음에 올 수 있는 아이템 $T \rightarrow T *\ \bullet F$, $F \rightarrow\ \bullet (E)$, $F \rightarrow\ \bullet$ a 각각은 $\beta_2\omega$에 대응한다. 그러므로 각 아이템이 스트링 $E + T$ *에 대해 타당하다는 것은 파싱 도중에 스트링 $E + T$ *을 발견하면 이동할 것인지 환원할 것인지를 결정하도록 한다. 다시 말하면, 파싱 도중에 스트링 $E + T$ * 다음에 해당하는 아이템으로 $T \rightarrow T *\ \bullet F$를 발견하면 $T * F$를 T로 환원할 것이고, 스트링 $E + T$ * 다음에 해당하는 아이템으로 $F \rightarrow\ \bullet (E)$나 $F \rightarrow\ \bullet$ a를 발견하면 (나 a를 스택에 이동할 것이다.

이러한 타당성은 아래와 같은 유도과정으로 알 수 있다.

> $T \rightarrow T *\ \bullet F$의 타당성은 $E' \Rightarrow E \Rightarrow E + T \Rightarrow E + T * F \Rightarrow E + T *$ a $\Rightarrow E + T * F *$ a이고, $F \rightarrow\ \bullet (E)$의 타당성은 $E' \Rightarrow E \Rightarrow E + T \Rightarrow E + T * F \Rightarrow E + T * (E)$이며, $F \rightarrow\ \bullet$ a의 타당성은 $E' \Rightarrow E \Rightarrow E + T \Rightarrow E + T * F \Rightarrow E + T *$ a이다.

또 다른 예를 살펴보자.

I_0에서부터 I_2, I_7로 전이가 일어나는 스트링 T * (는 각 심볼 T, *, (을 하나씩 모두 읽은 후에는 상태 I_4로 간다. 이 의미는 스트링 T * (다음에 올 수 있는 심볼이 I_4에 있다는 것이다. 즉, 스트링 T * (다음에는 $E + T$, T, $T * F$, F, (E), a 중에서 하나가 올 수 있다. 스트링 T * (다음에 아이템 집합 I_4가 온다는 것은 (다음에는 $F \rightarrow (\bullet E)$처럼 점(•)이 E를 보고 있으므로 E에서 생성될 있는 생성 규칙 $E \rightarrow E + T$와 $E \rightarrow T$가 유도될 수 있다는 것이다. 각 심볼 T와 F에 대해서

도 다시 T에서 생성될 있는 생성 규칙 $T \rightarrow T * F$와 $T \rightarrow F$가 유도되고, 이어서 F에서 생성될 있는 생성 규칙 $F \rightarrow (E)$와 $F \rightarrow$ a가 유도될 수 있다. 결국 이 문법에서는 괄호 ( ) 속에 다시 산술 수식이 반복적으로 올 수 있음을 알 수 있다.

7.4.2 LR(0) 아이템에서 단순 LR 파싱 테이블 구성하기

여기에서는 지금까지 구한 캐노니컬 LR(0) 아이템 모음에서 단순 LR 파싱 테이블을 구성한다. 캐노니컬 아이템 모음은 어떤 스트링 뒤에 올 심볼이 무엇인지를 알려주는 것이 목적이므로 이 아이템들로부터 파싱에 필요한 정보를 테이블로 구성한다. 이 파싱 테이블에 들어가는 파싱 정보는 파서가 파싱 도중에 특정 심볼을 이동할 것인지 환원할 것인지를 결정하는 정보와 파싱을 완료하면 수락한다는 정보가 있으며 그 외에는 에러 정보이다. 실질 적으로 들어가는 정보는 아래와 같다.

- 이동 액션과 상태번호
- 환원 액션과 생성 규칙
- 수락
- 에러

7.4.2.1 이동 액션 만들기

먼저, 액션 테이블에 들어갈 이동 정보를 구해보자. LR(0) 아이템 집합의 각 아이템에서 점 바로 뒤에 있는 심볼이 터미널인 $[A \rightarrow \alpha \cdot a\beta]$ 형식을 찾는다. 아이템이 이 형식을 가지며, 동시에 점 바로 뒤의 심볼에 대하여 이 아이템 집합(I_i)에서 ***goto*** (I_i, a) = I_j와 같이 다른 아이템 집합(I_j)으로 전이가 있으면 ACTION(i, a) = "이동 j"를 넣는다. 이 의미는 생성 규칙 $A \rightarrow \alpha a \beta$에서 오른쪽 스트링 $\alpha a \beta$이 A로 환원할 수 있도록 $\alpha a \beta$를 핸들로 만들기 위해 a를 스택으로 이동하라는 것이다.

위의 아이템 집합의 캐노니컬 모음에서 예를 들어보자.

아이템 집합에서 $[A \rightarrow \alpha \cdot a\beta]$ 형식을 찾는다. 그러면 I_0에서 아이템 $F \rightarrow \cdot (E)$와 $F \rightarrow \cdot$ a가 이 형식에 해당하며, ***goto***(I_0, ( ) = I_4이며, ***goto***(I_0, a) = I_5이다. 그러므로 터미널 심볼 (와 a에 대한 액션 테이블에 들어갈 내용은 아래와 같다.

ACTION(0, ( ) = “이동, 상태번호 4”
ACTION(0, a) = “이동, 상태번호 5”

이러한 형식의 아이템이 아이템 집합 I_0에는 더 이상 없으므로 아이템 집합 I_1로 가서 이 형식의 아이템을 찾는다. 그러면 $E \rightarrow E \cdot + T$가 있고 이 아이템은 ***goto***

$(I_1, +) = I_6$이므로 터미널 심볼 +에 대한 액션 테이블에 들어갈 내용은 아래이다.

ACTION(1, +) = "이동, 상태번호 6"

같은 방법을 계속하면, 아이템 집합 I_2에는 $T \to T \cdot\ * F$가 있고 이 아이템은 ***goto*** $(I_2, *) = I_7$이므로 터미널 심볼 *에 대한 액션 테이블에 들어갈 내용은 아래와 같다.

ACTION(2, *) = "이동, 상태번호 7"

또한 각 아이템 집합 I_4, I_6, I_7, I_8, I_9에서 이 형식에 해당하는 아이템은 아래와 같기 때문에

I_4 : $F \to \cdot (E)$
$F \to \cdot a$

I_6 : $F \to \cdot (E)$
$F \to \cdot a$

I_7 : $F \to \cdot (E)$
$F \to \cdot a$

I_8 : $F \to (E \cdot\ )$
$E \to E \cdot\ + T$

I_9 : $T \to T \cdot\ * F$

각 터미널 심볼에 해당하는 액션 테이블 내용은 아래와 같다.

ACTION(4, ( ) = "이동, 상태번호 4"
ACTION(4, a) = "이동, 상태번호 5"
ACTION(6, ( ) = "이동, 상태번호 4"
ACTION(6, a) = "이동, 상태번호 5"
ACTION(7, ( ) = "이동, 상태번호 4"
ACTION(7, a) = "이동, 상태번호 5"
ACTION(8,)) = "이동, 상태번호 11"
ACTION(8, +) = "이동, 상태번호 6"
ACTION(9, *) = "이동, 상태번호 7"

7.4.2.2 환원 액션 만들기

LR(0) 아이템 집합의 각 아이템에서 점 바로 뒤의 심볼이 더 이상 존재하지 않는 $[A \to \alpha\ \cdot]$형식을 찾는다. 이 형식의 아이템 $[A \to \alpha\ \cdot]$은 한 생성 규칙의 각 심볼을 모두 읽은 것이므로 이 형식의 점 뒤에 올 수 있는 터미널 심볼은 A의 FOLLOW

집합이 될 것이다. 그러므로 이 형식의 아이템에 대해서는 FOLLOW(A)에 속하는 모든 터미널 심볼인 a ∈ FOLLOW(A)에 대하여 ACTION(i, a) = "환원 생성 규칙 $A \rightarrow \alpha$"를 넣는다. 이 의미는 생성 규칙 $A \rightarrow \alpha a \beta$에서 오른쪽 스트링 $\alpha a \beta$이 A로 환원하기 위해서는 스트링 $\alpha a \beta$ 다음 심볼을 보고 결정한다는 것이다. 또한, A의 FOLLOW 는 스트링 $\alpha a \beta$ 다음에 나타날 터미널 심볼이다. 그러므로 입력 스트링에 나타나는 심볼이 될 A의 FOLLOW 터미널 심볼을 보면 오른쪽 스트링 $\alpha a \beta$를 A로 환원하도록 해당 터미널에 생성 규칙을 넣는다.

위의 아이템 집합의 캐노니컬 모음에서 이러한 환원 정보를 구해 보자. 아이템 집합에서 [$A \rightarrow \alpha$ •] 형식과 a ∈ FOLLOW(A)를 찾는다.

I_2에서 아이템 $E \rightarrow T$이고 {), +, ↲ } ∈ FOLLOW(E)이다. 그러므로 터미널 심볼), +, ↲ 각각에 대한 액션 테이블에 들어갈 내용은 아래와 같다.

ACTION(2,)) = "이동, $E \rightarrow T$"
ACTION(2, +) = "이동, $E \rightarrow T$"
ACTION(2, ↲) = "환원, $E \rightarrow T$"

같은 방법을 계속하면, 각 아이템 집합 I_3, I_5, I_9, I_{10}, I_{11}에서 이 형식에 해당하는 아이템은 아래와 같고

I_3 : $T \rightarrow F$ •
I_5 : $F \rightarrow$ a •
I_9 : $E \rightarrow E + T$ •
I_{10} : $T \rightarrow T * F$ •
I_{11} : $F \rightarrow (E)$ •

FOLLOW 심볼은

FOLLOW(E) = { +,), ↲ }
FOLLOW(T) = { +, *,), ↲ }
FOLLOW(F) = { +, *,), ↲ }

이기 때문에 각 터미널 심볼에 해당하는 액션 테이블 내용은 아래와 같다.

ACTION(3, +) = "환원, $T \rightarrow F$"
ACTION(3, *) = "환원, $T \rightarrow F$"
ACTION(3,)) = "환원, $T \rightarrow F$"
ACTION(3, ↲) = "환원, $T \rightarrow F$"

ACTION(5, +) = "환원, $F \rightarrow$ a"
ACTION(5, *) = "환원, $F \rightarrow$ a"

ACTION(5,)) = "환원, $F \rightarrow$ a"
ACTION(5, ↲) = "환원, $F \rightarrow$ a"

ACTION(9, +) = "환원, $E \rightarrow E + T$"
ACTION(9,)) = "환원, $E \rightarrow E + T$"
ACTION(9, ↲) = "환원, $E \rightarrow E + T$"

ACTION(10, +) = "환원, $T \rightarrow T * F$"
ACTION(10, *) = "환원, $T \rightarrow T * F$"
ACTION(10,)) = "환원, $T \rightarrow T * F$"
ACTION(10, ↲) = "환원, $T \rightarrow T * F$"

ACTION(11, +) = "환원, $F \rightarrow (E)$"
ACTION(11, *) = "환원, $F \rightarrow (E)$"
ACTION(11,)) = "환원, $F \rightarrow (E)$"
ACTION(11, ↲) = "환원, $F \rightarrow (E)$"

7.4.2.3 수락 액션 만들기

LR(0) 아이템 집합의 각 아이템에서 점 바로 뒤의 심볼이 더 이상 존재하지 않은 $[S' \rightarrow S \bullet]$ 형식을 찾아서 ACTION(i, ↲) = "수락, 파싱 종료"를 넣는다. 이것은 첨가 문법의 시작 넌터미널에서 시작한 생성 규칙을 커널 아이템 $[S' \rightarrow S \bullet]$의 $S \bullet$에 의해 넌터미널 심볼 S에서 생성하는 모든 규칙을 이미 모두 읽었다는 의미이다. 그러므로 이동-환원 파싱 알고리즘에서 이 아이템으로 환원한다는 것은 이 전의 이동-환원이 모두 정상적으로 수행하였다는 것을 말한다.

위의 아이템 집합의 캐노니컬 모음에서 수락 액션 정보를 구하려면 아이템 집합에서 $[S' \rightarrow S \bullet]$ 형식을 찾는다. 그러면 아이템 집합 I_1에 아이템 $[E' \rightarrow E \bullet]$이 있다. 그러므로 액션 테이블에 들어갈 내용은 아래와 같다.

ACTION(1, ↲) = "수락"

그림 7.9는 캐노니컬 LR(0) 아이템 모음에서 단순 LR 파싱 테이블을 구하는 알고리즘이다.

```
function Constructing an SLR parsing table( )
{
  input: augmented grammar G′and C = {I0, I1, ... , In}, of sets of items for G′;
  output: SLR Parsing Table with ACTION and GOTO from C;

    if ([A → α • aβ]∈ Ii && goto(Ii, a) = Ij) ACTION(i, a] = "shift j ";
    if ([A → α • ] ∈ Ii && A ≠ S′)
          {
              for ( all a ∈ FOLLOW(A) )
                    ACTION(i, a) = "reduce A → α" ;
          }
    if ([S′ → S • ] ∈ Ii)  ACTION(i, ↲ ) = "accept";
    if (goto(Ii, A) = Ij)   GOTO(i, A) = j;
    if (there are undefined entry) ACTION(i, VT) = "error";
}
```

그림 7.9 단순 LR 파싱 테이블 구성하기

이러한 과정으로 구성한 단순 LR 파싱 테이블은 그림 7.4와 같다.

실습 7.4

아래 문법에 대한 단순 LR 파싱 테이블을 구성하시오.

G: 1. $S \rightarrow L = R$
2. $S \rightarrow R$
3. $L \rightarrow * R$
4. $L \rightarrow \mathrm{a}$
5. $R \rightarrow L$

LR 파싱 테이블을 구성하기 위하여 이 문법의 첨가 문법으로 아이템 집합의 캐노니컬 모음을 구하면 아래와 같다.

$I_0 : S' \rightarrow \cdot S$	$I_4 : L \rightarrow * \cdot R$	$I_7 : L \rightarrow * R \cdot$
$S \rightarrow \cdot L = R$	$R \rightarrow \cdot L$	$I_8 : R \rightarrow L \cdot$
$S \rightarrow \cdot R$	$L \rightarrow \cdot * R$	$I_9 : S \rightarrow L = R \cdot$
$L \rightarrow \cdot * R$	$L \rightarrow \cdot \mathrm{a}$	
$L \rightarrow \cdot \mathrm{a}$		
$R \rightarrow \cdot L$	$I_5 : L \rightarrow \mathrm{a} \cdot$	

I_1 : $S' \rightarrow S \bullet$

I_2 : $\boldsymbol{S \rightarrow L \bullet = R}$

$R \rightarrow L \bullet$

I_3 : $S \rightarrow \bullet R$

I_6 : $S \rightarrow L = \bullet R$

$R \rightarrow \bullet L$

$L \rightarrow \bullet * R$

$L \rightarrow \bullet$ a

이 캐노니컬 아이템 모음에서 LR 파싱 테이블을 구성하는 도중에 아래 사항을 발견할 수 있다.

아이템 집합 I_2에서 아이템 [$\boldsymbol{S \rightarrow L \bullet = R}$]는 FOLLOW(R) = {=, ↲ }이므로

ACTION(2, =) = "이동, 상태번호 6"

이다.

또한 아이템 [$\boldsymbol{R \rightarrow L \bullet}$]에서는

ACTION(2, =) = "환원, 생성 규칙 $\boldsymbol{R \rightarrow L}$"

이다.

그러므로 ACTION(2, =)는 이동과 환원 두 정보가 생성되는 이동-환원 충돌이 발생한다. 이와 같이 한 입력 심볼에 대하여 이동-환원 충돌이 발생하여 이 문법은 명확하지 않기 때문에 단순 LR(1) 문법이 아니다.

지금까지 LR 파싱 과정과 LR 파싱 테이블을 구성을 알아보았다. 이외에 더 복잡한 미리보기 LR이나 캐노니컬 LR 기법을 자세히 알려면 Aho, Sethi, Ullman[2007]의 책을 참조할 수 있다.

연습문제 7.4

01 아래 문법에 대한 단순 LR 파싱 테이블을 구성하시오.

$$
\begin{aligned}
G:\ & 1.\ S \rightarrow S\ \mathrm{a}\ T \\
& 2.\ S \rightarrow \mathrm{c} \\
& 3.\ T \rightarrow \mathrm{a}\ \mathrm{b}
\end{aligned}
$$

02 아래 문법을 보고 물음에 답 하시오.

$$
\begin{aligned}
& E' \rightarrow E \\
& E \rightarrow E\ \ A\ \ T \mid T \\
& T \rightarrow T\ \ M\ \ F \mid F \\
& A \rightarrow + \mid - \\
& M \rightarrow * \mid / \\
& F \rightarrow (\ E\ ) \mid \mathrm{a} \mid \mathrm{b} \mid \mathrm{c} \mid \mathrm{n}
\end{aligned}
$$

(1) 단순 LR 파싱 테이블을 구성하시오.
(2) a + b * n + c를 파싱하시오.
(3) 이 문법에 대한 LR 파싱 드라이버와 파싱 테이블 만드는 프로그램을 구현하시오.
(4) 구현한 프로그램으로 입력 스트링 a * (b + c) + a를 파싱하시오.

03 아래 문법에 대한 단순 LR 파싱 테이블을 구성하시오.

$$
\begin{aligned}
G:\ & 1.\ S \rightarrow \mathrm{if}\ Bexpr\ \mathrm{then}\ S \\
& 2.\ S \rightarrow \mathrm{if}\ Bexpr\ \mathrm{then}\ S\ \mathrm{else}\ S \\
& 3.\ S \rightarrow \mathrm{a}
\end{aligned}
$$

04 문제 3에서 파싱 테이블을 구성하는 과정에 어떤 문제가 발생하는지 관찰하시오. 만약 문제가 발생하면 이러한 문제가 왜 발생하며, 어떻게 해결하여야 하는지를 설명하시오.

제 8 장

파서 생성기 YACC 사용하기

앞 장까지 LR 파서를 구성하는 방법을 살펴보았다. 즉, 주어진 문법에 따른 파싱 테이블만 있으면 원시 프로그램의 구문을 분석할 수 있다는 것을 살펴보았다. 그러므로 어떤 프로그래밍 언어의 문법에 따라 파싱 테이블을 자동으로 생성할 수 있으면 누구나 LR 기법을 이용한 컴파일러를 개발하기 쉬울 것이다. 이미 알고 있듯이 파싱 테이블을 생성하는 과정은 이미 정해진 수학적이고 정형화한 과정이므로 소프트웨어만 잘 구성하면 파싱 테이블을 자동으로 생성할 수 있다.

이 장에서는 컴파일러를 프로그래밍 언어마다 각각 따로 만드는 것이 아니라, 문법만 있으면 LR 파싱 **테이블을 자동으로 생성하는 도구**인 **YACC**(Yet Another Compiler-Compiler)의 구조와 사용 방법을 살펴본다.

8.1 YACC 개요

YACC는 프로그래밍 언어의 문법을 입력으로 받아서 문법에 따르는 컴파일러를 생성하는 소프트웨어이다. 즉, 이동-환원 기법을 위한 LR 파싱 테이블을 자동으로 생성하는 도구이다.

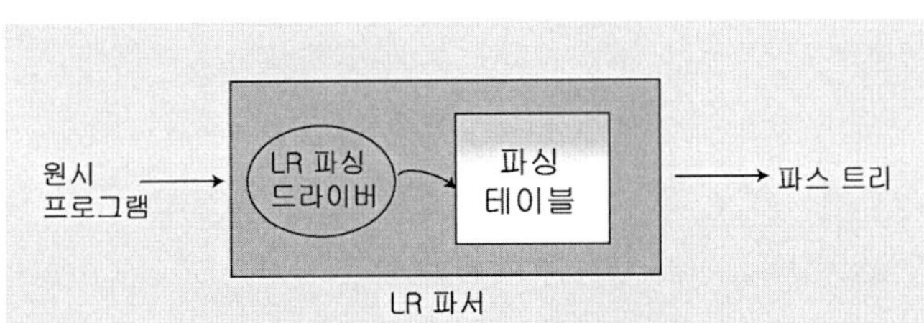

그림 8.1 지금까지 살펴본 LR 파서 개념

이 YACC는 문법만 있으면 파싱 테이블을 생성하고, 그 파싱 테이블의 정보에 따라 파싱 드라이버가 입력 심볼을 차례로 읽어들여 문법에 맞는지를 검사한다. 그러나 LR 파싱 테이블을 생성하는 과정은 문법이 길어지거나 복잡할수록 그 과정도 복잡하다. 그러므로 그림 8.2와 같이 어떤 프로그래밍 언어의 문법에 따라 파싱 테이블을 자동으로 생성한다.

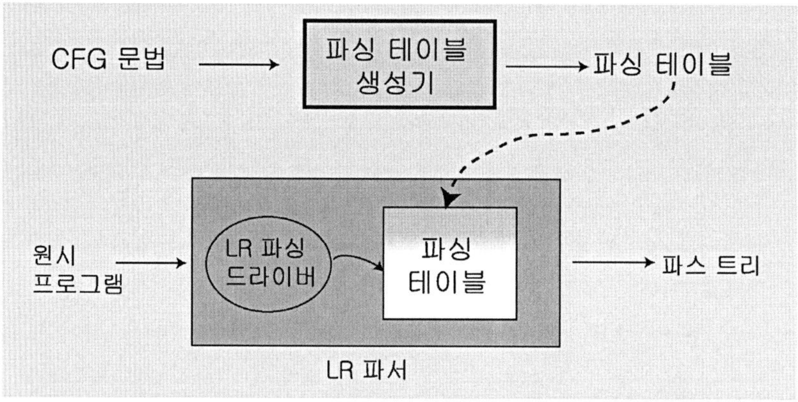

그림 8.2 파싱 테이블 자동 생성 개념이 포함된 LR 파서

이미 앞에서 살펴보았듯이 YACC는 그림 8.3과 같이 LEX와 연관하여 구동한다.

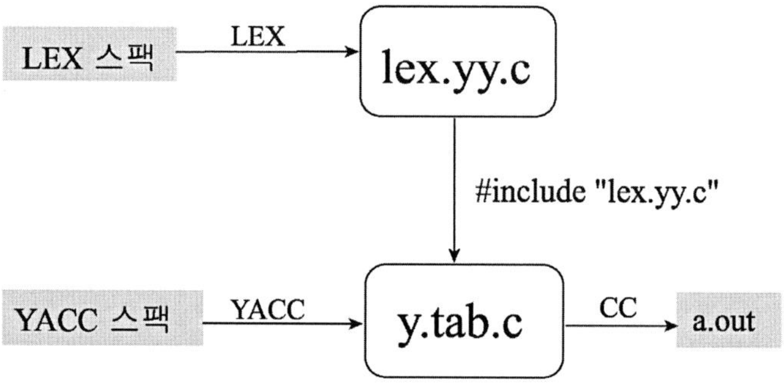

그림 8.3 LEX와 YACC에 의한 프로그램 생성과 컴파일

YACC와 LEX 사이의 관계를 프로그램과 함수 단위에서의 제어와 데이터 흐름을 바탕으로 살펴보면 그림 8.4와 같다.

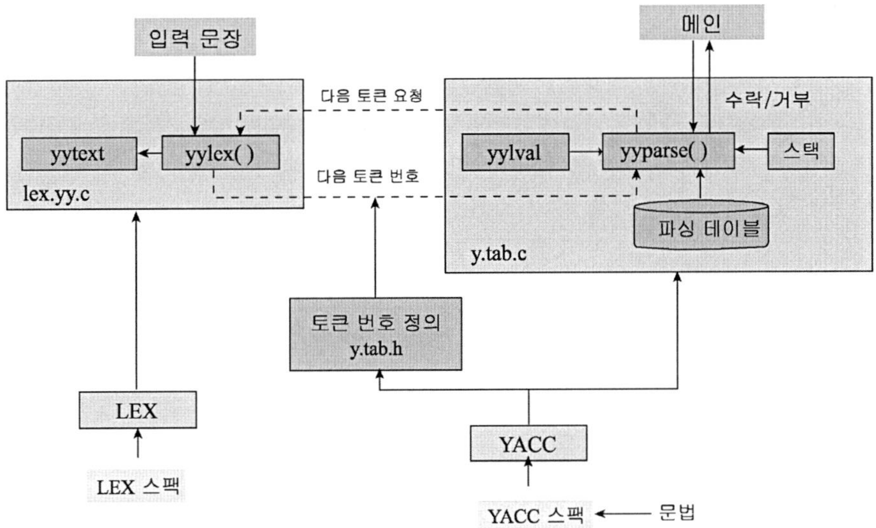

그림 8.4 YACC와 LEX 함수 사이의 제어와 데이터 흐름

YACC는 yyparse( )라는 C 함수를 생성하여 y.tab.c라는 파일에 첨부된다. yyparse ( ) 함수는 입력 토큰이 필요할 때 마다 LEX에서 생성한 yylex( ) 함수를 호출하는데, 이 yylex( ) 함수는 사용자가 작성할 수 있으며 YACC 스팩의 일부로 포함하거나 LEX 유틸리티로 생성할 수 있다. 그러므로 YACC 스팩 안에는 yylex( ) 함수를 포함하도록

```
#include    lex.yy.c
```

라는 문장이 있다고 가정한다.

연습문제 8.1

01 YACC는 무엇인지 설명하시오.

02 앞에서 학습한 LR 파서와 YACC의 유사점과 차이점을 설명하시오.

03 lex.yy.c를 설명하시오.

04 y.tab.c를 설명하시오.

8.2 YACC 스팩

YACC 스팩은 YACC에 입력하는 프로그래밍 언어의 문법을 말한다. 여러 형식으로 구성된 문법은 YACC가 읽을 수 없기 때문에 YACC가 이해할 수 있는 형식으로 구성한다. 이와 같이 YACC에 입력할 수 있는 형식의 문법을 YACC 스팩이라 한다.

이 YACC 스팩은 아래와 같이 선언부, 규칙 기술부, 지원 루틴 부의 세부분으로 구성한다.

```
선언부
%%
규칙 기술부
%%
지원 루틴부
```

8.2.1 선언부

선언부는 문자 %로 시작하며 프로그래밍 언어에서 사용하는 토큰 이름, 스택 형식, YACC가 필요로 하는 우선순위 정보가 있다. 뿐만 아니라, #include나 #define 같은 전처리 문장과 출력 파일 y.tab.c에 포함하는 선언을 나열한다. 아래는 선언부를 구성하는 예이다.

```
% {
% }
%token ID
%left '+'  '-'
%left '*'  '/'
  .......
```

이 예에서 알 수 있듯이 토큰으로 받아들이는 것은 식별자 ID이며, 연산자는 *, /, +, -이며 왼쪽부터 차례로 우선순위를 가지는데 *, /를 같은 우선순위로, +, -를 같은 우선순위로 사용한다.

8.2.2 규칙 기술부

규칙 기술부는 프로그래밍 언어를 생성하는 문법의 생성 규칙을 기술하는 곳이다.

이 부분이 YACC 스팩에서 중요한 부분으로 각 규칙은 아래 형식으로 구성한다.

```
넌터미널  :     α   {액션}
               |β   {액션}
               |γ   {액션}
               .
               .
               ;
```

여기에서 넌터미널은 문맥-자유 문법의 생성 규칙에서 왼쪽 심볼이며 α, β, γ는 생성 규칙의 오른쪽 심볼 스트링이고, | 는 넌터미널이 생성하는 여러 생성 규칙에서 선택할 수 있다는 것을 의미한다. { 액션 }은 C 언어로 구성된 문장이나 함수로 입력 스트링을 파싱하는 동안 해당 생성 규칙이 환원될 때 구동하는데 파스 트리를 출력한다. 이때의 파스 트리는 폴란드 표기식이거나 다른 방법으로 나타난다. 규칙 기술부는 세미콜론으로 끝낸다. 아래는 규칙 기술부를 구성하는 예이다.

```
%%
line :   expression   { printf("%d \n,$1); };
expression :  expression  '+'  expression    { $$ = $1 + $3; }
              |  expression  '-'  expression    { $$ = $1 - $3; }
              |  expression  '*'  expression    { $$ = $1 * $3; }
              |  expression  '/'  expression    { $$ = $1 /  $3; }
              |  '(' expression ')'    { $$ = $2; }
              |  a;
%%
```

이 규칙 기술은 지금까지 본문에서 많이 사용하던 산술 수식 문법인

$$E \rightarrow E + E \mid E - E \mid E * E \mid E / E \mid (E) \mid \mathrm{a}$$

를 YACC에서 읽을 수 있도록 구성한 것이다.

예를 들어, { 액션 } 부분의 { $$ = $1 - $3; }는 파싱 도중에 생성 규칙을 환원할 때 의미 분석을 위해 호출되는 부분으로 의미는 $1에 해당하는 토큰과 $3에 해당하는 토큰의 **자료형을 분석하고 빼기할 수** 있는 파스 트리를 구성하는 함수를 호출하라는 것이다.

8.2.3 지원 루틴부

지원 루틴부는 규칙 기술부의 { 액션 }에서 호출하는 함수를 기술한다. 즉, 의미

분석을 위한 루틴이 있다. 그러므로 { 액션 }에서 필요한 의미 분석 루틴을 호출하면 이 지원 루틴부에 있는 해당 함수가 호출되어 구동한다. 예를 들어, 산술 수식의 할당문을 파싱하는 도중에 수식에 사용한 식별자나 상수의 자료형을 검사하여야 한다면 { 액션 }에서 필요한 함수를 호출한다. 그러면 지원 루틴부의 자료형-검사 함수를 구동하여 자료형을 검사한다.

아래는 정수를 읽어서 사칙 연산을 수행하는 탁상용 계산기에 대한 파서와 의미 분석을 수행하도록 하는 YACC 스팩의 예이다.

```
% {
     C 코드가 들어가는 부분
% }
%token NUMBER
%left '+'   '-'
%left '*'   '/'
%%
line :   expression   { printf("%d \n,$1); };
expression :   expression   '+'   expression   { $$ = $1 + $3; }
               |   expression   '-'   expression   { $$ = $1 - $3; }
               |   expression   '*'   expression   { $$ = $1 * $3; }
               |   expression   '/'   expression   { $$ = $1 /  $3; }
               |   '(' expression ')'   { $$ = $2; }
               |   NUMBER;
%%
main() {
        yyparse();
 }
```

위 YACC 스팩을 입력 스트링 5 + 4 * 3를 파싱한 스택 형식과 실행한 결과 값은 그림 8.5와 같다.

	입력스트링	스택	결과값
State 0, token -none	5+4*3$	0	
Received token NUMBER			
State 4, token -none-	+4*3$	0 NUMBER 4	5
Reduce by(7) ¯"expr : MUMBER"			
State 2, token -none-	+4*3$	0 expr 2	5
Received token +			
State 6, token -none-	4*3$	0 expr 2+6	_5
Received token NUMBER			
State 4, token -none-	*3$	0 expr 2+6 MUMBER 4	4_5
Reduce by(7) ¯"expr : NUMBER"			
State 11, token -none-	*3$	0 expr 2+6 expr 11	4_5
Received token *			
State 7, token -none-	3$	0 expr 2+6 expr 11*7	_4_5
Received token NUMBER			
State 4, token -none-	$	0 expr 2+6 expr 11*7 NUMBER 4	3_4_5
Received by(7) ¯"expr : NUMBER"			
State 12, token -none-	$	0 expr 2+6 expr 11*7 NUMBER 12	3_4_5
Received by(4) ¯"expr : expr '*' expr"			
State 11, token -none-	$	0 expr 2+6 expr 11	12_5
Received token end-of file			
Received by(3) ¯"expr : expr '*' expr"			
State 2, token end-of file		0 expr 2	17
Received by(1) ¯"line : expr"¯			
State 1, token end-of file		0 line 1	

그림 8.5 입력 스트링 5 + 4 * 3을 파싱한 결과와 실행한 결과

8.2.4 YACC 스팩의 예

이 절에서는 YACC를 좀 더 구체적으로 알아보자. 우선 이해하기 쉬운 더하기, 빼기, 곱하기, 나누기, 단항 빼기, 다한 더하기가 있는 수식을 아래와 같이 네 개의 주소로 된 중간 코드로 번역하는 YACC 스팩을 살펴보자.

(동작 코드, 왼쪽 피연산자 주소, 오른쪽 피연산자 주소, 결과 주소)

예를 들어, 수식 (a + b) * c를 네 개의 주소를 사용하는 중간 코드로 번역하면 아래와 같다.

(add a, b, t1)
(mul t1, c, t2)

단항 빼기는 동작 코드로 umin를 출력하는데 피연산자가 한 개만 있다. 이 중간

코드에서는 변수(피연산자)를 문자로 표현했지만, 실제로는 변수가 심볼 테이블에 있기 때문에 테이블의 포인터를 사용한다. 또 임시로 보관하기 위한 결과 값 t1, t2,.... 은 스택 톱부터의 상대 주소이다.

이와 같이 임의의 수식에 대한 중간 코드를 생성하는 LEX와 YACC의 전체 스팩은 아래와 같다.

```
/*  아래는 LEX 프로그램이다.  */

    %%
    [a-zA-Z]        {yylval = alloc(TOKEN); return OPERAND;}
    [ \t]             ;
                    return  yytext[0];
    \n              {lineno++;  return yytext[0];}
    %%
```

```
/*  아래는 YACC 프로그램이다. YACC에는 구문 에러를 수정하는 기능이 있지
만 이 예에서는 취급하지 않는다.  */

    %{
    #include <stdio.h>
    #include <alloc.h>
    typedef char  * string;
    #define YYSTYPE  string;       /* 파싱 스택에 넣을 자료형(타입) 검사  */
    #define  TOKEN  1
    #define  TEMP 0
    int  temp = 0;
    struct node  {
                   char  name[3];  /*  "Th" 혹은 a, b, c, ...*/
                   struct  node  * next;   /* 연결 리스트 */
                 };
    struct node  * tlist = NULL;       /* 리스트 헤드  */
    char  * alloc  (int type);
    %}

    %token OPERAND
    %left  '+'  '-'
    %left  '*'  '/'
    %left  UMINUS  UPLUS
```

```
%%
list:                                   /*  빈 리스트  */
        | list  '\n'
        | list  expr  '\n'      { clear( ); }
        ;

expr:  '+'  expr  %prec  UPLUS    { $$ = $2; }
        | '-' expr  %prec  UMINUS    { $$ = alloc(TEMP); codegen ("umin",
$2, $$, 0); }
        | expr '+' expr { $$ = alloc(TEMP); codegen ("add", $1, $3, $$); }
        | expr '-' expr { $$ = alloc(TEMP); codegen ("sub", $1, $3, $$); }
        | expr '*' expr { $$ = alloc(TEMP); codegen ("mul", $1, $3, $$); }
        | expr '/' expr { $$ = alloc(TEMP); codegen ("div", $1, $3, $$); }
        | '('  expr  ')' { $$ = $2; }
        | OPERAND   { $$ = $1; }
        ;
%%

char  *progname;
int lineno = 1;
#include  "lex.yy.c"

main (int argc, char  *argv[ ])
{
  progname = argv[0];
  yyparse( );
}

yyerror ( char *s)
{
  fprintf(stderr, "%s[%d]: %s\n", progname, lineno, s);
}

char  *  alloc ( int type)
{ static  struct  node * last = NULL;
  struct  node  * ptr;
  static  char  t[3] = "  ";

ptr = (struct  node  *) malloc (sizeof  (struct  node));
ptr->next = NULL;
if (last != NULL)  {last->next = ptr; last  = ptr;}
```

```
        else  tlist  = last  =  ptr;
    if (type == TEMP)
        {
          t[0] = 'T';
          t[1] = '0'  + temp++;
          strcpy (last->name, t);
        }
      else strcpy (last->name, yytext);
      return (char  *)  last;
    }

    clear ( )

/*  할당된 메모리를 해제하고 다음 expr을 위하여 카운터를 리셋한다  */

    { struct node * ptr;
      while (tlist)
        { ptr = tlist->next;
          free (tlist);
          tlist = ptr;
        }
      temp = 0;
    }

codegen(char * operation, * operand1, * operand2, * result)
/* 중간코드를 출력하기  */

    {
      if (result)  /*  umin가 한 개의 피연산자와 결과만 가지면  */
          printf("\t %s %s %s %s\n", operation, operand1, operand2, result);
      else printf("\t %s  %s %s\n", operation, operand1, operand2);
    }
```

스팩에서 보듯이 문법은 맨 처음 %% 바로 뒤부터 기술한다. 이 문법은 명확하지 않은 문법이지만 YACC는 이러한 불명확성을 해결해 주기도 한다. 액션은 위치에 따라 넌터미널의 값을 참조하며 아래와 같은 경우에서 α값은 $1을, β는 $2, γ는 $3, δ는 $4를 참조한다.

A: α β γ δ { $1 $2 $3 $4 }

또한 어떤 값을 할당받는 넌터미널은 $$로 참조하며, 터미널이나 토큰 값은 전역 변수 yylval에서 가져온다. 입력은 앞에서 여러 번 사용한 문법으로 list와 expr로 정의한다.

위에 기술한 YACC 스팩을 좀 더 자세히 살펴보자.

(1) 맨 처음 부분인 **선언부**의 %{에서 %}까지는 출력에 C 코드가 들어가고 매크로(#define), #include 문장, C 선언을 위하여 사용한다. 또한 매크로 #define YYSTYPE string은 파싱 스택에 들어가는 값의 타입 선언에 사용하는데 변수(식별자) 피연산자와 연산자를 구현하기 때문에 변수(실제는 문자에 대한 포인터)를 파싱 스택에 넣는다. 그러나 YYSTYPE는 여러 변수를 선언하는 것으로 결과인 C 프로그램 안에서 사용하기 때문에 #define YYSTYPE char *는 사용하지 않았다.

  YYSTYPE yylval, yyval;는 char * yylval, yyval;로 매크로의 치환이 일어난다.

  yylval은 문자(변수 혹은 식별자)의 포인터이고, yyval은 문자(식별자) 자체인데 잘못된 것이다. 즉, 스트링 타입을 정의하기 위하여 typedef을 사용하는 것이 이런 문제를 만드는데 %}까지의 나머지 C 코드는 아래에서 설명하는 것처럼 alloc( ) 함수가 사용한다.

  다음으로 YACC에 필요한 선언이 있는데 %token은 yylex( ) 함수에서 가져오는 토큰을 선언하는 것이다. 토큰은 프로그램 구현이 쉽도록 정수형 숫자로 표현한다. 각 문자는 토큰으로 한 바이트 정수형으로 취급하는데 이 예에서의 OPERAND처럼 이름이 있는 토큰은 256부터 시작하는 값과 같다. 또한 %left와 %right는 연산자의 우선순위를 선언하는데 YACC에서 직접 사용한다. %left '+', '–'는 이런 유형(더하기 계열 연산자)의 연산자들은 결합법칙이 적용되어 왼쪽부터 오른쪽으로 차례로 계산을 수행한다.

(2) 두 번째 부분인 **규칙 기술부**는 주어진 문법을 기술한다. 이 예에서는 수식 문법으로 수식이 계산 도중에 일시적으로 저장할 일이 있으면 t1, t2, t3, ...와 같이 임시 변수를 사용한다. 이렇게 하려면 alloc( ) 함수를 사용하는데 다음 사용할 일시 저장 위치를 스트링의 형식으로 가져온다.

  일단 연산 결과가 어느 위치에 저장되는지를 알면 atom( ) 함수를 호출하여 연산자와 피연산자로 구성된 중간 코드를 출력한다. 수식을 모두 파싱하고 번역하면 clear( ) 함수를 호출하여 할당하였던 저장 장소를 모두 시스템에 반환하고 다음 수식을 파싱하기 위해 카운터를 리셋한다.

(3) 세 번째 부분인 **지원 루틴부**에서는 주프로그램으로 yyparse( )를 호출함으로서 파싱을 시작하며 아래와 같은 여러 함수가 있다.

- 두 번째 부분의 문법 규칙 기술의 { 액션 }이 호출하는 함수
- LEX의 출력 부분: LEX가 출력하는 내용은 lex.yy.c 파일에 저장한다.
- yylex( ) 함수: 토큰으로 된 원시 프로그램을 스캔하여 호출될 때마다 어휘 토큰을 내놓는다.
- yyerror( ) 함수: 구문 에러가 나올 때마다 호출되고, 에러의 의미를 출력한다.
- alloc( ) 함수: YACC 액션과 마찬가지로 LEX 액션에서 호출된다. 이 함수는 문자 형식의 피연산자를 저장한 배열 포인터를 알려준다. 그러므로 a, x, y, ... 같은 식별자일 수도 있고, t1, t2, t3, ... 같은 임시 결과가 저장된 포인터일 수도 있다. 이러한 변수 문자들은 연결 리스트로 저장한다.
- clear( ) 함수: 수식 전체가 완전히 번역되면 호출된다. 이 함수는 연결 리스트에 있는 모든 노드를 해제하고, 중간 계산 결과를 임시로 저장하는 위치를 알려주는 카운터를 0으로 리셋하여 다른 수식을 파싱할 준비를 한다.
- codegen( ) 함수: 연산자와 피연산자를 인자로 하여 stdout에 중간 코드를 출력한다.

위의 YACC 스팩은 주요 부분만 간략하게 기술하였다. 그러므로 실제 사용하려면 필요한 부분을 적당하게 추가하여야 한다.

연습문제 8.2

01 우리글 "대한민국"을 인식하는 YACC 스팩을 기술하시오.

02 YACC에서 우리글을 인식할 수 있는지 설명하시오.

03 아래의 정수를 읽어서 사칙 연산을 수행하는 YACC 스팩에 연산을 수행할 수 있는 기계어 인스트럭션을 생성하는 부분을 추가하시오.

```
% {
      C 코드가 들어가는 부분
% }
%token NUMBER
%left '+'  '-'
%left '*'  '/'
%%
line :  expression  { printf("%d \n,$1); };
expression :  expression  '+'  expression    { $$ = $1 + $3; }
                          |  expression  '-'  expression    { $$ = $1 - $3; }
                          |  expression  '*'  expression    { $$ = $1 * $3; }
                          |  expression  '/'  expression    { $$ = $1 /  $3; }
                          |  '(' expression ')'    { $$ = $2; }
                          |  NUMBER;
%%
main() {
        yyparse();
 }
```

04 YACC 스팩 작성의 문제점을 지적하시오.

8.3 YACC 실행하는 방법

YACC 실행을 위해 아래 산술 수식 문법을 인식하는 LEX와 YACC 스팩을 작성하고 실행하여 보자.

$$
\begin{aligned}
G : E &\rightarrow E \ + \ T \\
E &\rightarrow T \\
T &\rightarrow T \ * \ F \\
T &\rightarrow F \\
F &\rightarrow (\ E \ ) \\
F &\rightarrow \text{id}
\end{aligned}
$$

LEX와 YACC를 실행할 수 있는 유닉스나 윈도우즈 환경에서 아래 순서에 따라 실행한다.

단계 1. 어휘 분석을 수행하기 위해 아래와 같은 **test.l**이라는 LEX 스팩 파일을 만든다.

```
cs% vi test.lex

%{
#include <stdio.h>
%}
ID [A-Za-z][A-Za-z0-9]*

%%
[\t ];
{ID}            {printf("%s : Identifier\n", yytext);}
"*"|"+"|"("|")"  {printf("%s : Operator \n", yytext);}
%%

void main()
{
yylex();
}

int yywrap()
{
return 1;
}
```

단계 2. 어휘 분석을 수행하기 위해 아래와 같이 LEX를 실행한다.

cs% **lex test.l**

이 결과로 lex.yy.c라는 파일이 생성된다.

단계 3. 단계 2에서 생성한 lex.yy.c라는 C 파일을 컴파일한다.

cs% **cc lex.yy.c -ll**

이 결과로 a.out 파일이 생성된다.

단계 4. 문장 temp * ((i + j) * yy)을 예로 하여 입력 파일 **input.dat**을 작성한다.

cs% **vi input.dat**

단계 5. 입력 파일 **input.dat** 을 이용하여 a.out를 실행한다.

cs% **a.out < input.dat**

이 경우는 리디렉션으로 파일을 입력한다. 그러면 실행 결과는 아래와 같이 각 식별자와 연산자를 토큰으로 분리한다.

```
temp : Identifier
   * : Operator
   ( : Operator
   ( : Operator
   i : Identifier
   + : Operator
   j : Identifier
   ) : Operator
   * : Operator
  yy : Identifier
   ) : Operator
```

단계 6. 다음에는 구문 분석을 위해서 아래와 같이 **test.y**라는 YACC 스팩 파일을 만든다.

cs% **vi test.y**

```
%{
#include <stdio.h>
```

```
#include <string.h>
%}
%token ID

%%
E : E + T | T ;
    T : T * F ;
    F : (E) | ID ;
%%

int yywrap()
{
    return 1;
}

void main()
{
    yyparse();
}
```

단계 7. 구문 분석을 수행한다.

cs% **yacc -d test.y**

이 결과는 y.tab.h, y.tab.c 파일을 생성한다.

단계 8. 위의 LEX 과정과 YACC 과정에서 생성된 C 파일을 컴파일한다.

cs% **cc y.tab.c lex.yy.c -ly -ll**

이 결과에서 생성한 실행파일을 input.dat 파일을 입력으로 실행한 결과를 출력한다.

이와 같은 과정으로 실행한 결과는 입력한 문장을 토큰으로 분리한 결과와 문법에 따른 구문을 분석하는 과정을 그림 8.6과 같이 출력한다.

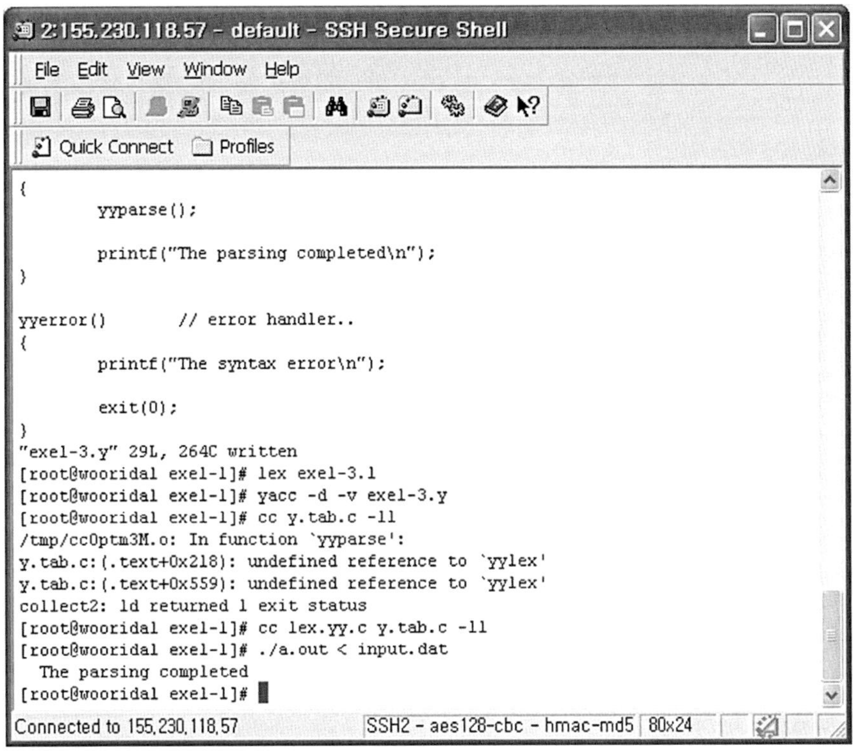

그림 8.6 temp * ((i + j) * yy)을 구문 분석하는 과정

실습 8.1

위에서 사용한 문법을 아래와 같이 첨가 문법으로 수정하여 LEX와 YACC를 단계별로 다시 실행하고 결과를 분석하시오. 또 위의 예와 비교하시오.

$$
\begin{aligned}
G : E' &\rightarrow E \\
E &\rightarrow E + T \\
E &\rightarrow T \\
T &\rightarrow T * F \\
T &\rightarrow F \\
F &\rightarrow (E) \\
F &\rightarrow \mathrm{id}
\end{aligned}
$$

실습 8.2

실습 8.1에서 작성한 문법으로 아래 문장을 인식하는 LEX와 YACC 스팩을 작성하여 단계별로 실행하고 결과를 분석하시오.

a + k * (b *(i + j))

실습 8.1과 실습 8.2의 결과를 스스로 관찰하시오.

연습문제 8.3

01 아래 문법을 사용하여 수식 각각을 인식하는 YACC를 실행하시오.

$$
\begin{aligned}
G : E' &\rightarrow E \\
E &\rightarrow E + T \\
E &\rightarrow T \\
T &\rightarrow T * F \\
T &\rightarrow F \\
F &\rightarrow (E) \\
F &\rightarrow \text{id}
\end{aligned}
$$

(1) temp * ((i - j) * y)
(2) a - (a - a - a - a)
(3) u * ((b - (a + (a + a) + 2)))
(4) -a + 4
(5) (a + 5 - y
(6) a + u -)

02 본문의 문법을 사용하여 아래 각각을 인식하는 YACC를 실행하시오.

(1) if (a > n) a = r + 5;
(2) if (a > n-1) a = r + 5 else f = t + a;
(3) int a, b, c=100;
(4) for (a=1; a <=100; a++) b = a + sum;

8.4 YACC 실습하기

이 절에서는 지금까지 살펴본 내용을 바탕으로 LEX와 YACC를 실습한다.

실습 8.3

아래 YACC과 LEX를 실행하고 각 입력 스트링에 대한 출력 결과를 보이시오. 또 어느 입력 스트링에 대하여 구문 에러를 탐지하는지 실행하고 결과를 분석하시오.

(1) ㄱㄴ

(2) ㄴㄱㄷㄷ

(3) ㄱㄴㄴㄱㄷㄴㄷㄴ

(4) ㄴㄴㄱㄷㄴ

(5) ㄴㄴㄱㄷㄴㄴ

```
/* LEX 프로그램 */
%%
.       return  yytext[0];
\n      return  yytext[0];
%%

/* YACC 프로그램 */
%%
line:S   '\n'
          ;
S:      'ㄱ'  S  'ㄴ'          {printf (" 가나다1 \n");}
        | 'ㄴ'  a  'ㄷ'        {printf (" 가나다2 \n");}
        ;
a:      'ㄴ'  a  'ㄴ'          {printf ("가나다3 \n");}
        | 'ㄱ'  'ㄷ'           {printf ("가나다4 \n");}
        ;
%%
#include "lex.yy.c"
main ( )
{
 yyparse ( ) ;
}
```

실습 8.4

다음은

$E \rightarrow E + T \mid T$

$T \rightarrow T * F$

$F \rightarrow (\ E) \mid \text{id}$

형식의 언어를 인식하는 파서를 생성하는 LEX 스팩과 YACC 스팩이다. 입력 파일이 아래와 같을 때 실행한 결과를 보이고 이유를 설명하시오.

(1) a + k * (b * (i + j)
(2) a + b + c * knu
(3) d + (as + j * l)

```
     /*  LEX 스팩  */
%{
#include "y.tab.h"
%}
%%
[a-z][a-z0-9]*  return(ID);
"+"     return(yytext[0]);
"*"     return(yytext[0]);
"("     return(yytext[0]);
")"     return(yytext[0]);
[\n\t\b]         ;

     /* YACC 스팩 */

%{
#include "lex.yy.c"
%}
%token ID
%%
E:      E '+' T
        | T ;
T:      T '*' F
        | F ;
F:      '(' E ')'
        | ID ;
%%
main ()
```

```
{       yyparse();
        printf("The parsing Completed\n");
}
yyerror()
{       printf("The syntax error \n");
        exit(0);
}
```

실습 8.5

정수 연산을 수행하는 탁상용 계산기를 LEX와 YACC 프로그램으로 구현하면 아래와 같다.

```
%token NAME NUMBER
%left '−' '+'
%left '*' '/'
%nonassoc UMINUS
%%
statement:          NAME '=' expression
    |               expression   { printf("= %d n", $1)' }
    ;
expression:         expression '+' expression { $$ = $1 + $3; }
    |               expression '−' expression { $$ = $1 − $3; }
    |               expression '*' expression { $$ = $1 * $3; }
    |               expression '/' expression
                          {     if($3 == 0)
                                yyerror("divide by zero");
                                else
                                    $$ = $1 / $3;
                          }
    |               '−' expression %prec UMINUS { $$ = −$2; }
    |               '(' expression ')'      { $$ = $2; }
    |               NUMBER                  { $$ = $1; }
    ;
%%
```

아래 각 수식을 입력하여 수행한 결과를 분석하시오.

(1) 2 + 4
(2) 4 + 5 * 4
(3) (6 − 5 + 4) − (3 * 5 + 2) * 5
(4) −5 + 4 + (−3 − 2)

실습 8.6

유동소수점 연산을 수행하는 탁상용 계산기를 LEX와 YACC 프로그램으로 구현하면 아래와 같다.

```
/*  LEX 프로그램  */
%%
[0-9]+\.?[0-9]*([eE][+-]?[0-9]+)?   {
                                       sscanf (yytext, "%f", &yylval);
                                               return  NUM;
                                    }
[       ]           ;
"\n"                return  yytext[0];
.                   return  yytext[0];
%%

/*  YACC 프로그램  */

%token NUM
%{
#define YYSTYPE float
%}

%left  "+"  "-"
%right "*"  "/"
list:
            | list expr '\n'  { printf ("%f\n", $2); }
            ;

expr:         expr '+' expr   { $$ = $1 + $3; }
            | expr '-' expr   { $$ = $1 - $3; }
            | expr '*' expr   { $$ = $1 * $3; }
            | expr '/' expr   {
                               if ($3 = 0) yyerror ("divide by zero\n");
                                     else $$ = $1 / $3;
                              }
            | '('  expr  ')'  { $$ = $1; }
            | NUM             { $$ = $1; }
            ;
```

```
%%
#include  "lex.yy.c"
yyerror (char *s) { printf("%s: %s\n", s, yytext); }
```

아래 각 수식을 입력으로 계산하고 결과를 분석하시오. 그러나 이 프로그램은 여러 곳에 에러가 있어서 올바르게 작동하지 않을 것이다. LEX와 YACC의 구문 에러, C 프로그래밍 언어의 구문 에러, 실행 에러, 에러 메시지를 출력하지 않는 것 등이다. 이 에러를 찾아 수정하고 실행하시오.

(1) 6 + 4.2e - 2
(2) 4 * 3 - 2 / 0
(3) (4 + 8) * 6 / 3
(4) 6 / (12 * 4 - 7 * 2.3)

실습 8.7

어떤 수식을 파스 트리로 변환하는 YACC 프로그램을 작성하시오. 피연산자는 단일 문자나 숫자이고, 연산자는 일반적인 우선순위를 가지는 더하기, 빼기, 곱하기, 나누기이다. yylex( ) 함수는 LEX로 만들거나 C로 직접 작성한다. 입력은 아래 각 줄에 있는 수식이고 stdout에 파스트리를 전위 표기 형식으로 출력하시오(아래와 같이 출력하여야 한다).

입력(중위 수식)	파스 트리출력 (전위 수식)
(1) (8 + a) * b	* + 8 a b
(2) 7 + a * b	+ 7 * a b

아래는 이 실습에 대한 LEX와 YACC 프로그램이다. 수행하여 결과를 분석하시오. 또한 임의의 다른 수식을 실행하고 결과를 분석하시오.

```
/*  아래는 LEX 스팩이다  */
%%
[a-zA-Z0-9]        {yylval.op = yytext[0];  return OPERAND;}
[ \t]              ;
                       return  yytext[0];
\n                 {lineno++;  return yytext[0];}
%%

/*  아래는 YACC 프로그램이다  */
```

```
/*   수식을 파스 트리로 변환하기   */
%{
#include <stdio.h>
struct node  {
                struct node * left;
                char op;
                struct  node  * right;
               };

%}

%union  {
            struct  node  * ptr;
            char  op;
           }

%token OPERAND
%type <ptr> expr
%left  '+'  '-'
%left  '*'  '/'

%%
list:          /*  빈 리스트  */
               | list  '\n'
               | list  expr  '\n'     { printf ("\t");
                                        prefix ($2); /* expr 파스 트리 출력 */
                                        printf ("\n");}
               ;

expr:           expr '+' expr       { $$ = alloc($1, '+', $3); }
               | expr '-' expr       { $$ = alloc($1, '-', $3); }
               | expr '*' expr       { $$ = alloc($1, '*', $3); }
               | expr '/' expr       { $$ = alloc($1, '/', $3); }
               | '('  expr  ')'      { $$ = $2; }
               | OPERAND             { $$ = alloc(NULL, yylval,op, NULL); }
               ;
%%

char  *progname;
int lineno = 0;
```

```
#include  "lex.yy.c"
main (int argc, char  *argv[ ])
{
  programe = argv[0];
  yyparse( );          /* 파서를  호출하기   */
}

yyerror ( char *s)
{
  fprintf(stderr, "%s[%d]: %s\n", progname, lineno, s);
}

struct  node * alloc (struct node * left, char op, struct node * right)
/* 파스 트리에 있는 노드를 할당하기, 포인터를 새로운 노드에게 반환하
기 */

{struct  node  * ptr;
    ptr = (struct  node  *) malloc (sizeof  (struct  node));
    ptr->left = left;
    ptr->right = right;
    ptr->op = op;
    return  ptr;
}

prefix (struct  node  * root)
/* 파스 트리를 전위 표기로 출력하기  */

{
   prinf ("%c ", root->op);
   if (root->left  != NULL)  {
                    prefix  (root->left);  /* 왼쪽 부트리 출력  */
                    free(root->left);      /* 메모리의 해제  */
                          }
   if (root->right  != NULL)  {
                    prefix  (root->right); /* 오른쪽 부트리 출력  */
                    free(root->right);      /*   메모리의 해제  */
                          }
   free(root);
}
```

실습 8.7에서 수식 -i + j * k은 단항 빼기가 있는 수식이며, 중간 코드로 번역하면 아래와 같다. 단항 빼기는 동작 코드로 umin를 출력하는데 피연산자가 한 개만 있다.

```
(umin    I,  0,  t1)
(mul     j,  k,  t2)
(add     t1, t2, t2)
```

이 실습에서는 YACC을 이용하여 간단한 파스 트리를 만든다. 이 때 스택에 들어가는 것은 연산자와 파스 트리에 있는 노드의 포인터이다. 그러므로 두 자료형이 스택에 들어갈 수 있도록 %union으로 선언한다.

```
%union  {
            struct  node  * ptr;
            char  op;
        }
```

이러한 타입의 하나인 넌터미널을 %type <ptr> expr 같이 선언할 수 있다. 이것은 각 expr이 expr을 정의하는 부분 트리의 포인터이다. LEX나 YACC에서 yylval을 참조할 때, yylval.op처럼 단순히 문자임을 알려주기 위하여 타입을 지정한다.

실습 8.8

아래와 같은 형식의 언어를 인식하는 구문 분석기를 작성하시오.

$Exp \rightarrow Exp\ Op\ Exp \mid (\ Exp\ ) \mid Number$
$Op \rightarrow + \mid - \mid *$
$Number \rightarrow 0 \mid 1 \mid 2 \mid 3 \mid 4 \mid 5 \mid 6 \mid 7 \mid 8 \mid 9$

실습 8.9

아래 YACC 스팩은 입력 파일에서 정수를 입력 받아서 문법에 맞게 구문 분석한다. 적당한 LEX 스팩을 작성하여 아래 각각을 입력으로 실행하고 결과를 분석하시오.

```
/*   YACC 스팩   */

%{
#include <stdio.h>
#include "lex.yy.c"
```

```
#define put(x) printf("%d", x);
#define err(x) fputs("err x", stdout)
%}
%token CONS
%%
list :    CONS
                {put($1);}
          | list ',' CONS
                { put($3);
                  yyerrok; }
          | error
                {err(1); }
          | list error
                { err(2); }
          | list error CONS
                { err(3);
                  put($3);
                  yyerrok; }
          | list ',' error
                { err(4); }
%%
main ()
{
 printf("yyparse(); = %d\n", yyparse());
}

(1) 3 + 4 + 9 -
(2) 8 , 79
(3) 10 ++
(4) 6 **
(5) 4(( 7
(6) 9 , (
(7) 8 - 0
```

실습 8.10

일반적으로 많이 사용하는 데이터베이스 명령어의 문법을 검사하는 구문 분석기를 YACC와 LEX를 이용하여 구현하시오. 이 구문 분석기에서는 최소한 아래 명령어는 취급하여야 한다.

```
RETRIEVE  학생성적파일
DISPLAY  FOR  성적  >=  90
PRINT  FOR  이름 = "최하늘"
```

연습문제 8.4

01 실습 8.6의 스팩에 직접 연산이 아닌 기계어 인스트럭션을 생성하는 부분을 추가하고 실행하시오.

02 실습 8.6의 스팩에 if 문과 for 문을 인식하는 부분을 추가하고 기계어 인스트럭션을 생성하시오.

제 9 장

의미 분석과 중간 코드 생성

앞에서 살펴보았듯이 어휘 분석 단계에서는 프로그램을 토큰으로 분리하고, 구문 분석 단계에서는 문법 구조를 검사하여 에러가 있는지를 검사하였다. 즉, 입력 프로그램 문장을 어휘 분석과 구문 분석(파싱)하는 동안 프로그램이 컴퓨터 처리기에서 실제로 실행할 수 있는 상태까지 된 것은 아니다. 아직까지는 처리할 중요한 부분이 남아있다.

예를 들면 문장 a = b + 3;를 비록 올바른 할당문으로 인식하였더라도, 3이라는 정수형 값과 b라는 변수 값을 더하여 변수 a에 저장한다는 의미가 있다. 또한 int a,b;는 정수형 변수 a와 b를 선언하고 메모리에 공간을 확보하라는 의미가 있다. 그러므로 이러한 내용을 컴퓨터가 이해할 수 있도록 의미를 부여하는 과정을 **의미 분석**이라 한다. 이 장에서는 의미 분석에 필요한 개념과 의미 분석 과정을 살펴본다.

9.1 의미 분석 개념

정수형 값의 a와 b에 대한 할당문 a = b + 3;에서 수식 b + 3을 살펴보자. 이 수식은 3이라는 정수형 값과 b라는 변수의 값을 더한다. 이때 변수 b는 단순한 문자일 뿐 값이 정수형인지, 유동소수점인지, 몇 번지에 저장되어있는지, 몇 비트인지 알 수 없다. 또한 a라는 변수도 값을 할당 받으려면 b와 같은 속성이어야 한다. 그러므로 이 할당문이 올바르게 실행하려면 b가 정수형이고, 상수 3과 정수형 연산을 하여야 하며, 정수형 변수 a에 할당하도록 해야 한다.

이와 같은 의미 부여는 그림 9.1과 같이 구문 분석 단계에서 생성한 파스 트리에 대해 자료 속성과 함께 실행 코드를 생성하도록 한다.

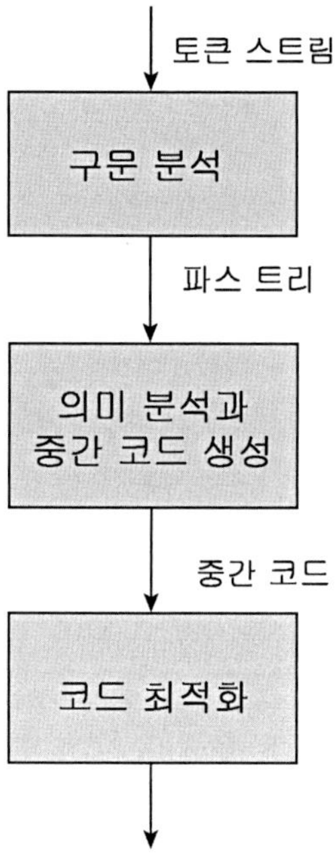

그림 9.1 의미 분석 단계

의미 분석은 크게 두 부류로 나눌 수 있다.

- 기본 자료형이나 자료 구조의 의미 분석
- 실행문의 의미 분석(중간 코드 생성)

처음의 기본 자료형이나 자료 구조의 의미 분석은 그 자료를 사용하는 문장에서 자료의 **속성**에 따라 올바르게 사용하거나 실행하도록 의미를 부여하는 것이다. 또한 실행문의 의미 분석은 컴퓨터가 실행할 수 있는 중간 코드(혹은 기계어 인스트럭션)를 생성하는 것이다.

[정의 9.1]

속성은 프로그램에서 사용하는 객체가 컴퓨터 내부에 어떤 형식으로 표현되는 의미이고, **속성 값**은 생성 규칙과 연관되어 있는 의미의 규칙이다.

정의에 따르면 어떤 변수의 속성이란 스트링, 정수, 유동소수점, 배열, 길이, 메모리 공간의 위치 등과 같이 자료의 형식과 내용이 속성이다.

[정의 9.2]

의미 규칙은 생성 규칙 $A \rightarrow \alpha$에 대한 함수로 Atr = F(ψ_1, ψ_2, …, ψ_m)이다. 여기에서 F는 여러 속성이 합성하거나 상속하는 함수이며, Atr은 생성 규칙의 오른쪽에 있는 문법 심볼의 속성에 따라 생성하는 F의 결과에 의한 합성 속성이거나 상속 속성이다. ψ_1, ψ_2, …, ψ_m은 합성 속성일 경우에는 생성 규칙의 오른쪽에 있는 문법 심볼에 속하는 속성이고, 상속 속성일 경우에는 A에 속하는 속성이거나 생성 규칙 $A \rightarrow \alpha$의 오른쪽에 있는 문법 심볼 중 어느 것에나 속하는 속성이다.

자료형과 자료 구조에 대한 의미 분석으로 아래 C 프로그래밍 언어의 선언문 두 개를 살펴보자.

```
int a;
int b[5][6]={ 1, 0, 1, 0, 1, 0,
              1, 0, 1, 0, 1, 0,
              1, 0, 1, 0, 1, 0,
              1, 0, 1, 0, 1, 0,
              1, 0, 1, 0, 1, 0 };
```

우선, 처음 선언 int a;는 아래의 속성을 가진다.

- 정수형, 단순변수, 이름은 a, 16비트(혹은 32비트), 심볼 테이블의 주소, ...

다음으로 배열 선언 int b[5][6] = { ... }은 아래의 속성을 가진다.

- 정수형, 배열, 배열변수 이름은 b, 각 원소가 16비트(혹은 32비트), 2차원 배열, 30개의 정수형 자료 할당 공간 확보, 시작 원소 b[0][0], 마지막 원소 b[5][6], 행우선 저장, 심볼 테이블에서의 배열 시작 주소, ...

위 예처럼 속성은 사용할 값에 따라 컴퓨터 안에서 표현할 수 있는 형식과 그 의미를 지녀야 한다. 의미 분석 단계에서는 자료에 대하여 이러한 일을 수행한다.

또한, 실행문에 대한 의미 분석으로 C 프로그래밍 언어의 수식과 할당문을 살펴보자.

```
a = b + c * d;
```

이 수식을 실행 가능하도록 하려면 아래와 같은 중간코드(혹은 인스트럭션)로 변환한다.

```
lod  b,   R1   // 메모리 b번지의 값을 레지스터 R1으로 옮겨라 //
lod  c,   R2   // 메모리 c번지의 값을 레지스터 R2로 옮겨라 //
mul  d,   R2   // 메모리 d번지의 값을 레지스터 R2 값과 곱하여 다시 R2에
                  저장하라 //
add  R1,  R2   // 레지스터 R1의 값과 R2의 값을 더하여 R2에 저장하라 //
sto  R2,  a    // 레지스터 R2의 값을 메모리 a번지로 이동(저장)하라 //
```

이러한 의미 분석도 자동으로 이루어지는 것이 중요하다.

연습문제 9.1

01 컴파일러에서 의미란 무엇인지 설명하시오.

02 할당문 a = b * 3 + k[8];의 의미는 무엇인지 설명하시오.

03 보통 프로그래밍 언어에서 기본 자료형에는 어떠한 것들이 있는지 기술하시오.

04 보통 프로그래밍 언어에서 구조형 자료에는 어떠한 것들이 있는지 기술하시오.

05 의미 규칙을 만드는 이유를 설명하시오.

06 중간 코드와 기계어 인스트럭션 코드의 차이를 설명하시오.

9.2 구문-직접 번역

보통 컴파일 단계에서는 그림 9.1과 같이 구문 분석기와는 독립적으로, 생성한 파스 트리에 대하여 의미를 분석한다. 그러나 이 절에서는 의미 분석 방법을 이해하기 위해 의미 분석기가 독립적으로 의미를 분석하기 전에 구문 분석 단계에서 의미 분석을 어떻게 수행하는가를 살펴본다. 이러한 과정을 **구문-직접 번역**이라 한다. 즉, 구문-직접 번역은 구문을 분석하는 도중에 필요한 의미 분석을 수행하여 자료의 속성을 부여하거나 필요한 코드를 생성한다.

예를 들어, 2+3*4↲ 라는 수식을 계산(↲ 는 엔터키이다)하는 탁상용 계산기를 살펴보자. 알다시피 탁상용 계산기는 사용자가 프로그램을 입력하여 어휘 분석, 구문 분석, 의미 분석 단계를 거친 후 기계어 인스트럭션을 생성하여 실행하지 않는다. 사용자가 수식을 입력하는 대로 주어진 문법 생성 규칙에 따라 구문에 맞는지 검사하면서, 입력 터미널 값을 직접 저장하거나 코드를 생성하여 실행한다. 이와 같은 구문-직접 번역 방식은 인터프리터에 주로 적용한다.

그림 9.2는 수식 2+3*4↲ 를 계산하는 과정을 나타내는데, *.p*은 입력 심볼이 있는

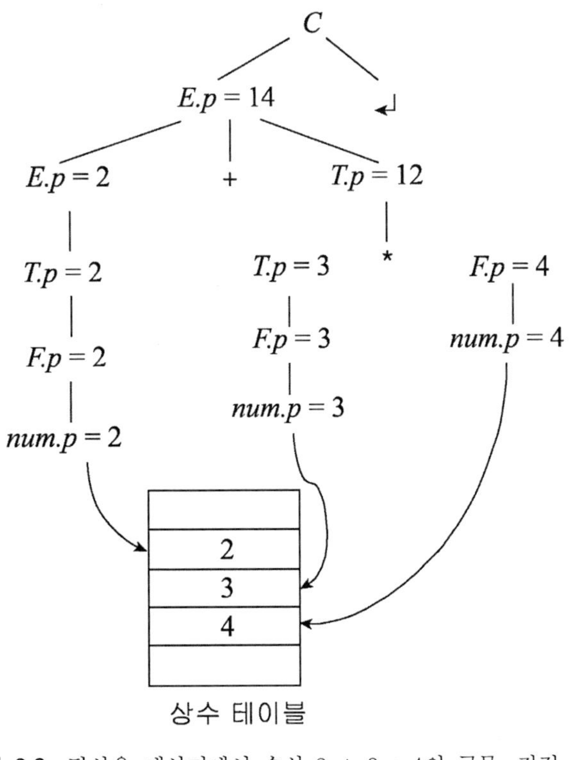

그림 9.2 탁상용 계산기에서 수식 2 + 3 * 4의 구문-직접 실행

심볼 테이블의 포인터이다. 맨 처음에 2를 입력하면 어휘 분석기에서 생성한 상수 테이블에서 상수를 가져오고, $F \rightarrow$ num에 의해 환원할 때 넌터미널 심볼 $F.p$에 2를 저장한다. 다시 $T \rightarrow F$에 의해 환원할 때 $T.p$에 2를 저장한다. 이어서 * 심볼이 있으므로 $E + T$은 *에 대하여 활성 접두사이므로 *가 들어오기를 기다린다. 터미널 심볼 *이 입력되면 $E + T$ *가 활성 접두사이고 3이 입력되면 같은 과정으로 $F.p$에 3을 저장한다.

현재 $E.p + T.p * F.p$에서 각 넌터미널 심볼은 2 + 3 * 4의 2, 3, 4를 저장하고 있다. 그러므로 $E.p + T.p * F.p$는 $E.p + T.p$로 환원하는데 $T.p * F.p$을 실행하여 $E.p + T.p$에 각각 2와 12를 저장하고 있다. 그러므로 최종으로 $E.p + T.p$가 $E.p$로 환원할 때는 계산한 최종 값으로 14를 $E.p$에 저장하고 C↲ 에 환원할 때 $E.p$의 값 14을 출력한다.

위 예에서 보듯이 구문에서 직접 번역하려면 구문 분석을 수행하는 과정에서 환원이 일어날 때마다 계산을 직접 수행하는 액션이 있어야 한다. 즉, 숫자 2를 입력하면 $F \rightarrow$ num로 환원할 때는 넌터미널 심볼 $F.p$에 2를 저장하는 액션을, 다시 $T \rightarrow F$로 환원할 때는 $T.p$에 2를 저장하는 액션을 말한다. 이와 같이 액션을 수행하려면 각 생성 규칙에서 환원이 일어날 때마다 수행할 액션을 지정한다. 이러한 액션을 **의미 규칙**이라 하고 생성 규칙마다 적절하게 만들어 넣는다.

그림 9.3은 위의 수식을 위한 문법의 생성 규칙과 의미 규칙을 나타낸다.

생성 규칙	의미 규칙
$C \rightarrow E$↲	output($E.p$)
$E \rightarrow E_1 + T$	$E.p = E_1.p + T.p$
$E \rightarrow T$	$E.p = T.p$
$T \rightarrow T_1 * F$	$T.p = T_1.p \times F.p$
$T \rightarrow F$	$T.p = F.p$
$F \rightarrow (E)$	$F.p = E.p$
$F \rightarrow$ num	$F.p$ = num.p

그림 9.3 산술 수식에 대한 문법과 의미 규칙

그림 9.3에서 보듯이 입력하는 수식의 스트링은 문법에 맞는지를 검사하고, 환원이 일어나는 순간에 터미널 값인 2, 3, 4에 대하여 *와 + 연산을 수행하여 최종으로 $E.p$에 저장한 후에 출력한다.

예 9.1

의미 분석을 좀 더 이해하기 위해 그림 9.3의 의미 규칙을 그림 9.4와 같이 변경하고 수식 2 + 3 * 4↲ 를 번역해 보자.

생성 규칙	의미 규칙
$C \rightarrow E$↲	output("parsing complete")
$E \rightarrow E_1 + T$	output("add")
$E \rightarrow T$	
$T \rightarrow T_1 * F$	output("mul")
$T \rightarrow F$	
$F \rightarrow (E)$	
$F \rightarrow$ num	output(num)

그림 9.4 코드를 생성하는 의미 규칙이 들어간 생성 규칙

그림 9.4에서는 2가 입력되면 $F \rightarrow$ num에 의해 환원하면서 의미 규칙에 따라 2를 출력한다. 이어서 +, 3이 입력되면 $F \rightarrow$ num에 의해 3이 출력되어 아래와 같은 순서가 된다.

(2 3)

다시 *, 4가 차례로 입력되면 4가 먼저 출력되어 아래와 같다.

(2 3 4)

그 후에는 생성 규칙 $E + T * F$에서 $T * F$을 환원할 때 mul을 출력하기 때문에 현재까지의 출력은 아래와 같다.

(2 3 4 mul)

다시 $E + T$를 E로 환원하면 add를 출력한다. 그러므로 최종 결과는 아래와 같다.

(2 3 4 mul add)

여기에서 출력한 결과를 잘 살펴볼 필요가 있다. 출력된 이 형식은 수식의 후위표기이며 의미는 그림 9.5의 **신택스 트리**와 같다. 신택스 트리는 연산자를 중간 노드로 하고 좌우 노드를 피연산자로 하는 트리 구조이며, 파스 트리는 생성 규칙의 시작 넌터미널에서 문장이 생성되는 유도 과정을 트리로 표현하므로 신택스 트리와 파스 트리와 다르다.

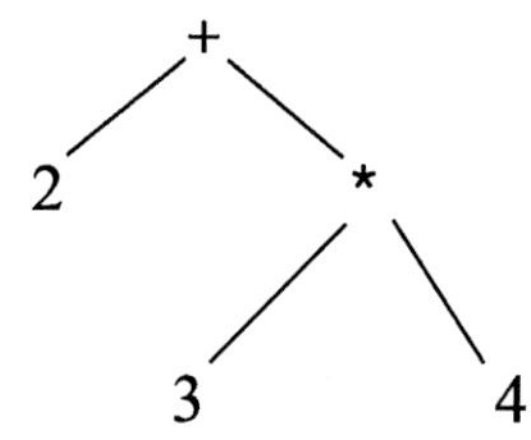

그림 9.5 수식 2 + 3 * 4↲ 의 신택스 트리

이와 같이 구문-직접 번역은 의미를 생성하는 과정에서 의미 규칙을 어떻게 정의하느냐에 따라 선언문의 의미부여, 자료형(타입) 검사, 코드 생성 등 다양한 의미부여와 중간 코드를 생성할 수 있다.

살펴본 바와 같이 구문-직접 번역은 아래처럼 생성 규칙에 의미 규칙을 연결한 형식으로 구성한다.

A → α{ 의미 규칙 }

이것은 입력 스트링을 파싱하면서 지정한 의미 규칙을 호출하도록 생성 규칙에 추가하였다는 뜻이다. 이 때 의미 규칙은 함수인 **액션 루틴**으로 구현되고, 액션 루틴이 실행하면서 출력하는 터미널 심볼을 **액션 심볼**이라 한다.

위에서 살펴본 더하기와 곱하기 연산에 액션 루틴을 추가한 문법을 다시 살펴본다. 이 문법은 곱하기와 더하기에 대한 산술 수식을 후위 표기로 바꾼다. 액션 심볼은 {+}, {*}, {a}로 표시되어 있고 의미 규칙의 액션 루틴은 생성 규칙의 오른쪽 끝에 있다.

G:	1.	*E* → *T* *Elist*	
	2.	*Elist* → + *T* {+} *Elist*	{ output("add") }
	3.	*Elist* → ε	
	4.	*T* → *F* *Tlist*	
	5.	*Tlist* → * *F* {*} *Tlist*	{ output("mul") }
	6.	*Tlist* → ε	
	7.	*F* → (*E*)	
	8.	*F* → a {a}	{ output(a) }

이 문법은 액션 루틴을 추가한 문법으로 입력 스트링 a + a * a의 파스 트리는 그림 9.6과 같다. 이 파스 트리에는 액션 심볼이 포함되어 있는데, 파싱을 수행하면 아래와 같이 액션 루틴(의미 규칙)을 수행한 결과를 출력한다.

(a a a mul add)

이것은 중위 표기의 스트링 a + a * a를 파싱하여 후기 표기로 번역한 중간 코드이다.

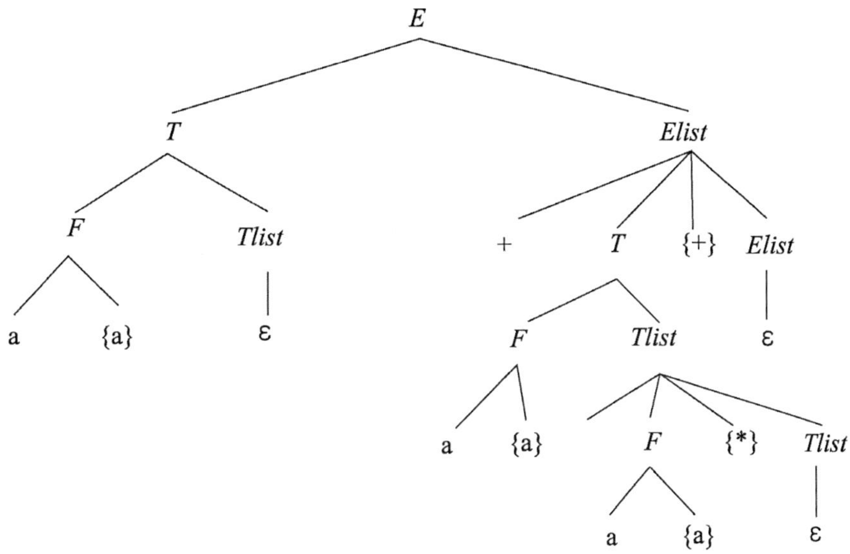

그림 9.6 생성 규칙에 액션 심볼이 추가된 a + a * a의 파싱 트리

9.2.1 액션 루틴을 결합한 리커시브 디센트 파서의 구현

의미 규칙을 리커시브 디센트 파서와 결합하려면 액션 루틴은 생성 규칙에서 오른쪽 부분에 있도록 한다. 이렇게 함으로서 생성 규칙의 목적에 따라 액션 심볼을 출력하도록 한다. 즉, 액션 루틴을 구성하는 함수를 호출한다. 리커시브 디센트 파서에서는 각 넌터미널이 함수로 구성되고 입력이 들어오면 액션 심볼을 출력한다.

위의 문법 *G*로 인식할 수 있는 중위 표기 수식을 후위 표기로 번역하는 리커시브 디센트 파서를 구성하면 아래와 같다. token는 현재 입력 심볼이다.

```
function E( )
{
    if ((token == '(') || (token == 'a')) {          /*   생성 규칙 1   */
                                    T( );
                                    Elist( );
                                }          /*   생성 규칙 1   */
```

```
    else printf("parsing error");
}                                    /*   함수 E   */

function Elist( )
{
    if (token == '+') {              /*   생성 규칙 2   */
                    scanf(token);
                    T( );
                    printf("add");
                    Elist( );
                    }                /*   생성 규칙 2   */
    else if((token == ')') || (token == '↵' )) /* do nothing */ /* 생성 규칙 3 */
                          else printf("parsing error");
} /*   함수 Elist   */

function T( )
{
    if ((token == '(' ) || (token == 'a')) {        /*   생성 규칙 4   */
                                F( );
                                Tlist( );
                                }                  /*   생성 규칙 4   */
                         else printf("parsing error");
} /*   함수 T   */

function Tlist( )
{
    if ( token == '*' ) {                   /*   생성 규칙 5   */
                    scanf(token);
                    F( );
                    printf("*");
                    Tlist( );
                    }                       /*   생성 규칙 5   */
    else if((token == '+') || (token = ')' || (token == '↵ ')) /*   do nothing, 생성
                                                           규칙 6 */
                    else printf("parsing error");
} /*   함수 Tlist   */

function F( )
{
    if ( token == '(' ) {                   /*   생성 규칙 7   */
```

```
                    scanf(token);
                    E( );
                    if(token ==')') scanf(token) else printf('parsing error');
                   }                      /*   생성 규칙 7   */
    else if (token == 'a'){       /*   생성 규칙 8   */
                     scanf(token);
                     printf("a")
                    }          /*   생성 규칙 8   */
} /*  함수 F  */
```

9.2.2 액션 루틴을 결합한 LR 파서의 구현

앞에서 다룬 것처럼 단순 LR 파서에서 LR(1) 파싱 테이블에는 이동/환원 정보가 있다. 아래는 액션 루틴을 결합한 단순 LR 파싱 드라이버이다.

```
function LR_Parsing_Driver( )
 {
 input: token sequence, augmented grammar, stack and the parsing table;
 output: parsing tree;
   /* 초기 스택 상태와 입력 큐 상태 : (#s0     :    ai ai+1 ....... an ↵ )  */
   /* 파싱이 진행 중인 스택과 입력 큐 상태:
      (#s0 X1s1X2 ....... Xmsm :    ai ai+1 ....... an ↵ );
   /* 스택 톱 심볼(상태번호)과 입력 심볼을 아래처럼 비교한다              */
   /* 이동 액션이면 스택 톱에 입력 심볼을 이동하고 상태번호를 넣는다 */
   if (ACTION(sm, ai) == "shift s") (#s0 X1s1X2 ....... Xmsmais : ai+1 ....... an ↵ );
   /* 환원 액션이면 스택에서 상태번호를 포함하여 β를 제거한다    */
   if  (ACTION(sm, ai ) == "reduce A → β")
     {
       (#s0X1s1X2 ....... Xm-rsm-r    :    ai ai+1 ....... an ↵ )
       call action_routine for A → β; /* β 안에 있는 액션 심볼(터미널)을
            출력한다  */
       (#s0 X1s1X2 ....... Xm-rsm-rAs    :    ai ai+1 ....... an ↵ )
       /* (r = |β|, GOTO(sm-r, A) = s)   */
     }
   if(ACTION(sm, ai) == "accept") printf ("parsing is completed normally");
   if(ACTION(sm, ai) == "error") ERROR( );
   }
```

예 9.2

아래의 의미 규칙이 적용된 문법으로 수식 3 * 4 + 5↵ 를 LR 파싱하는 단계에서 스택 상태, 입력 큐 상태, 파싱 결과를 보이시오.

$L \rightarrow E$↵	{ output("parsing complete");}
$E \rightarrow E_1 + T$	{ output("add");}
$E \rightarrow T$	
$T \rightarrow T_1 * F$	{ output("mul");}
$T \rightarrow F$	
$F \rightarrow (E)$	
$F \rightarrow$ **num**	{ output(**num**);}

수식 3 * 4 + 5↵ 를 파싱하는 단계의 스택 상태, 입력 큐 상태는 아래와 같다.

입력	파싱스택	적용구문	의미 규칙 적용결과
3 * 4 + 5↵			–
* 4 + 5↵	3		–
* 4 + 5↵	F	$F \rightarrow$ **num**	3
* 4 + 5↵	T	$T \rightarrow F$	3
4 + 5↵	$T*$		3
+ 5↵	$T*4$		3
+ 5↵	$T*F$	$F \rightarrow$ **num**	3 4
+ 5↵	T	$T \rightarrow T*F$	3 4 mul
+ 5↵	E	$E \rightarrow T$	3 4 mul
5↵	$E+$		3 4 mul
↵	$E+5$		3 4 mul
↵	$E+F$	$F \rightarrow$ **num**	3 4 mul 5
↵	$E+T$	$T \rightarrow F$	3 4 mul 5
↵	E	$E \rightarrow E+T$	3 4 mul 5 add
–	E↵		3 4 mul 5 add
–	L	$L \rightarrow E$↵	3 4 mul 5 add ↵

또한 액션 루틴을 실행하므로 의미를 부여한 결과는 아래와 같다(↵ 에 의한 출력 "parsing complete"는 생략함).

(3 4 mul 5 add)

이 형식은 후위 표기로 표현한 트리 구조이며 중간 코드이다.

연습문제 9.2

01 넌터미널 S로 시작하고, 액션 루틴이 추가된 아래 문법에서 각 입력에 대한 파스 트리와 출력 결과를 보이시오. 에러가 있으면 "에러"를 출력하시오.

$S \rightarrow C\text{b}D$
$C \rightarrow \text{a}\ \{\lambda_1\}\ \text{c}$
$C \rightarrow \text{b}\ C\ \{\lambda_2\}$
$D \rightarrow \text{b}\{\lambda_3\}$
$D \rightarrow \{\lambda_3\}$

(1) bacb
(2) aacbbb
(3) bacabaa
(4) bbcacab
(5) cbcbc

02 액션 루틴이 있는 아래 각 문법에서 넌터미널에 대한 리커시브 디센트 파서의 함수를 구현하시오.

(1) $S \rightarrow \{\lambda_1\}\ \text{a}\ A\ \{\lambda_2\}\ B$
(2) $A \rightarrow \text{a}\ \{\lambda_1\}\ \{\lambda_2\}\ C\ D$
(3) $N \rightarrow 0\ \{\lambda_1\}\ D\ 1\ M$
(4) $A \rightarrow \text{a}\ \{\lambda_1\}\ B\ C$

03 아래 문법에 대해 리커시브 디센트 파서를 구성하시오.

$S \rightarrow C\ \text{b}\ D\{\lambda_1\}$
$C \rightarrow \text{a}\ \{\lambda_2\}\ \text{c}$
$D \rightarrow \text{b}\{\lambda_3\}$

04 아래 문법에 대해 LR 파싱한 결과를 보이시오. 필요한 자료나 테이블은 구해야 한다.

$S \rightarrow A\ \{\lambda_1\}\ 1\ B$
$A \rightarrow 0\ 1\ \{\lambda_2\}$
$B \rightarrow 0\{\lambda_3\}1$

05 의미 규칙이 추가된 문법으로 입력 프로그램을 LR 파싱하면서 액션 루틴을 수행하면 파싱 결과는 후위 표기법으로 출력된다. 그 이유를 설명하시오.

9.3 속성 문법

지금까지는 프로그래밍 언어를 번역하는 과정을 살펴보았다. 그러나 실제로 프로그래밍 언어를 번역하려면 의미를 부여하기 어려운 경우도 많다. 즉, 문맥-자유 문법으로만 프로그래밍 언어를 명화하게 기술하기 어렵다. 예를 들어, 프로그래밍 언어의 제어문에서 순환을 제어하는 변수 값은 순환하는 동안 순환 몸체 안에서 변경되면 안 된다(변경되면 순환 변수 값의 변화에 따라 순서가 변할 수 있기 때문이다). 이러한 것은 문법을 그대로 번역만 한다고 해결되지 않는다. 그러므로 순환 변수와 같은 변수의 값은 실제로 다르게 할당하도록 의미 규칙을 보완하여야 한다.

또 다른 예를 들어보자. 수식의 중간 계산 결과를 저장하고 이 저장한 곳의 주소를 다른 수식에 전달할 필요가 있다. 이러한 경우도 마찬가지로 주소가 의미를 가지므로 문법을 확장하여 의미를 보완한다.

이와 같이 의미 규칙을 확장하여 문법이 제공하지 못하는 의미 부분을 보완하도록 확장한 문법을 **속성 문법**이라 한다. 이 속성 문법을 사용하면 의미를 보다 명확하게 부여할 수 있다.

속성 문법은 문법 심볼인 넌터미널이나 터미널 각각의 속성이 하나만 있을 수도 있고 여러 개 있을 수도 있기 때문에 필요에 따라 첨자로 구별하여 표기한다. 예를 들면 넌터미널 E에 대한 속성은 수식의 결과 값을 저장하는 스택의 주소를 포인터로 사용할 수 있다. 또한 어휘 분석에서 토큰으로 사용하는 입력 심볼의 속성은 토큰의 해당 값이 속성이 될 수 있다.

속성 문법에는 생성 규칙마다 의미 규칙이 추가된다. 물론 의미 규칙이 하나도 없는 생성 규칙도 있다. 의미 규칙은 파싱 동안 해당 생성 규칙이 적용될 때마다 의미 규칙에 따라 속성 값이 어떻게 할당되는가를 보인다.

[정의 9.3]

생성 규칙 $A \rightarrow \alpha$에 대한 **합성 속성**은 생성 규칙의 왼쪽에 있는 넌터미널의 속성 값 $A(\mathrm{Atr})$는 오른쪽에 있는 문법 심볼의 각 속성 값인 $X(\psi)$, $Y(\psi)$, $Z(\psi)$의 합성에 의한 함수이다.

$$A \rightarrow XYZ \qquad A(\mathrm{Atr}) = F(X(\psi)Y(\psi)Z(\psi))$$

즉, X, Y, Z의 합성 값이 A의 값이다.

[정의 9.4]

생성 규칙 $A \rightarrow \alpha$에 대한 **상속 속성**은 생성 규칙의 오른쪽에 있는 넌터미널의 속성 값 $X(\psi)$, $Y(\psi)$, $Z(\psi)$은 왼쪽에 있는 넌터미널의 속성 값 $A(\mathrm{Atr})$이 전달된다. 그러므로

$$A \rightarrow XYZ \qquad A(\mathrm{Atr}) = \mathrm{F}(X(A(\mathrm{Atr}))\ Y(A(\mathrm{Atr}))\ Z(A(\mathrm{Atr})))$$

혹은

$$A \rightarrow XYZ \qquad A(\mathrm{Atr}) = \mathrm{F}(X(A(\mathrm{Atr}))\ Y(X(\Psi))\ Z(X(\Psi)))$$

이다. A의 속성 값이 X, Y, Z에 상속되거나 X의 속성 값이 Y와 Z에 상속된다.

어떤 속성은 파스 트리의 더 높은 레벨에서 속성을 전달받고, 어떤 속성은 파스 트리의 더 낮은 레벨의 노드에서 속성을 전달 받는다. 즉, 프로그래밍 언어의 실행문을 번역하여 실행 코드를 생성할 때처럼 속성이 잎에서 루트로 값이 전달될 때는 합성 속성이 적용되고, 선언문을 번역하여 자료형을 각 변수에 전달하는 경우는 상속 속성이 주로 적용된다.

예 9.3

탁상용 계산기에서 입력 값을 계산하도록 하는 아래 문법 G는 더하기와 곱하기 연산이 있는 속성 문법이다. 의미 규칙의 문법 심볼에 있는 $.p$, $.q$, $.r$는 속성 값을 나타내는데 속성 값이 저장된 곳의 포인터이다. 터미널 num의 속성은 어휘 분석 단계에서 만들어지는 상수 값이다.

$$
\begin{array}{llll}
G: & E \rightarrow & +\ E_1\ \ E_2 & \{\ E.p = E_1.q + E_2.r\ \} \\
 & E \rightarrow & -\ E_1\ \ E_2 & \{\ E.p = E_1.q - E_2.r\ \} \\
 & E \rightarrow & *\ E_1\ \ E_2 & \{\ E.p = E_1.q * E_2.r\ \} \\
 & E \rightarrow & /\ E_1\ \ E_2 & \{\ E.p = E_1.q\ /\ E_2.r\ \} \\
 & E \rightarrow & \mathrm{num} & \{\ E.p = \mathrm{num}.q\ \}
\end{array}
$$

이 속성 문법으로 수식 * 2 3 + 4 5를 파싱하고 파싱 트리를 구성하시오. 이 수식의 파스 트리는 그림 9.7과 같다. 이 파스 트리에서 각 노드의 속성 값은 트리의 낮은 레벨 노드에서 위로 전달한다. 이와 같이 낮은 노드에서 보다 높은 레벨의 노드로 속성 값을 전달하기 때문에 이 속성 문법은 **합성 속성**을 가지고 있음을 알 수 있다.

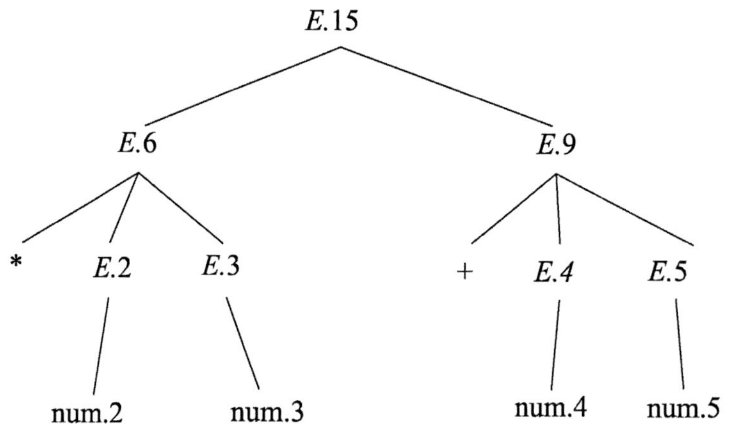

그림 9.7 전위 표기 수식 * 2 3 + 4 5에 대한 속성이 들어간 파스 트리

그림 9.8은 그림 9.7의 파스 트리에서 속성의 합성 과정을 보인다.

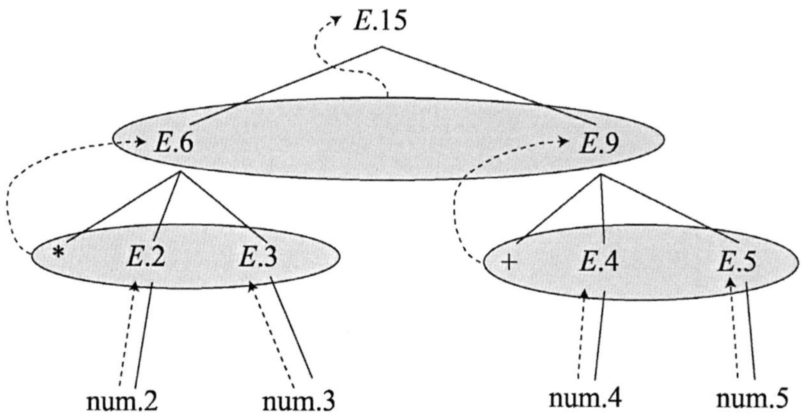

그림 9.8 전위 표기 수식 * 2 3 + 4 5의 파스 트리에서 속성의 합성 과정

실습 9.1

예 9.3의 문법으로 중위 표기 수식인 7 + 8 * 9를 파싱하시오. 이 문법으로 파싱할 수 있는 수식은 어떤 수식인지 설명하시오.

실습 9.2

예 9.3의 문법으로 아래 각 수식에 대한 파스 트리를 구성하시오. 에러가 나는 경우는 어떤 경우인지 설명하시오.

(1) + 2 3 * 4 5 - 3 4
(2) + * 5 6 + 7 8
(3) / 8 4 + 3 4 - 1 3
(4) - 3 + 4 3 * 2 3

실습 9.3

아래 수식을 파싱할 수 있는 속성 문법을 구성하고 파스 트리를 생성하시오. 이 수식은 후위 표기 수식이다.

3 4 + 5 6 *

지금부터는 파스 트리의 높은 레벨에 있는 노드에서 낮은 레벨에 있는 노드로 속성 값을 전달하는 **상속 속성**을 살펴보기 위해 자료형을 선언하는 문법을 살펴보자.

아래 문법 G는 정수, 유동소수점, 문자 세 개의 자료형을 선언하는 문법으로, 선언한 자료형은 프로그램 내에서 사용하는 변수에 전달(상속)된다.

	생성 규칙	의미 규칙
G:	1. $Decl \rightarrow Type_p \ \ Idlist_q$	{ $Idlist.q$ = $Type.p$ }
	2. $Type_p \rightarrow$ int	{ $Type.p$ = 'integer' }
	3. $Type_p \rightarrow$ float	{ $Type.p$ = 'float' }
	4. $Type_p \rightarrow$ char	{ $Type.p$ = 'char' }
	5. $Idlist_q \rightarrow Idlist_r$, id_t	{ $Idlist.r$ = $Idlist.q$; id.t = $Idlist.q$ }
	6. $Idlist_q \rightarrow \mathrm{id}_t$	{ id.t = $Idlist.q$ }

위 문법에 따른 정수형 선언을 살펴보자.

int x, y, z;

이것은 변수 x, y, z가 정수형으로 선언되고, x, y, z 각각은 int에 의해 정수형으로 선언되었다. 그러므로 { $Type.p$ = integer }에 의해 $Type.p$는 integer(정수형)으로 속성 값을 할당받는다. 그 후 { $Idlist.q$ = $Type.p$ }에 의해 integer는 $Type.p$에 해당되고, x, y, z는 $Idlist.q$에 해당하므로 의미 규칙 { $Idlist.q$ = $Type.p$ }에 의하여 x, y, z는 integer(정수형)이라는 속성을 전달받는다(상속받는다). 이와 같은 방법으로 속성이 상속되어 x, y, z 각각은 아래 심볼 테이블과 같이 "정수형"이라는 속성을 저장한다.

심 볼	식 별	속 성
.	.	.
x	단순변수	정수형
y	단순변수	정수형
z	단순변수	정수형
.	.	.
.	.	.

생성 규칙 5의 의미 규칙은 두 개의 의미 규칙을 수행한다는 의미이다. 이 문법에 의한 int x, y의 파스 트리는 그림 9.9와 같다. 이 파스 트리에서 속성 값은 같은 레벨에서 의미 규칙 1, 2, 3, 4와 같이 수평으로 전달하거나 의미 규칙 5, 6처럼 더 낮은 레벨로 전달한다. 속성의 수나 종류는 문법 전체에서 일관성이 있어야 하기 때문에 문법 안에서 심볼 *A*가 있는 곳에서는 항상 같은 속성이 적용되어야 한다. 또한 심볼 *A*는 상속 속성과 합성 속성 두 개 모두 있을 수 있다.

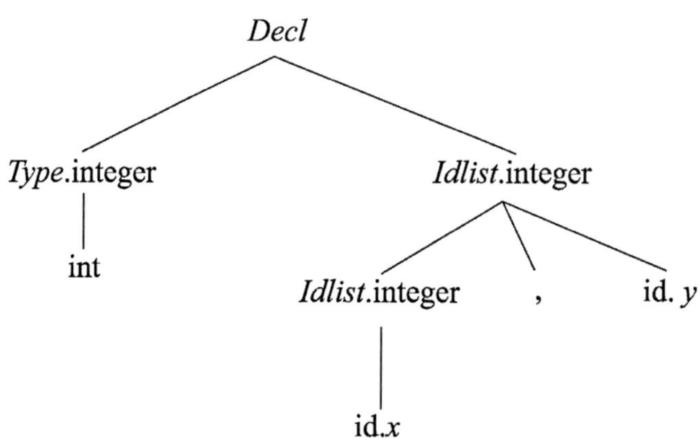

그림 9.9 선언문 int x, y에 대한 속성이 들어간 파스 트리

그림 9.10은 그림 9.9의 파스 트리에서 속성의 상속 과정을 보인다.

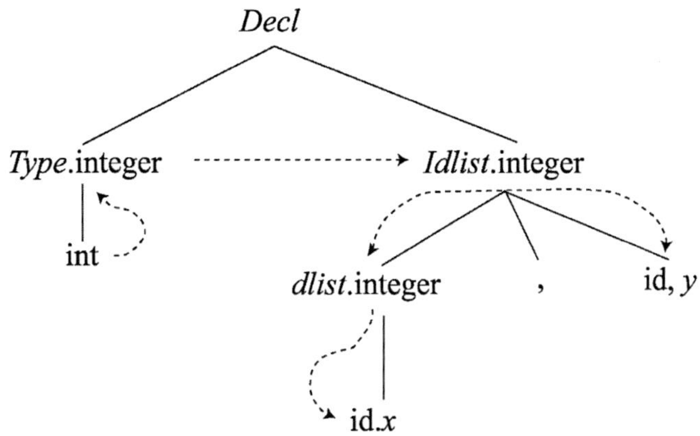

그림 9.10 선언문 int x, y의 파스 트리에서 속성의 상속 과정

이러한 속성 문법을 결합하여 실질적인 리커시브 디센트 파서를 구현해 본다. 인터프리터는 이와 같이 속성 문법을 결합하여 구문-직접 번역으로 실행하는 시스템 소프트웨어이다. 앞에서는 리커시브 디센트 파서를 의미 규칙만 결합하였지만, 여기에서는 리커시브 디센트 파서가 구문 분석 도중에 속성 문법에서 데이터를 직접 실행하도록 한다. 데이터 값은 속성 문법의 **포인터**가 가리키는 곳에 저장되어 있다.

이렇게 하려면 리커시브 디센트 파서의 각 함수(넌터미널)는 속성을 인자나 지역 변수로 사용한다. 즉, E_p와 같은 넌터미널에 적용되는 속성(p)은 함수 E의 인자이다. 물론 속성이 여러 개 있는 넌터미널은 인자를 여러 개 사용한다.

파서로 합성 속성을 구현하려면 호출한 함수(넌터미널)에 계산 결과 같은 합성정보를 넘겨주어야 하기 때문에 인자 전달은 **참조에 의해**(인자에 *를 사용) 이루어진다. 반면에 상속 속성을 구현하려면 상속정보를 호출되어진 함수에 전달하므로 인자 전달은 **값에 의해** 이루어진다. 뿐만 아니라, 액션 심볼은 지역 변수로 구현하고 의미 규칙은 필요한 곳에 있어야 한다.

위에서 사용한 문법에서 아래 생성 규칙을 예로 살펴보자.

$$E_p \rightarrow + E_q \;\; E_r \qquad \{ E.p = E.q + E.r \}$$

이 생성 규칙 E의 리커시브 디센트 함수는 아래와 같다.

```
function E(int *p);
int q, r;
{
    if (token == '+' ) {            /* 생성 규칙 1  */
                 get(token);
```

```
                E(&q);
                E(&r);
                p = q + r;  /* E(q)와 E(r)을 호출한 후에 계산한다 */
               }        /* 생성 규칙 1  */
        ......
```

이 예에서 함수 E(&q), E(&r) 모두 인자로 값을 반환한다(합성 정보를 받기 위해 인자를 *p로 구현하였다).

아래는 의미 규칙에서 직접 실행이 가능한 리커시브 디센트 파서이다.

G: 1. $E_p \rightarrow + E_q \ \ E_r \qquad \{ E.p = E.q + E.r \}$
   2. $E_p \rightarrow - E_q \ \ E_r \qquad \{ E.p = E.q - E.r \}$
   3. $E_p \rightarrow * E_q \ \ E_r \qquad \{ E.p = E.q * E.r \}$
   4. $E_p \rightarrow / E_q \ \ E_r \qquad \{ E.p = E.q / E.r \}$
   5. $E_p \rightarrow \mathrm{num}q \qquad \{ E.p = \mathrm{num}.q \}$

get 함수는 입력 토큰의 값 부분을 yylval이라는 전역 변수에 저장한다.

```
function E(*p);
int *q, *r;
{
    if (token == '+')  {          /*  생성 규칙 1   */
                get(token);
                E(&q);
                E(&r);
                p = q + r;
               }              /*  생성 규칙 1   */
    else if (token == '*')  {     /*  생성 규칙 2   */
                    get(token);
                    E(&q);
                    E(&r);
                    p = q * r;
                   }
    else if (token == 'num')  {         /*  생성 규칙 3   */
                        p = yylval;     /*  상수에 대한 토큰 값  */
                        get(token);
                       }                /* 생성 규칙 3 * /
            else printf("parsing error");
    } /*  함수 E  */
```

```
/*  Recursive_Descent Parser  */
main( );
int yylval, p, token;
    {
      get(token);
      E(&p);
      if (token == '↲ ') printf(p)
                  else printf("parsing error");
    }  /*  파서 메인 함수  */
```

실습 9.4

위의 속성 문법을 결합한 리커시브 디센트 파서를 C 프로그래밍 언어로 구현하여 실행하고 결과를 분석하시오. 혹시 에러가 발생하면 수정하시오.

실습 9.5

실습 9.4에서 구현한 파서에 그래픽 사용자 인터페이스를 첨부하여 탁상용 계산기를 구현하고 실행하시오.

실습 9.6

위의 속성 문법을 결합한 LR 파서를 C 프로그래밍 언어로 구현하고 실행하여 결과를 분석하시오.

연습문제 9.3

01 넌터미널 *P*로 시작하는 아래의 속성 번역 문법에서 입력 스트링 $a_1c_1a_2a_3b_4c_2$의 파스트리와 출력하는 심볼을 보이시오.

1. $P_p \rightarrow E_r\ c_t \qquad \{P.p = E.r + c.t\}$
2. $E_p \rightarrow b_p\ \{x\}_p\ c_t$
3. $E_p \rightarrow a_q\ E_r\ \{y\}_p \qquad \{E.p = a.q + E.r\}$

02 아래의 문법에 대하여 리키시브 디센트 파서를 구현하고, 각 입력 스트링의 파스 트리를 생성하시오. 또한 속성이 전달하는 과정을 설명하시오.

1. $Decl \rightarrow Type_p\ \ Idlist_q \qquad \{ Idlist.q = Type.p \}$
2. $Type_p \rightarrow$ integer $\qquad \{ Type.p =$ 'integer' $\}$
3. $Type_p \rightarrow$ float $\qquad \{ Type.p =$ 'float' $\}$
4. $Type_p \rightarrow$ char $\qquad \{ Type.p =$ 'char' $\}$
5. $Idlist_q \rightarrow Idlist_r$, $\mathrm{id}_t \qquad \{ Idlist.r = Idlist.q;\ \mathrm{id.t} = Idlist.q \}$
6. $Idlist_q \rightarrow \mathrm{id}_t \qquad \{ \mathrm{id.t} = Idlist.q \}$

아래는 입력 스트링이다.

(1) char a, b, c
(2) float k
(3) int x, y, z

03 아래 입력 스트링을 파싱하도록 문제 2의 속성 문법을 수정하시오. 또 속성 유도 트리를 보이시오.

(1) int k[3][4]
(2) float x[4], y, z

04 실습 9.4에서 만든 리커시브 디센트 파서를 변형하여, 데이터를 직접 실행하지 않고 기계어 인스트럭션을 출력하는 C 프로그램을 구현하시오. 또 임의의 수식을 입력으로 실행하여 결과를 출력하시오.

9.4 중간 코드 생성

이 절에서는 지금까지 살펴본 의미 분석과 속성 문법의 원리를 활용하여 중간코드를 생성하는 방법을 설명한다.

9.4.1 중간 코드

중간 코드는 구문 분석기에서 생성한 파스 트리에서 컴퓨터에서 실행할 수 있는 기계어 인스트럭션을 생성하기 위한 약속한 형식의 코드이다.

중간 코드는 컴퓨터, 수퍼 컴퓨터, 휴대용 단말기, 휴대전화 등 특정 기계에 종속하지 않고 어떤 기계어 인스트럭션으로도 번역이 가능한 약속한 형식이다. 이러한 중간 코드를 사용하면 여러 장점이 있다.

- 국제적으로 통용 가능
- 다양한 기계어로 번역 가능
- 이식성이 좋다
- 코드를 최적화하기 좋다
- 중간 코드로 다양한 구조의 기계에 자동 번역할 수 있다

또한 이러한 중간 코드에는 다양한 형식이 있다.

- 폴란드식 표기법(후위 표기법, 트리의 스택 표기)
- 주소가 여러 개인 코드(동작 코드 부분과 피연산자 주소로 구성된 형식 등)
- 트리 구조 코드
- 추상화 기계 코드(P-코드, EM-코드, U-코드, 바이트 코드)

이러한 여러 형식의 중간 코드는 각각 적당한 기계에 알맞게 사용된다. 여기에서 주소가 여러 개인 코드를 살펴보자.

- **피연산자가 없는 경우(0-주소 중간 코드)**

이 코드는 중간 코드에 동작 코드만 있고 두 개(혹은 한 개)의 피연산자는 레지스터에 있다.

동작코드

이런 코드는 스택 구조를 가지는 컴퓨터에서 주로 사용한다. 예를 들어, 아래 형

식의 중간 코드를 구성할 수 있다.

```
(push)          /*  스택에 값을 넣어라 */
(add)           /*  스택의 톱과 그 아래의 값을 더하여 톱에 넣어라 */
```

- **피연산자가 한 개인 경우(1-주소 중간 코드)**

이 코드는 중간 코드에 동작 코드와 피연산자가 한 개만 있고 나머지 피연산자는 레지스터에 있다.

동작코드	피연산자1(주소)

이런 코드는 누적기(레지스터)가 있는 컴퓨터에서 주로 사용한다. 예를 들어, 아래 형식의 중간 코드를 구성할 수 있다.

```
(add    TEX)   /* 누적기의 값과 메모리 주소 TEX의 내용을 더하고 결과를
                  누적기에 저장하라  */
(mov   K)      /* 누적기의 현 재 값을 메모리 주소 K의 주소로 이동하라 */
```

- **피연산자가 두 개인 경우(2-주소 중간 코드)**

이 코드는 중간 코드에 동작 코드와 피연산자 두 개가 있다.

동작코드	피연산자1(주소)	피연산자2(주소)

이런 코드는 피연산자 각각을 레지스터에 옮겨서 연산한다. 예를 들어, 아래 형식의 중간 코드를 구성할 수 있다.

```
(add    R0, R1)   /* 레지스터 R0와 R1의 내용을 더하여 결과를 R0에 저장 */
(add    R1, K)    /* 레지스터 R1의 내용과 메모리 주소 K의 내용을 더하여
                     결과를 R1에 저장하라  */
```

- **피연산자가 세 개인 경우(3-주소 중간 코드)**

이 코드는 중간 코드에 동작 코드와 피연산자 세 개가 있다.

동작코드	피연산자1(주소)	피연산자2(주소)	피연산자3(주소)

이런 코드는 피연산자 각각 레지스터에 옮겨서 연산한다. 예를 들어, 아래 형식의 중간 코드를 구성할 수 있다.

```
(add    C, A, B)  /* 주소 A와 B의 각 값을 더하고 결과를 C에 저장하라    */
(sub    K, A, B)  /* 주소 A의 값에서 B값을 뺀 결과를 주소 K에 저장하라 */
```

동작 부분은 add, mul, ...과 같은 인스트럭션 실행에 필요한 동작을 저장한다. 왼쪽 피연산자는 이진 연산에서 계산할 왼쪽 값이 있는 주소이고, 오른쪽 피연산자는 이진 연산에서 계산할 오른쪽 값이 있는 주소이다. 연산 결과 값 저장은 왼쪽 피연산자와 오른쪽 피연산자를 동작 코드에 의해 연산한 결과를 저장하는 주소이다.

예를 들어, 입력이 a = x * y + z + w인 스트링을 파싱한 결과인 신택스 트리는 그림 9.11과 같으며, 의미 분석 과정의 의미 규칙의 액션 루틴을 수행하면 아래와 같은 중간 코드를 출력한다.

```
mul   x   y    t1
add   z   t1   t2
add   w   t2   t3
sto   a   _    t3
```

중간 코드에서 mul은 곱하기 동작, add는 더하기 동작 코드, sto는 결과를 지정하는 주소에 할당하는 동작이다. t1, t2, t3은 연산한 중간 결과는 임시로 저장하는 주소이다.

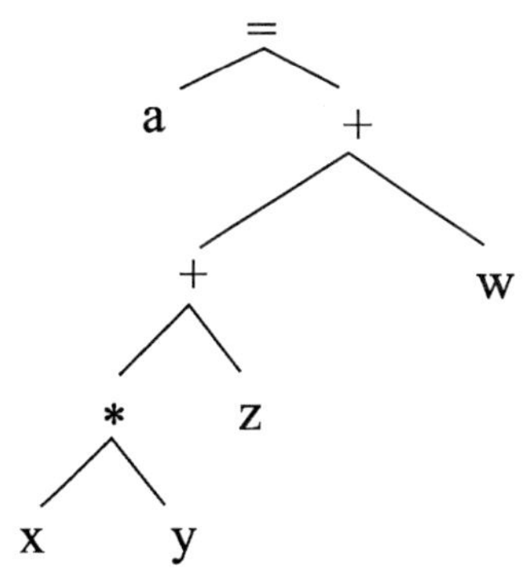

그림 9.11 수식 a = x * y + z + w의 신택스 트리

위의 중간 코드를 실행하면

```
t1 =  x *  y
t2 =  z +  t1
t3 =  w + t2
a  =  t3
```

로 최종 결과 값은 주소 a에 저장된다.

이 절에서는 중간 코드를 만들기 위해 각 문장에 따라 정해진 규칙을 정의한다. 각 문장은 각각 다른 특성을 지니기 때문에 각기 다른 형식을 지닌다. 즉, 할당문, 제어문, 함수 호출문, 배열 참조, 선언문 등이 각각의 의미를 가진 다른 형식의 중간 코드를 정의한다. 여기에서의 중간 코드는 주소가 세 개인 $x = y \phi z$ 형식을 적용한다. ϕ는 연산자이다.

- **할당문**

  할당문은 $x = y \phi z$같이 세 개의 주소를 사용하는 형식으로 표현하는데, y와 z는 피연산자이고 ϕ는 두 개의 피연산자가 필요한 산술 연산자나 불리언 연산자이다. 또한 $x = \phi y$에서 ϕ는 단항 연산자로 +와 -이다. 그러므로 오른쪽에서 연산한 결과를 왼쪽 변수에 할당한다.

- **제어문**

  제어문은 if, for, while, repeat, switch, goto 등 여러 유형이 있는데, goto 문 외에는 대부분 if 문 구조와 같은 의미로 번역한다. 즉, goto 문과 if 문 구조로 모든 제어문 중간 코드를 나타낼 수 있다. goto 문은 goto Label 같이 쓰며 주어진 Label로 점프(분지)하라는 의미이므로, 주소는 Label에 하나 만 필요하다. 그러므로 중간 코드는 아래와 같다.

  ```
  goto   L
  ```

  또한 if 문 구조는 if(관계연산이나 불리언 수식) then 문장2 else 문장2과 기술하며 관계연산 결과나 불리언 수식의 값이 참이면 then 이하의 문장1으로 점프하라는 의미이고, 거짓이면 else 이하의 문장2로 점프하라는 의미이다. 그러므로 중간 코드는 아래와 같다.

  ```
  if   x φ y   goto   L
  ```

  이 중간 코드에서 y와 z는 관계 연산이나 불리언 연산을 위한 피연산자이고, ϕ는 두 개의 피연산자가 필요한 관계 연산자나 불리언 연산자이다.

- **함수 호출문의 인자**

  함수 호출문 $f(a_1, a_2, ..., a_n)$는 함수 이름 f를 호출하면서 n개의 인자 $a_1, a_2, ..., a_n$를 전달한다는 의미를 알려야 한다. 또한 반환 값 x는 사용할 수도 있고 안할 수도 있다. 그러므로 중간 코드는 아래와 같다.

  ```
  arg  a1
  ```

```
arg a2
...
arg an
call  f, n            /* f(a1, a2, ... , an), n은 인자의 수 */
```

• **배열 참조**

배열을 참조하는 중간 코드는 y = x[i]와 x[i] = y와 같이 표현한다. 배열 참조는 할당문의 왼쪽에 오는 경우와 오른쪽에 오는 경우가 있으면, 1차원, 2차원, 3차원 등의 경우가 있다. 그러나 x[i]는 어떠한 경우이든 x[i]가 메모리의 몇 번째 주소를 가리키는지를 알려 주는 의미이다. 즉, y = x[i]는 메모리에서 x라는 이름으로 할당한 공간의 i번째 값을 y에 저장하라는 의미이고, x[i] = y는 메모리에서 x라는 이름으로 할당한 공간의 i번째를 y값으로 저장하라는 의미이다.

• **포인터**

주소 할당 중간 코드 x = &y와 포인터 할당 중간 코드는 x =*y, *x = y 형식이다. x = &y는 y가 가리키는 위치(즉, 주소)를 x에 할당하라는 의미로 x는 포인터 이름이다. 또한 x =*y는 y는 포인터이고 x 값은 y 값과 같다. 마찬가지로, *x =y는 x값은 y값과 같다는 의미이다.

아래는 산술 수식에 대하여 주소가 세 개인 중간 코드를 생성하는 의미 규칙을 첨부한 문법의 예이다.

$S \rightarrow \text{id} = E$	{ *S.c* = *E.c* ‖ *cogen* (*id*.p \`=\` *E*.p) }
$E \rightarrow E_1 + E_2$	{ *E*.p = *new(t)*; *E*.c = E_1.c ‖ E_2.c ‖ *cogen* (*E*.p \`=\` E_1.p) \`+\` E_2.p) }
$E \rightarrow E_1 * E_2$	{ *E*.p = *new(t)*; *E*.c = E_1.c ‖ E_2.c ‖ *cogen* (*E*.p \`=\` E_1.p \`*\` E_2.p) }
$E \rightarrow - E_1$	{ *E*.p = *new(t)*; *E*.c = E_1.c ‖ *cogen* (*E*.p \`=\` \`-\` E_1.p) } /* 단항 빼기 연산자 */
$E \rightarrow (E_1)$	{ *E*.p = E_1.p; *E*.c = E_1.c }
$E \rightarrow \text{id}$	{ *E*.p = *id*.p; *E*.c = \` \` }

이 문법서 $E \rightarrow E_1 + E_2$와 같은 첨자 표현은 두 개의 *E*를 순서에 따라 구별한다. *E*.c는 넌터미널 *E*.c에 대하여 세 개 주소를 가지는 중간 코드를 생성한다는 의미이고, *E*.p는 이미 생성한 코드가 있는 곳의 위치를 가리키는 포인터(주소)이다.

id.p는 식별자(변수) *id*가 있는 곳의 포인터이다. E.c = E_1.c ∥ E_2.c에서 ∥는 이미 생성한 E_1.c 코드와 E_2.c 코드를 연속으로 연결하여 하나로 만들라는 의미이다. *cogen* (E.p `=` E_1.p `*` E_2.p)는 의미 규칙에서 (E.p `=` E_1.p `*` E_2.p)에 대한 중간 코드를 생성하는 함수를 호출한다.

그러므로 E.c = E_1.c ∥ E_2.c∥ *cogen* (E.p `=` E_1.p `*` E_2.p)는 E_1.c와 E_2.c으로 이미 생성한 중간 코드 뒤에 연속하여 (E.p `=` E_1.p `*` E_2.p)로 생성한 코드들 접속한다. *new(t)*는 호출될 때 마다 t1, t2,...처럼 주소를 할당하면서 새로운 저장 장소를 만든다.

그림 9.12는 위의 문법에서 산술 수식 a = b * ¬c + b * ¬c에 대한 의미 규칙이 첨가된 파스 트리이다. 트리의 중간 노드인 각 넌터미널에서는 적용할 의미 규칙이 있다.

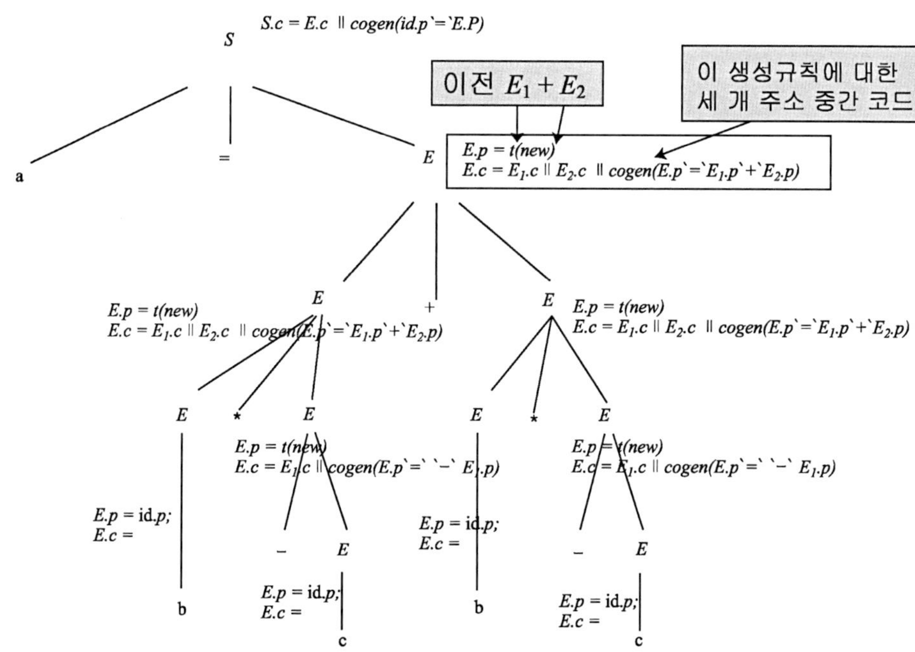

그림 9.12 의미 규칙이 첨가된 파스 트리

9.4.2 산술 수식의 번역과 중간 코드 생성

여기에서는 산술 수식을 번역하기 위해 의미 규칙이 첨가된 문법으로 중간 코드를 생성하는 과정을 살펴본다. 우선, 산술수식 a = b - c + b - c에 대한 액션 루틴이 적용되는 과정을 살펴보자.

그림 9.13에서 보듯이 각 의미 규칙에서는 큰 점으로 표기한 부분은 앞으로 코드를 생성하는 액션 루틴에 따라 중간 코드나 값이 전달(상속이든 합성 속성이든)될 공간이다. 그리고 파스 트리의 중간 노드인 각 넌터미널에서는 적용할 의미 규칙이 있는데 속성이 전달되면 현재 액션 루틴이 생성한 코드와 결합된다.

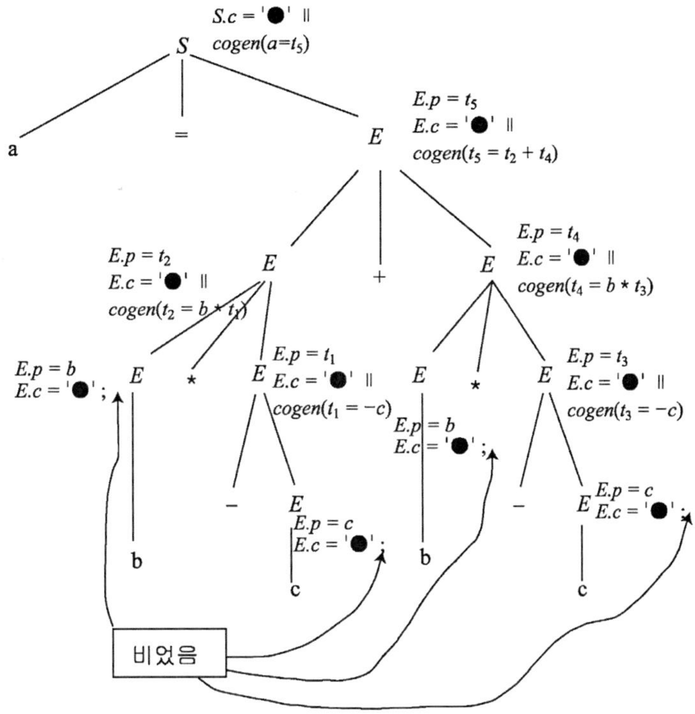

그림 9.13 a = b − c + b − c에 대한 중간 코드 생성 액션 루틴이 결합된 파스 트리

그림 9.14에서 ② 부분은 단항 빼기 부호를 사용하는 코드를 생성하는 아래 의미 규칙에 해당한다.

$E \rightarrow -\ E_1$ { E.p = *new(t)*;
E.c = E_1.c ‖ cogen(E.p` = ` `-` E_1.p) } /* 단항 빼기 연산자 */

그러므로 의미 규칙의

E.c = E_1.c ‖ *cogen* (E.p ` = ` `−` E_1.p) }

에서 E_1.c 부분은 아직 코드가 없고, *cogen* (E.p ` = ` `−` E_1.p) }부분에서 E.p는 이미 E.p = *new(t)*에서 생성한 새로운 저장 장소의 주소 t_3가 있다. E_1.p는 c를 가리키므로 생성하는 코드는 t_3 = −c이다.

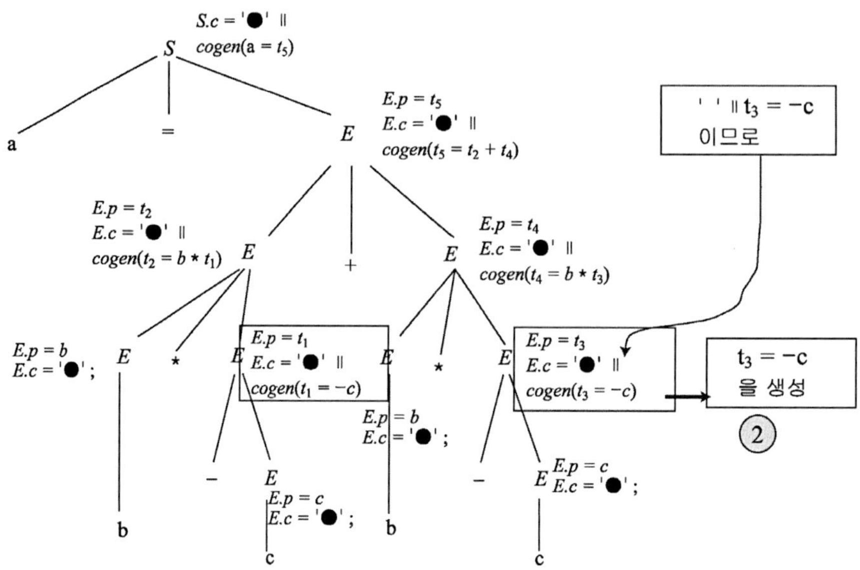

그림 9.14 중간 코드 t_3 = −c의 생성 단계

같은 방법으로 그림 9.15의 오른쪽에서는 아래 의미 규칙이 적용된다.

$$E \rightarrow E_1 * E_2 \qquad \{ E.\mathrm{p} = new(t);$$
$$E.\mathrm{c} = E_1.\mathrm{c} \parallel E_2.\mathrm{c} \parallel cogen(E.\mathrm{p}\ `=`\ E_1.\mathrm{p}\ `*`\ E_2.\mathrm{p}) \}$$

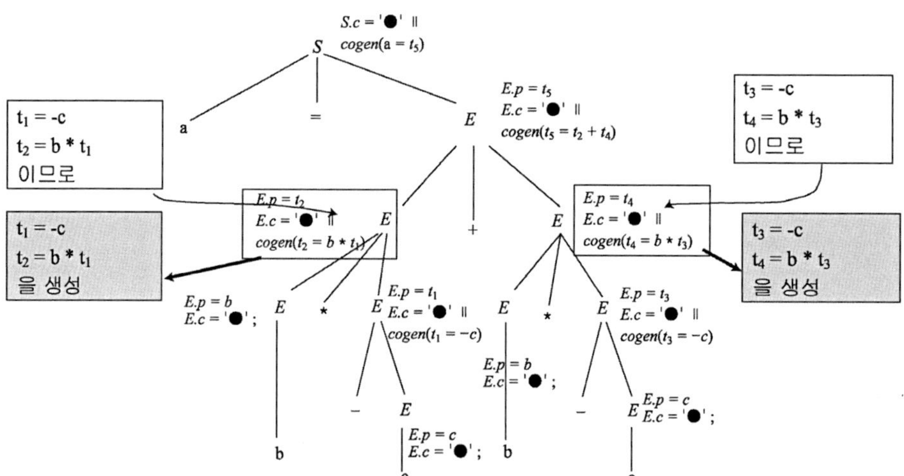

그림 9.15 중간 코드 t_1 = −c; t_2 = b * t_1과 t_3 = −c; t_4 = b * t_3의 생성 단계

그러므로 새로운 저장 공간 t_4가 생성되었고, E_1.p은 b, E_2.p는 c를 가리킨다. E_1.c (혹은 E_2.c)는 이미 생성된 코드 t_3 = −c가 있으므로 t_4 = b * t_3 코드와 접속하여 아래 코드를 생성한다.

t_3 = −c
t_4 = b * t_3

왼쪽 부분의 넌터미널 심볼 E에 대해서도 마찬가지로 아래 코드를 생성한다.

t_1 = −c
t_2 = b * t_1

같은 방법을 반복하면 그림 9.16과 9.17같이 의미 규칙이 적용되어 최종으로 아래 중간 코드를 생성한다.

t_1 = − c
t_2 = b * t1
t_3 = − c
t_4 = b * t_3
t_5 = t_2 + t_4
a = t_5

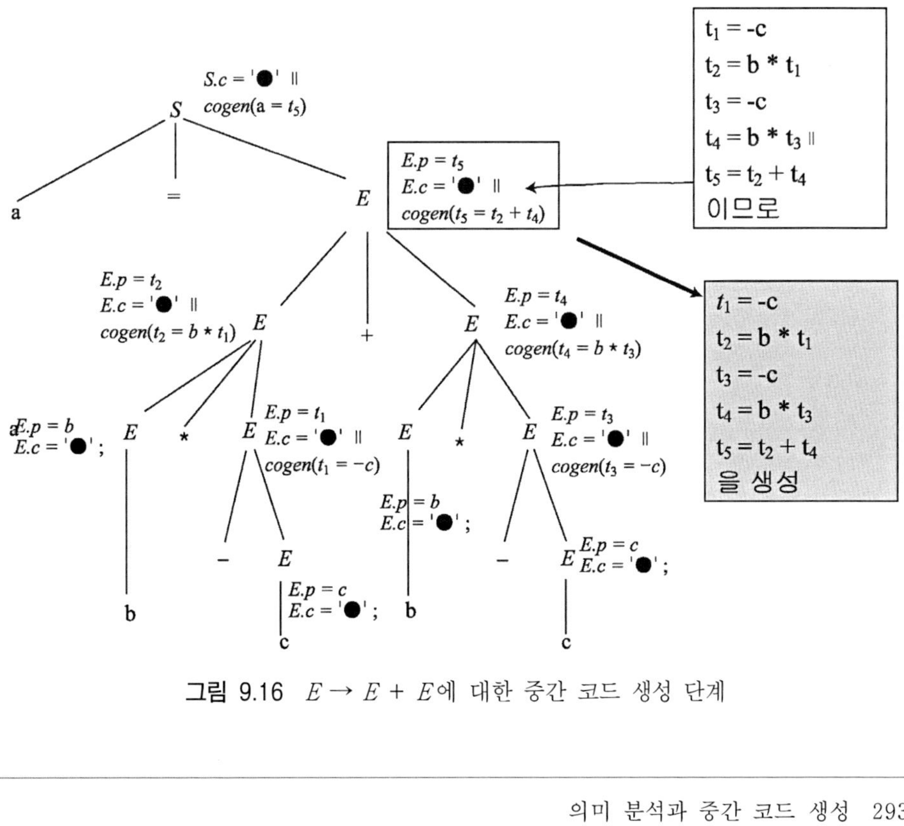

그림 9.16 $E \rightarrow E + E$에 대한 중간 코드 생성 단계

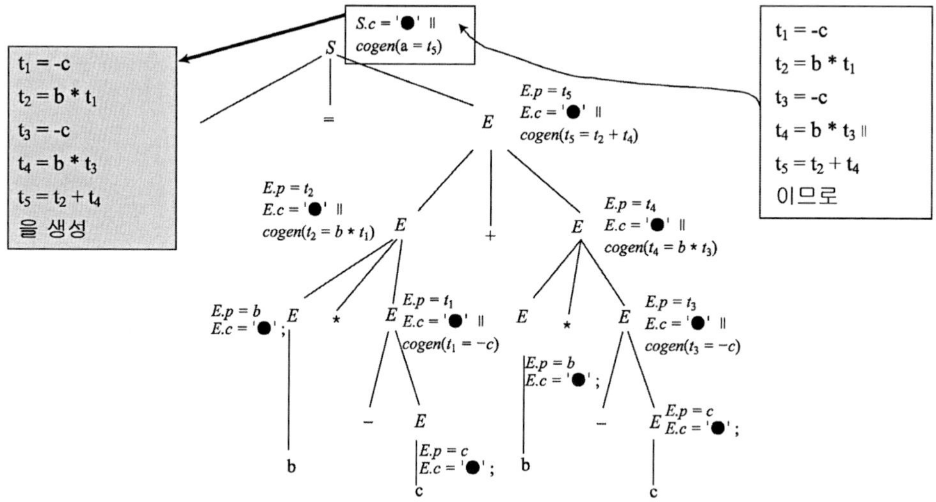

그림 9.17 최종 $S \rightarrow$ id $=$ E에 대한 중간 코드 생성 단계

실습 9.7

위의 산술 수식에 대한 세 개 주소 중간 코드를 생성하는 리커시브 디센트 파서를 구현하고 산술 수식 a = −k + (b + c) * m의 중간 코드를 생성하시오.

9.4.3 제어 구조의 번역과 중간 코드 생성

여기에서는 프로그래밍 언어의 제어 구조인 if, for, while 문을 번역하고 중간 코드를 생성하는 원리를 알아본다. 제어 구조에서 if, for, while 문장은 아래 구문이다.

$$
\begin{aligned}
S \rightarrow\ & \text{if } (B)\ S \\
\mid\ & \text{if } (B)\ S_1 \text{ else } S_2 \\
\mid\ & \text{for } (C)\ S_1 \\
\mid\ & \text{while } (B)\ S_1
\end{aligned}
$$

이 구문에서 B는 불리언 수식이고 C는 제어 수식이다. 제어문 중에서 if 문의 의미와 반복문의 의미는 다르기 때문에 번역하는 방법과 코드도 다르게 취급한다.

if 문의 의미는 불리언 값의 결과에 따라 참일 때와 거짓일 때 실행할 문장이 있는 곳으로 점프하는 의미만 있다. 그러므로 if 문 구조에서는 아래와 같이 기본 구조가 필요하다.

- 비교하는 부분

- 무조건 점프 부분

반면, 반복을 수행하는 문장인 for, while 등의 구조 좀 더 복잡한 의미를 가지는 문장이지만 기본적인 제어 구조들로 결합되어 있다. 즉, 아래와 같은 네 부분의 기본 제어로 구성된다.

- 초기화 부분
- 제어변수 값 비교(조건 검사) 부분
- 제어 변수 값의 변경 부분
- 무조건 점프 부분

기본 제어에서 무조건 '점프' 연산을 구현하려면 점프한 후에 실행할 코드가 있는 곳의 주소를 알아야 하는데 파싱 단계에서는 이 실행할 **주소**를 아직 알 수 없다. 즉, 점프할 목적지 주소를 모르는 상태로 '점프'에 대한 코드를 생성하거나 다루어야 한다. 이러한 '점프' 의미를 가지는 중간 코드는 목적지 주소를 나타내기 위해 **레이블**을 쓴다.

9.4.3.1 if 문의 중간코드

if 문은

$S \rightarrow$ if (B) S | if (B) S_1 else S_2

에서 보듯이 if (B) S 구조와 if (B) S_1 else S_2의 구조가 있으나 둘 다 의미는 비교 부분과 무조건 점프 부분이 있다.

무조건 점프 부분은

goto - - - L

와 같이 지정한 레이블(주소) L로 무조건 점프하라는 코드를 생성한다.

또한 비교 부분은 불리언 수식의 관계 연산에 의한 결과에 의해 점프할 곳을 지정하므로 아래의 불리언 수식을 계산하는 부분이 있어야 한다.

$B \rightarrow B \,||\, B \mid B \,\&\&\, B \mid\ !\,B \mid (\,B\,) \mid E\ \ R\ E \mid$ true | false
$R \rightarrow\ < \mid > \mid >= \mid <= \mid == \mid !=$

먼저 if (B) S 구조의 if 문을 살펴보자. 아래는 불리언 수식이 있는 if 문 구조와 중간 코드로 번역한 예이다.

if (a || b) j = k + tex;
j = k - 3;

여기에서 불리언 수식 부분 (a ∥ b)를 주소가 세 개 있는 중간 코드로 번역하면 아래와 같다.

t_1 = a or b

또한 '참'일 때 수행할 수식 j = k + tex를 번역하면 아래와 같고,

t_2 = k
t_3 = tex + t_2
j = t_3

'거짓'일 때 수행할 수식 j = k − 3를 번역하면 아래와 같다.

t_4 = k
t_5 = t_4 − 3
j = t_5

그러므로 위의 if문 구조는 불리언 수식의 결과 값 t_1에 따라 두 개의 선택이 있다. 즉, '참'이면 j = k + tex에 대한 중간 코드가 있는 곳으로 점프하여 실행하고 '거짓'에 대한 중간 코드도 실행한다. 거짓이면 j = k − 3의 중간 코드가 있는 곳으로 점프해야 한다. 그러므로 if (*B*) *S* 구조의 중간 코드는 그림 9.18과 같이 메모리에 할당된다.

이 if 구조의 문법에서는 아래와 같이 중간 코드를 생성한다. 이 의미 규칙에서 *R*.c는 거짓이면 수행할 나머지 부분의 중간 코드이다.

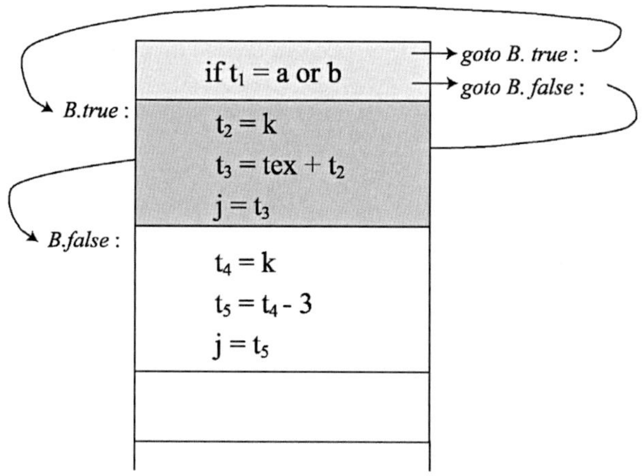

그림 9.18 if (*B*) *S* 구조 중간 코드의 메모리 할당 예

$S \rightarrow$ if (B) $S1$ {
$B.true$ = new(Label);
$B.false$ = new(Label);
$S.c$ = $B.c$;
|| $cogen$ ('label' $B.true$) || $S1.c$;
|| $cogen$ ('label' $B.false$) || $R.c$;
}

이어서 if (B) S_1 else S_2 구조의 중간 코드를 살펴보기 위해 아래 구조를 번역해 보자.

if (a || b) j = k + tex
else j = k - 3;

이 구조는 '참'일 때와 '거짓'일 때의 실행하는 코드가 서로 배제되어야 하기 때문에(참일 때는 해당 코드만 실행하고 거짓에 해당하는 코드는 실행하지 않는다) '참'일 때 해당하는 코드만 실행하고 '거짓'일 때 해당하는 코드는 건너뛰어야 한다. 그러므로 if (B) S_1 else S_2 구조의 중간 코드는 그림 9.19와 같이 메모리에 할당한다.

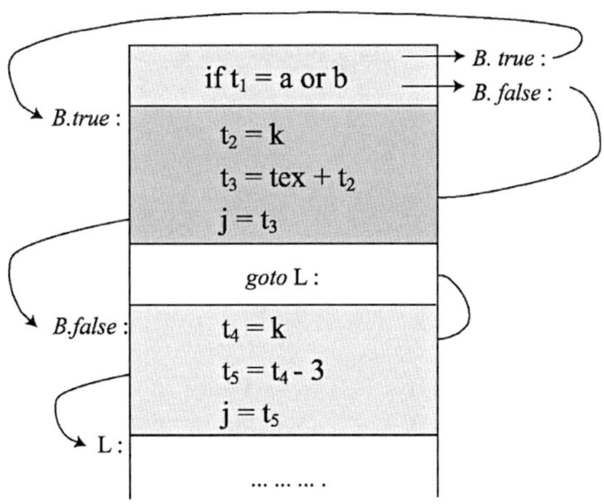

그림 9.19 if (B) S_1 else S_2 구조 중간 코드의 메모리 할당 예

그림 9.19에서 보듯이 if 문의 중간 코드는 참일 때 수행하는 중간 코드와 거짓일 때 수행하는 중간 코드를 불리언 수식의 비교 결과에 따라 각각 점프하도록 의미 규칙을 구성한다. 다음은 불리언 수식의 결과에 따른 이 if 구조의 중간 코드를 생성하는 의미 규칙이다. 이 의미 규칙에서 $R.c$는 if 문을 벗어난 후 수행할 부분의

중간 코드이다.

```
S → if (B) S1 else  S2      {
                              B.true = new(Label);
                              B.false = new(Label);
                              L = new(Label);
                              S.c = B.c;
                              || cogen ('label' B.true) || S1.c;
                              || cogen ( 'goto'  L) ;
                              || cogen ('label'  B.false) || S2.c;
                              || cogen ('label'  L) || R.c;
                            }
```

9.4.3.2 불리언 수식

C 프로그래밍 언어에서 불리언 수식을 계산하는 문법은 아래와 같다.

```
B → B || B | B && B | ! B | ( B ) | E R E | true | false
R → < | > | >= | <= | ==  | !=
```

*B*는 불리언 수식을 정의하는 넌터미널이고 *R*은 관계 연산자이다. *E*는 산술 수식이다. 그러므로 불리언 수식도 산술 연산 순식과 마찬가지로 우선순위에 따라 **!**, **&&**, || 순으로 연산한다.

실습 9.8

불리언 수식을 연산하는 중간 코드를 생성하는 의미 규칙을 구성하시오. 예를 들어 *B* → true | true는 아래와 같다.

```
B → true   { B.c = cogen ('goto' B.true) }
B → false  { B.c = cogen ('goto' B.false) }
```

9.4.3.3 while 문의 중간코드

다음으로 제어문 중에서 여러 종류의 순환 구조가 있는데 while 구조는 어떤 조건에 의해 몸체를 반복 순환한다. 이 $S \rightarrow$ while (B) S_1 구조의 실행을 알아보기 위해 아래 구조를 번역해 보자.

```
sum = 0;
```

```
k = 1;
while(k <= 100) {
    sum = sum + k;
     k = k + 1;
}
```

이 구조는 k = 1로 초기화하고 (k <= 100) 순환 조건을 검사하여 '참'(즉, k가 100보다 작거나 같으면)일 때는 순환 몸체를 실행하는데 순환을 제어하는 변수 k 값을 증가시키고 다시 순환을 시작하는 while 문으로 간다. 그러나 조건을 검사하여 '거짓'(즉, k가 100보다 크면)일 때는 순환 밖으로 빠져나간다.

이 while 순환 구조를 기본 구조로 표현하는 일반적인 의미는 아래와 같다.

- 순환 제어 변수 초기화
- 순환 조건 검사(조건을 만족하면 아래 몸체 실행, 아니면 순환 밖으로 점프)
- 순환 몸체 실행
- 순환 조건 변화
- 순환 시작위치로 점프

while 문 구조의 의미를 기본 구조로 표현하면 아래와 같이 if 구조를 사용한 의미로 번역할 수 있다(복잡한 제어문 구조도 기본 제어 구조로 표현된다).

```
        sum = 0;
        k = 1;
TEST:   if (k <= 100) goto LOOP;
        goto EXIT;
LOOP:   sum = sum + k;
        k = k + 1;
        goto TEST;
EXIT:   다른 문장
```

이 구조는 아래와 같이 세 개의 주소가 있는 중간 코드로 번역한다. sum과 k는 각각 심볼 테이블의 주소로 0와 1이다.

```
        t1 = sum
        t2 = k
TEST:   if t2 <= 100 goto LOOP
        goto EXIT
LOOP:   t3 = t1 + t2
        t2 = t2 + 1
```

```
        goto TEST
    EXIT:  다른 코드
```

그러므로 위의 while 구조는 네 부분에 대한 중간 코드가 필요하며 각 부분의 중간 코드는 그림 9.20과 같이 메모리에 할당한다.

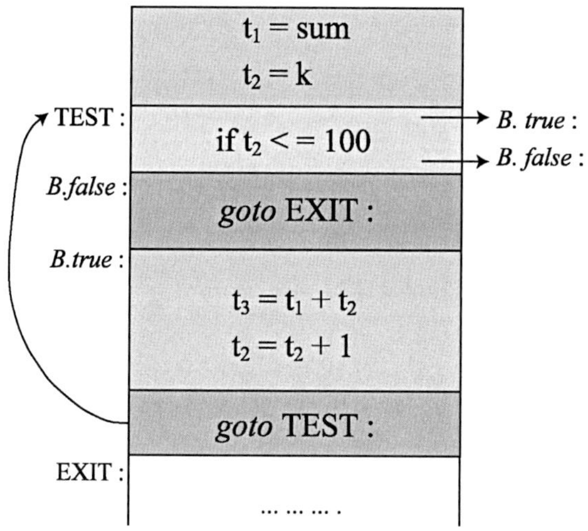

그림 9.20 while (*B*) S_1 구조 중간 코드의 메모리 할당 예

그림 9.20에서 보듯이 while 문의 중간 코드도 불리언 수식의 비교 결과에 따라 각각 점프한다. 불리언 수식의 중간 코드 수행 결과가 참일 때는 *B.true*로 점프하여

```
t3 = t1 + t2
t2 = t2 + 1
goto TEST
```

를 수행하여 조건을 검사한 후 순환을 반복한다. 만약 거짓이면 *B.false*로 점프하여 다시

```
goto EXIT
```

를 수행하여 순환 밖으로 나간다. 다음은 불리언 수식의 결과에 따른 while 문의 중간 코드를 생성하는 의미 규칙이다. 이 의미 규칙에서 *R.c*는 while 문을 벗어난 후 수행할 부분의 중간 코드이다.

```
S → while (B) S1      {
                          TEST = new(Label);
```

```
        EXIT = new(Label);
        B.true = new(Label);
        B.false = new(Label);
        S.c = cogen ('label' TEST) || B.c;
            || cogen ('label' B.false) || cogen ('goto' EXIT) ;
            || cogen ('label' B.true) || S1.c;
            || cogen ('goto' TEST );
            || cogen ('label' EXIT) || R.c;
}
```

9.4.3.3 for 문의 중간코드

이어서 여러 종류의 순환 구조 중에서 for 구조는 주어진 순환 횟수만큼 순환 몸체를 반복 실행한다. 이러한 $S \rightarrow$ for (C) S_1 구조의 실행을 알아보기 위해 아래 구조를 번역해 보자.

```
sum = 0;
for(k =1; k <= 100; k++) {
    sum = sum + k;
}
```

이 구조는 순환 횟수를 카운트하는 *C*가 순환 제어 반수 k를 k = 1로 초기화하고 순환 횟수를 마지막 값인 100보다 작은지 큰지 검사(k <= 100)한다. k값이 아직 100보다 작으면 '참'(즉, k가 100보다 작거나 같으면)일 때는 순환 몸체를 실행하고 변수 k값을 자동으로 증가시키고 다시 순환 횟수를 검사한다. 그러나 조건을 검사하여 '거짓'(즉, k가 100보다 크면)일 때는 순환 밖으로 빠져나간다.

이 for 순환 구조를 기본 구조로 표현하는 의미는 아래와 같다.

- 순환 회수 제어 변수 초기화
- 순환 회수 제어 변수의 순환 횟수 자동 증가
- 순환 횟수 검사(횟수를 만족하면 아래 몸체 실행, 아니면 순환 밖으로 점프)
- 순환 몸체 실행
- 순환 검사 위치로 점프

위의 for 문 구조의 의미를 기본 구조로 표현하면 아래와 같이 if 구조를 사용한 의미로 번역할 수 있다.

```
sum = 0;
k = 0;
```

```
TEST:   k = k + 1;
        if (k <= 100) goto LOOP;
        goto EXIT;
LOOP:   sum = sum + k;
        goto TEST;
EXIT:   다른 문장
```

이 구조는 아래와 같이 세 개의 주소가 있는 중간 코드로 번역한다.

```
        t1 = sum
        t2 = k
TEST:   t2 = t2 + 1
        if t2 <= 100 goto LOOP
        goto EXIT
LOOP:   t3 = t1 + t2
        goto TEST
EXIT:   다른 코드
```

이 주간 코드에서 sum과 k는 각각 심볼 테이블의 주소로 0이다. 또한 횟수를 계산하는 C에 해당하는 중간 코드는

```
TEST:   t2 = t2 + 1
        if t2 <= 100 goto LOOP
```

이다. 그러므로 위의 for 구조는 네 부분에 대한 중간 코드가 필요하며 각 부분의 중간 코드는 그림 9.21과 같이 메모리에 할당한다.

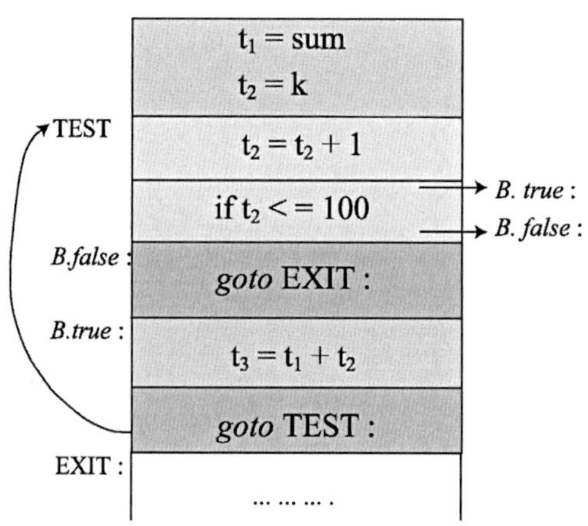

그림 9.21 for (C) S_1 구조 중간 코드의 메모리 할당 예

그림 9.21에서 보듯이 for 문의 중간 코드도 불리언 수식의 비교 결과에 따라 각각 점프한다. 불리언 수식의 중간 코드 수행 결과가 참일 때는 *B.true*로 점프하여

```
t3 = t1 + t2
goto TEST
```

를 수행하여 다시 TEST 레이블로 점프하여 순환 횟수를 검사하고 반복한다. 만약 거짓이면 *B.false*로 점프한 후 다시

```
goto EXIT
```

에 의해 순환 밖으로 나간다. 다음은 불리언 수식의 결과에 따른 for 문의 중간 코드를 생성하는 의미 규칙이다. 이 의미 규칙에서 *R.c*는 for 문을 벗어난 후 수행할 부분의 중간 코드이다.

```
S →  for  (C)  S1      {
                          TEST = new(Label);
                          EXIT = new(Label);
                          B.true = new(Label);
                          B.false = new(Label);
                          S.c = cogen ('label' TEST) || C.c;
                             || cogen ('label' B.false) || cogen ('goto' EXIT) ;
                             || cogen ('label' B.true) || S1.c;
                             || cogen ('goto' TEST) ;
                             || cogen ('label' EXIT) || R.c;
                       }
```

실습 9.9

C 프로그래밍 언어의 증감연산자(++, --)의 전위(++k, --k)인 경우와 후위(k++, k--)인 경우의 코드를 생성하는 의미 규칙을 구현하시오.

9.4.3.4 함수 호출의 중간코드

함수 호출문은 아래와 같이 함수이름과 괄호 속에 함수에 전달할 실인자 리스트로 구성한다. 인자 리스트는 수식이 있거나, 인자와 수식의 혼합이 있을 수 있다.

S → fn (*Arg_list*)
Arg_list → *Arg_lis*, *E*

Arg_list → *E*

이러한 함수 호출문의 의미를 이해하기 위해 아래의 함수 호출문을 번역해 보자.

```
k = 0;
sum(k, j, n, 34);
k = k + 1;
```

이 구조는 함수 *sum*를 호출하면서 인자 k, j, n, 34를 함수에게 전달한다. 이러한 과정은 실행환경에서 아래 순서로 일어난다.

- 현재 실행 중인 값들을 모두 저장한다.
- 되돌아올 주소를 저장한다.
- 제어를 *sum* 함수에 넘긴다.
- 되돌아오면 실행하기 위해 저장한 값을 다시 할당한다.

컴파일러에서는 이 과정이 수행하도록 함수 *sum*와 인자가 k, j, n, 34이며 몇 개 인지를 알려준다. 그러므로 함수 호출을 위한 중간코드는 아래와 같이 k, j, n, 34는 인자이며 함수는 sum이고 인자 수는 4개임을 알린다.

```
arg   k
arg   j
arg   n
arg   34
call   sum, 4
```

이 중간코드는 그림 9.22와 같이 메모리에 할당한다.

아래는 함수 호출문의 중간 코드를 생성하는 의미 규칙이다.

S → fn (*Arg_list*) {
 메모리 큐에 있는 각 인자 a에 대하여 *cogen*('arg' *a*);
 cogen ('call' *fn.p*);
}

Arg_list → *Arg_lis*, *E* {메모리 큐의 끝에 수식 *E.p*의 코드를 접속한다}

Arg_list → *E* {*E.p*에 대해서만 메모리 큐를 할당한다}

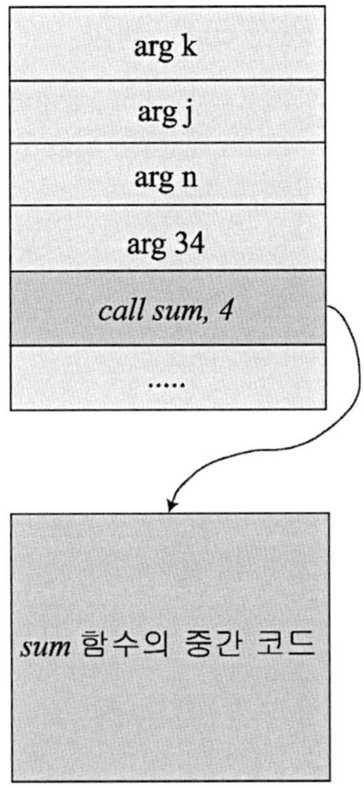

그림 9.22 함수 호출문 중간 코드의 메모리 할당 예

실습 9.10

switch 문에 대한 중간 코드를 생성하는 의미 규칙을 만들고 아래 switch 문의 중간 코드를 생성하시오.

```
switch  (a)
{
        case  1 : k = k + 1;
                  break;
        case  2 : k = k * 1;
                  break;
        case  3 : k = k / 1;
                  break;
        case  4 : k = k - 1;
                  break;
        default : k = 0;
}
```

9.4.4 선언문의 번역과 중간 코드 생성

선언문은 실행 중에 사용할 자료의 타입(자료형)을 정의하거나 메모리를 할당하도록 정보를 제공하는 문장이다. 이러한 선언은 자료형은 물론 배열, 레코드, 포인터 등 여러 종류가 있다. 배열이나 레코드는 구조화된 자료형으로 프로그래밍 언어와 컴파일에서 매우 중요하게 다룬다. 여기에서는 자료형 선언과 배열의 번역을 살펴본다.

9.4.4.1 선언문의 번역과 의미 규칙

선언문의 자료형에 대한 의미를 부여하는 번역과정을 살펴보기 위해 우선 선언문의 문법 구조를 살펴보자.

Decl → *Typ* **id** ; *Decl* |*Typ* **id** *Arrtyp* ; *Decl* |ε
Typ → *Styp* | *Arrtyp*
Styp → **int** | **float**
Arrtyp → **[num]** *Arrtyp* |ε

이 문법 구조에서 *Decl*은 '타입'으로 **id**를 선언하는데 타입은 단순자료 타입과 배열 타입이 있다. 단순 자료 타입은 정수형(int)과 유동소수점수형(float)이 있다. 또한 배열 타입은 **[num]**로 배열을 나타낸다. 예를 들어, 아래는 선언문으로 그림 9.23과 같이 정수 선언문 int id;와 배열 선언문 int id[num];의 파스 트리를 생성한다.

```
int a;
float f, r;
int k[4][6];
```

위의 int a는 정수형으로 메모리에 a라는 이름으로 16비트(혹은 32비트, 기계에 따라 다름) 정수형 값을 저장할 공간을 할당한다. 또한 float f, r에서는 32비트(기계에 따라 다름) 유동소수점형 값을 저장하는 공간을 할당한다. int k[4][6]도 마찬가지

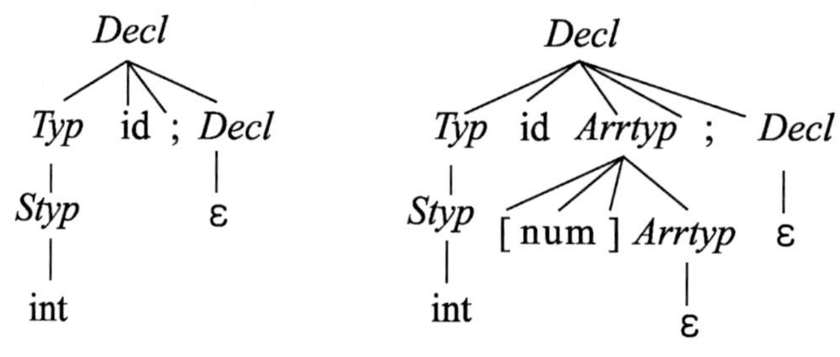

그림 9.23 정수 선언문 int id;와 배열 선언문 int id[num]; 의 파스 트리

16비트
int a
float f
float f
float r
float r
int k[0][0]
ink k[1][0]
.
.
int k[2][5]
int k[3][5]

그림 9.24 메모리 공간에 저장할 공간 할당 예

로 16비트 정수형 값을 저장하는 공간을 24개 확보한다. 즉, 이 배열에서는 16비트 정수형이면 2바이트씩 24개 원소이므로 48바이트를 확보하라는 의미이다(물론 32비트이면 4바이트씩 96바이트이다). 그러므로 위의 세 선언문은 그림 9.24처럼 각 타입의 값을 저장할 메모리 공간을 확보한다.

배열 번역을 이해하기 위해 아래 선언문을 살펴보자.

```
int a[5][6];
```

이 문장은 아래 의미를 속성으로 가진다.

- 정수형이다
- 배열이다
- 배열 이름은 a이다
- 이차원이다
- 전체 30개의 원소가 있다
- 5개행과 6개열이 있다
- 원소의 처음과 끝은 [0][0]와 [4][5]이다
- 초기 값은 알 수 없다
- 배열이름 a는 이 배열의 첫 번째 원소의 포인터이다
- 배열이름 a는 이 배열의 첫 번째 원소의 주소이다.

이와 같이 배열 선언 문장 하나가 여러 의미를 가지고 있기 때문에 이러한 의미를 가지도록 의미 규칙을 만든다.

아래는 선언문의 문법 구조에 추가한 의미 규칙이다.

Decl → *Typ* **id** ; *Decl*	{ *cogen*('entertable'(id.*name*, t));}
Decl → *Typ* **id** *Arrtyp* ; *Decl*	{ *Decl.type* = *Arrtyp.type*;}
Decl → ε	
Typ → *Styp*	{ t = *Styp.type*; w = *Styp.width*; } /* w 바이트의 저장할 값 */
Typ → *Arrtyp*1	{ t = *Arrtyp.type*; w = *Arrtyp.width*; } /* 배열 바이트 수 */
Styp → **int**	{ *Styp.type* = *integer*; *Styp.width* = 2; } /* 2 바이트 */
Styp → **float**	{ *Styp.type* = *float*; *Styp.width* = 4; } /* 4 바이트 */
Arrtyp → **[num]** $Arrtyp_1$	{ *array*(*num.value*, $Arrtyp_1$*.type*); *Arrtyp.width* = *num.value* × *Arrtyp1.width*; }
Arrtyp → ε	{ *Arrtyp.type* = t; *Arrtyp.width* = w; } /* w 바이트 */

위의 의미 규칙에서 { *cogen*('entertable' (id.*name*, t));}는 식별자(변수)를 테이블에 넣는다는 의미이며, 이 때 변수이름과 그 변수의 타입(t)을 저장한다. t는 타입이며, w는 저장되는 값의 바이트 수이다. 즉, 정수형 값으로 2바이트, 유동소수점형 값으로 4바이트를 할당한다. { *array*(*num.value*, *Arrtyp1.type*); *Arrtyp.width* = *num.value* × *Arrtyp1.width*; }는 원소의 수와 그 원소의 타입을 알리고, 배열 전체 크기는 원소의 수와 그 원소의 크기(바이트 수)를 곱한 값이다.

아래 예를 통하여 선언문의 의미 규칙을 살펴보자. 먼저, 단순 자료형 선언을 살펴본다.

```
int a ;
float r ;
```

이 선언문은 그림 9.25 같이 파스 트리가 생성되면서 각 단계에서 필요한 의미 규칙을 수행한다. 그 결과 int a;는 a라는 정수형 변수 이름이 메모리에 2바이트로 할당되고, float r;은 r이라는 유동소수점형 변수 이름이 메모리에 4바이트를 할당한다(정수형은 2바이트인 경우의 기계에서).

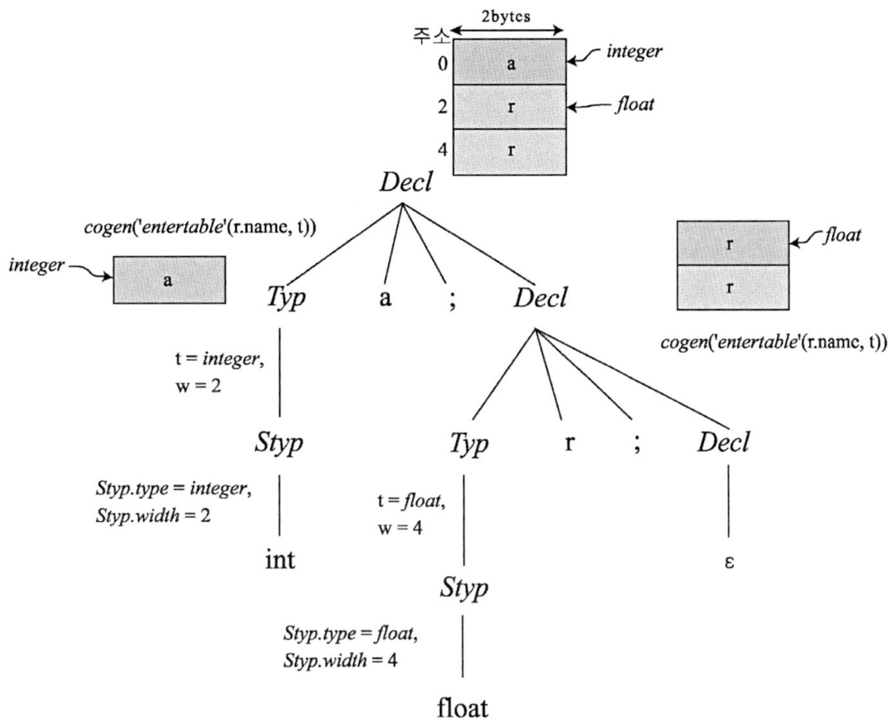

그림 9.25 선언문 int a; float r;의 파스 트리와 번역 과정

다른 예로 배열 선언의 의미 규칙을 살펴보자.

int k[4][6];

이 선언문은 그림 9.26같이 파스 트리가 생성되면서 각 단계에서 필요한 의미 규칙을 수행하면서 번역한다. 그 결과 int k[4][6];은 k라는 정수형 배열은 한 원소가 2바이트이고, 배열 전체의 원소 수는 24개이므로 배열 전체의 크기는 2바이트(한 원소 크기) × 24개로 48바이트의 공간을 확보한다. 점선은 배열 원소의 타입과 크기(길이)가 상속되어 경로를 나타낸다.

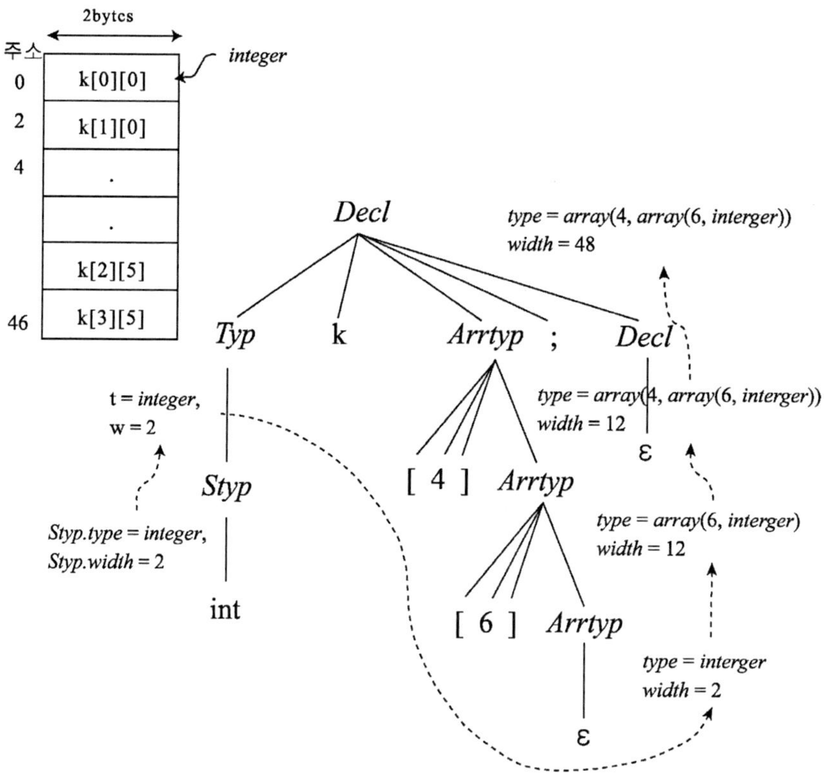

그림 9.26 선언문 int k[4][6];의 파스 트리와 타입 번역 과정

9.4.4.2 배열원소의 주소 지정 번역

메모리는 주소가 일차원으로 나열되어 있고 배열은 일차원 배열, 이차원 배열, 삼차원등 일반적인 다차원이 있다. 이러한 다차원 배열을 일차원 형식의 메모리의 주소와 대응하는 것은 실행 중에 필요한 데이터를 올바르게 가져오기 위해 매우 중요하다. 여기에서는 배열 원소와 메모리의 주소를 어떻게 대응하는가를 살펴보자. 이 때 일차원 배열, 이차원 배열, 일반적인 다차원 배열을 고려한다.

프로그램이 실행할 때 배열 원소를 참조하기 위하여 우선적인 문제는 배열의 맨 처음 원소에서 참조할 각 원소까지의 **상대적인 위치(변위)**를 어떻게 계산하는가이다. 사용자가 프로그램에서 배열을 이차원, 삼차원으로 생각하여 작성하더라도 메모리에 실제로 할당할 때는 메모리의 구조상 일차원으로 대응한다. 이 때 프로그래밍 언어의 특성에 따라 **행을 우선으로** 메모리에 할당할 수도 있고, **열을 우선으로** 할당할 수도 있다.

지금부터 아래와 같은 C 프로그래밍 언어의 이차원 배열 선언을 살펴보자.

```
int m[4][6];
```

이 배열은 아래와 같이 4행과 6열로 구성되는데, 각 행은 6개의 원소가 있고, 각 열은 4개의 원소가 있다. 이 배열에서 행은 맨 처음 원소가 m[0][0]이다. 즉, 행과 열의 첫 인덱스는 0에서 시작한다.

$$\begin{pmatrix} m_{00}m_{01}m_{02}m_{03}m_{04}m_{05} \\ m_{10}m_{11}m_{12}m_{13}m_{14}m_{15} \\ m_{22}m_{21}m_{22}m_{23}m_{24}m_{25} \\ m_{30}m_{31}m_{32}m_{33}m_{34}m_{35} \end{pmatrix}$$

이 배열에서 m[2][3]를 참조하려면 원소 m[2][3]가 맨 처음 원소 m[0][0]에서 몇 번째에 있는지를 알아야 한다. C 프로그래밍 언어는 배열의 행을 우선으로 메모리에 원소를 할당하므로 각 행마다 원소를 6개씩 계산하여 m[2][3]의 바로 앞 행까지의 변위(즉, m[2][3]의 2에서 m[0][3]의 0을 뺀 값)를 계산하면 6 × (2 - 0)로 원소의 수는 모두 12개이다. 즉, m[0][0]에서 m[0][5]와 m[1][0]에서 m[1][5]까지의 원소의 수 12개와 m[2][0], m[2][1], m[2][2]까지 원소 수 3개(즉, m[2][3]의 3에서 m[2][0]의 0을 뺀 값)를 더하면 15이다. 이 변위 15는 이 배열의 처음 원소 m[0][0]에서 행으로 할당되는 순서에 따라 15번째 원소라는 의미이다. 그러므로 원소 m[2][3]는 행우선 할당으로 m[0][0]에서 15번째 주소에 있다.

만약 m[0][0]가 1045번지에 있고 한 **원소의 크기가 한 바이트**라면 m[2][3] 원소는 아래와 같이 1045 + 15로 1060번지에 할당된다.

주소	1045		1050	1051		1056	1057	1058	1059	1060	1061
	m[0][0]	....	m[0][5]	m[1][0]	....	m[1][5]	m[2][0]	m[2][1]	m[2][2]	m[2][3]	m[2][4]

위에서 살펴 본 바와 같이 결과적으로 참조 원소 m[i][j]는 (i - 0) × 6 + (j - 0)와 같이 변위를 계산한다.

그러므로 일반적으로 아래와 같이 선언한 행렬(행은 0에서 R까지, 열은 0에서 C까지이다)

```
int m[R][C];
```

에서 한 원소 m[i][j]까지 변위를 구하는 공식을 만들 수 있다.

m[i][j] = (i - 0) × C + (j - 0)

그러므로 이 원소 m[i][j]는 시작 주소 start에서부터 (i - 0) × C + (j - 0)번째에 있는 원소이므로 m[i][j]의 주소는 아래와 같다.

m[i][j]의 주소 = start + (i - 0) × C + (j - 0)

이 공식은 배열의 한 원소 m[i][j]가 한 바이트인 경우이다. 그러나 실제는 한 원소(정수형이든 유동소숫점형이든)가 메모리에 2바이트나 4바이트로 할당된다. 그러므로 실제의 한 원소 m[i][j]의 주소는 한 원소가 차지하는 바이트 수 w를 곱해야 하므로 아래처럼 계산하고 모든 배열에 마찬가지로 적용한다.

m[i][j]의 주소 = start + ((i - 0) × C + (j - 0)) × w

또한 아래의 삼차원 배열 선언을 살펴보자.

```
int m[4][6][3];
```

이 삼차원 배열인 경우는 아래와 같이 네 개의 행과 여섯 개의 열로 구성된 평면이 세 개 있는 구조이다.

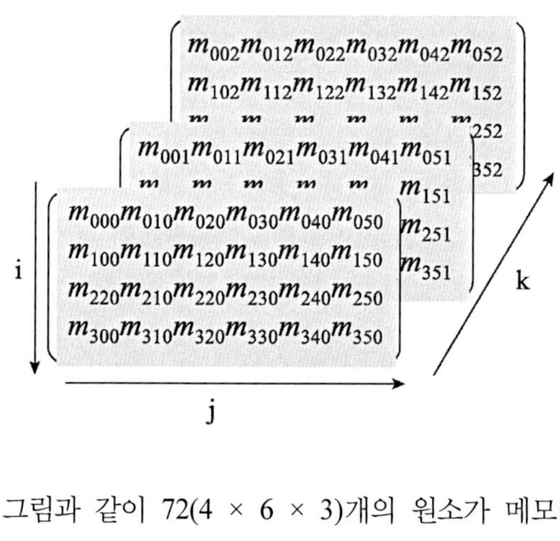

이 배열은 아래 그림과 같이 72(4 × 6 × 3)개의 원소가 메모리에 연속으로 할당한다(배열 각 원소는 메모리 셀 하나를 차지한다고 가정한다).

주소	1045	1046		1051	1052	1053		1057		1075	1076	1077
	m_{250}	m_{300}	....	m_{350}	m_{001}	m_{011}	....	m_{051}	....	m_{351}	m_{002}	m_{012}

그러므로 삼차원 배열에서도 마찬가지로 컴파일러는 임의의 원소 m[i][j][k]를 맨

처음 원소 m[0][0][0]에서부터 어떻게 찾는지가 중요하다. 즉, 변위를 계산하는 방법을 알아야 한다.

위의 삼차원 배열 int m[4][6][3];에서는 각 평면 (4 × 6 원소)에 대한 변위, 각 행(6개의 원소)에 대한 변위, 참조하려는 원소의 행에서 원소에 대한 변위를 합해야 한다. 예를 들면, 참조하려는 원소 m[3][4][2]는 (2 - 0) × 4 × 6 + (3 - 0) × 6 + (4 - 0)와 같이 구한다. 그러므로 이 배열에서 한 원소 m[i][j][k]를 참조하려면 (k - 0) × 4 × 6 + (i - 0) × 6 + (j - 0)와 같이 구할 수 있다.

일반적으로 int m[R][C][P];로 선언한 삼차원 배열에서 한 원소 m[i][j][k]를 참조하려면 변위는 공식 (k - 0) × R × C + (i - 0) × C + (j - 0)로 계산한다.

그러면 변위를 계산하는 일반적인 방법을 만들기 위해 아래처럼 선언한 N-차원 배열을 살펴보자.

int $m[n_1]\ [n_2][n_3]\ \ldots\ [n_m]$

일단, 위에서 보았듯이 각 인덱스(첨자)에서 0을 뺀 후에, 이것을 더 높은 차원에 있는 원소의 전체 수에 곱한다. 즉, 참조하고자 하는 원소 $m[i_1]\ [i_2]\ [i_3]\ \ldots\ [i_m]$는 아래처럼 변위를 구할 수 있다.

$$\begin{aligned}\text{원소 } m[i_1]\ [i_2]\ [i_3]\ \ldots\ [i_m]\text{의 변위} = &(i_1 - 0) \times n_2 \times n_3 \times n_4 \times \ldots \times n_m \\ &+ (i_2 - 0) \times n_3 \times n_4 \times \ldots \times n_m \\ &+ (i_3 - 0) \times n_4 \times \ldots \times n_m \\ &+ \ldots\ldots\ldots \\ &+ (i_{m-1} - 0) \times n_m \\ &+ (i_m - 0)\end{aligned}$$

이 공식에서 n_i는 i번째 차원에서 원소의 수를 나타내고, i_i는 배열을 참조하는 i번째 인덱스를 나타낸다. 이 방법에서는 배열을 행과 열이 각각 m[0][0]....[0]처럼 0에서 시작하기 때문에 각 인덱스에서 0을 뺀다. 그러나 시작 원소가 m[1][1]....[1]처럼 1에서 시작하면 아래와 같이 각 인덱스에서 1을 뺀다.

$$\begin{aligned}\text{원소 } m[i_1]\ [i_2]\ [i_3]\ \ldots\ [i_m]\text{의 변위} = &(i_1 - 1) \times n_2 \times n_3 \times n_4 \times \ldots \times n_m \\ &+ (i_2 - 1) \times n_3 \times n_4 \times \ldots \times n_m \\ &+ (i_3 - 1) \times n_4 \times \ldots \times n_m \\ &+ \ldots\ldots\ldots \\ &+ (i_{m-1} - 1) \times n_m \\ &+ (i_m - 1)\end{aligned}$$

그러므로 $m[l_1{:}n_1][l_2{:}n_2]\ldots.[l_m{:}n_m]$처럼 각 차원이 l_1, l_2, ... l_m에서 시작하는 프로그

래밍 언어에서는 아래처럼 각 인덱스에서 l_1, l_2, ... l_m를 각각 뺀다.

$$\begin{aligned}\text{원소 } m[i_1]\ [i_2]\ [i_3]\ \dots\ [i_m]\text{의 변위} = &(i_1 - l_1) \times n_2 \times n_3 \times n_4 \times \dots \times n_m \\ &+ (i_2 - l_2) \times n_3 \times n_4 \times \dots \times n_m \\ &+ (i_3 - l_3) \times n_4 \times \dots \times n_m \\ &+ \dots\dots\dots \\ &+ (i_{m-1} - l_{m-1}) \times n_m \\ &+ (i_m - l_m)\end{aligned}$$

위의 주소 계산 방법으로 배열 원소를 참조하는 변위를 계산하는 중간 코드를 생성하여야 한다. 그러므로 아래 각 부분을 계산하는 코드가 필요하다.

- 각 차원 i에 대하여 첨자 i_i를 l_i씩 빼는 sub 연산 코드
- 빼기 결과와 차원 n_{i+1}에서 n_m를 곱하는 mul 연산 코드
- 앞에서의 부분 합과 차원에 대한 부분을 합하는 add 연산 코드

아래는 C 프로그래밍 언어 같이 배열의 하한 값이 0이고 크기가 w(각 원소가 2 바이트로 가정하면 w = 배열 원소의 수 × 2)인 배열이 선언되어 있을 때 배열 참조를 정의하는 문법과 의미 규칙이다. 넌터미널 *A*는 배열 이름을 나타낸다. 배열 참조는 할당문에서 배열 원소에 결과를 할당할 수도 있고 수식의 일부로 사용할 수도 있다. 식별자(변수) 뒤에 인덱스로는 상수, 변수, 수식이 올 수 있으며 배열 구조(차원)에 따라 여러 개가 올 수 있다. 그러나 이 문법은 왼쪽 리커젼이 있어서 리커시브 디센트 파서에서는 사용할 수 없다.

```
1. S → id = E           { .... 생략.......}
2. S → A = E            { cogen (A.p.base '[' A.p ']' '=' E.p);}
3. E → E + T            { .... 생략.......}
4. E → T                { .... 생략.......}
5. T → T * F            { .... 생략.......}
6. T → F                { .... 생략.......}
7. F → id               { .... 생략.......}
8. F → number           { .... 생략.......}
9. F → A                { F.p = new( );
                        cogen (F.p '=' A.array.base  '[' A.p ']');}
10. A → A1 [ E ]        { A.array = A1.array;
                        A.type = A1.type.elem;
                        t = new ( );
                        A.p = new( );
                        cogen ( t  '=' E.p '*' A.type.width);
```

```
                          cogen (A.p '=' A1.p '+' t);}
11. A → id [ E ]          {  A.array = get(id.p);
                          A.type = A.array.type.elem;
                          A.p = new( );
                          cogen (A.p '=' E.p '*' A.type.width);}
```

*A.p*나 *E.p*에서의 *p*는 포인터이므로 *E.p*는 E에 해당하는 코드가 있는 곳의 위치이고, *A.p*는 *A*에 해당하는 코드가 있는 곳의 위치이다. { .... 생략.......}는 앞에서 이미 다룬 부분이므로 의미 규칙을 생략한다.

이 의미 규칙에서 보듯이 넌터미널 *A*는 아래와 같이 합성 속성이 있다.

- *A.p*는 배열을 참조를 위해 원소 $m[i_1]$ $[i_2]$ $[i_3]$ ... $[i_m]$의 변위를 계산하는 동안 사용되는 일시적인 주소를 나타낸다.
- *A.array*는 심볼 테이블에서 각 식별자로 있는 배열 이름을 가리키는 포인터이다. 또한 시작 주소 *A.array.base*(배열 원소의 0번째이다)는 인덱스의 모든 수식이 분석되고 난 후에 배열 참조의 실제 값을 결정하는데 사용한다.
- *A.type*는 *A*로 생성된 부분 배열의 타입이다. 어떤 타입 t에 대해 크기가 t.*width*로 주어지면 크기보다는 타입을 검사하는데 사용한다. 어떤 배열 타입 t에 대해 t.*elem*은 원소 타입을 나타낸다.

결국, 생성 규칙 *S* → *A* = *E*는 배열 참조 위치 *A.array.base*[*A.p*]로 계산되어 *E.p* 주소의 값을 *A* 위치에 할당하는 중간코드를 생성한다.

배열 원소의 주소를 지정하기 위한 번역을 좀 더 알아보기 위해 아래 이차원 배열 선언과 참조의 예를 살펴보자.

```
int x[6][7];
int i, j, k;
x[i][j] = x[3][5] + k;
```

배열 x는 정수형 이차원 배열이고 각 원소의 크기는 정수형으로 2바이트로 가정한다. 변수 i, j, k는 정수형이다. 즉, 배열 x의 타입은 array(6, array(7, integer))이고 각 원소는 2바이트이므로 할당한 크기 w는 84바이트이다. 또한 각 원소의 x[i][j]도 정수이다.

여기에서 배열 참조 x[i][j] = x[3][5] - k;를 번역하는 파스트리와 중간 코드 생성 과정은 그림 9.27과 같으며 생성한 중간 코드는 아래와 같다.

```
t1 = i * 14
t2 = j * 12
```

$t_3 = t_1 + t_2$
$t_4 = 3 * 14$
$t_5 = 5 * 12$
$t_6 = t_4 + t_5$
$t_7 = x [t_6]$
$t_8 = t_7 + k$
$x [t_3] = t_8$

위에서 중간 코드

$t_1 = i * 14$
$t_2 = j * 12$
$t_3 = t_1 + t_2$

는 x[i][j] 부분을, 중간 코드

$t_4 = 3 * 14$
$t_5 = 5 * 12$
$t_6 = t_4 + t_5$

은 x[3][5] 부분의 변위를 구한다. 그러므로 최종으로

$t_8 = t_7 + k$
$x [t_3] = t_8$

에 의해 배열 참조가 들어간 할당 수식 x[i][j] = x[3][5] - k;를 계산하도록 중간 코드를 생성한다.

일차원 배열에 대한 변위는 첨자 값에서 프로그래밍 언어에 따라 배열 원소의 하한 값인 0, 1, l_i 중에서 빼면 되므로 쉽게 계산할 수 있다. 예를 들어,

int y[30];

로 선언한 배열에서는 y[9]와를 참조하려면 변위는 프로그래밍 언어에 따라 (9 - 0), (9 - 1)(9 - l_i)이 된다. C 프로그래밍 언어에서는 (9 - 0)로 9이다. 일차원에서의 메모리 할당은 일반적으로 메모리에 1:1로 매핑한다.

실습 9.11

C 프로그래밍 언어의 일차원 배열 선언 int x[40];에서 a = x[4]; 같이 배열을 참조할 때 배열 참조하는 부분에 대한 중간 코드를 생성하시오(위의 문법을 적용하시오).

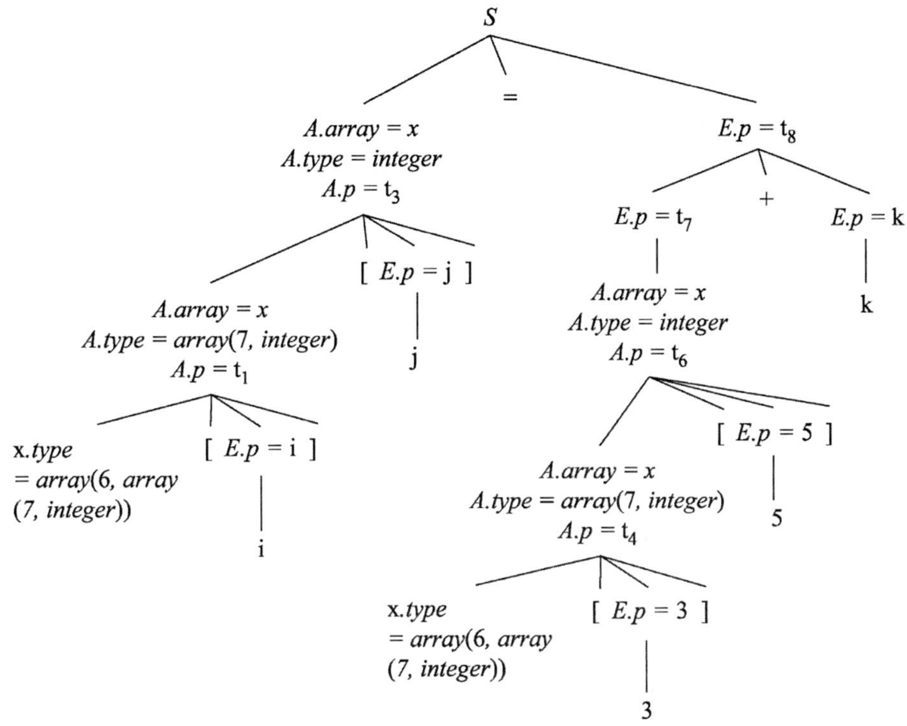

그림 9.27 배열 참조 x[i][j] = x[3][5] - k의 파스 트리와 중간 코드 번역 과정

실습 9.12

C 프로그래밍 언어의 삼차원 배열 선언 int x[10][20][30];에서 x[3][6][14];를 파싱할 때 배열을 참조하는 중간 코드들 생성하는 과정을 보이시오(위의 문법을 적용하시오).

연습문제 9.4

01 본문의 해당 문법을 사용하여 아래의 각 수식의 속성 유도 트리를 그리시오. 임시 기억 장소를 사용할 수 있다.

(1) a * b + c (2) (a + b) * c

(3) a * b * c (4) (a)

(5) a - b + (-c)

02 본문의 의미 규칙에 아래와 같은 의사 코드가 있다.

cogen (*A.p* '=' A_1*.p* '+' t);

이 코드의 의미를 설명하시오.

03 본문의 의미 규칙에 아래와 같은 의사 코드가 있다.

cogen (t '=' *E.p* '*' *A.type.width*);

이 코드의 의미를 설명하시오. 또한 *A.type.width*의 의미를 설명하시오.

04 본문의 의미 규칙을 이용하여 아래 각 입력 스트링의 중간 코드를 출력하시오.

```
(1) if ( a == b) {while (x < y)  s = s - 1;}
(2) for (i = 1; i <= 100; i++) for (j = 1; j <= i; j++) k = k - 1;
(3) if (a == b)
        for (i = 1; i <= 100; i++)
            s = s - 1;
      else  while (j > 0 ) s = s + 1;
(4) if (a == b)  if (b > 0)   s = s + 1
                  else s = s + k;
```

05 아래의 각 생성 규칙에 대하여 의미 규칙을 작성하시오.

1. *WhileStmt* → while (*Expr RO Expr*) *Stmt*
2. *ForStmt* → for var = *Expr* to *Expr* do *Stmt*
3. *IfStmt* → if *Expr RO Expr* then else *Stmt*

06 아래의 배열 선언을 가정하시오.

```
int g[13];
int M[15][20]
int A[15][7][5]
float Z[4][6]
```

아래 각 배열 참조에 대하여 중간 코드를 생성하시오(에러가 있으면 이유를 설명하시오).

(1) g[6]
(2) M[k][n]
(3) A[9][4][5]
(4) A[9][14][5]
(5) Z[2][3]
(6) M[0][0]

07 아래의 배열 선언을 가정하시오.

```
int g[13];
int k[10];
```

여기에서 배열 참조 g[k[3]]의 중간 코드를 생성하시오.

9.5 타입 검사

타입(자료형) 검사에는 변수 선언, 배열 선언, 제어의 흐름, 정의한 이름의 올바른 사용 등을 컴파일 시간에 검사하는 **정적 타입** 검사와 배열 범위 검사 같은 실행시간에 검사하는 **동적 타입** 검사가 있다. 여기에서는 의미 분석 과정에서 연산 결과가 어떤 타입을 가지는지를 검사하는 방법을 알아본다.

9.5.1 타입 검사의 의미 표현

타입 검사의 의미를 표현하기 위해 먼저 아래 선언문과 할당문을 살펴보자.

```
int a, b, c, d;
a = b + c * d;
```

위의 할당문은 b, c, d의 자료형이 정수이므로 정수 연산을 수행하고 a에 정수형 값을 할당한다. 또한 아래와 같이 b, c, d를 유동소수점형으로 선언하면 이 할당문은 유동소수점형 연산을 수행하고 a에 유동소수점형으로 값을 할당한다.

```
float a, b, c, d;
a = b + c * d;
```

그러나 아래 같이 선언한 경우에는 a, b가 정수형이고 c, d는 유동소숫점형이므로 c와 d는 유동소수점형으로 곱하기 연산을 수행하여 결과는 유동소수점형 값이다.

```
int a, b;
float c, d;
a = b + c * d;
```

다시 정수형 값 b와 연산하려면 자료형이 달라서 연산할 수 없다는 에러를 발생하거나 연산을 하더라도 정확한 연산을 할 수 없기 때문에 결과가 틀릴 수 있다(프로그래밍 언어에 따라 다름). 같은 경우로 어떤 포인터 값은 결과도 포인터로 변수에 할당하여야 한다.

위 예에서 살펴 본 것과 같이 어떤 연산을 올바르게 수행하려면 자료형이 같은지 검사하여야 한다. 이와 같이 자료형이 같은지 검사하는 의미를 부여하는 규칙을 주어야 하는데 이러한 규칙을 "타입 검사의 의미 표현"이라 한다.

이러한 수식 연산뿐 아니라, 프로그램 전체의 의미 분석 과정에서 타입을 검사하는 두 방식이 있는데 하나는 **합성**으로 타입 속성을 따라가면서 검사하는 것이고, 또 하나는 **추론**으로 속성을 따라서 검사하는 것이다.

합성 방식을 알아보기 위해 수식 할당문 a = b + c * d;를 살펴보자.

이 할당문에서는 c나 d의 타입에 따라 c * d의 타입이 정해지고, 또한 b와 c * d의 각 타입에 따라 b + c * d의 타입이 결정된다. 그러므로 a의 타입은 b + c * d의 타입에 따라 최종으로 결정된다. 이런 합성에 의한 최종 타입은 아래와 같다.

$$Type(x_1, x_2, ..., x_n) = Type\ (((((Type(Type(x_1), x_2) \ ...\ x_n)))))$$

여기에서 x_i, i = 1,..., n가 변수나 부분 수식이고 $Type(x_1, x_2, ..., x_n)$는 i = 1,..., n의 각 i에 대한 $Type(x_i)$의 타입이다. 그러므로 $Type(x_1, x_2, ..., x_n)$는 각 부분 수식의 타입 합성에 의한 최종 타입이다. 문법 $E \rightarrow E_1 + E_2$의 최종 타입은 $Type(E) = Type(Type(E_1), E_2)$이다. 이와 같이 합성 방법은 산술 수식에서와 같이 부분 수식의 타입을 수식 전체의 타입으로 전파하는 방식이다.

추론 방식은 언어가 사용되는 방법에 따라 타입을 결정하는 것이다. 이 추론 방식을 살펴보기 위해 아래 선언문을 살펴보자.

```
int a, b, c;
a = b + c;
```

여기에서는 int a, b, c; 로 선언한 변수의 타입인 "정수형"이 그 다음 문장인 a = b + c;의 각 변수에 전달되어 *Type*(a) = *Type*(b) = *Type*(c) = "정수형"으로 타입이 결정된다. 그러므로 이런 추론에 의한 최종 타입은 아래와 같다.

$$f : Type(x) \rightarrow Type(y)$$

즉, 수식 $f(x)$에 대하여 x의 타입이 x의 타입으로 전달하는 함수가 존재한다.

9.5.2 타입 검사의 의미 규칙 구현

프로그램의 의미 분석 과정에서 문법의 각 부분에 해당하는 타입의 의미 규칙을 구현하는 과정을 살펴본다. 먼저, 앞에서 살펴본 선언문 문법을 다시 살펴보자.

Decl → *Typ* id ; *Decl* |*Typ* id *Arrtyp* ; *Decl* |ε
Typ → *Styp* | *Arrtyp*
Styp → int |float
Arrtyp → [num] *Arrtyp* |ε

이 선언문은 정수형 변수, 유동소수점형 변수, 배열을 선언하는 선언문의 문법 구조이다. 이 문법은 아래와 같은 문장을 만들 수 있다.

```
int k, knu;
```

float f, real_number, p;
int ar[3][4];

이 선언 문법 구조에서 타입 검사의 의미 규칙은 그림 9.25와 그림 9.26에서 보는 것과 같다.

다음으로 할당문과 제어문의 타입 검사 의미 규칙은 아래와 같다.

$S \rightarrow$ id = E {*if* (*id.type* == *E.type*) *S.type* = *E.type* *else* *cogen*("*type_error*");}
$S \rightarrow$ if(C) S_1 {*if* (*C.type* == boolean) *S.type* = S_1*.type* *else* *cogen*("*type_error*");}
$S \rightarrow$ while(C) S_1 {*if* (*C.type* == boolean) *S.type* = S_1*.type* *else* *cogen*("*type_error*");}

다음으로 수식 할당문에 대한 타입 검사의 의미 규칙을 구현한다. 수식 할당문의 할당기호(=)오른쪽에는 상수, 변수, 수식, 배열원소, 함수 등이 올 수 있기 때문에 이 문법 구조는 아래와 같다.

$E \rightarrow$ char
$E \rightarrow$ num
$E \rightarrow$ num.num
$E \rightarrow$ id
$E \rightarrow E_1$ ao E_2

예를 들어, 이 문법에서 생성하는 간단한 수식에서 ao가 산술 연산자(+, -, *, /) 중 하나라면 피연산자 두 개의 타입에 따라 연산 결과는 아래와 같다.

정수형 ao 정수형 → 정수형
정수형 ao 유동소수점형 → 유동소수점형
유동소수점형 ao 정수형 → 유동소수점형
유동소수점형 ao 유동소수점형 → 유동소수점형

그러므로 이에 따른 의미 규칙은 아래와 같다.

$E \rightarrow$ char　　{*E.type* = *character*;}
$E \rightarrow$ num　　{*E.type* = *integer*;}
$E \rightarrow$ num. num　　{*E.type* = *float*;}
$E \rightarrow$ id　　{*E.type* = *get*(id.*name*);}
$E \rightarrow E_1$ ao E_2　　{*E.p* = new(*t*);
　　if (E_1*.type* == *integer* && E_2*.type* == *integer*)
　　　{
　　　cogen (*E.p* \`=\` E_1*.p* \`int ao\` E_2*.p*); /* 정수형 연산 */
　　　E.type = *integer*;
　　　}

```
else if (E1.type == float && E2.type == float)
  {
  cogen (E.p `=` E1.p `float ao` E2.p); /* 유동소수점 연산 */
  E.type = float;
  }
else if (E1.type == integer && E2.type == float)
  {
  r = new(t);
  cogen (r `=` `(float)` E1.p ); /* 정수를 유동소수점으로 변환 */
  cogen (E.p `=` r `float ao` E2.p ) ; /* 유동소수점 연산 */
  E.type = float;
  }
else if (E1.type == float && E2.type == integer)
  {
  r = new(t);
   cogen (r `=` `(float)` E2.p ); /* 정수를 유동소수점으로 변환 */
   cogen (E.p `=` E1.p `float ao` r); /* 유동소수점 연산 */
  E.type = float;
  }
}
```

이 의미 규칙에 따라 할당문과 수식이 있는 구체적인 예를 들어보자.

```
int c, d;
float a, b, e;
    ....
a = b + c * d + e;
    ....
```

수식 a = b + c * d + e;은 아래와 같은 중간 코드로 번역된다.

```
t1 = c  int*  d
t3 = (float)  t1        /*  정수형  t1를 유동소수점으로 변환   */
t2 = b  float+  t3      /*  유동소수점 더하기 연산   */
t4 = t2 + e
a = t4
```

위의 수식의 의미 규칙에서 살펴보았듯이 수식의 타입 검사는 피연산자 두 개의 타입에 의해 수식 전체의 타입이 결정된다. 또한 두 개의 피연산자가 각기 다른 타입이면(즉, 정수형이나 유동소수점형) 자동으로 유동소수점형으로 변환한 후 연산한다. 이 때 유동 소수점으로 변환하는 연산자가 생성된다.

이외에도 함수호출, 구조형 자료 선언, case 문 등 다양한 문법에 대하여 앞에서 알아본 내용을 응용하여 의미 규칙을 구현할 수 있다.

연습문제 9.5

01 피연산자의 타입에 대하여 아래와 같은 연산이 이루어지도록 타입 검사기를 C 프로그래밍 언어로 구현하시오. 이 문법은 간단한 수식에서 ao가 산술 연산자(+, −, *, /) 중 하나라면 피연산자 두 개의 타입에 따라 연산 결과는 아래와 같다.

정수형 ao 정수형 → 정수형
정수형 ao 유동소수점형 → 유동소수점형
유동소수점형 ao 정수형 → 유동소수점형
유동소수점형 ao 유동소수점형 → 유동소수점형

02 타입 검사기와 다형성과 의관계를 연결지어 설명하시오.

03. 코헤전을 설명하시오.

04 문자형을 정수형으로 변환하는 의미 규칙을 기술하시오.

제 10 장

코드 생성

이 장에서는 앞에서 생성한 중간 코드를 중앙처리장치에서 실행할 수 있는 기계어 인스트럭션으로 생성하는 방법을 살펴본다. 또한 병렬처리 컴퓨터나 임베디드 시스템같은 여러 종류의 컴퓨터에 이식 가능한 일반적인 코드 생성 기법을 설명한다.

10.1 코드 생성의 개요

지금까지 컴퓨터의 구조나 처리기의 성능과는 관련없이 프로그래밍 언어를 번역하는 과정을 중심으로 살펴보았다. 그러나 코드 생성은 컴퓨터 구조와 성능에 따라 여러 유형의 인스트럭션을 생성한다. 또한 프로그램 실행을 효율적으로 하기 위한 메모리 관리, 인스트럭션 선택, 레지스터 할당 같은 여러 기법이 필요하므로 코드 생성 단계는 매우 중요하다. 인스트럭션은 순차 컴퓨터, 병렬 컴퓨터, 임베디드 컴퓨터 등에 따라 다르게 생성한다.

보통 컴파일러를 설계할 때는 전처리 부분과 후처리 부분으로 나누어지는데, 전처리 부분은 어휘 분석과 구문 분석 단계로 컴퓨터와 독립적으로 구현할 수 있는 부분이고, 후처리 부분은 코드 생성이나 코드 최적화 같이 컴퓨터 구조에 매우 종속적으로 구현되는 부분이다. 이 장에서는 코드 생성에 대하여 살펴본다.

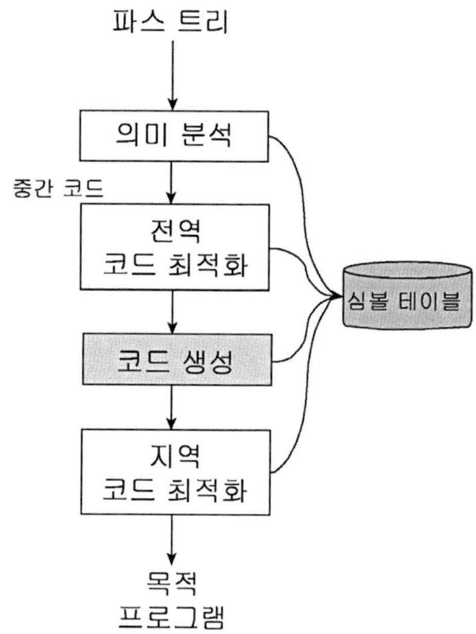

그림 10.1 코드 생성의 위치

순차 컴퓨터에서는 아래와 같은 인스트럭션이 필요하다.

- 메모리 관련한 피연산자를 취급하는 인스트럭션
- 레지스터 관련한 피연산자를 취급하는 인스트럭션
- 피연산자의 수(0-주소, 1-주소, 2-주소, 3-주소)에 따른 인스트럭션

예를 들어, 수식 a = b + c - d는 아래 같이 순서에 따라 차례로 실행하는 기계어 인스트럭션으로 변환한다.

```
lod  r1  b
add  r1  c
sub  r1  d
sto  r1  a
```

이 인스트럭션에서 보듯이 메모리는 물론 레지스터와 관련한 인스트럭션이 있다. 즉, 메모리에 있는 인스트럭션을 레지스터에 옮긴 후 필요한 연산을 수행한다.

병렬 컴퓨터에서는 아래와 같은 인스트럭션이 필요하다.

- 인스트럭션 하나가 데이터 하나를 취급하는 인스트럭션
- 인스트럭션 하나가 데이터 여러 개를 동시에 취급하는 인스트럭션

• 여러 인스트럭션이 데이터 하나를 동시에 취급하는 인스트럭션
• 여러 인스트럭션이 데이터 여러 개를 동시에 취급하는 인스트럭션

예를 들어, 어떤 벡터 병렬 컴퓨터가 1000개씩의 벡터 데이터를 저장한 배열 𝔸, 𝔹, 𝔻, 𝔼를 동시에 계산하는 벡터 더하기 연산을 𝔸 = 𝔹 + 𝔻 − 𝔼 처럼 수행하면 아래 같은 벡터 인스트럭션으로 변환한다.

```
VADD 𝔹 𝔻 /* 배열 𝔹와 𝔻에 있는 데이터 1000개를 동시에 더하여 𝔹에
            저장하라 */
VSUB 𝔹 𝔼 /* 배열 𝔹에 있는 결과에서 𝔼에 있는 데이터 1000개를 동시에
            빼고 𝔹에 저장하라 */
VSTO 𝔹 𝔸 /* 배열 𝔹에 있는 데이터 1000개를 𝔸에 동시에 이동하여 저장
            하라 */
```

이 벡터 인스트럭션을 순차 컴퓨터 인스트럭션으로 수행한다면 기계어 인스트럭션

```
lod r1 b
add r1 d
sub r1 e
sto r1 a
```

을 1000번 반복하여야 하고, 반복을 검사하는 테스트를 1000번 수행하여야 한다. 이와 같이 컴퓨터 구조에 따라 인스트럭션 생성 기법이 다르고 생성한 코드도 다르다. 또한 병행 프로그램을 실행하는 병행 컴퓨터에서는 인스트럭션을 동기화하는 속성이 필요하다.

코드 생성 단계의 주요 목적은 신택스 트리에서 처리기나 컴퓨터 구조에 종속하는 인스트럭션을 만드는 것이므로 처리기의 레지스터와 메모리를 취급한다.

연습문제 10.1

01 기계어 인스트럭션이 순차 컴퓨터, 병렬 컴퓨터, 임베디드 컴퓨터 등에 따라 다른 이유를 설명하시오.

02 코드 생성이나 코드 최적화 같은 후처리 부분이 컴퓨터 구조에 매우 종속적인 이유를 설명하시오.

03 메모리를 직접 엑세스하는 인스트럭션 예를 드시오.

04 레지스터를 취급하는 인스트럭션의 예를 드시오.

05 피연산자의 수(0-주소, 1-주소, 2-주소, 3-주소)가 다른 이유를 설명하시오.

06 피연산자의 수(0-주소, 1-주소, 2-주소, 3-주소)가 다른 각 경우의 장점과 단점을 설명하시오.

07 병렬 컴퓨터의 특징을 기술하시오.

10.2 기계어 인스트럭션으로 변환

이 절에서는 프로그램의 실행에 변화를 주는 점프 같은 인스트럭션은 뒤에서 다루고, 먼저 중간 코드를 기계어 인스트럭션으로 변환하는 과정을 살펴본다. 중간 코드에 있는 피연산자 주소는 목적 기계의 인스트럭션 형식에 따라 다르게 구성한다. 즉, 주소를 인스트럭션에서 직접 지정할 수도 있고, 인스트럭션에서 상대적으로 주소를 지정할 수도 있다.

10.2.1 직접 주소 지정 인스트럭션

직접 주소 지정 인스트럭션은 중간 코드에서 컴퓨터의 구조나 특성에 따라 해당하는 기계어 인스트럭션으로 대응하거나 여러 개의 인스트럭션으로 변환한다. 이 때 인스트럭션은 해당 피연산자의 주소를 직접 지정한다.

예를 들어, 프로그래밍 언어의 산술 수식 a = b + c를 중간 코드로 번역하면 아래와 같다.

```
add   b   c   t1
store t1  a
```

그러므로 이 중간 코드에 대응하는 기계어 프로그램은 아래와 같이 각 인스트럭션이 b, c, a의 해당 데이터 주소와 레지스터 번호를 직접 나타낸다.

```
lod   r1  b
add   r1  c
sto   r1  t1
lod   r1  t1
sto   r1  a
```

이 인스트럭션은 b번지의 내용을 레지스터 r1에 옮기고, 주소 c의 내용을 r1의 내용과 더한 다음 그 결과를 r1에 저장하라는 지시이다. 즉, b와 c번지의 값을 더하라는 의미이다. 그 후 r1에 저장되어 있는 값을 t1에 이동하여 저장한다. 그러나 b + c의 결과를 a에 저장하여야 하므로 다시 t1의 내용을 r1에 옮긴 후에 a로 이동하여 저장한다. 이와 같이 기계어 프로그램은 메모리와 레지스터 사이에서 자료의 이동에 의하여 수행하면서 결과를 처리한다.

위에서 살펴본 바와 같이 인스트럭션에서 lod 동작 코드는 주소 내용을 레지스터로 이동하라는 의미이고, add 코드는 주소의 내용과 레지스터의 내용을 더하라는 의미이다. 또한 sto 코드는 레지스터의 내용을 지정한 주소로 이동하여 저장하라는 의미이다. 그림 10.2는 C = B + A에 대한 기계어 인스트럭션의 실행과정에서 메모리와 레지스터 사이에서 각 코드의 의미를 나타낸다.

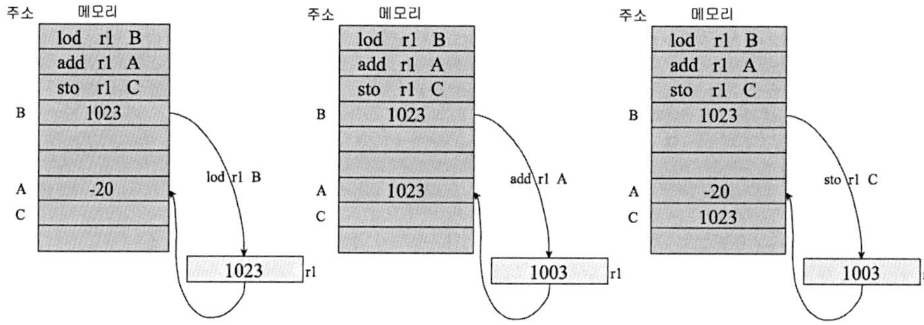

그림 10.2 C = B + A에 대한 기계어 인스트럭션의 실행과정

대부분 중간 코드는 같은 방법으로 구현하지만, goto 같은 중간 코드는 특정 값을 비교하여 조건에 따라 점프가 일어나므로 컴퓨터 구조에 따라

load
comp
jmp

같이 여러 개의 인스트럭션으로 구현한다.

메모리에서 데이터를 이동하기 위한 중간 코드로 mov를 구현한다. 이 코드는 메모리의 지정한 주소의 값을 지정한 다른 주소로 이동한다. 이때는 메모리 주소의 값을 레지스터로 이동한 후에 다시 레지스터에서 메모리의 다른 지정 주소로 값을 이동한다. 즉, load 한 후에 다시 store하는 순서로 구현한다. 그림 10.3은 mov의 의미이다.

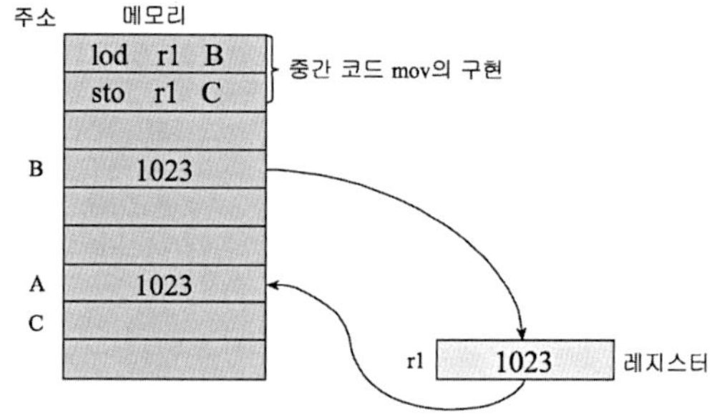

그림 10.3 중간 코드 mov의 기계어 인스트럭션 구현

10.2.2 상대 주소 지정 인스트럭션

상대 주소 지정 인스트럭션은 취급할 데이터 주소를 상대적으로 나타내는 인스트럭션이다. 이 때 주소를 상대적으로 나타내는 방법은 아래와 같다.

- 인덱스에 의한 주소 지정
- 간접 주소 지정
- 시작 레지스터에 의한 주소 지정

10.2.2.1 인덱스에 의한 주소 지정

인덱스에 의한 주소 지정은 피연산자 주소를 목적 기계의 인덱스 레지스터와 인덱스 레지스터에 저장된 값으로 계산한다. 예를 들어 아래 인스트럭션을 살펴보자.

```
lod    r2    8(r1)
```

이 인스트럭션은 레지스터 r1과 레지스터 r2를 사용하는데, 레지스터 r1은 인덱스 레지스터로 사용하고 r2는 데이터를 저장할 레지스터이다. 그러므로 인스트럭션 lod r2 8(r1)에서 레지스터 r1에 저장한 값과 앞의 8을 더하여 나온 값을 피연산자 주소로 하여 그 주소의 데이터를 레지스터 r2로 옮기라는 의미이다. 그림 10.4는 한 인스트럭션이 4바이트를 차지하는 컴퓨터에서 인덱스에 의한 주소 지정을 나타낸다. 인덱스 레지스터 r1에 저장한 값이 400이므로 주소는 400 + 8로 계산되어 408번지에 500이라는 값을 레지스터 r2로 이동한다.

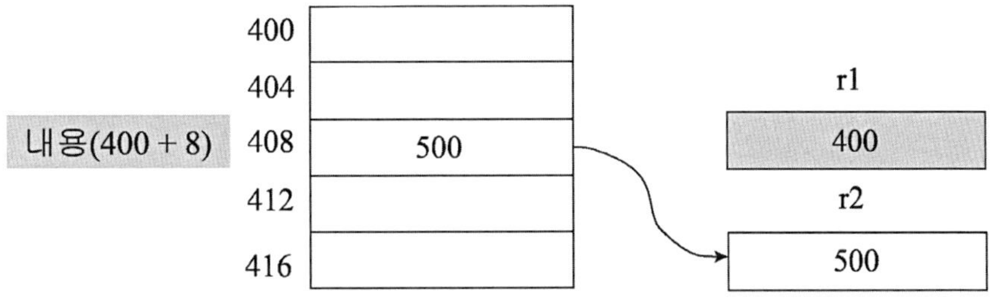

그림 10.4 인덱스에 의한 주소 지정

10.2.2.2 간접 주소 지정

간접 주소 지정은 인스트럭션에서 계산하여 지정한 **주소의 값**을 최종 피연산자 주소로 한다. 예를 들어 아래 인스트럭션을 살펴보자.

```
lod    r2    *8(r1)
```

이 인스트럭션은 레지스터 r1과 레지스터 r2를 사용하는데, 레지스터 r1은 인덱스 레지스터로 사용하고 *는 계산한 주소를 간접 주소로 사용하라는 의미이다. r2는 데이터를 저장할 레지스터이다. 그러므로 인스트럭션 lod r2 *8(r1)에서 레지스터 r1에 저장한 값과 앞의 8을 더하여 나온 값의 주소로 가서 그 주소의 내용을 다시 피연산자 주소로 하여 데이터를 레지스터 r2로 옮기라는 의미이다. 그림 10.5는 한 인스트럭션이 4바이트를 차지하는 컴퓨터에서 간접 주소 지정을 나타낸다. 인덱스 레지스터 r1에 저장한 값이 400이므로 주소는 400 + 8로 계산되어 408번지로 간다. 그러면 408번지에 있는 500이라는 값을 피연산자 주소로 하여 500번지의 값인 1024를 레지스터 r2로 이동한다.

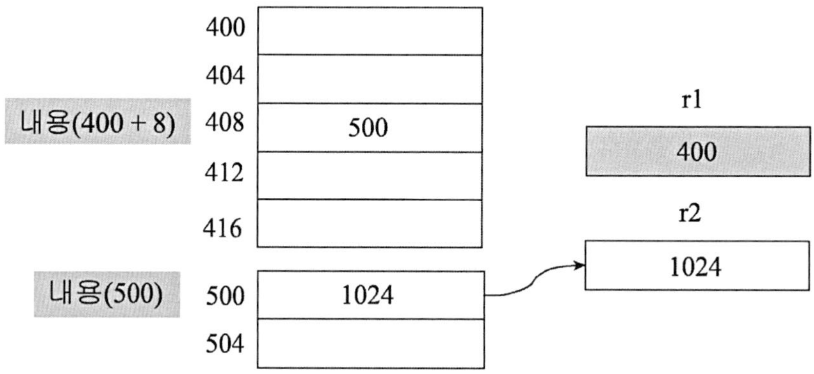

그림 10.5 간접 주소 지정

10.2.2.3 시작 레지스터에 의한 주소 지정

시작 레지스터에 의한 주소 지정은 목적 기계의 시작 레지스터와 시작 주소의 값으로 계산한 변위가 주소이며 그 주소의 내용이 피연산자이다. 그러므로 코드 생성기는 시작 주소의 내용을 알아서 변위를 계산하여야 하고 피연산자가 있는 올바른 주소를 생성하여야 한다. 그림 10.6은 시작 주소와 변위에 의한 피연산자의 주소를 계산하는 과정을 나타낸다.

그림 10.6은 한 인스트럭션에 4바이트(32비트)를 사용하고 lod r1, b(d)을 수행한다고 가정하자. 이 인스트럭션에서 피연산자 주소 b(d)는 시작 레지스터(b) 내용과 변위(d)를 더하라는 뜻이다. 시작 레지스터의 내용으로 메모리의 어느 주소 1000번지가 들어있다. 이 주소는 프로그램이나 데이터의 시작 주소이며 변위는 20이다. 그러므로 인스트럭션 lod r1, b(d)의 피연산자 주소 b(d)는 아래와 같이 계산한다.

피연산자 주소 = 시작 레지스터 내용 + 변위
= 1000 + 20
= 1020

인스트럭션 lod r1, b(d)는 1020번지의 내용(값)을 레지스터 r1에 옮기라는 뜻이다.

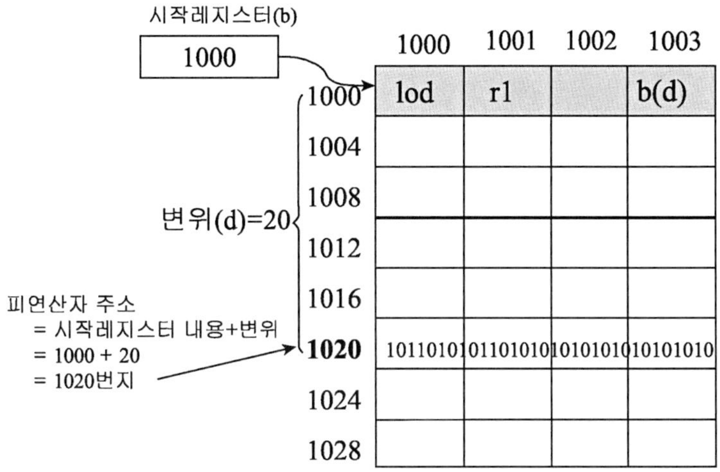

그림 10.6 시작 주소와 변위에 의한 피연산자 주소 계산

실습 10.1

어느 프로그래밍 언어의 조건 문장인 if (a > b) a = b + c를 중간 코드로 번역하면 아래와 같다.

```
      comp a   b gt L1    /*  이 코드는 의미 분석의 실습에 있음  */
      goto L2
L1:   add  b   c   a
      goto L3
L2:   ....
L3:   ....
```

이 중간 코드를 기계어 인스트럭션으로 번역해 보자. 이 중간 코드를 해당 인스트럭션으로 번역하려면 비교, 산술, 저장 등의 인스트럭션이 필요하다. 비교 인스트럭션은 점프를 수행하도록 플래그를 셋팅(크다, 작다, 같다 등의 관계 연산 결과)하고 gt, lt, eq 등의 플래그 값을 항상 '참'으로 셋팅한다. 그러므로 그 결과는 무조건 점프이다. 변수와 레이블은 심볼 주소를 나타낸다. 이 조건문의 중간 코드를 기계어 인스트럭션으로 번역하면 아래와 같다.

```
      lod    r1, a       /* 메모리 주소 a값을 레지스터 r1에 저장(이동) */
      cmp    r1, b, 3    /* 레지스터 r1값 > b를 비교 */
      jmp    L1          /* 참값(크면)이면 점프  */
      cmp    0, 0, 0
      jmp    L2          /* 무조건 점프  */
L1:
      lod    r1, b
      add    r1, c
      sto    r1, a       /* a = b + c  */
      cmp    0, 0, 0
      jmp    L3          /* 무조건 점프 */
L2:   ....
L3:   ....
```

연습문제 10.2

01 아래에 고급 프로그래밍 언어의 어느 문장을 번역한 중간 코드가 있다. 이 중간 코드를 기계어 인스트럭션으로 번역하시오.

(1)
```
     add   d   e   t1
     div   c   t1  t2
     add   b   t2  t3
     mov   t3  ,   a
     mov   a   ,   b
```

(2)
```
     mov   1   ,   k
     mov   10  ,   t1
 L1: comp  k   t1  gt   L2
     div   j   3   t2
     mov   t2  ,   j
     add   1   k   k
     goto  L1
 L2: ...
```

(3)
```
     add   b   3   t1
     comp  a   t1  ne   L1        /*  플래그 ne는 같지 않으면...  */
     goto  L2
 L1: mov   0   ,   a
     goto  L3
 L2: add   b   3   t2
     mov   t2  ,   b
L3:  .......
```

02 아래에 고급 프로그래밍 언어의 어떤 문장이 있다. 이 문장을 기계어 인스트럭션으로 번역하시오.

(1)
```
{
    a = b - (c + d) / e;
    b = a - 2;
}
```

```
(2) if (a >= 3) a = a + b
           else b = b + a

(3) for (j = 1; j < 10; j++)
      {
          k = k / j;
          sum = sum + k;
      }

(4) a = x [4 + 1];        /*  x는 일차원 배열  */
```

03 메모리의 어느 주소에 있는 내용을 메모리의 다른 주소로 이동하는 의미의 중간 코드인 mov를 기계어 인스트럭션으로 구현하시오. 이 때 lod나 sto 같은 인스트럭션 코드가 몇 개 소요하는지를 알아보시오. 또한 이와 같이 중간 코드 각각에 대한 인스트럭션 수가 왜 중요한지 설명하시오.

04 컴퓨터 처리기의 구조는 각각 다를 수 있고 수행하는 인스트럭션 형식도 다르다. 즉, 주소가 하나도 없는 인스트럭션(피연산자 주소가 없다), 주소 한 개를 사용하는 인스트럭션(다른 피연산자는 레지스터에 있다), 주소 두 개를 사용하는 인스트럭션(피연산자는 주소 두 개를 사용한다), 주소 세 개를 사용하는 인스트럭션도 있다. 수식 a = b + c * d를 각 컴퓨터 구조에서 실행하도록 위의 네 종류의 기계어 인스트럭션으로 각각 번역하시오.

10.3 점프 주소 지정

중간 코드에서 기계어 인스트럭션을 생성하면서 코드 생성기는 프로그램 카운터를 관리한다. 그러므로 코드 생성 과정에서 중요한 것은 피연산자나 다음 실행할 주소를 결정하는 것인데 이 과정에서 점프 인스트럭션에 의해 다음 실행할 주소를 결정하기 위해 주의하여야 한다. 즉, 중간 코드 파일을 한번 만에 기계어 인스트럭션으로 모두 변환할 수 있으면 관계없지만, '점프' 인스트럭션 경우는 다음 실행할 코드 부분이 아직 번역하지 않은 중간 코드의 아래쪽에 있으면 어느 주소인지 알 수 없기 때문에 한 번에 기계어 인스트럭션으로 변환할 수 없다. 이런 경우에는 점프할 코드 부분의 주소를 파악하기 위해 여러 번 스캔하여 결정한다. 여러 번 스캔할 것인지 아닌지를 결정하는 것은 앞으로 나올 점프를 어떻게 처리할 것인지에 따라 선택한다.

중간 코드에서 레이블(label)을 만나면 프로그램 카운터에 레이블 중간 코드의 주소를 할당한다. 이때 각 레이블 주소가 있는 레이블 테이블을 이용한다. 어떤 점프 인스트럭션의 목적지 주소가 이 인스트럭션보다 더 아래쪽에 있으면 점프할 주소를 알 수 없다. 그러므로 이 시점에서는 점프 인스트럭션을 올바르게 생성하지 못한다.

한 인스트럭션이 네 바이트를 차지하는 구조를 가정하고 아래의 중간 코드를 살펴보자. 아래 중간 코드 아직 목적지 주소를 알 수 없기 때문에 레이블 L1로 가는 점프 인스트럭션을 완전하게 생성할 수 없다. 즉, 코드 생성 과정에서 중간 코드 goto L1를 번역할 때까지는 레이블 L1의 목적지 주소, 1128,를 만나지 않았기 때문이다. 중간 코드 goto는 기계어 인스트럭션에서 비교와 점프(cmp, jmp)가 연속으로 있다.

	중간 코드	주소	인스트럭션
	add a b t1	1000	lod r1, a
		1004	add r1, b
		1008	sto r1, t1
	goto L1	1012	cmp 0, 0, 0
		1016	**jmp ?**
	....		
L1:	add c d t2	**1128**	lod r1, a
	....		

이러한 문제를 해결하기 위해 **단일 단계**와 **다단계**의 두 방법이 있다.

10.3.1 단일 단계

단일 단계에서는 아래쪽에 목적지 주소가 있는 점프 인스트럭션 테이블을 사용한다. 이 때의 점프 인스트럭션은 목적지 주소 없이 완전하지 않게 만들어진다. 각 레이블을 만나면 주소를 가지고 **레이블 테이블**에 들어간다. 중간 코드가 모두 읽혀지면 레이블에 대한 모든 중간 코드가 만들어진다. 그리고 이 시점에서는 **준비 테이블**에 있는 모든 점프 인스트럭션을 다시 방문하여 목적지 주소를 채운다. 그림 10.7은 이러한 과정을 나타낸다.

그림 10.7의 중간코드 goto L1에서 레이블 L1을 아직 알 수 없기 때문에 jmp의 위치인 1016번지가 준비 테이블에 들어간다. 그 후에 레이블 L1을 만나면 레이블 테이블에 레이블 L1과 주소를 넣는다. 이 레이블 L1에 해당하는 목적 기계 주소 1128을 아직 모르기 때문이다. 그러므로 다시 준비 테이블을 검색하여 L1의 주소가 1128에 있다는 것을 파악하여 위치 1016에 있는 jmp 인스트럭션의 목적지를 1128로 변경한다. 그러면 (b)와 같은 인스트럭션을 생성한다.

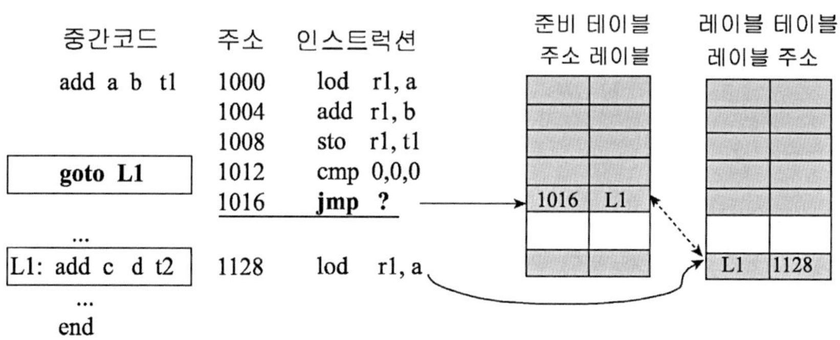

(a) 준비 테이블과 레이블 테이블에 의한 점프 주소 계산

```
주소    인스트럭션
1000    lod  r1, a
1004    add  r1, b
1008    sto  r1, t1
1012    cmp  0,0,0
1016    jmp  1128
        ....
1128    lod  r1, a
        ....
        hit
```

(b) 완전하게 번역된 인스트럭션

그림 10.7 단일 단계에 의한 점프할 주소 계산과 점프 인스트럭션 생성

10.3.2 다단계

다단계에서는 준비 테이블을 사용하지 않는다. 맨 처음 단계에서는 아무 것도 하지 않고 레이블 테이블만 만들고 각 레이블에 대한 메모리 주소를 저장한다. 그 후에 두 번째 단계에서 모든 레이블을 정하고, goto를 만나는 시점에서 그 목적지 레이블을 테이블 안에 넣는다. 그림 10.8은 다단계를 나타낸다.

맨 처음 단계에서는 인스트럭션을 완전하게 만들지는 않더라도 중간 코드에 해당하는 인스트럭션이 몇 개가 되는지를 계산한다(즉, add는 세 개, jmp는 두 개 등). 또 각 레이블에 해당하는 메모리 주소를 레이블 테이블에 넣는다.

단일 단계 방법의 코드 생성은 파서의 일부로도 구현할 수 있다. 즉, 파서가 중간 코드를 생성하면서 동시에 코드 생성기를 호출하여 중간 코드에 해당하는 기계어 인스트럭션으로 변환한다.

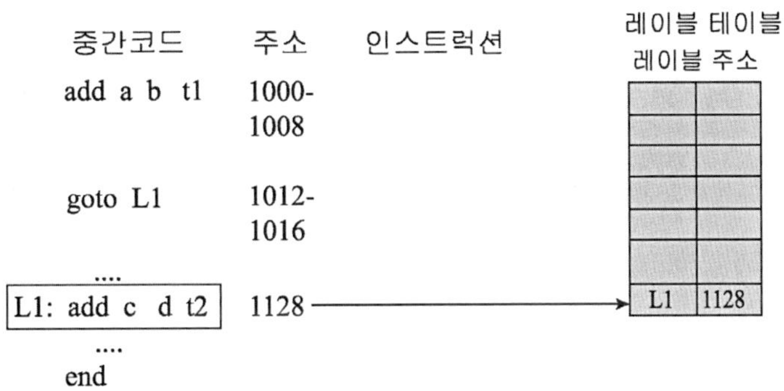

(a) 1단계 수행

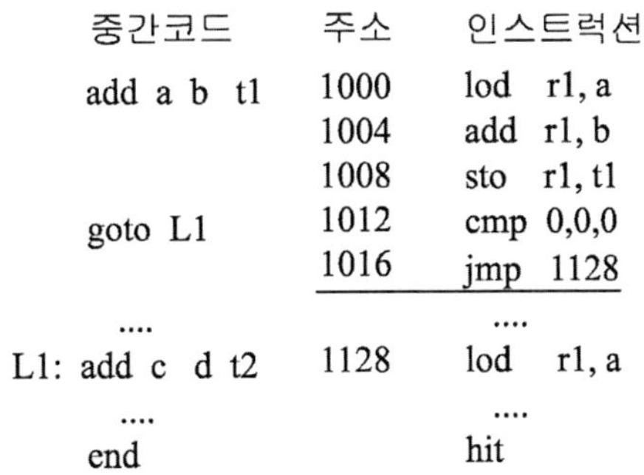

(b) 2단계수행

그림 10.8 다단계 방법을 사용하는 점프 인스트럭션 생성

실습 10.2

아래는 고급 언어의 while 문 중간 코드이다.

```
while (k <= x)  {
        x = x + 2;
        k= i * 3;
      }

L1: comp   k  x,  le, L2
    goto   L3
L2: add    x  2  x
    mul    k  3  k
    goto   L1
L3:
```

(1) 각 인스트럭션이 4바이트를 차지한다고 가정하고 단일 단계 방법으로 중간 코드를 기계어 인스트럭션으로 변환하시오. 이 때 준비 테이블과 레이블 테이블의 내용을 보이시오.

(2) 다단계 방법으로 기계어 인스트럭션으로 번역하시오.

이 두 경우로 인스트럭션을 생성하면 아래와 같다.

(1) 단일 단계

중간 코드	위치 인스트럭션	준비 테이블	레이블 테이블
		위치 레이블	레이블 값
L1:			L1 1000
test k x , le L2	1000 lod r1, k		
	1004 cmp r1, x, 4		
	1008 jmp 1020	1008 L2	
goto L3	1012 cmp 0, 0, 0		
	1016 jmp 1052	1016 L3	
L2:			L2 1020
add x 2 x	1020 lod r1, x		
	1024 add r1, 2		
	1028 sto r1, x		
mul k 3 k	1032 lod r1, k		
	1036 mul r1, 3		
	1040 sto r1, k		
goto L1	1044 cmp 0, 0, 0		
	1048 jmp 0		
L3:			L3 1052
.....			

(2) 다단계

1 단계 수행

중간 코드	위치 인스트럭션	레이블 테이블 레이블 값
L1:		L1 1000
test k x , le L2	1000 – 1004	
goto L3	1008 – 1012	
L2:		L2 1020
add x 2 x	1020 – 1028	
mul k 3 k	1032 – 1040	
goto L1	1044 – 1048	
L3:		L3 1052
.....		

2 단계 수행

중간 코드	위치		인스트럭션
L1:			
test k x , le L2	1000	lod	r1, k
	1004	cmp	r1, x, 4
	1008	jmp	1020
goto L3	1012	cmp	0, 0, 0
	1016	jmp	1052
L2:			
add x 2 x	1020	lod	r1, x
	1024	add	r1, 2
	1028	sto	r1, x
mul k 3 k	1032	lod	r1, k
	1036	mul	r1, 3
	1040	sto	r1, k
goto L1	1044	cmp	0, 0, 0
	1048	jmp	0
L3:			
.....			

실습 10.3

아래 고급 언어 문장의 중간 코드를 생성하고 기계어 인스트럭션으로 번역하시오.

```
if (k <= x)
    if (k == 10)
      {
       x = x + 2;
       k= i * 3;
      }
      else k= i / 2;
```

실습 10.4

아래 고급 언어 문장의 중간 코드를 생성하고 기계어 인스트럭션으로 번역하시오.

```
for (k = a; k <= b + c; k++)
        b = b / 2;
```

생성한 중간 코드 결과는 아래와 같다.

```
      mov    a  ,  k
      add    b  c  t1
      mov    t1 ,  t2
L1:
      comp   k  t2 ,  le  L2
      div    b  2  t3
      mov    t3 ,  b
      add    1  k  k
      goto   L1
L2:
```

연습문제 10.3

01 아래 문장의 중간 코드를 생성하시오.

```
for (k = 1; k <= 100; k++)
    a =  a + b * k;
```

02 문제 1에서 생성한 중간 코드를 보고 물음에 답하시오.

(1) 단일 단계로 기계어 인스트럭션으로 번역하시오. 이때 준비 테이블과 레이블 테이블을 보이시오.

(2) 다단계 방법으로 기계어 인스트럭션을 생성하시오.

03 아래 어떤 문장의 중간 코드인지 고급 언어의 문장을 쓰시오.

```
        sub     b 33 t1
        mul     t1 2 t2
        comp    a t2 , eq L1
        goto    L2
L1:
        sub     b 33 t3
        mul     t3 2 t4
        mov     t4 , a
        goto    L3
L2:
        add     x y t5
        mov     t5 , a
L3:
```

04 아래 문장에 대한 물음에 답하시오.

if (a == b * 2) a = (b - 5) / 2
    else if (a > b * 2) a = (b - 5) * 2
        else a = (b - 5);

(1) 중간 코드를 생성하시오.
(2) 단일 단계에서의 레이블 테이블과 준비 테이블의 내용을 보이시오.
(3) 단일 단계 방법으로 생성한 중간 코드를 기계어 인스트럭션으로 변환하시오.
(4) 다단계 코드 생성 방법으로 기계어 인스트럭션을 생성하시오.

05 중간 코드 goto L의 인스트럭션을 생성하는데 어려운 점을 설명하시오.

06 단일 단계와 다단계 코드 생성 방법 각각의 장점을 설명하시오.

07 단일 단계와 다단계 코드 생성 방법 각각의 문제점을 설명하시오.

10.4 레지스터 할당

오늘날 컴퓨터는 처리기가 여러 개 있으며 여러 용도의 레지스터를 사용한다. 또한 레지스터도 여러 개를 사용한다. 그러므로 기계어 인스트럭션을 생성하려면 레지스터 할당이 중요한 문제이다. 예를 들어, 어떤 컴퓨터는 누적기라는 산술 레지스터 하나만 사용하여 모든 산술 연산을 수행한다. 또한 어떤 컴퓨터는 500여개의 레지스터를 사용하기도 하고, 어떤 컴퓨터는 16개의 레지스터를 사용한다.

레지스터 할당이란 코드 생성 과정에서 프로그램의 변수나 수행하고자 하는 일을 할당하는 과정이다. 즉, 레지스터 사용률을 최대화하고 메모리의 참조를 최소화하는 것이 목적이다. 그러므로 코드 생성 과정에서는 레지스터가 무슨 일에 사용되는지, 재사용할 것인지 등의 정보를 관리하여야 한다.

코드 생성 과정에서 레지스터 할당을 효과적으로 수행하면 인스트럭션 수를 감소할 수 있을 뿐 아니라, 메모리를 참조 횟수를 줄일 수 있어서 프로그램의 수행 시간을 줄일 수 있다. 예를 들어 반복적으로 사용하는 피연산자를 레지스터 안에 할당하면 그 피연산자를 사용하기 위해 처리기가 메모리를 다시 참조할 필요가 없다. 또한 이미 계산 값을 다시 계산할 필요가 없다. 이러한 방법으로 인스트럭션 수를 감소하는 것은 프로그램 처리 속도에 영향을 주기 때문에 레지스터 할당 기법을 중요하며 이와 같이 인스트럭션 수를 줄인 컴퓨터 구조를 **인스트럭션 축약** 컴퓨터 구조라 한다. 인스트럭션을 모두 생성한 후에는 코드를 최적화하는데 코드 최적화 과정에서는 레지스터 할당이 매우 중요하다.

아래와 같은 프로그램의 일부를 레지스터 한 개를 사용할 때와 두 개를 사용할 때의 전체 인스트럭션의 길이를 비교하여 보자. 여기에서 레지스터 수와 할당 기법에 따라 인스트럭션의 수에 많은 영향을 준다는 것을 알 수 있다.

```
A = B * ( C + D )
B = A - ( C + D )
```

우선 레지스터를 한 개 사용한 경우의 인스트럭션이다.

```
lod   r1,  C
add   r1,  D
sto   r1,  t1
lod   r1,  B
mul   r1,  t1
sto   r1,  A
lod   r1,  C
```

```
add   r1,  D
sto   r1,  t2
lod   r1,  A
sub   r1,  t2
sto   r1,  B
```

아래는 레지스터를 두 개 사용한 경우의 인스트럭션이다.

```
lod   r1,  C
add   r1,  D
lod   r2,  B
mul   r2,  r1
sto   r2,  A
sub   r2,  r1
sto   r2,  B
```

위에서 알 수 있듯이 레지스터를 한 개 사용하는 경우는 열두 개의 인스트럭션이 생성되고 피연산자를 사용하기 위해 메모리를 열두 번 참조한다. 그러나 레지스터를 두개 사용하면 인스트럭션은 일곱 개이지만 메모리는 다섯 번만 참조한다. 위에서는 (C + D)가 공통 부분수식이므로 두 번째 문장의 (C + D)를 계산하는 인스트럭션을 또 생성하고 반복 실행하는 것은 수행 시간 낭비이다. 그러므로 첫 번째 문장에서 이미 실행한 (C + D)는 레지스터 r1에 저장하고 r2에 있는 다른 변수 값과 연산하는 방법으로 (C + D)를 반복 연산하지 않도록 한다.

연습문제 10.4

01 아래의 각 수식을 레지스터를 사용하여 기계어 인스트럭션으로 번역하시오. 이 때 레지스터를 한 개만 사용하시오.

(1) a * (b + c) - d

(2) a + (b + (c + (d + e)))

(3) (a - b) * (c - d) + (a - b) * (c - d)

(4) a * (b + c) + (d - (e + f)) + g - h * i

02 문제 1의 각 수식을 레지스터를 사용하여 기계어 인스트럭션으로 번역하시오. 이 때 레지스터를 두 개만 사용하시오.

03 문제 1의 각 수식을 레지스터를 사용하여 기계어 인스트럭션으로 번역하시오. 이 때 레지스터를 세 개만 사용하시오.

04 문제 1의 각 수식을 레지스터를 사용하여 기계어 인스트럭션으로 번역하시오. 이 때 피연산자로 레지스터는 하나도 사용하지 않는다.

05 위의 문제 1, 2, 3, 4에서 생성한 인스트럭션 코드를 보고 전체 인스트럭션의 길이를 비교하시오.

06 위의 각 경우의 인스트럭션 길이를 보고 레지스터의 수와 인스트럭션 길이의 관계를 분석하시오.

제 11 장

코드 최적화

코드 최적화는 여러 단계를 거쳐 생성한 중간 코드를 분석하여 실행시간이나 메모리 공간을 줄이도록 코드를 개선하는 작업이다. 그러므로 실행 시간을 줄일 것인지 메모리 공간을 줄일 것인지에 따라 여러 기법을 사용한다. 어떤 기법은 실행 시간을 줄여서 프로그램 속도를 향상시키고, 어떤 기법은 메모리 공간을 줄인다. 즉, 최적화 기술이란 프로그램의 목적 코드를 개선하여 실행 속도를 증가시킨다. 또한, 이러한 기술은 임베디드 시스템이나 모바일 시스템의 성능을 증가시키기 위해 메모리 공간을 줄이거나 실행 속도를 늘여서 성능을 극대화한다. 그러므로 오늘날 컴파일러는 모바일이나 임베디드 시스템의 특성에 따라 코드를 최적화하는 것이 매우 중요하다.

일반적으로 최적화 기법에는 전역 최적화와 지역 최적화가 있는데, 그림 11.1과 같이 파싱 단계 다음에서 이루어진다.

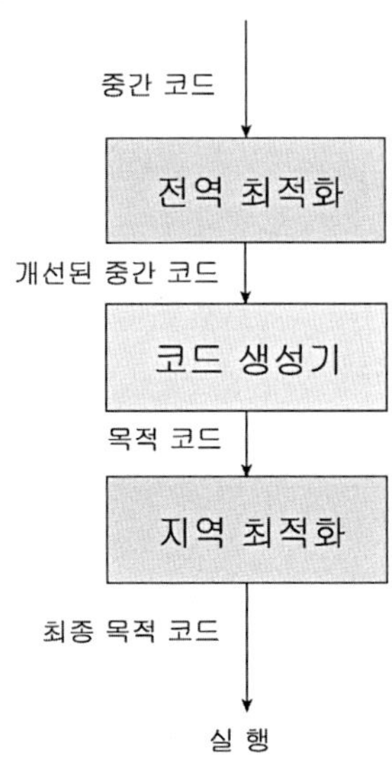

그림 11.1 컴파일러의 최적화 단계

전역 최적화는 프로그램 코드의 큰 블록이나 블록 사이의 최적화로 파서에서 출력한 중간 코드에 대하여 수행한다. 반면에 **지역 최적화**는 코드의 작은 부분인 블록 안에서의 최적화로 생성된 기계어 인스트럭션에 대하여 수행한다.

이 장에서는 컴파일러에서 프로그램 코드를 여러 기법으로 최적화하는 개념과 방법을 살펴본다.

11.1 기본 블록과 DAG

프로그램을 최적화하기 위해 프로그램을 제어의 흐름에 따라 특정 부분으로 그룹핑할 필요가 있다. 그룹과 그룹 사이를 최적화하고 다시 그룹 안에서의 최적화를 수행할 수 있다. 이 때 그룹을 나누는 것은 제어의 흐름이나 제어의 변화에 따라 이루어진다. 이러한 그룹을 **기본 블록**이라 한다. 즉, 프로그램에서 if, while, repeat, case의 몸체인 복합 문장이나 어떤 구조를 이루는 여러 문장을 기본 블록이라 한다. 반면에 하나하나의 문장을 단순 문장이라 하고 더 이상 어떤 블록으로 분리할 수 없는 문장을 말한다. 그러므로 기본 블록 안에서 제어의 흐름은 순차적이지만 블록과 블록 사이에서는 제어가 변하거나 제어의 흐름에 영향을 준다.

아래 프로그램 문장을 몇 개의 단위로 나누어 보자.

k = (a − b) + (c − d)

이 문장을 중간 코드로 번역하면 아래와 같다.

```
sub   a,   b,   t1
sub   c,   d,   t2
add   t1,  t2,  t3
sto   t3,  ,    k
```

이 중간 코드는 아래와 같이 여러 단위로 분리할 수 있다.

중간 코드1	sub a, b, t1
중간 코드2	sub c, d, t2
중간 코드3	add t1, t2, t3
중간 코드4	sto t3, , k

또 다른 예로, 아래 할당문을 중간 코드로 번역하고 연산자를 중심으로한 제어 흐

름 그래프를 구성하면 그림 11.2와 같다.

a = (b + c) * (b + c)

이 할당문을 번역한 중간 코드는 아래와 같다.

```
add   b,   c,   t1
add   b,   c,   t2
mul   t1,  t2,  t3
sto   t3,  ,    a
```

그림 11.2는 위의 할당문을 연산자 중심으로 표현한 제어 흐름 그래프로 중간 노드는 연산자이다. 이 연산자가 연산할 수 있도록 데이터(피연산자)가 전달되고 그 결과는 다른 연산자에게 전달한다. 이와 같이 어떤 연산 다음에 수행할 연산과의 순서 관계를 표현하는 것을 제어 흐름 그래프라 한다.

여기에서 살펴보아야 할 것은 b와 c를 더하는 중간 코드가 두 개 있다. 이것은 실행 중에 같은 연산을 두 번한다는 의미이므로 시간 낭비를 초래한다. 이 할당문의 최적화 기법에서는 두 번 연산하는 부분을 한 번 연산으로 줄일 수 있다. 또한 더하기와 곱하기를 모두 수행한 후에 a에 저장하지 않고, 곱하기 중간 코드에서 직접 a에 저장할 수 있기 때문에 a값을 중간에 저장하는 중간 코드는 의미가 없다. 그러므로 더하기 중간 코드(add) 하나와 저장(sto) 중간 코드를 제거한 중간 코드는 아래와 같다.

```
add   b,   c,   t1
mul   t1,  t1,  a
```

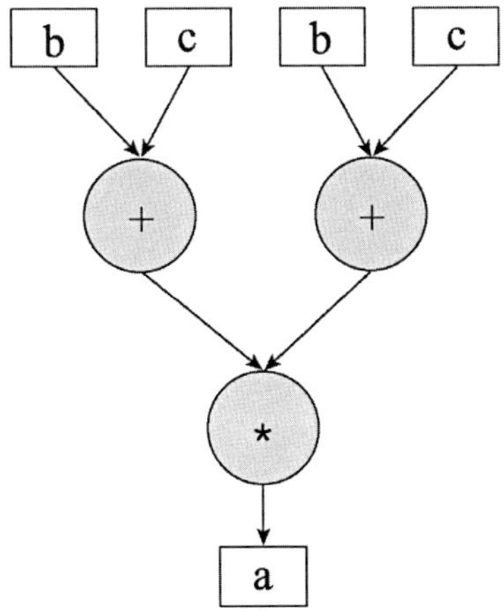

그림 11.2 a = (b + c) * (b + c)의 연산자 중심 제어 흐름 그래프

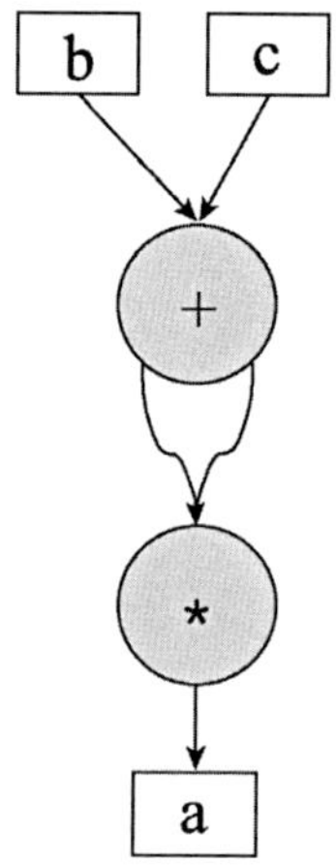

그림 11.3 할당문 a = (b + c) * (b + c)의 최적화 제어 흐름 그래프

이것이 바로 코드를 최적화한 것이다. 이와 같이 최적화한 목적 코드는 두 개의 중간 코드를 감소하였기 때문에 실행 속도를 증가할 수 있다. 그림 11.3은 그림 11.2의 제어 흐름 그래프를 최적화한 것이다.

기본 블록은 프로그램에서 if, while, repeat, case 같은 문장의 단순 문장을 묶은 복합 문장이나 구조를 이루는 여러 문장을 기본 블록이라 한다(여기에서 단순 문장은 더 이상 분리할 수 없는 문장이라 가정한다). 즉, 기본 블록 안에서 제어의 흐름은 순차적이지만 블록과 블록 사이에서는 제어가 변하거나 제어의 흐름에 영향을 준다.

C 언어로 구성한 아래 프로그램 일부를 살펴보자.

```
a = k + (f - 100) + t;
c = a + (f * 100) / 56.7;
if (a == b ) {
        a = k + 100;
        k = a * 100;
        }
      else {
            a = k - 100;
            k = a / 100;
          }
t = a - k + (f - 100) + r;
```

단순 문장은 더 이상 분리할 수 없기 때문에 이 프로그램은 아래와 같이 분리할 수 있다.

블록1	a = k + (f - 100) + t; c = a + (f * 100) / 56.7;
블록2	if (a == b)

블록3	{
	a = k + 100;
	k = a * 100;
	}

블록4	else {
	a = k - 100;
	k = a / 100;
	}

블록5	t = a - k + (f - 100) + r;
블록6	....

여기에서 보듯이 블록은 단순 문장을 묶은 복합 문장으로 블록 하나를 이루고 있다. 그러므로 제어의 흐름은 블록1, 블록2, 블록3, 블록4, 블록5, 블록6의 순서로 진행한다. 물론 then과 else의 조건에 따라 제어의 흐름이 달라진다. 그림 11.4는 블록으로 분리한 위의 프로그램을 제어의 흐름에 따라 그래프로 표현한 것이다.

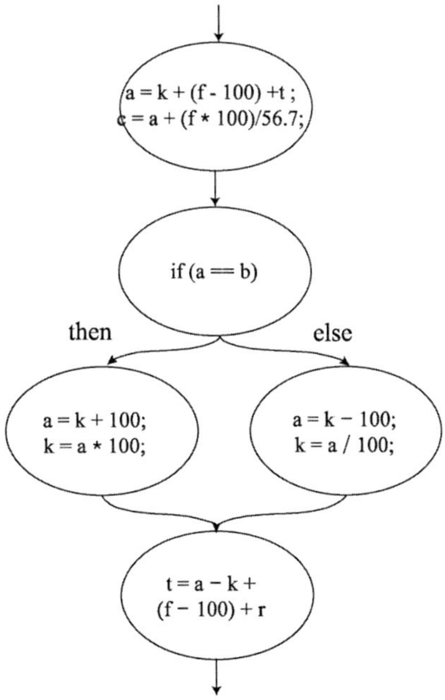

그림 11.4 프로그램의 제어 흐름 그래프

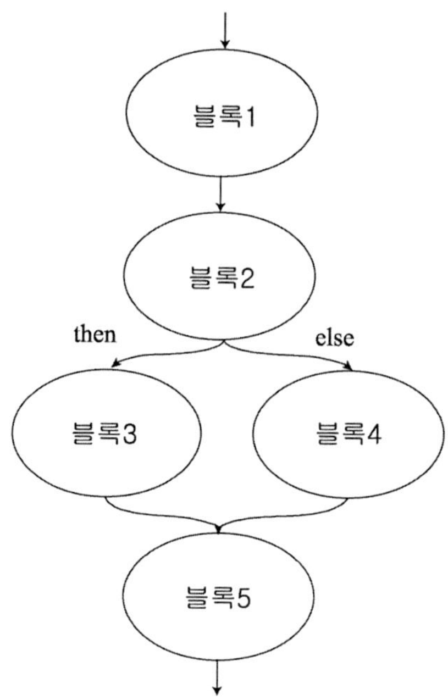

그림 11.5 제어 흐름 그래프의 DAG

블록을 중심으로 제어의 흐름을 나타내는 그래프를 **방향있고 사이클없는 그래프**(Directed Acyclic Graph : DAG)라 한다.

그림 11.5는 위 프로그램의 DAG이다. 이 DAG은 프로그램 제어의 흐름에 따라 기본 블록과 기본 블록을 연결하는 그래프로 제어의 흐름에 따른 방향이 있고 어떤 기본 블록에서 자신의 블록으로 되돌아오는 경로(사이클)가 없다. 이러한 그래프를 이용하여 프로그램 제어의 흐름을 표현할 뿐 아니라, 필요에 따라 블록 노드를 합치거나 분리할 수도 있다. 그러므로 프로그램을 최적화하려면 DAG를 이용하여 각 기본블록과 기본블록 사이에서 최적화 기법을 적용할 수 있다.

그러나 조건문이 들어있는 프로그램에서 반복을 위한 **레이블**이나 **점프**같은 인스트럭션이 있으면 최적화가 어렵다. 즉, 그림 11.4의 목적 코드는 분지를 위한 레이블과 점프 인스트럭션이 있어서 실행하는 동안 조건에 따라 분지 점프가 어디로 일어날지 모르기 때문에 최적화하기가 어렵다. 그러므로 곱하기 인스트럭션에서 결과를 변수 a에 저장할 수 없다.

조건이 있는 프로그램은 제어의 흐름에 방해가 없는 최소 단위의 블록으로 분리하는 것이 좋다. 이 최소 단위의 블록이 바로 최적화 기술에 영향을 미치는 것이므로 이 블록 단위에는 레이블이나 점프 인스트럭션이 없도록 한다. 그림 11.4의 각 블록에는 레이블이나 점프 인스트럭션이 없다.

지금부터 간단한 산술 수식과 할당문의 DAG을 만들어 보자. 이진 연산자가 있는 할당문의 산술수식을 표현하는 중간 코드에 아래 단계를 적용한다.

단계1. 한 중간 코드를 가져온다.

단계2. 연산자와 피연산자가 이미 만들어진 DAG의 일부와 매치하면(즉, DAG의 일부이면), 결과 레이블을 부모에게 있는 레이블 리스트에 추가하고 단계1부터 반복한다. 아니면, 이미 DAG에 없는 각 피연산자에 대해 새로운 노드를 할당한다. 또 연산자 노드도 할당하고 노드에 이름을 붙인다.

단계3. 연산자 노드를 두 개의 피연산자 노드에 방향이 있는 선으로 연결한다. 연산자 우선순위를 위하여 왼쪽 피연산자인지 오른쪽 피연산자인지 명확히 한다.

단계4. 단계1부터 반복한다.

산술수식 (a + b) + (a + b) + (a + b)의 DAG를 구성하여 보자.

이 수식에는 연산을 여러 번 하는 공통 수식이 있기 때문에 최적화할 필요가 있다. 이 수식을 번역하면 중간 코드는 아래와 같다.

```
add   a,   b,   t1
add   a,   b,   t2
add   t1,  t2,  t3
add   a,   b,   t4
add   t3,  t4,  t5
```

위 단계에 따라 DAG를 구성하면 그림 11.6과 같으며 공통 수식 (a * b)가 세 번 나오는데 각 부분의 연산 결과를 t1, t2, t4에 저장한다. 연산을 마치면 이 세 개의 중간 코드는 t1.2.4으로 이름이 붙여진 DAG 노드로 결합한다. 피연산자로 t1, t2, t4를 사용하는 중간 코드는 t1.2.4를 가리키도록 한다.

맨 처음에는 (add a, b, t1)에 대하여 (a)와 같은 DAG를 구성한다. 다음에는 (add a, b, t2)에 대한 (b)를 구성한다. 이때 이미 구성한 DAG와 같기 때문에 같은 DAG를 사용하고 노드 이름을 t1.2로 붙인다. 이 DAG에 (add t1, t2, t3)에 대한 DAG를 결합하도록 (c)와 같은 DAG를 구성한다. (add a, b, t4)에 대한 DAG는 이미 존재하므로 같은 DAG를 사용하고 노드 이름을 t1.2.4로 붙인 (d)를 구성한다. 마지막으로 (add t3, t4, t5)를 구성한 DAG를 (d)에 결합하여 (e)와 같은 DAG를 구성한다.

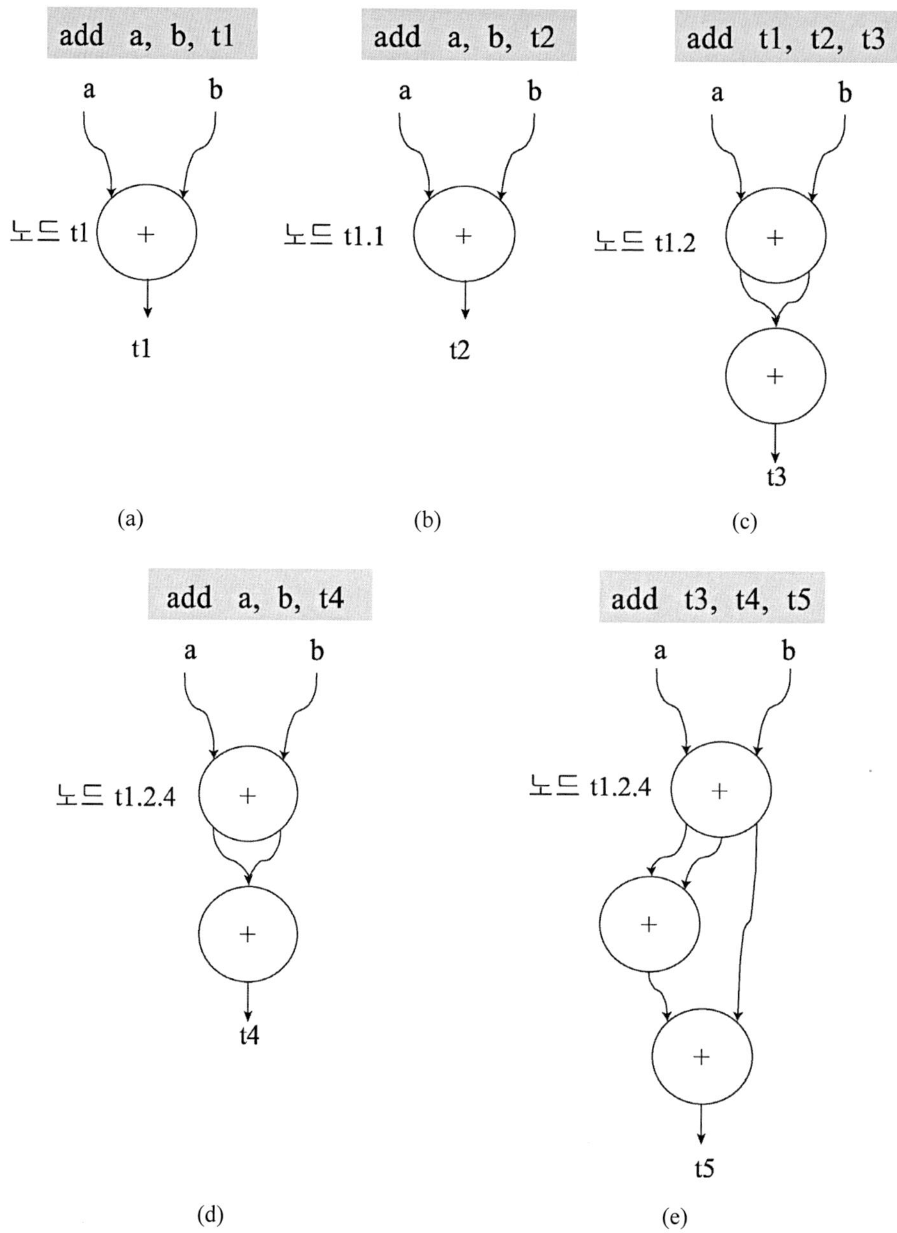

그림 11.6 산술수식 (a + b) + (a + b) + (a + b)의 DAG 구성 예

이 예에서 DAG를 기본 블록으로 변환할 준비가 되면 아래 단계로 모든 공통 수식을 한 번만 연산하는 중간 코드로 최적화한다.

단계1. 자신에게 들어오는 아크가 없는 임의의 노드를 고른다.

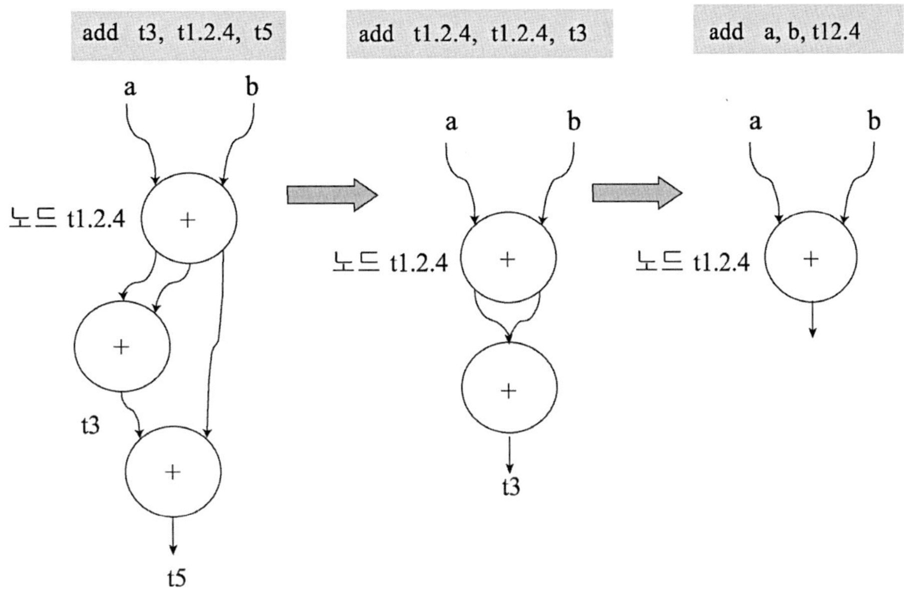

그림 11.7 산술수식 (a + b) + (a + b) + (a + b)의 최적화(공통 수식 제거)

단계2. 그 노드의 연산자와 피연산자에 대한 중간 코드를 출력한다.

단계3. DAG에서 이 노드와 나가는 아크를 제거한다.

단계4. DAG 안에 아직 연산자 노드가 남아있지 않을 때까지 단계1부터 반복한다.

그림 11.7은 위의 공통 수식 제거 방법을 그림 11.6의 DAG에 적용한 것으로 알고리즘이 순환할 때마다의 DAG의 결과이다.

그림 11.7에서 보듯이 처음에는 다섯 개의 중간 코드에서 시작하여 세 개의 중간 코드로 줄었기 때문에 결과적으로 목적 프로그램의 공간이 절약되었고 실행 속도가 증가한다. 단항 연산자인 경우는 피연산자가 하나만 있으므로 DAG에서도 나가는 화살표는 하나만 있다.

또 다른 예로 수식 a * b + c + d * (a * b) / c에 대한 DAG을 구성하고 중간 코드를 최적화하여 보자. 아래는 파서에서 생성된 중간 코드이다.

```
mul   a,   b,   t1
add   t1,  c,   t2
mul   a,   b,   t3
mul   d,   t3,  t4
div   t4,  c,   t5
add   t2,  t5,  t6
```

위의 중가코드에 대한 DAG을 구성하고 최적화하면 그림 11.8과 같고 최적화한 코드는 아래와 같다.

```
mul   a,    b,    t1.3
mul   d,    t1.3, t4
div   t4,   c,    t5
add   t1.3, c,    t2
add   t2,   t5,   t6
```

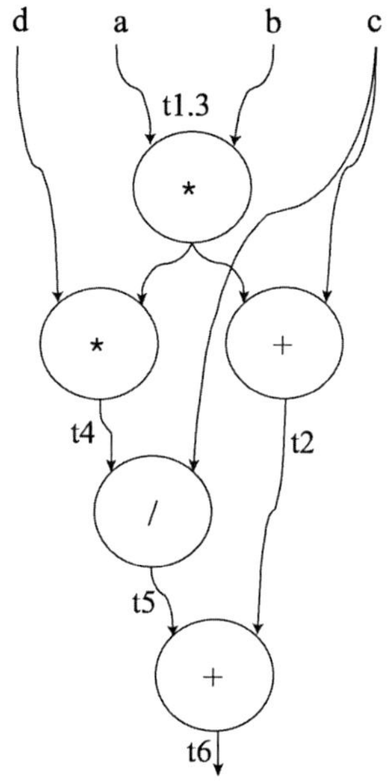

그림 11.8 수식 a * b + c + d * (a * b) / c에 대한 DAG

연습문제 11.1

01 기본 블록을 설명하시오.

02 제어의 흐름을 설명하시오.

03 데이터의 흐름을 설명하시오.

04 순차적인 흐름을 설명하시오.

05 아래 프로그램 문장을 연산자 실행 단위로 분리하시오.

x = (a * b) + (c - d) + 9 + (a - 4)

06 아래 프로그램 문장을 연산자에 대한 제어 흐름 그래프로 나타내시오.

x = (a + b + c) - d + 9 + (a * 4)

07 아래 프로그램 문장을 연산자에 대한 데이터 흐름 그래프로 나타내시오.

x = (a + b) * (a + c) - d + h

08 아래 프로그램 일부를 기본 블록으로 분리하시오.

```
a = k + f
b = - 100 * t + a;
c = a + f
d = c * 100 / a;
if (a == c ) {
        a = a + 100 + k;
        k = a - d;
        }
    else {
            a = k - 100 + y;
            k = a / c + d;
          }
t = a - k
r = f - 100 + (a + r);
```

09 문제 7의 분리한 블록을 제어의 흐름에 따라 그래프로 표현하시오.

10 산술수식 (a + b) * (c + d) * (e + f)의 DAG를 구성하시오.

11.2 전역 코드 최적화

지금까지 살펴본 기본 블록으로 구성한 DAG을 바탕으로 몇 개의 전역 최적화 기법을 살펴본다.

데이터 흐름 분석은 데이터가 프로그램 안에서 사용되고 정의되면서 실행하는 흐름을 파악하는 방법으로 여러 최적화 기법에 응용한다. 여기에서도 데이터 흐름 분석을 통하여 최적화하는 여러 방법을 설명하는데 구체적인 알고리즘과 구현 방법은 기술하지 않는다.

11.2.1 실행하지 않는 코드 제거

중간 코드에서 제어의 흐름이 도달하지 않아 실행하지 않는 중간 코드가 있으면 그 중간 코드를 제거하는 기법이다. 이와 같이 실행하지 못하는 중간 코드를 **도달하지 않는 코드**라 한다. 예를 들어, 아래 중간 코드에서 mul, sub, add는 이들 중간 코드 앞에 무조건 점프(jmp L2)가 있다. 이 jmp L2 코드가 실행하면 무조건 L2로 점프하므로 mul, sub, add는 코드는 결코 실행할 수 없다.

```
        jmp   L2
        mul   a,  b,  t1
        sub   t1, c,  t2
        add   t2, d,  t3
  L2:   add   a,  c   t4
        ....
```

그러므로 jmp와 L2 사이에 있는 중간 코드 세 개는 프로그램 실행에 아무런 의미가 없으므로 목적 코드에서 제거할 수 있다.

11.2.2 죽은 코드 제거

원시 프로그램의 특정 부분이 실행하는지 아닌지를 알아내어 실행하지 않는 부분은 제거하는 것이다. 아래 프로그램 일부에서 문장 a = b + c * d; 는 변수 a에 b + c * d를 연산한 결과 값을 할당한다. 그러나 a값을 그 아래의 어느 문장에서도 사용하지 않는다(즉, 할당문의 오른쪽에 a가 나타나지 않는다). 그러므로 이 할당문은 연산하는데 시간만 소요할 뿐 프로그램 내에서 아무런 영향을 미치지 않기 때문에 제거한다.

```
    .....
{
  a = b + c * d;  /* 이 문장의 결과 값 a 는 아래 문장에 아무런 */
                  /* 영향을 미치지 않기 때문에 제거한다        */
  b = j *  d / i;
  c = c - 3 + b;
  a = b - c + 6;
  printf (b, c);
}
    ......
```

11.2.3 순환에서 변하지 않는 코드 이동

데이터 흐름 분석을 통하여 순환 몸체에서 특정 부분의 실행 결과가 순환하는 동안 전혀 변하지 않는 코드를 탐지한다. 즉, 순환을 반복하더라도 순환 몸체 안에 있는 어느 코드의 실행 결과가 전혀 변하지 않는 코드는 순환 몸체 밖으로 이동한다. 이러한 코드를 탐지하여 순환 밖으로 이동하면 순화 몸체가 반복 실행하는 동안에 같은 연산을 반복하여 시간을 소비할 필요가 없다.

아래 프로그램은 순환 몸체 안에서 제곱근을 구하는 함수(sqrt)를 반복 호출하지만 결과 값은 전혀 변화하지 않는다. 그러므로 이러한 변화가 없는 코드는 순환 몸체 밖으로 이동한다.

```
    .....
for (i = 1; i< 1000; i++) {
    a = sqrt (x);          /*   순환 동안 결과 값이 변하지 않음  */
    network[i] = i * a + 120;
  }
    .....
```

이 프로그램에서 a에 할당하는 값은 순환하는 동안 계속 같기 때문에 반복하여 실행할 필요가 없다. 그러므로 순환 몸체 밖에서 한 번만 실행하면 그 만큼 속도가 증가한다.

위 프로그램을 아래와 같이 변환하면 a = sqrt(x);는 적어도 999번은 호출과 연산을 하지 않으므로 효율적이다.

```
           .....
a = sqrt (x);                /*  순환 동안 결과 값이 변하지 않음   */
```

```
for (i = 1; i< 1000; i++) {
    network[i] = i * a + 120;
   }
            .....
```

또 다른 예로 **순환 안에서 값이 변하지** 않는 경우를 살펴보자.

```
L1:  ....
     comp  SCORE,  le, AVE, L2
     mov   ='A', GRADE
     jmp   L3
L2:  mul   SCORE, SCORE, 0.3
     add   K, K, 0
     jmp   L1
L3:  .....
```

이 프로그램 일부는 순환의 몸체 내에 있는 코드 add K, K, 0가 순환하는 동안 K = K + 0으로 계속 0을 더하지만 K의 값에는 아무런 변화도 없다. 즉, 순환 안에서 더하기 연산을 계속 수행하므로 시간을 낭비한다. 이와 같은 코드는 순환 몸체 안에 있을 필요가 없기 때문에 최적화 단계에서 순환 몸체 밖으로 이동한다. 그러면 더하기 연산을 순환 횟수만큼 반복하지 않기 때문에 프로그램 전체의 실행 시간을 줄일 수 있다. 위의 프로그램 일부는 아래와 같이 최적화할 수 있다.

```
     ....
     add   K, K, 0
L1:  ....
     comp  SCORE, le, AVE, L2
     mov   ='A', GRADE
     jmp   L3
L2:  mul   SCORE, SCORE, 0.3
     jmp   L1
L3:  .....
```

전역 최적화의 나머지 기법은 수학적이거나 어렵기 때문에 이 책의 학습 범위를 벗어나므로 필요하면 다른 책을 참조한다.

11.2.4 상수 접기

상수에 대해서는 컴파일 시간에 미리 연산함으로서 실행 코드를 생성하지 않는다. 즉, 실행 코드가 줄어들기 때문에 메모리 공간을 줄이고 실행 속도를 증가시킨다. 상수 접기는 컴파일 시간에 연산이 가능한 상수는 빨리 탐지하는 것이 중요하다.

아래 프로그램에서 변수 a에 대하여 상수 연산 4 * 5를 미리 연산하여 20을 할당하고 a + a에는 40을 미리 할당한다.

```
            .....
    {
        a = 4 * 5;                      /*  a는 20이다  */
        b = c * (a + a);                /*  a + a 는 40 이다  */
    }
            .....
```

이 두 문장을 실행하려면 아래와 같이 여러 개의 중간 코드를 생성하는데 컴파일 동안 상수를 먼저 연산하면 실행 코드는 생성하지 않으므로 실행 시간을 단축할 수 있다.

```
lod   =4,   ,     r1
lod   =5,   ,     r2
mul   r1,   r2,   t1
add   t1,   t1,   t2
mul   t2,   c,    t3
sto   t3,   ,     b
```

아래는 상수 접기에 의해 변환한 프로그램 일부이다.

```
            .....
    {
        a = 20;
        b = c * 40;
    }
            .....
```

이 프로그램의 중간 코드는 아래와 같다.

```
lod   =4,   ,     r1
sto   r1,   ,     a
mul   c,    =40,  t1
sto   t1,   ,     b
```

11.2.5 강세 감소

실행 도중에 연산 시간이 많이 소요하는 연산자를 시간이 적게 드는 연산자로 바꾼다. 즉, 곱하기보다는 더하기 연산이 시간을 적게 들기 때문에 곱하기 연산자를 더하기 연산자로 바꾼다. 그러므로 곱하기 3 * x는 x + x + x로 변환할 수 있으며 연산 시간도 적게 든다. 지수 연산 x**2(x의 제곱)는 x * x로 변환할 수 있다.

또한 대부분의 단말기에서는 곱하기와 나누기 연산은 이동(shift) 코드를 사용하여 시간을 감축한다. 즉, 왼쪽으로 비트 한번을 이동하면 2를 곱한 것과 같고 오른쪽으로 비트 한번을 이동하면 2를 나눈 것과 같다. 예를 들어, x * 8은 x 값을 왼쪽으로 3-비트 이동하고, x/16은 x를 오른쪽으로 4-비트 이동함으로서 빠르게 연산할 수 있다.

11.2.6 대수적 변환

수학적인 기법으로 교환법칙, 결합법칙, 배분법칙을 사용한다. a + b = b + a는 더하기 교환법칙, (a + b) + c = a + (b + c)는 더하기 결합법칙, a * (b + c) = a * b + a * c는 더하기에 대한 곱하기 배분법칙이다. 같은 의미를 가지도록 대수적으로 변환을 할 수 있다.

이러한 특성을 이용하여 아래와 같은 두 할당문의 수식에서 공통 수식 b + c를 연산할 때 교환법칙으로 제거하거나 바꿀 수 있다.

```
a = b + c;
b = c + d + b;
```

위의 두 할당문은 아래와 같이 변환할 수 있다.

```
a = b + c;
b = b + c + d;
```

그러므로 b + c는 a로 대치하여 아래와 같이 최적화한다.

```
a  = b + c;
b  = a + d;
```

마찬가지로 곱하기가 있는 수식 a * c + b * c는 배분법칙으로 (a + b) * c와 같이 변환할 수 있다.

결과적으로 컴파일러가 코드를 최적화하는 것보다는 프로그램을 작성할 때부터 프로그래밍 언어의 특성을 이해하여 효율적으로 수행하도록 하는 것이 좋다.

위에서 살펴본 실행하지 않는 코드 제거, 상수 접기, 강세 감소, 순환 무변화 코드 이동, 죽은 코드 제거 등 여러 최적화 기법을 모두 이용하여 아래 중간 코드를 최적화하여 보자.

```
L1:
    tst   a, b, , =10,  L2      /*   tst의 초기 조건은 거짓이다  */
    sub   a, =10, a
    mul   x, =20, b
    add   x, y, z
    add   =20, =30, z
    jmp   L1
    sub   a, b, a
    mul   x, =20, z
L2:       .....
```

이 중간 코드에 적용되는 각 최적화 기법은 아래와 같다.

```
L1:
    tst   a, b, , =10,  L2
    sub   a, =10, a
    mul   x, =20, b                /*  강세 감소  */
    add   x, y, z                  /*  죽은 코드 제거  */
    add   =20, =30,  z             /*  상수 접기와 순환 내 무변화  */
    jmp   L1
    sub   a,  b,  a                /*  이 코드는 실행하지 않는다  */
    mul   x,  2,  z                /*  이 코드는 실행하지 않는다  */
L2:       ......
```

최적화한 최종 결과는 아래와 같다.

```
    mov   =50, z
L1:
    tst   a, b, , =10, L2
    sub   a, =10, a
    add   x, x, b
    jmp   L1
    lbl   L2
```

연습문제 11.2

01 아래의 각 연산을 수행한 후에 결과에서 반올림하여 소수이하 4자리까지 적으시오. 또 결과를 보고 더하기의 결합 법칙과 관련지어 설명하시오.

(a) (0.8063 + 0.7045) + −0.25330

(b) 0.8063 + (0.7045 + −0.25330)

02 아래 각 수식에 대한 중간 코드에서 공통 수식을 제거하시오.

(a) (a + c) − b − (a + c)

```
add   a,   c,   t1
sub   t1,  b,   t2
add   a,   c,   t3
sub   t2,  t3,  t4
```

(b) (a − b) * c / ((a − b) * c − d)

```
sub   a,   b,   t1
mul   t1,  c,   t2
sub   a,   b,   t3
mul   t3,  c,   t4
sub   t4,  d,   t5
div   t2,  t5,  t6
```

(c) ((a − b) + c) / (a − b + c) − (a − b + c)

```
sub   a,   b,   t1
add   t1,  c,   t2
sub   a,   b,   t3
add   t3,  c,   t4
div   t2,  t4,  t5
sub   a,   b,   t6
add   t6,  c,   t7
sub   t5,  t7,  t8
```

(d) a / b - c / d - e / f

```
div   a,   b,   t1
div   c,   d,   t2
sub   t1,  t2,  t3
div   e,   f,   t4
sub   t3,  t4,  t5
```

03 아래의 각 중간 코드에서 실행하지 않는 코드를 제거하시오.

(a)

```
    sub   a,  b,  t1
L1:
    sub   b,  a,  b
    tst   a,  b,  ,  1,  L1
    mul   a,  b,  t3
    jmp   L1
```

(b)

```
    mul   a,  b,  t1
L1:
    add   b,  a,  b
    jmp   L1
    sub   a,  b,  t3
L2: .......
```

04 아래 C 프로그램에서 죽은 코드가 있는 문장을 제거하시오. 함수는 d 인자를 통하여 호출한 함수에 값을 반환한다.

(a)
```
function P (int  d);
int a, b, c;
{
    a = 25;
    b = 56;
    d = a * b + d
}
```

(b)
```
function Q (int d);
int a, b, c;
{
    a = 3;
    b = 6;
    c = a + b;
    d = a + b;
    a = b + c * d;
    b = a + c
}
```

05 아래 C 프로그램 일부에서 순환 내에서 변화가 없는 코드를 순환 몸체의 밖으로 이동하시오.

(a)
```
for (i = 1; i<100;i++){
    a = x[i] - 3 * a;
    b = i;
    c = sqrt (130 * c)
}
```

(b)
```
for (j = 1; j < 50; j++) {
    a = sqrt (x);
    n = n * 3;
        for (k = 1;k < 100; k++){
            y  = x;
            b[n] = -1;
            b[k] = 0;
        }
}
```

06 아래의 프로그램 일부에서 상수 접기로 최적화하시오.

(a)
```
a = 5 + 6 * 9;
b = b + (a - 5)
```

(b)
```
function P (int d);
int  a = 64;
int  b = a - 312;
{
    d = a + b - 3;
    d = d / a;
}
```

07 아래의 문장을 강세 감소로 최적화하시오.

(a) a = a**5; (b) b = 2 * b + 4 * a

08 아래의 각 최적화 기법에서 실행 속도를 증가시키는 것과 메모리 공간을 줄이는 것을 각각 골라서 설명하시오.

(1) DAG를 이용하여 공통 수식 탐지
(2) 실행하지 않는 코드 제거
(3) 죽은 코드 제거
(4) 순환 내 변화없는 코드의 이동
(5) 상수 접기
(6) 강세 감소

11.3 지역 코드 최적화

지역 최적화는 목적 프로그램에서 중간 코드를 변환하는 기법이다. 이 절에서는 최적화 기법으로 로드/저장 최적화, 점프 최적화, 대수적인 최적화, 레지스터 할당 기법을 살펴본다.

11.3.1 로드/저장 최적화

먼저, 수식 s + t - r를 살펴보자. 이 수식은 아래와 같이 중간 코드로 번역할 수 있다.

```
add   s,  t,  t1
sub   t1, r,  t2
```

이 중간 코드를 코드 생성기는 아래와 같은 인스트럭션으로 번역한다.

```
lod   r1, s
add   r1, t
sto   r1, t1
lod   r1, t1
sub   r1, r
sto   r1, t2
```

여기에서 밑줄 친 세 번째와 네 번째 인스트럭션을 살펴보자. r1을 t1에 저장하였다가 곧바로 t1을 다시 꺼내어 r1에 로드한다. r1에는 이미 값이 있는 것을 메모리에 저장했다가 다시 꺼내는 것은 필요 없는 동작을 수행하는 것이다. 그러므로 여섯 개의 인스트럭션에서 이 두 인스트럭션 lod와 sto를 제거하면 아래와 같이 네 개의 인스트럭션으로 최적화한다.

```
lod   r1, s
add   r1, t
sub   r1, r
sto   r1, t2
```

이러한 **로드/저장** 최적화는 컴퓨터나 단말기의 프로세서 구조에 따라 다르다.

11.3.2 점프 최적화

이 기법은 불필요한 점프를 제거하는 것이다. 예를 들어, 문장

```
if ( a > b)   a = b;
```

는 아래의 중간 코드로 번역된다.

```
        tst   a, b, , 3, L1
        jmp   L2
L1:
        mov   b, , a
L2:           .....
```

이 중간 코드의 의미는 "a가 b보다 큰지 검사하고 참이면(크면) 할당문으로 점프하고 아니면 할당문 밖으로 점프하라"이다. 그러므로 이 중간 코드는 코드 생성기에서 아래와 같이 번역된다.

```
        lod       r2, a
        cmp       r2, b, 3          /*  r2>b?       */
        jmp       L1
        cmp       0, 0, 0           /*  무조건 점프  */
        jmp       L2
L1:
        lod       r2, b
        sto       r2, a
L2:     .....
```

여기에서 살펴보면 점프 인스트럭션이 두 개씩 필요하지 않다. 즉, 시간이 소비되는 점프 인스트럭션을 가능하면 제거하여 단순하게 한다. 위의 테스트 인스트럭션에서 "참값"을 검사하지 말고 "거짓값"을 검사함으로써 인스트럭션의 수를 현저하게 감소할 수 있다.

```
        lod       r2, a
        cmp       r2, b, 4          /*  r2≤b?  */
        jmp       L1
        lod       r2, b
        sto       r2, a
L1:     .....
```

11.3.3 대수적 최적화

이 기법은 기계에 따르는 대수적 변환 기법이다. 아래와 같은 인스트럭션들은 제거할 수 있다.

```
mul   r1, 1
add   r1, 0
```

위에서 살펴본 로드/저장, 점프, 대수적 최적화 등의 여러 기법으로 아래의 인스트럭션을 최적화하여 보자.

```
        cmp     r1, a, 2        /*  r1<a면 점프  */
        jmp     L1
        cmp     0, 0, 0
        jmp     L2
L1:
        lod     r1, b
        add     r1, c
        sto     r1, t1
        lod     r1, t1
        sub     r1, a
        sto     r1, t2
        lod     r1, t2
        sto     r1, a
        sub     r1, 0
        sto     r1, b
L2:     .....
```

여기에 적용하는 최적화 기법은 아래와 같다.

```
        cmp     r1, a, 2        /*  점프 */
        jmp     L1
        cmp     0, 0, 0
        jmp     L2
L1:     .....
        lod     r1, b
        add     r1, c
        sto     r1, t1        /* 로드/저장  */
        lod     r1, t1
        sub     r1, a
```

```
        sto     r1, t2      /* 로드/저장  */
        lod     r1, t2
        sto     r1, a
        sub     r1, 0       /* 대수적인 변환  */
        sto     r1, b
L2:     ......
```

최적화한 최종 결과는 아래와 같다.

```
        cmp     r1, a, 5     /*  r1 ≥a 면 점프  */
        jmp     L2
        lod     r1, b
        add     r1, c
        sub     r1, a
        sto     r1, a
        sto     r1, b
L2:     ........
```

연습문제 11.3

01 불필요한 로드/저장 인스트럭션을 제거하여 최적화하시오.

(a)
```
lod   r3,  a
sub   r3,  b
sto   r3,  t1
lod   r1,  t1
sub   r1,  c
sto   r1,  t2
lod   r3,  t2
sto   r3,  d
```

(b)
```
lod   r1,  a
lod   r2,  c
add   r1,  b
add   r2,  b
sto   r2,  t1
add   r1,  c
lod   r2,  t1
sto   r1,  t2
sto   r2,  c
```

02 불필요한 점프 위의 점프 인스트럭션에 대하여 아래의 각각을 최적화하시오.

(a)
```
      cmp   r1, a, 5
      jmp   L1
      cmp   0, 0, 0
      jmp   L2
L1:
      sub   r1, a
L2:   ....
```

(b)
```
L1:
      add   r1, r2
      cmp   r1, r2, 3
      jmp   L2
      cmp   0, 0, 0
      jmp   L1
L2:         ...
```

03 지역 최적화 기법을 사용하여 아래 코드를 최적화하시오.

```
      cmp   r1, r2, 6        /*  r1 ≠ r2 면 점프  */
      jmp   L1
      cmp   0, 0, 0
      jmp   L2
L1:
      lod   r2, a
      add   r2, b
      sto   r2, t1
      lod   r2, t1
      mul   r2, c
      sto   r2, t2
      lod   r2, t2
      sto   r2, d
      sub   r1, 0
      sto   r1, b
L2:     ........
```

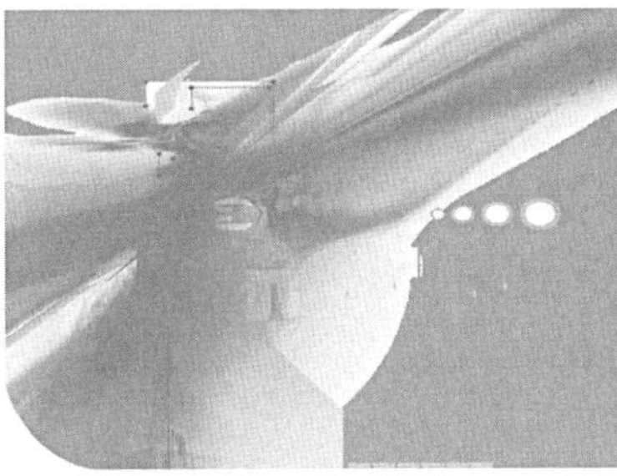

제 12 장

실행 환경 지원

이 장에서는 컴파일러가 번역한 원시 프로그램을 컴퓨터 조직 내에서 올바르게 실행하도록 하는 환경 지원을 살펴본다. 특히 블록 구조 언어의 인자 전달이나 다른 블록에 있는 데이터를 올바르게 사용하도록 데이터를 연결하는 방법은 매우 중요하다.

12.1 실행 환경 지원

컴파일러가 번역한 기계어 프로그램을 컴퓨터 조직 내에서 실행하려면 몇 개의 중요한 환경을 지원 받아야 한다. 이유는 프로그램이 지니는 특수한 속성 때문인데 주로 함수와 같은 별개의 프로그램에 관련한 부분이다. 즉, 블록 구조 언어에서는 함수를 별개의 프로그램으로 취급하므로 전체 프로그램이 올바르게 실행하려면 각 함수 프로그램이 독립적으로 올바르게 수행하여야 하며 함수와 함수 사이에서 제어와 데이터가 올바르게 전달되어야 한다. 그러므로 실행 환경을 지원한다는 것은 이와 같이 함수 사이의 제어와 데이터 전달이 올바르게 일어나도록 하는 개념이다.

먼저, 함수를 살펴보면 아래의 속성이 있다.

- 함수 정의
- 함수 이름
- 함수 몸체
- 함수 호출
- 호출된 함수
- 형식 인자

- 실인자
- 인자 전달 방식

이 절에서는 이러한 함수의 속성을 살펴본다.

12.1.1 함수 정의와 값 전달

함수는 프로그램에서 반복하는 부분이나 누구나 같은 방법으로 작성하게 되는 프로그램(sin, cosin 값 구하기 등과 같은)을 여러 번 작성하지 않고 별도로 작성하여 두고 전체 프로그램에서 필요할 때마다 호출하여 사용하는 기법이다. 이 때 함수 프로그램이 실행할 시점에서는 함수가 실행하도록 제어를 전달하고 동시에 사용할 데이터만 전달한다.

그림 12.1은 함수의 개념과 제어의 전달을 나타낸다. 호출하는 프로그램이 실행 중에 함수 프로그램의 문장 부분이 필요한 위치에서 함수를 호출하면 제어가 함수에 전달되어 함수 프로그램의 문장을 실행한 후 다시 호출한 프로그램으로 제어가 되돌아간다.

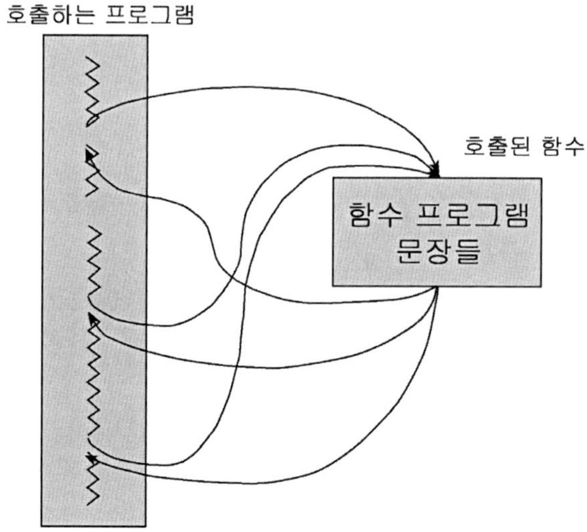

그림 12.1 함수의 개념과 제어의 전달

함수를 구체적으로 기술하면 그림 12.2와 같다.

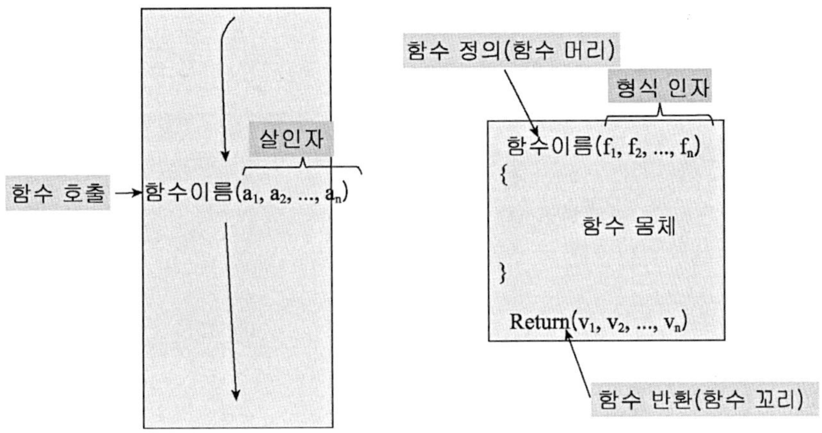

그림 12.2 함수 개념의 구체적인 표현

아래는 반지름 Radius로 원 면적을 구하는 C 프로그래밍 언어로 구현한 함수 예이다.

```
void compute_area (double Radius)
/* 반지름 Radius로 원 면적 구하기   */
{
     double Area;
     Area = P I * Radius * Radius;
     cout << "반지름에 대한 원 면적은 = " << Area << endl
}
```

또한, 이 함수를 호출하려면 아래와 같이 호출하는 함수에서 함수 이름과 함수에서 처리할 값을 기술한다.

```
compute_area (double Radius);
```

이와 같이 함수를 호출할 때는 함수 이름과 전달할 값을 기술하는데 compute_area는 함수이름이고 Radius는 전달할 값이다. 이 전달할 값은 처리하고자 하는 실제 값을 가지고 있기 때문에 실인자라 하고, 이 값을 처리하기 위해 함수에서 받는 이름을 형식인자라 한다. 아래의 Radius는 형식인자이다.

```
void compute_area (double Radius)
```

위에서 double은 인자의 타입(자료형)이다.

위 함수에서 인자 전달은 그림 12.3과 같이 Radius(double 형: 두 배 정밀도형)가 전달된다.

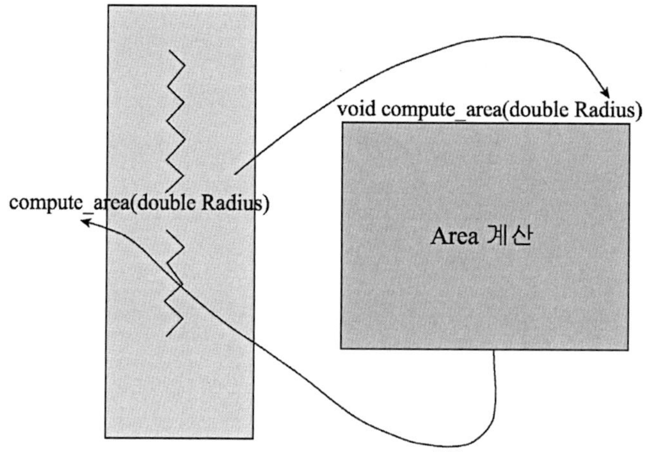

그림 12.3 간단한 값(인자) 전달 예

12.1.2 함수 호출과 반환

함수 호출은 여러 방법으로 이루어진다. 함수를 호출하는 프로그램에서 함수 이름과 인자를 사용하면 이 위치에서 함수 프로그램으로 제어를 전달한다. 제어가 전달하면 별개의 프로그램인 함수 프로그램이 실행하므로 현재까지 실행하던 프로그램은 상태를 보존하고 호출된 프로그램이 실행한다. 그러므로 함수를 호출하는 과정은 아래 순서로 일어난다.

(1) 호출 함수의 현 실행 상태를 보관한다.
(2) 인자를 전달하는 과정을 수행한다.
(3) 되돌아올 주소를 저장한다.
(4) 실행할 함수에 제어를 넘긴다.

위의 과정을 수행하면 제어를 넘겨받은 호출된 함수가 실행한다. 실행을 마치면 다시 자신을 호출한 함수로 되돌아가서 실행한다. 이 때 함수의 결과가 있는 경우에는 함수 결과를 호출한 함수에 전달한다. 함수 실행을 마치고 되돌아가는 과정은 아래 순서로 일어난다.

(1) 인자 값을 호출한 함수에 전달해야하는 경우는 계산한 인자 값을 실인자에 전달한다.
(2) 계산한 함수 결과 값을 전달해야 하는 경우에는 결과 값을 호출한 함수에 전달한다.

(3) 호출한 함수가 보관한 실행 상태를 원래의 상태로 복원한다.

(4) 호출 함수로 제어를 되돌린다(되돌아올 주소를 프로그램 카운터에 넣는다).

실습 12.1

정수형 수 20개를 입력하고 제일 큰 수와 제일 작은 수를 찾아서 출력하는 C 언어 프로그램을 작성하시오.

실습 12.2

실습 12.1에서 작성한 C 언어 프로그램을 함수를 이용하여 다시 작성하시오(단, 아래 함수를 반드시 포함한다).

(1) 정수형 수 20개를 입력하는 함수

(2) 제일 큰 수를 찾는 함수

(3) 제일 작은 수를 찾는 함수

(4) 제일 큰 수 혹은 제일 작은 수를 출력하는 함수

12.1.3 인자 전달 방식

실행 환경에서 함수사이에서 처리하고자하는 값을 전달하는 과정을 인자 전달이라 한다. 이러한 인자 전달은 아래와 같이 여러 기법으로 이루어진다.

- 값에 의한 인자 전달
- 참조에 의한 인자 전달
- 복사-저장 인자 전달
- 이름에 의한 인자 전달

각 기법은 프로그래밍 언어의 특징에 따라 다르고 구현 기법도 어렵기 때문에 실제 구현하지 못하는 기법도 있다. 여기에서는 C 프로그래밍 언어에서 주로 취급하는 값에 의한 인자 전달과 참조에 의한 인자 전달을 살펴보자.

12.1.3.1 값에 의한 인자 전달

값에 의한 인자 전달은 실인자를 먼저 계산하여 그 결과를 형식인자에 복사(이동)하는 방법으로 C 프로그래밍 언어의 함수에서 주로 사용한다. 연산 결과가 형식인

자에 저장되더라도 자신을 호출한 함수에게 형식인자의 값은 되돌아가지 않는다. 함수를 호출한 함수와 호출당한 함수 사이에서 실제로 값이 이동하거나 엑세스 패스를 만든다.

실제로 값이 이동하도록 하면 저장 공간이 많이 필요하고 값이 실제로 이동하는데 시간이 많이 든다. 엑세스 패스를 만들면 호출된 함수에서 쓰기-방지를 해야 하고 간접 주소 지정 방식을 사용하므로 엑세스하는데 시간이 더 든다.

그림 12.4는 값에 의한 인자 전달 방식으로 호출하는 함수에서 다른 함수를 호출하면 제어가 넘어가고 동시에 실인자 값을 계산한 결과가 함수의 형식 인자로 전달된다. 그 후 호출된 함수가 수행되고 나면 제어만 다시 호출한 함수로 되돌아오고 형식 인자에 의한 어떤 값도 되돌아오지 않는다. 그러므로 실인자로 사용한 변수 값은 변하지 않고 함수를 호출하기 전의 값과 같다.

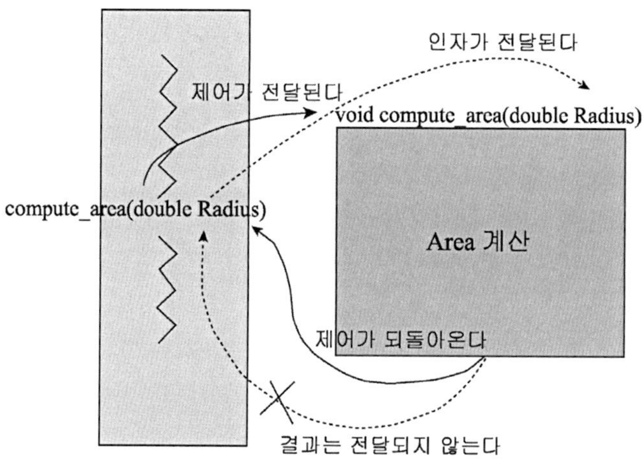

그림 12.4 값에 의한 인자 전달

아래의 C 프로그래밍 언어에서 값에 의한 인자 전달 방식을 살펴보자.

```
#include <stdio.h>
void call_by_value(int k)
{
   k = 5;
   printf("Call_by_Value - k= %d\n", k);
}

int main()
{
```

```
int k;
k = 3;
printf("k= %d\n", k);
call_by_value(k);
printf("\n");
printf("k= %d\n", k);
call_by_value(k);
return 0;
}
```

실행 결과는 다음과 같다.

```
k = 3
Call_by_Value- k = 5

k = 3
Call_by_Value- k = 5
```

위의 실행 결과에서 보듯이 함수를 호출하기 전의 k값은 3이며 함수를 호출하면 k가 5가 할당된다. 그러나 함수 실행을 마치고 되돌아오더라도 k값은 3으로 호출된 함수에서 할당된 5가 아니다.

12.1.3.2 참조에 의한 인자 전달

참조에 의한 인자 전달은 실인자의 메모리 주소를 형식인자에 전달하는 방식이다. 즉, 형식인자가 실제로는 실인자의 주소를 사용하므로 형식인자에 대한 연산은 실인자에 대한 연산과 같다. 그러므로 형식인자에 대한 연산 결과가 실인자에 전달되기 때문에 실인자의 값이 변할 수도 있다.

그림 12.5는 참조에 의한 인자 전달 과정이다. 실인자 x의 주소는 566이고 y의 주소는 570번지이고, 실인자 x, y가 형식인자 a, b에 전달되려면 a와 b의 주소에는 실인자 x와 y의 주소인 566과 570이 저장된다.

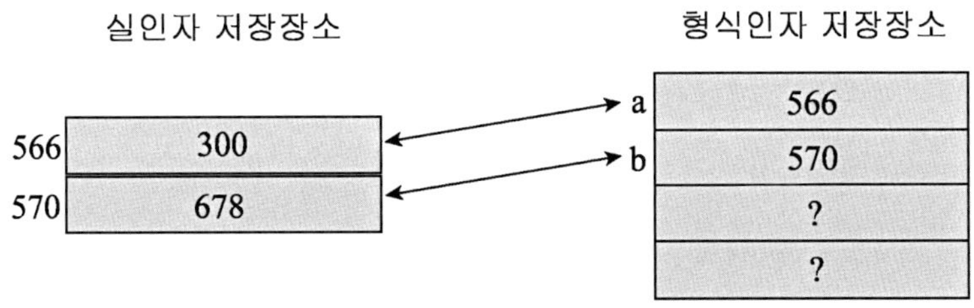

그림 12.5 참조에 의한 인자 전달 방법

예를 들어 호출된 함수에서 문장 a = a + b를 수행하면 a와 b의 주소에 있는 내용인 566과 570은 실인자의 주소이므로 실제로는

566번지 내용 = 566 번지 내용 + 570 번지 내용

을 계산한다. 그러므로 수행 결과는 300 + 678 = 978로서 a 변수인 566번지에 978이 저장된다. 즉, 호출된 함수에서 계산한 결과가 실인자 a의 원래 값을 변경한다. 그림 12.6은 형식인자에 의한 a = a + b의 수행과정을 보인다.

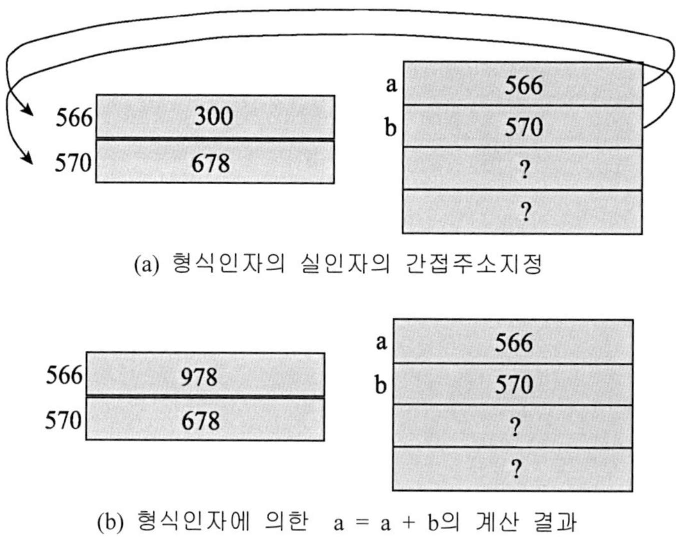

그림 12.6 형식인자에 의한 a = a + b의 계산 과정과 결과

구체적인 예를 들어보자. C 프로그래밍 언어에서 참조에 의하여 인자가 전달되려면 프로그램 작성할 때 아래와 같이 실인자의 주소를 형식인자가 주소로 받을 수 있도록 인자의 주소(포인터)를 지정한다.

실인자 지정은 아래와 같이 &를 인자 앞에 기술한다.

```
void compute_area (double &Radius)
```

위와 같이 지정한 실인자를 형식인자가 전달받으려면 아래처럼 *를 앞에 붙인 형식인자를 지정한다.

```
void compute_area (double *Radius)
/* 반지름 Radiu로 원 면적 구하기 */
{
```

```
    double Area;
    Area = P I * Radius * Radius;
    cout << "반지름에 대한 원 면적은 = " << Area << endl
}
```

그림 12.7은 위 함수의 실행 과정에서 참조에 의한 인자 전달을 나타낸다.

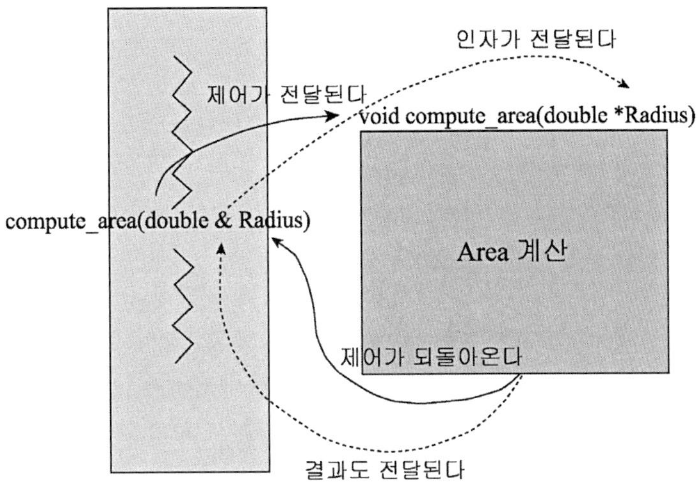

그림 12.7 참조에 의한 인자 전달

아래의 C 프로그래밍 언어에서 값에 의한 인자 전달 방식을 살펴보자.

```
#include <stdio.h>
void call_by_ref(int *k)
{
  *k = 5;
  printf("Call_by_Reference- k= %d\n", *k); }
int main()
{
  int k;
  k = 3;
  printf("k= %d\n", k);
  call_by_ref(&k);
  printf("\n");
  printf("k= %d\n", k);
  call_by_ref(&k);
```

```
    return 0;
}
```

실행 결과는 다음과 같다.

```
k = 3
Call_by_Reference- k = 5
k = 5
Call_by_Reference- k = 5
```

위의 실행 결과에서 보듯이 함수를 호출하기 전의 k 값은 3이며 함수를 호출하면 k가 5가 할당된다. 그리고 함수 실행을 마치고 되돌아오면 호출된 함수에서 할당된 5가 호출한 함수의 값을 변경하였으므로 k는 5가 할당되어 있다.

이러한 참조에 의한 인자 전달 방식은 형식인자가 실인자 값을 사용할 수 있도록 함수가 서로 공유하는 패스를 형식인자에 전달한다. 이렇게 하면 패스하는 과정이 매우 효율적이지만 엑세스가 느릴 수 있고 **앨리어싱**이 발생할 수 있다.

이와 같이 함수 구조로 구성되는 블록 구조 언어는 컴파일 후에 실행하는 과정에서 함수 사이에서 서로 제어와 정보를 주고받는다. 이러한 과정은 컴파일하는 동안에 이루어지지 않고 실행하는 동안에 이루어진다. 그러므로 함수 사이에서 정보를 주고받는 과정을 효율적으로 수행하는 방법이 필요한데 특별한 저장 공간을 이용하여 수행한다.

실습 12.3

실습 12.2에서 작성한 C 언어 프로그램에서 함수 사이에서 값에 의한 인자 전달과 참조에 의한 인자 전달 방법으로 각각 다시 작성하시오.

연습문제 12.1

01 함수의 속성을 기술하시오.

02 프로그래밍 언어에서 함수를 필요로 하는 이유를 설명하시오.

03. 특정 값(정수형) 10개를 입력하고 제일 큰 수에서 작은 수로 순서대로 출력하는 C 언어 프로그램을 작성하시오.

04 문제 3에서 작성한 C 언어 프로그램을 함수를 이용하여 다시 작성하시오. 단, 아래 함수를 반드시 포함하도록 하시오.

(1) 정수형 수 10개를 입력하는 함수
(2) 큰 수에서 작은 수로 순서대로 분류하는 함수
(3) 작은 수에서 큰 수로 순서대로 분류하는 함수
(4) 분류한 수 10개를 출력하는 함수

05 함수가 자신을 호출한 프로그램(함수)으로 되돌아와서 다음 실행할 문장을 어떻게 아는지 설명하시오.

06 C 프로그래밍 언어에서 값에 의한 인자 전달 방식을 사용한다면 컴파일러는 실인자를 어디에 어떻게 저장하는지 설명하시오.

07 대용량의 배열(약 10000 x 10000)을 인자로 전달하고자 할 때는 값에 의한 인자 전달과 참조에 의한 인자 전달 중에서 어느 방법이 더 효과적인지 답하고 그 이유는 설명하시오.

08 함수의 인자 전달 방식에서 "이름에 의한 인자 전달" 방식을 설명하고 예를 드시오.

09 앨리어싱을 설명하시오.

12.2 실행 프로그램의 메모리 할당

프로그램이 실행하도록 메모리에 할당하려면 여러 방법이 있다. 프로그램이 실행하려면 기본적으로 그림 12.8과 같이 메모리에 할당된다.

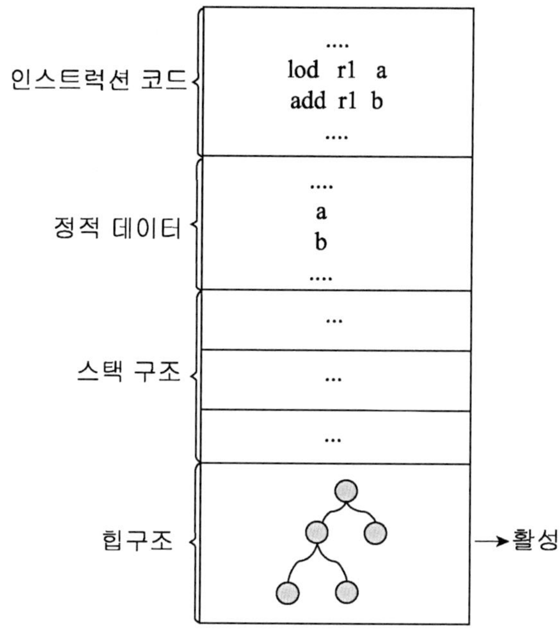

그림 12.8 실행시 프로그램은 코드 부분과 데이터 부분으로 분리 할당

그림 12.8과 같이 프로그램은 일반적으로 실행에 필요한 인스트럭션 코드와 프로그램에서 사용할 데이터 부분으로 분리하여 할당한다. 그러나 데이터가 한 함수에서만 사용하는 **정적 데이터**만 있는 것이 아니라 다른 함수에서서도 사용할 수 있는 **동적 데이터**가 있다. 그러므로 데이터 특성과 함수 프로그램 특성에 따라 메모리에 할당하는 방법은 정적 할당, 스택 할당, 힙 할당 등 다양하다.

- 정적 할당은 컴파일 할 때 데이터 저장 공간 할당한다.
- 스택 할당은 실행 중에 저장 공간을 스택처럼 할당하고 제거한다.
- 힙 할당은 힙이라는 데이터 영역에 실행 중에 필요한 저장 공간을 할당하고 제거한다.

12.2.1 정적 공간 할당

정적 저장 공간 할당은 컴파일 시간에 프로그램에서 사용할 데이터를 한 번에 저장한다. 그러므로 이 할당 방법은 C 프로그래밍 언어 같은 블록 구조 언어 보다는 포트란(FORTRAN) 같은 언어에 주로 사용한다. 그림 12.9는 정적 공간 할당 방법으로 주 프로그램과 함수 프로그램의 코드와 데이터 부분을 한 번에 메모리에 할당한 예를 보인다.

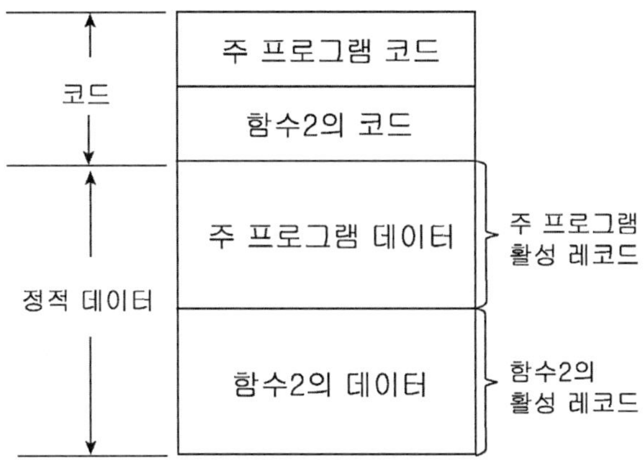

그림 12.9 주 프로그램과 함수 프로그램의 정적 공간 할당 예

그러나 이러한 정적 할당 방법은 블록 언어처럼 각 블록이나 함수가 호출되어야만 메모리에 할당하는 언어에는 적용할 수 없다. 즉, 언제 어떤 함수(블록)가 불리어질지 모르기 때문이다. 또한 메모리에 할당될 때 컴파일 시간에 데이터 객체의 크기나 위치를 이미 알고 있어야 한다. 뿐만 아니라, 리커시브 함수는 각 리커젼 마다 같은 데이터를 새롭게 사용하기 때문에 정적 데이터를 사용하기 어렵다. 결국, 실행 중에 데이터 저장 공간을 확보하는 방법이 없기 때문에 각 데이터나 데이터 구조를 동적으로 생성할 수 없다.

12.2.2 스택 공간 할당

블록 구조 언어처럼 블록(함수)이 호출될 때만 코드와 데이터가 메모리에 할당하는 경우에는 정적 공간 할당 방법이 어렵기 때문에 효율적인 방법으로 스택 공간 할당 방법을 사용할 수 있다. 이 방법은 스택 기법을 사용하는데 스택에 **활성 레코드**를 넣는 기술이다.

이 스택 공간 할당 기법을 살펴보기 위해 함수가 있는 C 프로그래밍 언어를 예로 들어보자. 이 프로그램은 간단한 이진 탐색 프로그램이다.

```
#include<stdio.h>
#include<stdlib.h>
 typedef struct BiTree_Node {
     char Name;
     struct BiTree_Node* LeftTree;
     struct BiTree_Node* RightTree;
   } BiTree_Node;

BiTree_Node* insertToBiTree(BiTree_Node *p, char x)
{
    BiTree_Node *newNode;
    if (p == NULL)   {
                  newNode = (BiTree_Node*)malloc(sizeof(BiTree_Node));
                  newNode->Name = x;
                  newNode->LeftTree = NULL;
                  newNode->RightTree = NULL;
                  return newNode;
   }
      else if (x < p->Name) {
                 p->LeftTree = insertToBiTree(p->LeftTree, x);
                 return p;
              }
              else if (x > p->Name) {
                      p->RightTree = insertToBiTree(p->RightTree, x);
                      return p;
                    }
                     else {
                         printf("\n 같은 이름이 있습니다! \n");
                         return p;
                       }
   }

void insert(BiTree_Node** root, char x)
{
 *root = insertToBiTree(*root, x);
}
```

```
BiTree_Node* searchBST(BiTree_Node* root, char x)
{
  BiTree_Node* p;
  p = root;
  while (p != NULL){
  if (x < p->Name) {
                p = p->LeftTree;
              }
          else if (x == p->Name) {
                  return p;
                }
                else p = p->RightTree;
 }
 return p;
}

int main()
{
 BiTree_Node* root = NULL;
 BiTree_Node* foundedNode = NULL;
 char Name;
 char tmp;
 printf("이름을 입력하세요: ");
 do {
     tmp = fgetc(stdin);
     if(tmp != '\n') {
          insert(&root, tmp);
     }
}
while(tmp != EOF);
printf("\n 검색을 원하는 이름을 입력하세요. ");
scanf("%c", &Name);
 while(Name != 'z'){
   foundedNode = searchBST(root, Name);
   if (foundedNode != NULL) {
             printf("\n %c 이름을 찾았습니다. \n", foundedNode->Name);
            }
        else {
             printf("\n 원하는 이름을 찾을 수 없습니다. \n");
```

```
            }
      scanf("%c", &Name);
      printf("\n\n\n 검색을 원하는 이름을 입력하세요. ");
      scanf("%c", &Name);
   }
   getchar();
   return 0;
}
```

이 프로그램은 아래 자료 구조를 공동으로 사용하며

```
typedef struct BiTree_Node {
    char Name;
    struct BiTree_Node* LeftTree;
    struct BiTree_Node* RightTree;
 } BiTree_Node;
```

주 함수를 포함하여 네 개의 함수로 이루어진다.

```
insertToBiTree(BiTree_Node *p, char x)
insert(BiTree_Node** root, char x)
searchBST(BiTree_Node* root, char x)
int main()
```

이 이진 탐색 프로그램은 main 함수에서 데이터를 저장하는 insert 함수를 호출한다. 그러면 insert 함수는 다시 insertToBiTree 함수를 호출하여 이진 탐색 트리를 구성한다. 그 후 읽어 들인 데이터를 탐색하는 searchBST 함수를 호출한다. 이와 같은 호출 순서에 따라 각 함수의 활성 레코드는 그림 12.10과 같이 스택에 할당한다. 먼저 이진 탐색 트리를 구성하기 위하여 필요한 데이터(이름)를 여러 개 입력하면 입력을 마칠 때까지 그림 12.10의 (a), (b), (c)처럼 main, insert, insertToBiTree, main, insert, insertToBiTree, main, ...의 순서로 함수가 호출되어 스택에 할당된다. 데이터 입력이 끝나면 (d)와 같이 main 함수가 searchBST 함수를 호출하고 스택에 할당된다. 각 활성 레코드에서의 root, foundNode, name, tmp는 main 함수에서, newNode는 insertToBiTree 함수에서, p는 searchBST 함수에서 각각 사용하는 데이터이다. 스택 할당에서 맨 위의 활성 레코드는 가장 최근에 호출된 함수이므로 이 함수가 수행을 마치면 맨 위의 활성 레코드는 제거되고 바로 아래의 활성 레코드로 되돌아간다.

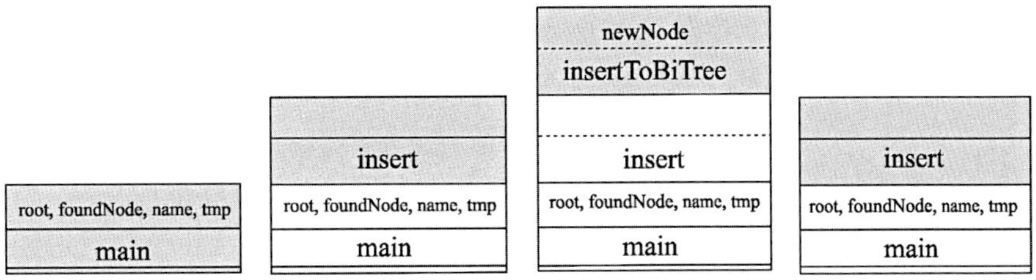

(a) 첫 번째 데이터 입력에서 함수의 실행 순서와 스택 할당

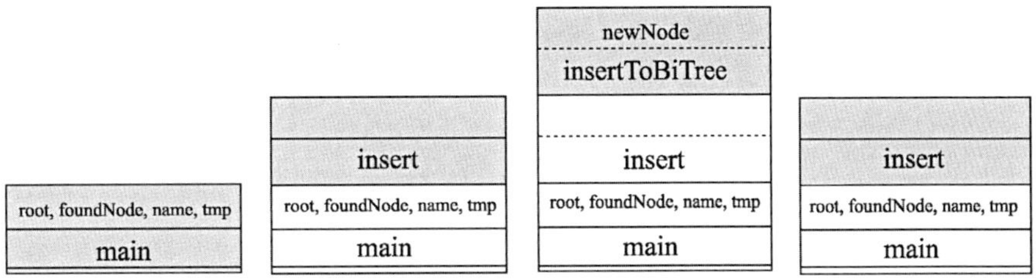

(b) 두 번째 데이터 입력에서 함수의 실행 순서와 스택 할당

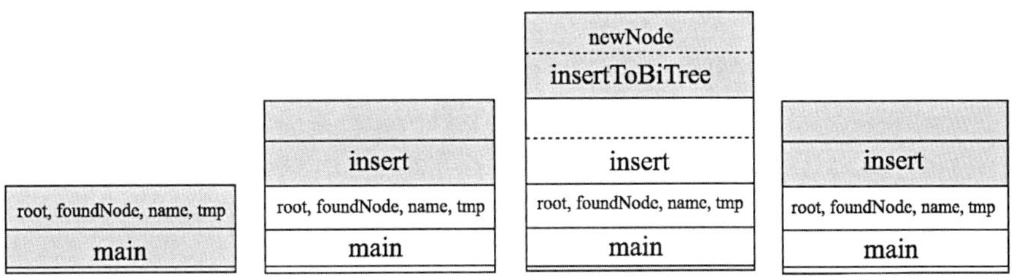

(c) 세 번째 데이터 입력에서 함수의 실행 순서와 스택 할당

....

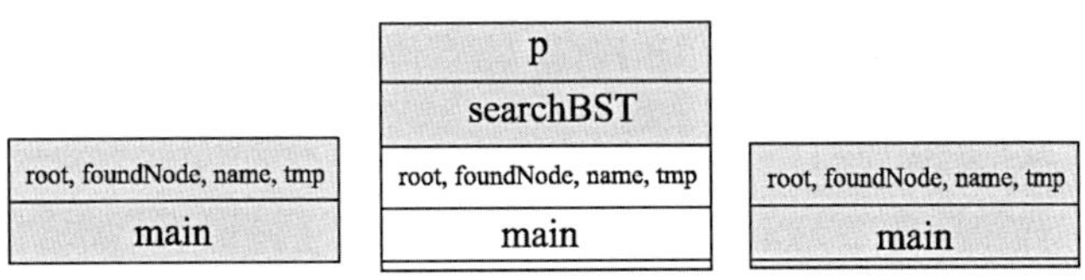

(d) 구성된 이진 탐색 트리에서 입력한 데이터 검색시 함수의 실행 순서와 스택 할당

그림 12.10 이진 탐색 프로그램에 대한 활성 레코드의 스택 할당

이러한 스택 공간 할당도 여러 문제가 있다. 즉, 활성이 끝났더라도 지역 변수의 값을 계속 유지하여야 하는 경우는 사용하기 어렵다. 또한 호출한 함수가 사라진 후에도 호출된 활성이 메모리에 계속 존재해야 하는 경우에도 사용할 수 없다. 그러므로 이러한 경우는 맨 마지막 활성이 반드시 먼저 제거될 필요는 없기 때문에 반드시 스택일 필요가 없다.

12.2.3 힙 공간 할당

힙 공간이란 데이터를 저장하는 자유 메모리(자유공간)로 프로그램이 사용할 수 있도록 미리 지정해 놓은 공간이다. 즉, 프로그램을 실행하기 전에는 데이터의 크기나 양을 알 수 없기 때문에 일정 크기의 메모리 영역을 할당해 놓는다. 그러면 프로그램에 따라 데이터 크기가 변하더라도 저장 가능하다.

프로그램이 실행하는 도중에 함수나 프로세스는 활성 레코드를 저장할 힙 블록을 요구하여 할당 받는다. 함수나 프로세스가 필요한 수행을 마치면 더 이상 활성 레코드가 필요하지 않기 때문에 활성 레코드 공간을 반환한다. 이렇게 저장 공간을 프로그램에 할당하였다가 회수하는 과정을 반복한다. 이것은 스택 공간 할당과 달리 프로그램이 요구하는 블록 크기나 요구(회수) 순서에 일정한 규칙이 없으며 포인터를 이용하여 동적으로 할당하고 반환한다.

그림 12.11은 이진 탐색 트리의 탐색 프로그램에서 프로그램이 종료할 때까지 각 함수의 활성 레코드가 메모리에서 계속 유지하도록 하는 방법이다. 즉, 스택 공간 할당 같이 호출된 함수의 활성 레코드가 자신을 호출한 함수의 활성 레코드에 바로 붙어있을 필요는 없다. 또한 호출된 함수의 실행이 종료하면 그 함수의 활성 레코드를 제거할 필요도 없다. insert 함수나 insertToBiTree 함수의 활성 레코드가 처음 시작 함수인 main 함수를 **제어 링크**로 연결하도록 하여 main 함수가 종료할 때까지 힙에 계속 존재한다. 그러므로 insert 함수가 종료되었더라도 insert 함수가 호출한 insertTpBiTree 함수는 힙에 계속 남아있을 수 있다.

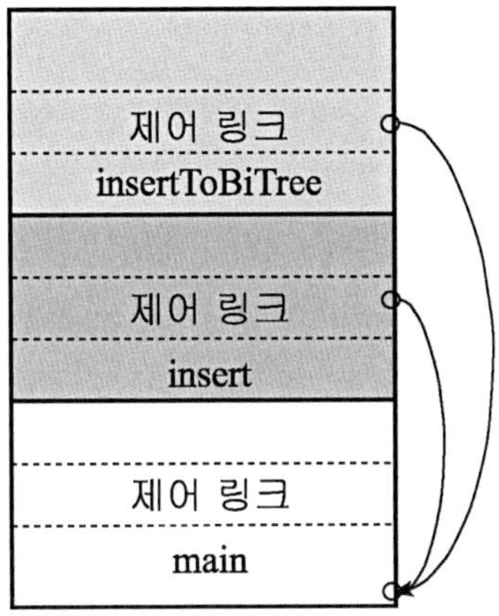

그림 12.11 활성 레코드의 힙 공간 할당

이러한 과정을 함수나 프로세스에 따라 반복하므로 메모리 힙 영역 곳곳에 사용이 어려운 작은 블록인 메모리 단편 조각이 생긴다. 그러므로 이러한 단편 조각은 **쓰레기 모우기**라는 과정을 통하여 더 이상 사용되지 않는 블록을 모아서 사용할 수 있는 큰 블록으로 만든다. 또한 힙 안에서 사용 가능한 공간을 표시하여 사용되지 않는 작은 조각들을 낭비하지 않도록 한다. 힙은 프로그램이 종료할 때까지 관리하고 유지한다.

실습 12.4

위 이진 탐색 프로그램을 실행하고 메모리의 몇 번지에서 몇 번지까지 인스트럭션 코드가 할당되어 있고 몇 번지부터 데이터가 할당되어 있는지를 조사 분석하시오. 기계어 상태와 주소를 보거나 분석할 수 있는 도구는 어떠한 것들이 있는지 조사하여 사용하시오.

연습문제 12.2

01 메모리에는 인스트럭션과 데이터가 들어있다. 모두 이진수로 표현되어 있는데도 컴퓨터는 인스트럭션과 데이터를 어떻게 구별하는지 설명하시오.

02 포트란 언어의 특성을 쓰고 이 언어가 정적 저장 공간 할당 기법을 사용하는 이유를 설명하시오.

03 스택 공간 할당의 단점을 설명하시오.

04 힙 공간 할당 기법을 설명하시오.

12.3 활성 레코드와 활성 트리

컴파일한 프로그램이 실행하는 동안 프로그램 실행 과정에 대한 정보를 저장할 공간이 필요하다. 이 절에서는 프로그램과 함수의 실행에 필요한 활성 레코드 구조와 활성 트리를 살펴본다.

12.3.1 활성 레코드

실행하는 동안 프로그램의 정보를 저장할 공간은 호출하는 함수의 모든 상태 정보, 실인자 값이나 주소, 되돌아와서 실행할 주소, 호출된 함수에서 실행하고 되돌아올 값 등을 저장한다. 이 저장 공간을 프로그램이 실행하기 위한 기계어 코드 부분이 아닌 부속 공간으로 **활성 레코드**라 하는데 활성 레코드 하나가 함수 프로그램 한 개의 정보를 저장한다. 그러므로 함수가 여러 개 있는 프로그램은 여러 개의 활성 레코드가 필요하다. 물론 주프로그램 하나만 있는 프로그램에서는 활성 레코드도 하나만 있다.

그림 12.12는 활성 레코드의 일반적인 구조이다.

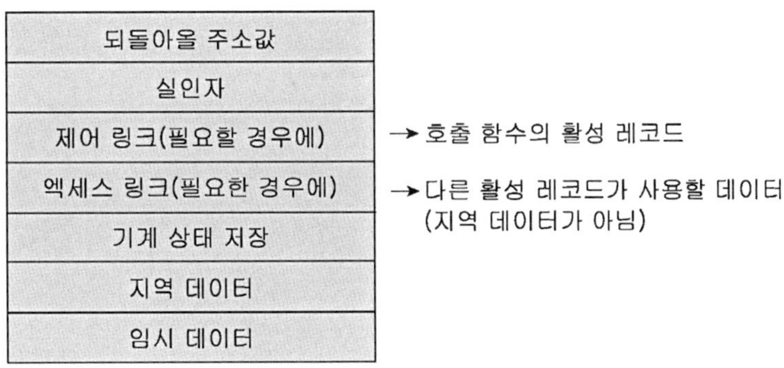

그림 12.12 활성 레코드의 일반적인 구조

12.3.2 활성 트리

어떤 함수 x가 다른 함수 y를 호출할 때 **활성 트리**라는 것을 사용하여 호출 순서에 따라 제어가 전달하는 순서를 트리로 나타낼 수 있다. 그러면 현재 활성 중인 함수에 제어가 들어가고 나가는 것을 알 수 있다.

이 활성 트리에서 각 노드는 함수의 활성을 나타내고, 루트는 주 프로그램을 의미한다. 만약 제어가 활성 중인 함수 x에서 함수 y로만 흐르면 노드 x는 노드 y의 부모 노드이다. 함수 x의 활동이 함수 y의 활동 전에 일어나면 x 노드는 y 노드의 왼쪽에 있다. 그림 12.13은 이러한 의미를 나타내는 활성 트리이다.

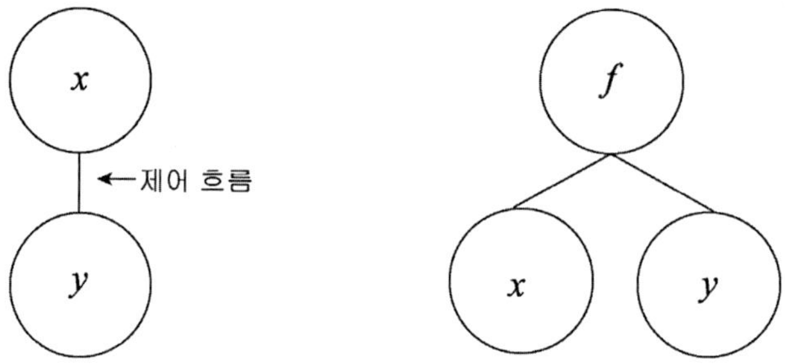

(a) 함수 x가 함수 y를 호출함 (b) x의 활동이 y의 활동 전에 일어난다

그림 12.13 활성 트리의 속성

그림 12.14는 앞에서의 이진 탐색 트리에서 데이터 네 개를 입력한 후 특정 데이터를 탐색하는 활성 트리 예이다.

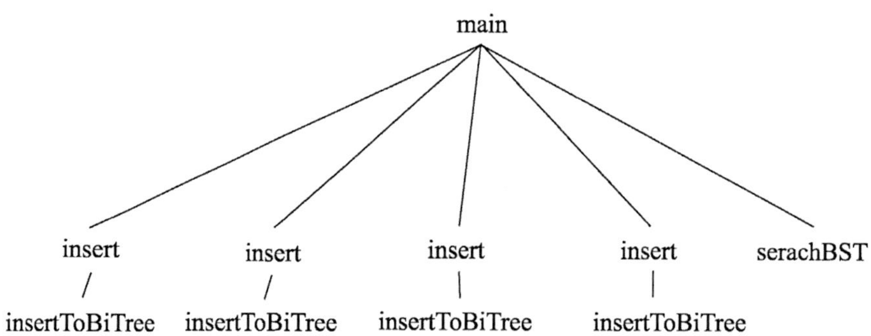

그림 12.14 이진 탐색 트리 프로그램의 활성 트리

이러한 활성 트리는 앞에서 살펴보았듯이 스택 공간 할당에서와 같이 제어 스택으로 구현할 수 있는데 루트에 있는 활성 레코드에서 시작하여 깊이를 우선으로 왼쪽 활성 레코드에서 오른쪽 활성 레코드로 잎에 도달할 때까지 스택의 톱에 차례로 할당한다. 이렇게 하면 스택에 존재하는 활성 레코드에 해당하는 함수는 메모리에서 실행 중에 있다는 것을 알 수 있다. 즉, 어떤 함수가 활동 중인지 아닌지를 계속 추

적할 수 있다. 뿐만 아니라, 어떤 함수에서 어떤 데이터를 사용하고 있는지 알 수 있으며, 어떤 함수가 사용 중인 지역 데이터를 다른 함수에서 엑세스할 수도 있다.

실습 12.5

분석 도구를 이용하여 위 이진 탐색 프로그램을 실행하면서 활성 레코드의 내용을 확인하시오.

연습문제 12.3

01 활성 레코드가 필용한 이유를 설명하시오.

02 아래 블록 구조 프로그램의 활성 트리를 그리시오.

```
main( )
{
        int   a = 100;
        int   b = 100;
        {
            int b = 200;
                {
                    int   a = 300;
                        {
                            int  a = 400;
                            printf(. .) ;
                        }
                    printf(. . .)
                }
                {
                    int  a = 500;
                    int  b = 345;
                    printf(. .) ;
                }
```

```
                printf(. .) ;
            }
            {
                int  b = 600;
                printf(. .) ;
            }
        printf(. .)
}
```

03 아래 블록 구조 프로그램의 활성 레코드와 활성 트리를 그리시오.

```
main( )
{
        int   p = 10;
        int   q = 20;
        {
            int q = 30;
                {
                    int   p = 40;
                        {
                            int  q = 90;
                                {
                                    int  b = 60;
                                        {
                                            int  a = 50;
                                            a = q + b;
                                        }
                                }
                        }
                }
        }
}
```

04 12개의 데이터를 퀵소트 알고리즘으로 정리하는 프로그램으로 있다. 이 프로그램이 실행할 때의 활성 트리를 그리시오.

12.4 데이터 사용하기

이 절에서는 활동 중에 있는 블록(함수) 사이에서 어떤 블록(함수) 안에 있는 지역 데이터를 다른 블록(함수)이 엑세스하는 방법을 살펴보자. 이러한 문제는 블록 구조 언어에서 매우 중요하게 다루고 있다. 실행 중에는 어떤 블록은 메모리에 존재하지만 어떤 함수는 지역 변수와 함께 메모리에 없기 때문에 특정 함수의 지역 데이터를 필요할 때 사용해야 하기 때문이다. 먼저 블록과 데이터의 범위 규칙을 살펴보자.

12.4.1 블록과 데이터

프로그래밍 언어에서 블록이 필요한 이유는 초기 컴퓨터는 메모리가 작고 프로그램이 점점 커졌기 때문에 프로그램을 특수한 기법으로 쪼개어 작은 메모리에 쪼개진 조각 프로그램을 필요할 때마다 하나씩 로드하여 실행하였다. 이 때 하나씩 로드하는 단위를 **블록**이라 한다. 이러한 블록은 블록이 필요할 때마다 메모리에 할당되는데 이러한 할당 방법을 **동적 할당**이라 한다.

프로그래밍 언어의 특성에 따라 블록은 문장이 될 수도 있고, 혹은 함수가 될 수도 있는데 각 블록 안에는 그 블록에서만 사용하는 데이터를 선언할 수 있다. 이렇게 블록 안에서만 선언한 데이터를 **지역 데이터**라 한다. 그러므로 어떤 블록 안에 선언한 데이터는 그 블록에서만 사용할 수 있고 다른 블록에서 사용하려면 특별한 방법이 필요하다. C 프로그래밍 언어는 블록-구조 언어이다.

C와 같은 블록-구조 언어에서는 아래와 같이 블록을 복합 문장으로 표현하거나 함수 자체가 블록이다.

```
{
    데이터 선언1;
    데이터 선언2;
        ....
    문장1;
    문장2;
      ...
    문장n;
}
```

이러한 블록-구조 언어에서 한 블록 안에 선언된 데이터는 그 블록에서만 사용할 수 있다. 그러나 그 블록 안에 선언되어 있지 않은 데이터는 그 블록을 가장 가까이에서 둘러싸고 있는 블록에 선언된 데이터를 사용할 수 있다. 즉, 데이터 사용에서 아래의 규칙을 적용한다.

- 블록 B에 선언된 데이터의 사용 범위는 그 블록 안에서만 적용할 수 있다.
- 그러나 블록 B에서 선언하지 않은 데이터 **a**가 블록 B에 있다면 그 **a** 블록 B'에 선언된 **a**이다. 블록 B'은 B를 둘러싼 블록 중에서 가장 가까운 블록으로 데이터 **a**는 블록 B'의 범위 안에서 사용 중이다.

아래 C 프로그래밍 언어의 블록 구조를 살펴보자. 각 네모는 각 블록의 범위를 나타낸다.

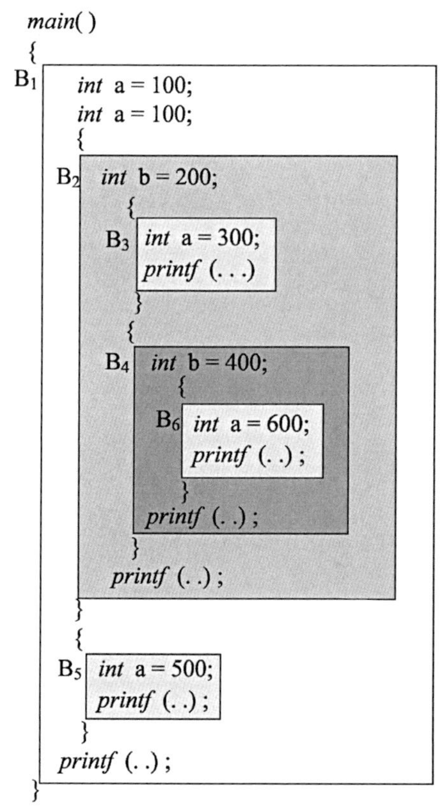

이 블록 구조는 B_1 블록 안에 B_2와 B_5 블록이 있고, B_2 블록 안에 B_3과 B_4 블록이 있으며, B_4 블록 안에 B_6 블록이 있다. 또한 블록 B_1 안에 int a =100와 int b = 100이 선언되어 있으며 블록 B_2에 int b = 200이 또 선언되어 있다. 마찬 가지로 B_3에는

int a = 300이, B_4에는 int b = 400이 선언되어 있으며, B_6에는 int a = 600이 B_5에는 int a = 500이 선언되어 있다.

그러므로 이 블록-구조 프로그램에서는 선언한 각 데이터(변수)의 활동 범위는 아래와 같다.

- int a = 100의 a라는 이름은 블록 B_1, B_2,B_4에서만 활동
- int b = 100의 b라는 이름은 블록 B_1, B_5에서만 활동
- int b = 200의 b라는 이름은 블록 B_2, B_3에서만 활동
- int a = 300의 a라는 이름은 블록 B_3에서만 활동
- int b = 400의 b라는 이름은 블록 B_4, B_6에서만 활동
- int a = 600의 a라는 이름은 블록 B_6에서만 활동
- int a = 500의 a라는 이름은 블록 B_5에서만 활동

위의 블록 구조 프로그램을 활성 트리로 나타내면 그림 12.15와 같다.

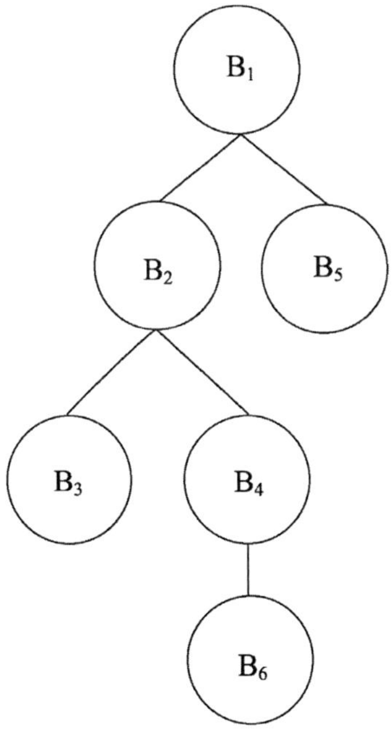

그림 12.15 위 블록-구조 프로그램의 활성 트리

또한 활성 트리에 따라 실행하는 과정을 제어 스택으로 단계별로 나타내면 그림 12.16과 같은데, 스택에는 현재 메모리에서 활동(실행) 중인 블록과 그 블록에서 선

언되어 할당된 지역 데이터가 있다. 스택의 톱은 현재 실행 중인 블록이다.

먼저 B_1 블록이 실행하면서 a = 100과 b = 100을 할당하고, B_2 블록을 호출한다. 그러면 B_2 블록이 톱에 가고 b = 200이 할당된다. 같은 방법으로 B_3 블록을 호출한다. 그 후 B_3 블록의 실행이 끝나면 B_4 블록이 실행한다. B_4 블록은 B_6 블록을 호출한다. B_6 블록의 실행이 끝나면 B_4 블록이 실행한다. B_4 블록이 종료하면 B_2 블록이 다시 실행하고 B_2 블록이 실행을 마치면 다시 B_1에서 B_5를 호출하고 B_5를 마치면 B_1이 마지막으로 실행한다.

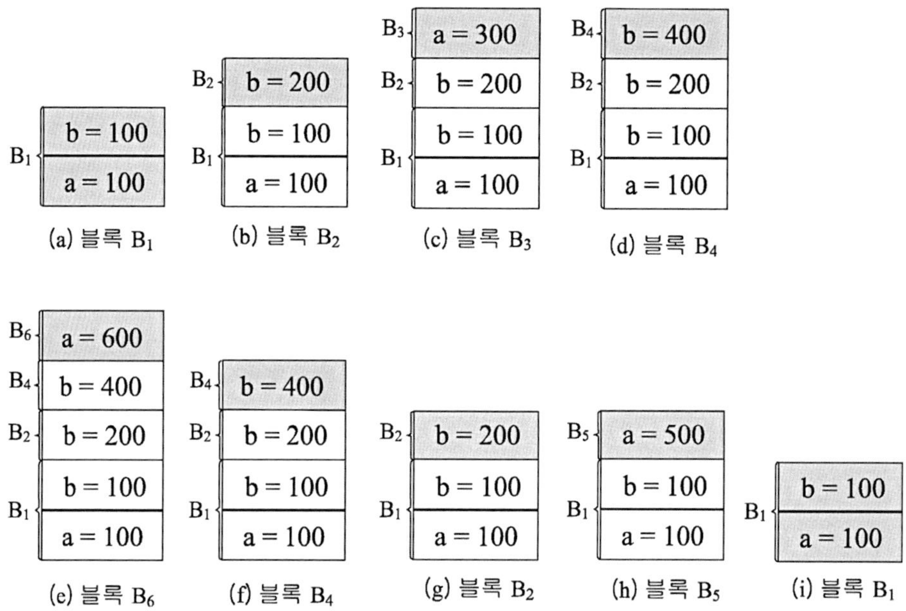

그림 12.16 제어 스택의 활동 중인 블록과 지역 데이터(각 단계의 톱은 현재 실행 중인 블록)

12.4.2 범위 규칙

데이터 선언이란 프로그램에서 사용할 데이터를 이름을 정하고 그 데이터의 자료 속성을 지정하는 것을 의미한다. 예를 들어,

```
int a =10;
```

은 a라는 데이터를 정수형 변수로 지정하며, 초기 값은 10으로 32비트(기계에 따라

다름, 16비트일 수도 있음)이라는 속성을 가진다. 이러한 데이터는 프로그램에서 그 속성을 유지하면 사용하는 범위가 있다.

범위 규칙은 어떤 블록에 선언한 데이터가 그 블록이 메모리 안에서 실행(활동)하는 동안 선언된 이름을 사용할 수 있는 범위를 말한다. 즉, 프로그램 본문에 데이터 이름이 나타나는 순간 이 데이터 이름은 언제/어디(어느 블록)에서 선언한 데이터 이름을 사용할 것인가를 결정하는 것이다.

프로그램에서 사용할 데이터의 위치는 아래의 경우가 있다.

- 지역 데이터 사용
- 다른 블록에서 선언한 데이터(비지역 데이터) 사용
- 전역 데이터 사용

지역 데이터는 어떤 블록에서 선언되어 그 블록에서만 사용한다. 그러므로 그 블록이 실행을 마치면 메모리에서 사라지면 지역 데이터도 같이 사라진다. 비지역 데이터는 다른 블록에서 선언한 데이터지만 프로그램 안의 다른 블록에서 사용할 수 있는 데이터이다. 이 데이터를 사용하려면 특별한 기법이 필요하다. 또한 이 데이터가 사용되는 동안에는 데이터를 선언한 블록이 메모리에 계속 남아있다. 전역 데이터는 한 번 선언하면 프로그램 전체에서 어떤 블록에서도 사용가능한 데이터이다.

이러한 범위 규칙은 적용 기법에 따라 **정적 범위 규칙**과 **동적 범위 규칙**이 있다.

정적 범위 규칙은 **렉시칼** 규칙이라고도 하는데, 단지 프로그램의 본문에서 데이터의 이름을 찾는 방법이다. 즉, C 같은 프로그래밍 언어의 원시 프로그램 리스트의 어느 블록에서 사용하는 데이터는 현재 문장에서 위쪽으로 가면서 처음 발견하는 선언(혹은 정의)된 데이터를 적용한다.

그림 12.17의 C 프로그램을 살펴보자. 이 그림 12.17에서 블록 4의 ①번호가 있는 문장의 a 데이터는 어느 블록에서 선언한 a인지 알아보자.

```
#include<stdio.h>
int main( )
 {
   int  a = 100;
   int  b = 100;
   {
      int  b  = 200;
         {
            int  a = 300
            printf("블록 3: a = %d, b = %d/n", a, b);
            }
            {
              int  b = 400;
                 {
                   int  a = 600;
                   printf("블록 6: a =  %d, b = %d/n", a, b);
                 }
              a = a + b;            ..........①
              printf("블록 4: a =  %d, b = %d/n", a, b);
            }
      printf("블록 2: a =  %d, b = %d/n", a, b);
    }
    {
      int  a = 500;
      printf("블록 5: a =  %d, b = %d/n", a, b);
    }
    printf("블록 1: a =  %d, b = %d/n", a, b);
 }
```

그림 12.17 정적 범위 규칙이 적용되는 C 프로그램 예

블록4의 ①에서 a 데이터는 블록4에 a가 선언되어 있지 않기 때문에 이 a값을 찾기 위해 프로그램 리스트를 현 위치에서 위로 스캔한다. 그러면 블록6과 블록3에 비록 a가 선언되어있지만 이 a는 블록6과 블록3이 이미 실행을 마치고 사라진 후이므로 이 a값도 메모리 안에 존재하지 않는다. 그러므로 다시 더 위로 스캔하면 블록1에 a 데이터가 선언되어 있기 때문에 이 a를 블록4의 ①문장에서 사용한다. 다음 그림은 이러한 과정을 보인다.

```
#include<stdio.h>
int main( )
 {
   int a = 100;
   int  b = 100;
   {
     int b  = 200;
          {
            int a = 300
            printf("블록 3: a = %d, b = %d/n", a, b);
            }
            {
              int b = 400;
                  {
                    int a = 600;
                    printf("블록 6: a =  %d, b = %d/n", a, b);
                  }
              a = a + b;          ··········①
              printf("블록 4: a =  %d, b = %d/n", a, b);
            }
     printf("블록 2: a =  %d, b = %d/n", a, b);
   }
   {
     int a = 500;
     printf("블록 5: a =  %d, b = %d/n", a, b);
   }
   printf("블록 1: a =  %d, b = %d/n", a, b);
 }
```

B_3과 B_6은 이미 사라졌으므로 이 블록을 둘러 싼 위의 블록 a값을 B_1에서 가져온다

그러므로 이 프로그램의 각 블록에서 사용하거나 출력하는 a나 b값은 정적 범위 규칙의 이러한 원리로 데이터를 사용하며 실행한 결과는 아래와 같다.

블록3: a = 300, b = 200
블록6: a = 600, b = 400
블록4: a = 500, b = 400
블록2: a = 500, b = 200
블록5: a = 500, b = 100
블록1: a = 500, b = 100

이와 같이 C 프로그래밍 언어에서는 정적 범위 규칙이 적용된다. 그러나 동적 범위 규칙은 실행 중에 데이터 이름이 적용되는 것으로 현재 문장에서 적용되는 데이터는

현재 문장 전에 방금 실행한 데이터의 이름값을 적용한다. 그러므로 프로그램 리스트에서의 데이터 위치와는 관계없다. 동적 규칙을 적용받는 언어는 LISP, SNOBOL, APL같은 인터프리터 언어이다.

12.4.3 지역 데이터 사용

지역 데이터는 각 블록에서 선언하고 사용하는 데이터이다. 이 데이터는 자신을 선언한 블록이 실행을 마치고 메모리에서 사라지면 데이터도 함께 사라진다. 그림 12.17에서 지역 데이터는 각 블록에 선언한 데이터로 아래와 같다.

- 블록 B_1에 선언한 데이터 이름 a는 블록 B_1의 지역 데이터로 블록 B_1이 메모리에 존재하는 동안 블록 B_1, B_2, B_4에서 사용할 수 있다.
- 블록 B_1에 선언한 데이터 이름 b는 블록 B_1의 지역 데이터로 블록 B_1이 메모리에 존재하는 동안 블록 B_1, B_5에서 사용할 수 있다.
- 블록 B_2에 선언한 데이터 이름 b는 블록 B_2의 지역 데이터로 블록 B_2가 메모리에 존재하는 동안 블록 B_2, B_3에서 사용할 수 있다.
- 블록 B_3에 선언한 데이터 이름 a는 블록 B_3의 지역 데이터로 블록 B_3이 메모리에 존재하는 동안 블록 B_3에서만 사용할 수 있다.
- 블록 B_4에 선언한 데이터 이름 b는 블록 B_4의 지역 데이터로 블록 B_4가 메모리에 존재하는 동안 블록 B_4, B_6에서 사용할 수 있다.
- 블록 B_6에 선언한 데이터 이름 a는 블록 B_6의 지역 데이터로 블록 B_6이 메모리에 존재하는 동안 블록 B_6에서만 사용할 수 있다.
- 블록 B_5에 선언한 데이터 이름 a는 블록 B_5의 지역 데이터로 블록 B_5가 메모리에 존재하는 동안 블록 B_5에서만 사용할 수 있다.

12.4.4 전역 데이터 사용

전역 데이터는 프로그램이 실행을 시작하고 종료할 때까지 모든 블록이 사용하도록 프로그램 전체 범위에 적용하도록 선언하는 데이터이다. 이 데이터는 프로그램이 완전히 종료할 때까지 메모리에 존재한다. 그림 12.17에서 전역 데이터로 아래와 같다.

- 블록 B_1에 선언한 데이터 이름 a와 b는 블록 B_1의 지역 데이터이지만 B_1이 블록 B_2, B_3, B_4, B_5, B_6을 모두 포함하고 있기 때문에 각 블록 B_1, B_2, B_3, B_4, B_5, B_6에서는 이 데이터 a와 b를 사용할 수 있기 때문에 a와 b는 전역 데이터이다.

• 그러나 각 블록에 새로 선언한 같은 이름의 데이터 a나 b가 있으면 지역 데이터를 우선 사용한다. 만약 각 블록에 새로 선언한 a나 b가 없으면 블록 B_1에서 선언한 a나 b를 사용한다.

실습 12.6

아래 C 언어 프로그램을 실행하시오. 에러가 있으면 수정하시오.

```
main( )
{
    int   p = 10;
    int   q = 20;
   {
     int p = 30;
         {
           int   a = 40;
            {
               int  q = 90;
               int  b = 30;
                  {
                    int  p = 60;
                       {
                         int  a = 50;
                         p = q + b + a; /*  -----------(1) */
                         printf(" p= %d, q= %d \n", p, q);
                       }
                    printf(" b= %d, q= %d \n", b, q);
                  }
               printf(" q= %d, a= %d \n", q, a); /*  ---------(2)  */
            }
          printf(" q= %d, p= %d \n", q, p);
         }
        printf(" p= %d, q= %d \n", p, q);
   }
    printf(" p= %d, q= %d \n", p, q);
}
```

실습 12.7

실습 12.6의 프로그램에서 (1) 문장의 변수 a, b, p, q는 각각 어느 블록에서 선언한 데이터인지 설명하시오.

실습 12.8

실습 12.6의 프로그램에서 (2) 문장의 변수 a는 어느 블록에서 선언한 데이터인지 설명하시오.

연습문제 12.4

01 프로그래밍 언어의 블록 구조를 설명하시오.

02 프로그래밍 언어에서 블록 구조가 필요한 이유를 설명하시오.

03 아래 C 프로그래밍 언어의 블록 구조를 살펴보자. 각 네모는 각 블록의 범위를 나타낸다. 각 블록에서 선언한 데이터를 나열하시오.

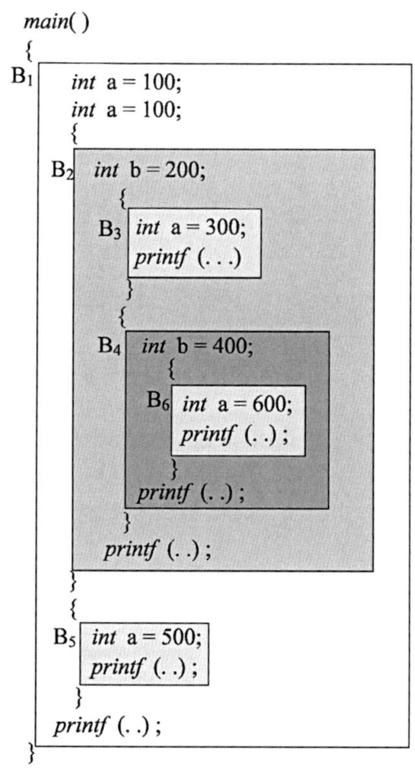

04 문제 3의 블록-구조 프로그램에서는 선언한 각 데이터(변수)의 활동 범위를 쓰시오.

05 범위 규칙을 설명하시오.

06 포트란과 같이 정적으로 할당하는 언어의 범위 규칙을 설명하시오.

07 아래 C 언어 프로그램이 실행한 결과를 쓰시오.

```
main( )
{
    int   p = 100;
    int   q = 120;
    {
        int p = 330;
            {
                int   a = 80;
                    {
                        int  q = 30;
                        int  b = 30;
                          {
                            int  p = 60;
                                {
                                    int  a = 50;
                                    p = p + a + a;
                                    printf(" p= %d, q= %d \n", p, q);
                                }
                            printf(" a= %d, q= %d \n", a, q);
                          }
                        printf(" q= %d, a= %d \n", q, a);
                    }
                printf(" q= %d, p= %d \n", q, p);
            }
            printf(" p= %d, q= %d \n", p, q);
    }
    printf(" p= %d, q= %d \n", p, q);
}
```

12.5 엑세스 링크

이와 같이 어떤 블록에서 데이터가 필요한 경우에는 다른 블록에 선언된 데이터를 사용할 수 있다. 이러한 경우에는 필요한 데이터가 어느 블록에 있는지를 아는 방법이 필요하고 중요하다. 이와 같이 다른 블록에 선언한 데이터를 찾아내는 방법은 복잡하지만 컴파일러는 어떤 블록(함수)이 어떤 데이터를 사용하고 있는지 계속 추적하면서 관리한다. **엑세스 링크**는 어떤 데이터가 필요한 블록에서 다른 블록에 선언된 데이터를 사용할 수 있도록 데이터를 연결하는 기법이다. 즉, 각 블록(함수)의 활성 레코드에 엑세스 링크를 추가하면 **다른 블록에 있는 데이터**를 사용할 수 있기 때문에 범위 규칙을 적용할 수 있다.

그림 12.18은 그림 12.17 프로그램 예에서 각 블록에 선언한 데이터를 다른 블록에서 사용할 수 있도록 활성 레코드에 엑세스 링크를 추가한 제어 스택이다. 각 블록은 자신이 필요로 하는 데이터를 엑세스 링크로 연결한 다른 블록에서 엑세스할 수 있다.

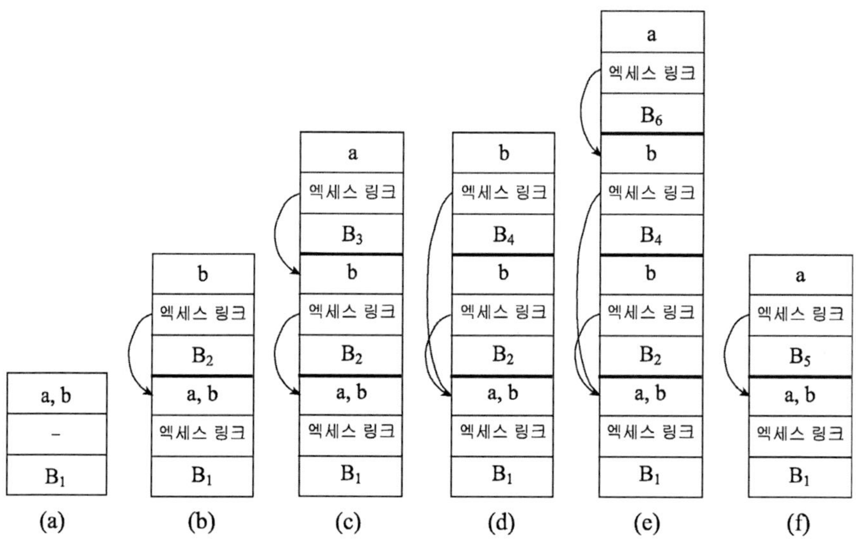

그림 12.18 엑세스 링크에 의한 다른 블록에 있는 데이터(비지역 데이터) 사용

실습 12.9

실습 12.6의 프로그램에 대한 엑세스 링크가 있는 활성 레코드를 그리시오

연습문제 12.5

01 아래 C 프로그램을 실행한 결과를 보고 각 데이터의 범위 규칙을 분석하시오.

```
main( )
{
        int   p = 10;
        int   q = 20;
        {
            int q = 30;
                {
                    int   p = 40;
                        {
                            int  q = 90;
                              {
                                int  b = 60;
                                    {
                                        int  a = 50;
                                        a = q + b;
                                        printf(" a= %d, b= %d \n", a, b);
                                    }
                                printf(" b= %d, q= %d \n", b, q);
                              }
                            printf(" q= %d, b= %d \n", q, b);
                        }
                    printf(" a= %d, p= %d \n", a, p);
                }
                printf(" p= %d, b= %d \n", p, b);
        }
        printf(" p= %d, q= %d \n", p, q);
}
```

02 문제 1의 프로그램에서 데이터를 사용하기 위한 엑세스 링크를 포함하는 활성 레코드를 그리시오.

찾아보기

[저자 약력]

김 상 욱

경북대학교에서 컴퓨터공학으로 학사학위(1979년)를 취득하였고,
서울대학교에서 컴퓨터과학으로 석사학위(1981년)와 박사학위(1989년)를 취득하였다.

1988년 이후, 경북대학교 전자전기컴퓨터학부 교수로 재직 중이다.

관심분야는 컴파일러와 프로그래밍 언어, 인간과 컴퓨터 상호작용, 모바일 컴퓨팅 등이다.

정가 23,000원

컴퓨터과학 공학인증을 위한 컴파일러 설계

2009년 2월 23일 초판 인쇄
2009년 3월 5일 초판 발행

저 자 : 김 상 욱
발행자 : 우 명 찬 · 송 준
발행처 : 홍릉과학출판사
주 소 : 서울시 강북구 인수동 455-60
㉾ 142-885
등 록 : 1976년 10월 21일 제5-66호
전 화 : 999-2274~5, 996-8341, 903-7037
팩 스 : 905-6729
hongpub@hongpub.co.kr
www.hongpub.co.kr

저자와의 협의하에 인지생략